集人文社科之思 刊专业学术之声

集 刊 名：城市史研究
主办单位：天津社会科学院
　　　　　中国史学会城市史专业委员会

Urban History Research

《城市史研究》编委会

主　任　钟会兵

编　委（按姓氏笔画排序）

王先明　〔日〕吉泽诚一郎　〔韩〕朴尚洙　刘海岩
〔美〕关文斌　苏智良　李长莉　何一民　张利民
周　勇　侯建新　涂文学　蔡玉胜　熊月之

主　编　任吉东
执行主编　任云兰
副主编　熊亚平　王　敏　范　瑛　李卫东

编　辑（按姓氏笔画排序）

万鲁建　王　丽　王　敏　王　静　成淑君　刘凤华
杨　楠　杨　军　吴俊范　张　弛　龚　宁　魏淑赟

第47辑

集刊序列号：PIJ-2014-085
集刊主页：www.jikan.com.cn/ 城市史研究
集刊投约稿平台：www.iedol.cn

城市史研究

（第47辑）

URBAN HISTORY
RESEARCH

任吉东　主编
任云兰　执行主编

天 津 社 会 科 学 院
中国史学会城市史专业委员会　主办

社会科学文献出版社

目 录

城市史学

威廉·乔治·霍斯金斯与英国现代城市史研究 …………………… 姜启舟 / 1

古代城市

明清朝邑城市形态演变研究 ………………………………… 田大刚 / 20
君士坦丁堡早期城市建设、发展及其战略地位初探 ………… 董晓佳 / 45

城市经济

晚清天津的白银货币与金融市场
　　——基于票号津庄账册的分析 ……………… 王治胜　刘秋根 / 65
近代九江樟脑贸易的兴衰与城市发展（1904~1935） ……… 吴家洲 / 86
近代大连自由港制度及其运行 ……………………………… 杨敬敏 / 103
近代江西商会网络与传统市镇体系的转型 ………… 张芳霖　羿克庸 / 125

空间与社会

苏州古城空间的神圣性叙事 ………………………… 杨雅茜　江　牧 / 142
从"呻吟之苦"到"防疫之政"：近代北京的疾疫灾害
　　与城市应对 ……………………………………………… 王　娟 / 159
新中国成立初期北京郊区的灾荒与救济（1949~1950） …… 郭赛飞 / 175

城市治理

近代天津"鬼市"述论 ………………………………………… 毛　曦 / 189
南京国民政府时期的城市人口调查与户籍管理
　　——基于昆明人口档案史料的分析 ……………………… 方　冬 / 207
市政学留美生的海外学术经历与20世纪20年代市政
　　改革运动的兴起 …………………………………………… 赵　可 / 223

城市文化

中国古代都城位移与画家来源地区位分布关系研究 ………… 朱军献 / 245
全面抗战时期《大公报》迁移与其文艺副刊的演变 ………… 杨秀玲 / 259
近代城市小报与政治权力的抗衡和博弈
　　——以天津《华北新闻》为例 ……………… 王建明　叶国平 / 276
近代天津鼓曲艺人群体生存状态探析 ………………………… 杨　楠 / 291

城乡关系

高阳织布业的乡村工业化实践研究（1929~1937）
　　………………………………………………… 张智超　邓　红 / 307
土产贸易与城乡关系：新中国成立初期的"私商下乡"政策
　　及其实践 …………………………………………………… 张江波 / 329

会议综述

"城市与区域社会暨中国城市史教材编写"学术研讨会综述
　　………………………………………………………………… 喻满意 / 340
"中华文明视域下江河城市文明的发展与变迁"学术研讨会综述
　　………………………………………… 赵昕宇　胡子姬　杨雨飞 / 346

稿　约 ……………………………………………………………………… 350

Contents

Urban Historiography

On William George Hoskins and the Study of Modern Urban
   History in Britain   *Jiang Qizhou* / 1

Ancient City

The Urban Form Evolution of Chaoyi City in Ming and Qing Dynasties
                                                            Tian Dagang / 20

On the Early Municipal Construction and Development of
   Constantinople and Its Strategic Position   *Dong Xiaojia* / 45

Urban Economy

The Silver Currency and Financial Market in Tianjin in the Late
   Qing Dynasty: An Analysis Based on the Account Book of
   Piaohao Tianjin Branch   *Wang Zhisheng   Liu Qiugen* / 65

The Rise and Fall of Camphor Trade and Urban Development in
   Modern Jiujiang, 1904 – 1935   *Wu Jiazhou* / 86

Research on the Changes and Effects of Dalian Free Trade Port in
   Modern China   *Yang Jingmin* / 103

On Modern Jiangxi Chamber of Commerce Network and the Transformation of
    Traditional Town System　　　　　　*Zhang Fanglin　Mi Keyong* / 125

Space and Society

The Sacred Narrative of Space in Ancient Suzhou
　　　　　　　　　　　　　　　　　　　　Yang Yaqian　Jiang Mu / 143
From The Pain of Groaning to the System of Prevention:
    The Plague and the Responding of Modern Beijing　　*Wang Juan* / 159
The Famine and Relief in the Suburbs of Beijing during the Early
    Days of the Founding of the PRC, 1949 - 1950　　　*Guo Saifei* / 175

Urban Governance

On the "Ghost Market" in Modern Tianjin　　　　　　　　*Mao Xi* / 189
Urban Population Survey and Household Registration Management in
    Nanjing National Government Period: An Analysis Based on the
    Kunming Population Archives　　　　　　　　　　　*Fang Dong* / 207
Overseas Academic Experiences of the Chinese Municipal Students
    Studying in America and the Rise of the Municipal Reform
    Movement in 1920s　　　　　　　　　　　　　　　　*Zhao Ke* / 223

Urban Culture

Research on the Relationship between the Displacement of
    Ancient Chinese Capitals and the Geographical Distribution of
    Painters　　　　　　　　　　　　　　　　　　　　*Zhu Junxian* / 245
Migration of *Ta Kung Pao* in Five Places during the War of
    Resistance Against Japan and Evolution of Literary Supplement
　　　　　　　　　　　　　　　　　　　　　　　　　　Yang Xiuling / 259

The Counterbalance and Game between Newspaper and Political
　　Power in Modern City: Taking North China News of Tianjin as an
　　Example　　　　　　　　　　　　　　　*Wang Jianming　Ye Guoping* / 276
A Study on the Survival Status of Modern Tianjin Drum Artists
　　　　　　　　　　　　　　　　　　　　　　　　　　　　Yang Nan / 291

Urban – rural Relations

A Study on Rural Industrialization Practice of Gaoyang Weaving Industry,
　　1929 – 1937
　　　　　　　　　　　　　　　　　　Zhang Zhichao　Deng Hong / 307
Native Product Trade and Urban – rural Relations: The Policy and
　　Practice of "Private Business Going to the Countryside" in the
　　Early Days of the PRC　　　　　　　　　　　　　*Zhang Jiangbo* / 329

Summaries of Symposiums

Summary of the Academic Seminar on "City and Regional Society &
　　Textbook Compilation of Chinese Urban History"　　*Yu Manyi* / 340
A Summary of the Symposium on "River and Development of City in the
　　Perspective of Chinese Civilization"
　　　　　　　　　　　　　　　Zhao Xinyu　Hu Ziji　Yang Yufei / 346

Instructions for Contributors　　　　　　　　　　　　　　　　　　350

·城市史学·

威廉·乔治·霍斯金斯与英国现代城市史研究

姜启舟

内容提要 20世纪50年代至70年代前后，英国城市史领域发生了一场史学革命，"城市史"自此真正成为一个研究领域，开启了英国现代城市史研究。著名史家威廉·乔治·霍斯金斯则是这场革命中的"先行者"。自20世纪30年代以降，他在过往城市史研究的基础上推陈出新，率先实现了空间转向与视域转向，将地方城市尤其是小城市纳入城市史研究范畴，引领建立了经济-社会史范式的城市史研究，推动了英国城市史特别是近代早期城市史的研究。在此过程中，他超越了传统的法律宪制史范式、经济史范式的城市史书写模式，开辟了城市史研究新范式、新路径，从多个方面推动了英国现代城市史研究，为城市史作为一个史学分支学科在英国的兴起奠定了基础。

关键词 威廉·乔治·霍斯金斯　现代城市史　英国　经济-社会史

一　问题的提出

威廉·乔治·霍斯金斯（William George Hoskins, 1908－1992）是20世纪英国著名历史学家，在多个史学领域均有开拓性贡献，尤以在地方史

---

* 本文为天津市哲学社会科学规划项目"中世纪英国市民准入制度研究"（项目号：TJSL21－002）的阶段性成果。

领域的成就最为突出,被学界誉为英国"现代地方史之父",1971年更因"献身地方史"(for his services to local history)获得大英帝国司令勋章(CBE)。① 近年来,伴随其《英格兰景观的形成》中译本的出版,② 国内史学理论界掀起了一股霍斯金斯热的小高潮。③ 西方学界自20世纪后半叶开始关注霍斯金斯的史学思想与研究实践,大多探讨他在英国地方史、景观史、社会史等领域的卓越贡献,尚未深入挖掘其在英国城市史领域的成就。④ 纵览霍斯金斯一生的史学工作,自20世纪30年代以降,城市史便一直是其所耕耘的最重要学术领域之一,"乡村变迁与城市发展"也成为他学术生涯中最重要的两个核心主题。⑤ 因而,霍斯金斯在英国城市史领域的作为不应被忽视。本文拟在充分运用国内外最新研究成果的基础上,梳理霍斯金斯为英国城市史学术发展做出的重要

---

① 参见 John Beckett, *Writing Local History*, Manchester: Manchester University Press, 2007, pp. 2 – 3; Joan Thirsk, "Hoskins, William George(1908 – 1992) ," in H. C. G. Matthew and Brian Harrison, eds. , *Oxford Dictionary of National Biography*, Vol. 28, Oxford: Oxford University Press, 2004, p. 244。

② 〔英〕W. G. 霍斯金斯:《英格兰景观的形成》,梅雪芹、刘梦霏译,商务印书馆,2020。2018年中译本作为"英国史前沿译丛"之一首次出版,2020年该译本入选商务印书馆"汉译世界学术名著丛书"。

③ 代表性成果有:高岱《威廉·霍斯金斯与景观史研究》,《学术研究》2017年第12期;梅雪芹《以景观为媒——英国史学家威廉·霍斯金斯的乡土情怀及公众史学实践探析》,《史学理论研究》2020年第6期;姜启舟《威廉·乔治·霍斯金斯与英国新社会史的兴起》,《史林》2020年第6期。

④ 代表性成果有:C. W. Chalkin and M. A. Havinden, eds. , *Rural Change and Urban Growth, 1500 – 1800: Essays in English Regional History in Honour of W. G. Hoskins*, London: Longman, 1974; Christopher Taylor, "The Making of the English Landscape – 25 Years on, "*The Local Historian*, Vol. 14, No. 4, 1980, pp. 195 – 201; Charles Phythian – Adams, "Hoskins's England: A Local Historian of Genius and the Realisation of His Theme, "*Transactions of the Leicestershire Archaeological and Historical Society*, Vol. 66, 1992, pp. 143 – 159; Christopher Dyer et. al. , eds. , *New Directions in Local History since Hoskins*, Hatfield: University of Hertfordshire Press, 2011; John Beckett, "W. G. Hoskins, the Victoria County History, and the Study of English Local History, " *Midland History*, Vol. 36, No. 1, 2011, pp. 115 – 127。

⑤ 20世纪70年代初,为纪念霍斯金斯荣休,英国学界出版了一部致敬文集,而当时筹备者面临的巨大困难就在于"决定什么主题可以最好地代表其广博的兴趣"。最后,文集编者认为"经济与社会变迁"最为合适,具体又从乡村史和城市史的角度,将其视为乡村农业史、社会史和人口结构史,以及城市工业史、社会结构史、建筑史等研究领域的开拓者。参见 C. W. Chalkin and M. A. Havinden, eds. , *Rural Change and Urban Growth, 1500 – 1800: Essays in English Regional History in Honour of W. G. Hoskins*, p. xv。

贡献。

霍斯金斯在城市史领域的贡献之所以长期处于"低音"状态，与英国城市史的学术发展史密不可分。一方面，学界对英国现代城市史的学术史梳理，多聚焦于其兴盛与成熟时期即20世纪六七十年代，并以对H.J.迪奥斯（H.J. Dyos）的关注为中心，而相对忽视了此前酝酿与草创阶段的贡献；另一方面，现有学术史梳理或以研究范式与论述主题为线索，或以成果发表的时间为序，但从内容上来看，多围绕中世纪英国城市史、工业革命以来的英国城市史展开，尤以后者为重。① 这种"瞻前顾后"的学术史梳理，便淡化了中间阶段即前工业化时代②或近代早期阶段的城市史研究，而这恰恰是霍斯金斯贡献最大、着力最多的历史阶段。也正是对这个历史时段的城市史研究，成为英国城市史学革命的起源。

1972年，霍斯金斯便以城市史的学术自觉，观察到"在过去20年左右的时间里，在这个国度我们确实见证了城市史学领域中的一场革命"。③ 这场史学革命表现在城市史学术著述的丰硕、研究队伍的壮大、城市史教席的设置、大学城市史课程的开设、城市史学术机构的建立与期刊的创办

---

① 国外代表性成果有：David Cannadine, "Urban History in the United Kingdom: The 'Dyos Phenomenon' and After,"in David Cannadine and David Reeder, eds., *Exploring the Urban Past: Essays in Urban History by H. J. Dyos*, Cambridge: Cambridge University Press, 1982, pp. 203 – 221; David Reeder, "H. J. Dyos: An Appreciation," *Urban History Yearbook*, Vol. 6, 1979, pp. 4 – 10; Anthony R. Sutcliffe, "Urban History in the Eighties: Reflections on the H. J. Dyos Memorial Conference," *Journal of Urban History*, Vol. 10, No. 2, Feb., 1984, pp. 123 – 144; Seymour J. Mandelbaum, "H. J. Dyos and British Urban History," *The Economic History Review*, New Series, Vol. 38, No. 3, Aug., 1985, pp. 437 – 447。国内代表性成果有：孟广林、陈灿《近百年来欧美学者对中世纪英国城市史的研究》，《贵州社会科学》2011年第3期；徐浩《中世纪英国城市人口估算》，《史学集刊》2015年第1期；谷延方《中世纪盛期英国城市化水平研究述评》，《世界历史》2018年第4期；李明超《英国城市史视野中的小城镇史研究述论——以工业化时期为例》，《上海对外经贸大学学报》2014年第2期；张卫良《"迪奥斯现象"：英国的城市史研究》，《史学月刊》2015年第12期。
② 15世纪到18世纪，是西欧从封建社会向资本主义社会过渡、从传统农业社会向近代工业社会转变的时期。西欧史学界常常称这一时期为"前工业化时代"。参见刘景华《城市转型与英国的勃兴》，中国纺织出版社，1994，导言，第1页。
③ W. G. Hoskins, "Foreword," in Peter Clark and Paul Slack, eds., *Crisis and Order in English Towns, 1500 – 1700*, Frome and London: Routledge & Kegan Paul, 1972, p. v.

等多个方面,[1] 而城市史发展的这些外在表现,无疑立基于城市史的内在发展,即城市史研究的专业化,以及随之而来的学术地位的提升,这使"城市史"真正成为一个独立史学研究领域乃至迈向一个新的史学分支学科。如霍斯金斯所言,"长期被史家所忽视的城市史……如今正是英国史学最主要的增长点之一"。[2] 或如安东尼·萨克利夫(Anthony Sutcliffe)所言,到 20 世纪 70 年代,"城市史成为英国史学中冉冉升起之星"。[3] 然而,此时"城市史成为最新发现的大陆",[4] 离不开筚路蓝缕的探路者与先行者。1935 年,凭借《埃克塞特的工业、贸易与民众(1688～1800)》[5] 一书走入学界的霍斯金斯,便是探索这块新大陆的先行者。正因如此,他在 20 世纪 50 年代便被认为拉开了城市史研究的现代序幕(modern spate)。[6]

在系统论述霍斯金斯对英国现代城市史研究的贡献之前,我们有必要对其之前的英国城市史发展状况做一简单梳理,以彰显其立论所基与学术特征。英国人对城市的关注始于 15 世纪末,主要表现就是"中世纪寺院编年史的消失和取而代之的城市编年史的兴起",而且到亨利七世统治时期和亨利八世统治初期,城市编年史这样一种新类型的历史写作被搬到了

---

[1] 到 20 世纪 60 年代末,在英国至少有 400 位活跃的城市史研究者;1971 年,莱斯特大学设置了英国第一个城市史教席;1975 年,有多达 58 所英国大学和学院开设城市史课程或课程中包含城市史部分;平台搭建方面,英国城市史小组(British Urban History Group)于 1962 年建立,《城市史通讯》(*Urban History Newsletter*)于次年发行,并于 1974 年夏始以《城市史年鉴》(*Urban History Yearbook*)为名出版发行。参见 H. J. Dyos, "Agenda for Urban Historians," in H. J. Dyos, ed., *The Study of Urban History*, London: Edward Arnold, 1968, p. 43; Anthony Sutcliffe, "The Condition of Urban History in England," *The Local Historian*, Vol. 11, No. 5, 1975, p. 281; Peter Clark, "Introduction: The Early Modern Town in the West, Research since 1945," in Peter Clark, ed., *The Early Modern Town: A Reader*, London: Longman, 1976, p. 1。

[2] W. G. Hoskins, "Foreword," in Peter Clark and Paul Slack, eds., *Crisis and Order in English Towns, 1500–1700*, p. v.

[3] Anthony Sutcliffe, "The Condition of Urban History in England," *The Local Historian*, Vol. 11, No. 5, 1975, p. 278.

[4] H. J. Dyos, "Agenda for Urban Historians," in H. J. Dyos, ed., *The Study of Urban History*, p. 6.

[5] W. G. Hoskins, *Industry, Trade and People in Exeter, 1688–1800*, Manchester: Manchester University Press, 1935.

[6] W. H. Charloner, "Writings on British Urban History 1934–1957, Covering the Period 1700 to the Present," *Vierteljahrschrift für Sozial- und Wirtschaftsgeschichte*, Vol. 45, 1958, p. 78.

舞台中心。① 1598年，约翰·斯托（John Stow）出版了著名的《伦敦纵览》（Survey of London）一书，随后直到19世纪中叶以前，类似城市志的城市史作品不断涌现，并以主教座堂城市为主要研究对象。② 霍斯金斯认为，这些早期城市史作品在视野与内容上过于狭窄，呈现上或多或少像未经整理的材料汇编。③ 在此基础上，伴随史学的专业化与职业化，迎来了法律与宪制史范式的城市史，以19世纪梅特兰（F. W. Maitland）的城市史研究为确立标志（当然，这一范式的起源可以追溯至17世纪④）。这一范式的城市史，关注的主要对象是自治市，主要内容是城市发展中的法律与宪制方面，主要路径是城市传记的形式。正如彼得·克拉克（Peter Clark）在20世纪70年代回顾城市史时所言，"当对城市的兴趣在上个世纪萌发时，大多数作品采取的都是城市传记的形式，它们所寻求的是在一个长时段内重新再现（recapture）共同体的生活，尤其是探究其制度演进"。⑤ 这一谱系一直延续到20世纪前期，除梅特兰以外，还有查尔斯·格罗斯（Charles Gross）、卡尔·斯蒂芬森（Carl Stephenson）、詹姆斯·泰特（James Tait）等知名学者在此耕耘，并促进了二战后英国现代城市史的兴起。诚如有学者所言："新近城市史的根基有很大一部分是由研究中世纪自治市的史家奠定的。"⑥ 而这也正是霍斯金斯所直接面对的城市史学术大环境。

在批判既有研究成果的基础上，霍斯金斯总结了前人城市史研究中的问题所在，认为英国史家对城市发展（town development）的关注几乎都聚焦于宪制与法律方面，他们所关切的是自治市（borough）而非经济社会意义上的城市（town），是法律概念而非地貌（topography）或社会史，正如农业史家专注于庄园而非乡村一样，由此导致学者们对18世纪后半叶之前的

---

① 〔美〕J. W. 汤普森：《历史著作史》上卷，第2分册，谢德风译，商务印书馆，1996，第850、852页。
② 关于其间英国城市史发展概况，可参见 D. M. Palliser, ed., *The Cambridge Urban History of Britain*, Vol. I, *600 – 1540*, Cambridge: Cambridge University Press, 2000, pp. 7 – 8。
③ W. G. Hoskins, *Local History in England*, London: Longmans, 1959, p. 19.
④ Susan Reynolds, *An Introduction to the History of English Medieval Towns*, Oxford: Clarendon Press, 1977, p. v.
⑤ Peter Clark, "Introduction: The Early Modern Town in the West, Research since 1945," in Peter Clark, ed., *The Early Modern Town: A Reader*, p. 20.
⑥ H. J. Dyos, "Agenda for Urban Historians," in H. J. Dyos, ed., *The Study of Urban History*, p. 29.

英国城市经济、社会结构与有形增长（*physical growth*）惊人的一无所知。[1]虽然霍斯金斯肯定了梅特兰的自治市研究"奠定了城市史研究的真正基石"，[2]但他也指出"仅仅从法律和宪制视角的研究——致使诸多值得探究的领域无人问津"。[3]另外，霍斯金斯以弗里曼（E. A. Freeman，1884年接威廉·斯塔布斯任牛津大学近代史钦定教授）的作品为例，认为这样的城市史研究还存在两个显著缺点：一是对原始档案阅读、使用不足，二是将个案城市史纳入国家史框架尤其是用来阐明国家政治的发展。[4]如果说偏重法律和宪制面相，只是视角局限的话，那么后两点缺陷的普遍存在，则表明城市史尚未被视为一个严肃的研究对象与学术领域，已有研究只是将"城市"作为一个背景与场地，所讨论的城市史只是发生在城市里的某个侧面的历史，而没有将之视为一个真正独立的研究对象。

二　霍斯金斯与小城市的"发现"

批判是为了重建，自20世纪30年代以降，霍斯金斯在对城市史的不断探索与深挖中，率先实现了空间转向——从大城市（尤其是伦敦）转向地方城市（provincial towns）特别是小城市（small town 或 little town）。[5]关于小城市的"发现"与界定问题，曾是英国城市史领域的重要话题，这关乎英国城市数量、城市人口、城市化水平等诸多重要议题。以往研究更多围绕中世纪时段进行，一般认为英国学者"发现"小城市的过程开始于20世纪60年代莫里斯·贝雷斯福德（Maurice Beresford）有关中世纪西北欧

---

[1]　W. G. Hoskins, "English Provincial Towns in the Early Sixteenth Century," *Transactions of the Royal Historical Society*, Vol. 6, 1956, p. 1.

[2]　W. G. Hoskins, *Local History in England*, p. 20.

[3]　W. G. Hoskins, "Foreword," in Peter Clark and Paul Slack, eds. , *Crisis and Order in English Towns, 1500 – 1700*, p. v.

[4]　W. G. Hoskins, *Local History in England*, p. 20.

[5]　彼得·克拉克认为，在1939年以前英国近代早期城市史最重要的论著出自四位学者，即多萝西·乔治（Dorothy George）、费舍尔（F. J. Fisher）、霍斯金斯和布雷特 - 詹姆斯（N. G. Brett - James），但除霍斯金斯以外的三位学者均以伦敦为主要研究对象，而恰恰是霍斯金斯成为"二战"后最有影响力的学者。参见 Peter Clark, ed. , *The Cambridge Urban History of Britain*, Vol. Ⅱ, *1540 – 1840*, Cambridge: Cambridge University Press, 2000, p. 17。

地区新城的经典研究，以1967年他出版的《中世纪的新兴城市》(*New Towns of the Middle Ages*) 为代表；而给予小城市明确概念并进行系统论述的学者则一般认为始于英国马克思主义史家希尔顿（R. H. Hilton），他在1973年出版的《中世纪晚期的英国农民》(*The English Peasantry in the Later Middle Ages*) 一书第五章中，不仅明确提出了小城市的概念，而且比较了其在经济活动和职业结构等方面与村庄的差别，从而在传统的法律和经济特权之外，为从经济社会方面衡量一个共同体是不是城市找到了全新的判断标准。① 如果我们将目光转向霍斯金斯，转向近代早期的英国城市史研究，则可以发现英国学界关于小城市的"发现"与界定有着更早的探索。②

笔者爬梳史料发现，至少在20世纪四五十年代，霍斯金斯已经在著述中使用"小城市"、"小市镇"（little market towns）等概念。1949年，他在对莱斯特郡马基特哈伯勒市（Market Harborough）进行专门研究时，不仅使用了"小城市"这一概念，而且主要从社会与经济史维度探究了这个小城市的起源与发展问题，③ 并概括了这类市镇小城市的典型模式（characteristic pattern）。④ 在出版于1954年的名著《德文郡》中，他更有意简写了埃克塞特（Exeter）、普利茅斯（Plymouth）等相对较大城市的历史，而设专章讨论了自中世纪至19世纪该郡塔维斯托克（Tavistock）、托特尼斯（Totnes）、托普瑟姆（Topsham）等诸多小城市的发展史，⑤ 并特别指出：自13世纪以来，包括小城市在内的各类城市在德文郡的生活中均发挥了重要作用，它们都有各自独特的历史，我们必须将之视为该郡历史的重要方

---

① 参见徐浩《中世纪英国城市人口估算》，《史学集刊》2015年第1期。
② 实际上，希尔顿的学术道路与霍斯金斯也有颇多交集：霍斯金斯在20世纪40年代便鼓励希尔顿研究莱斯特郡地方史，此后又将《维多利亚郡史》莱斯特郡"中世纪农业史"部分交由其负责。受他影响，希尔顿很早便意识到地方史对理解社会与经济运动、整体史的价值与意义，这一路径甚至影响了他一生的治学特征。希尔顿也成为英国马克思主义史家中首先提出"从下往上看"理念的学者，并认为"只有从下往上看历史，才有可能更准确地重视整个社会的面貌"。参见姜启舟《威廉·乔治·霍斯金斯与英国新社会史的兴起》，《史林》2020年第6期。
③ W. G. Hoskins, "The Origin and Rise of Market Harborough," *Transactions of the Leicestershire Archaeological and Historical Society*, Vol. 25, 1949, pp. 55 – 68.
④ 霍斯金斯主要从主街形状、交易厅等重要建筑的分布、市场举办地、街道两侧房屋特点等角度进行了概括。参见 W. G. Hoskins, "The Origin and Rise of Market Harborough," *Transactions of the Leicestershire Archaeological and Historical Society*, Vol. 25, 1949, p. 59。
⑤ W. G. Hoskins, *Devon*, Andover: Phillimore, 2003, 1st ed., 1954, pp. xxxiii, 104 – 123.

面，予以单独关注。①

除了对小城市的实证研究之外，霍斯金斯还有与之相关的理论思考，这集中体现在1955年他对伊丽莎白时代英国城市体系的提炼上。在致敬英国著名社会史家屈威廉（G. M. Trevelyan）的一篇长文中，他不仅对英国城市层级提出了一个体系性的认识——整体呈金字塔式，而且主要依据城市功能（行政管理与经济职能）与人口数量对英国城市进行了分类排序，即塔尖是首都伦敦，其下依次分为4个层级：第一个层级为区域首府城市（capital cities），如诺里奇、约克、埃克塞特、索尔兹伯里、纽卡斯尔和布里斯托尔等较大城市，它们是政府、教会行政管理的地方中心，人口大多为8000~12000人；第二个层级为"郡城"（county towns），如德比、曼彻斯特等中等城市，它们是郡政府或通常为一广阔地域的市场所在地，或两者兼具，户数为400~600户；第三个层级为没有行政功能但在一定区域内发挥市场中心作用的小城市，如布里奇沃特（Bridgwater）、克鲁肯（Crewkerne）、克兰布鲁克（Cranbrook）、梅德斯通（Maidston）、沃尔萨尔（Walsall）、伍尔弗汉普顿（Wolverhampton）、布里奇诺思（Bridgenorth）、埃文河畔的斯特拉特福德（Stratford-upon-Avon）、斯坦福德（Stamford）等，它们的人口为1000~2000人、户数为200~300户；第四个层级为习惯于以城市身份自居的诸多地方（places），如牛津郡的伯福德（Burford）、奇平诺顿（Chipping Norton）等更小的城市，它们的人口为800~1000人。② 显然，霍斯金斯此时已对英国各类城市有了明确的体系化认识，尤为重要的是以经济社会标准作为分类分级的依据，而不是以城市特许状和市民财产保有条件等传统的法律和经济特权作为依据，由此确立了"城市"界定的新标准，赋予诸多地方"小城市"的身份地位。③

---

① W. G. Hoskins, *Devon*, p. 104.
② W. G. Hoskins, "An Elizabethan Provincial Town: Leicester," in J. H. Plumb, ed., *Studies in Social History: A Tribute to G. M. Trevelyan*, London: Longmans, 1955, p. 38. 此文后又收入其著名文集 *Provincial England: Essays in Social and Economic History*, London: Macmillan; New York: St Martin's Press, 1963, pp. 86 - 114。
③ 霍斯金斯的这种城市分类体系尽管稍显简化，却为讨论包括小城市角色在内的相关议题提供了一种有意义的模型，为彼得·克拉克、保罗·斯莱克（Paul Slack）等人所继承、改进，在后来《剑桥英国城市史》中也得以深刻体现。参见 Derek Keene and D. M. Palliser, "Regional introduction (England and Wales)," in D. M. Palliser, ed., *The Cambridge Urban History of Britain*, Vol. I, 600 - 1540, p. 542。

另外，他还尤为肯定、强调这些小城市的价值——我们所面对的按照现在标准是非常小的共同体，一般总人口为1000～3000人，但历史学家绝不能享有现代对大数字（常常是无意义的）的痴迷：当他面对伊丽莎白时代的一座城市时，他所关切的应是一种生活质量（quality of life），这种质量——举一个极端例子——是可以孕育出威廉·莎士比亚的小城市，它只有12条街，可能只有1200人。正是反对这种醉心于"大"的衡量标准，他转向研究伊丽莎白时代莱斯特市的经济与日常运行，虽然它既不是一座区域首府，也不是一座服务未开垦区域的重要市镇，甚至不是一座二流的纺织城市。[①] 1956年霍斯金斯在《皇家历史协会会刊》发表《16世纪早期英国的地方城市》一文，进一步阐发了对小城市的重视与肯定，认为从社会结构的长时段维度来看，虽然16世纪早期包括小城市在内的地方城市在许多方面仍旧是中世纪的，但它们已经有了一些显著的现代特征，尤其在社会结构的轮廓方面。[②]

回顾学术史可知，经济社会指标成为20世纪70年代以降英国学界判断一个地方或共同体是否为城市的主要标准，从而使大量小城市得以被"发现"，大大改变了城市史的研究局面。因而，可以说霍斯金斯空间转向所带来的对小城市的"发现"与肯定具有先导性贡献。在20世纪60年代，迪奥斯就曾这样感叹：我们对这类城市的研究太缺乏了。感叹之余，他首推霍斯金斯20世纪50年代对小城市的杰出研究。[③] 实际上，即使放眼欧洲，霍斯金斯对小城市的探索都具有先驱意义。而且与欧洲大陆城市相较，工业革命以前的英国城市除伦敦以外，所谓地方城市都只能归入小城市之列。彼得·克拉克在20世纪90年代中叶梳理城市史时还如此感慨：在欧洲范围内，相较大中城市，小城市因各种原因而没有得到应有的关注，对欧洲小城市的研究更多是过去两代人的创造，如今刚刚开始立住脚。[④]

[①] W. G. Hoskins, "An Elizabethan Provincial Town: Leicester, "in J. H. Plumb, ed. , *Studies in Social History: A Tribute to G. M. Trevelyan*, p. 39.

[②] W. G. Hoskins, "English Provincial Towns in the Early Sixteenth Century, "*Transactions of the Royal Historical Society*, Vol. 6, 1956, p. 19.

[③] H. J. Dyos, "Agenda for Urban Historians, "in H. J. Dyos, ed. , *The Study of Urban History*, p. 38.

[④] Peter Clark, ed. , *Small Towns in Early Modern Europe*, New York: Cambridge University Press, 1995, p. xvii, 4.

三 霍斯金斯与经济-社会史范式的建立

从研究内容而言，霍斯金斯在已有城市史研究的基础上，先后开拓了城市工业史、社会结构史、建筑史（更多为住房史）与景观史等史学新领域，[①] 视域上从法律宪制史转向经济史，再转向经济-社会史。[②] 整体而言，20 世纪早、中期，在法律宪制史范式的城市史尚未完全退场之际，经济史范式的城市史又随之兴起，这一范式比较注重大中城市和城市上层，着重于对城市经济层面的考察。[③] 霍斯金斯本人最先涉足的学术领域也是经济史。尽管如此，经济史范式的城市史并未成为霍斯金斯城市史研究的模板与样式，而是在此基础之上，进一步在学界率先迈向了与社会史相结合的经济-社会史。正如有学者评价的那样，将经济史主导（economic preoccupations）的方式转变为更为明确的城市史方式的学者始于霍斯金斯，他率先将自己从经济史中解放出来。[④]

之所以如此，是因为霍斯金斯很早便洞察到紧随法律宪制史范式的经济史范式也存在诸多局限。比如，他在选择近代早期莱斯特市作为研究对象时就曾批评经济史家的陈腔滥调（clichés）不比政治史家少：前者对"织物贸易"的简单参照并不比后者的"火与剑"更为有益。[⑤] 他认为至少到 20 世纪 50 年代末，出现在英国城市史中的大部分经济与社会史都是不连贯且缺乏重要主题的。难能可贵的是，他分别从社会史、经济史的角度分析了导致这一现象的原因：社会史直到近期仍被视作一个"破布袋"

[①] C. W. Chalkin and M. A. Havinden, eds., *Rural Change and Urban Growth, 1500 – 1800: Essays in English Regional History in Honour of W. G. Hoskins*, p. xv.

[②] 霍斯金斯主张经济史与社会史的融合与互鉴，同时由于选择和侧重的差异而经常出现经济社会史（economic and social history）、社会经济史（social and economic history）混用的情况，而实际上这两者也是相互交叉和混合的，并非泾渭分明，故而，笔者统一将之翻译为"经济-社会史"。经济社会史和社会经济史的关系问题，可参见徐浩《英国经济-社会史研究：理论与实践》，侯建新主编《经济-社会史——历史研究的新方向》，商务印书馆，2002，第 68~69 页。

[③] 参见徐浩《中世纪英国城市人口估算》，《史学集刊》2015 年第 1 期。

[④] H. J. Dyos, "Agenda for Urban Historians," in H. J. Dyos, ed., *The Study of Urban History*, pp. 25 – 26.

[⑤] W. G. Hoskins, "An Elizabethan Provincial Town: Leicester," in J. H. Plumb, ed., *Studies in Social History: A Tribute to G. M. Trevelyan*, p. 39.

(rag‐bag），任何无法清晰归入已有成熟史学领地的历史都被装入其中；至于经济史，它在城市史书写中同样效果欠佳，是因为地方史家也没有明确该提出什么样的经济史问题并做出系统分析。① 也许更重要的原因在于他认为，"我们必须始终聆听科学图表与数据背后男男女女的诉说"。② 另外，霍斯金斯还敏锐地觉察到社会环境的变化对城市史学主题变革的意义：如今我们比以往任何时候都更生活于经济－社会史之中，而不是此前的军事史或政治史之中，因而相较其他类别的历史，经济－社会史应该更能引起我们的兴趣，因为我们熟悉、关切与我们日常生活紧密相关的历史。③ 正是基于这样的认识，霍斯金斯率先转向了以经济史与社会史交融互鉴为主要路径的城市史研究，他所主张并实践的新城市史，具有如下鲜明特征。

第一，经济与社会互动的城市史。霍斯金斯的首部城市史著作便以"工业""贸易""民众"作为主题，注重经济要素与社会要素互动的特点十分突出。在该书出版30余年后，霍斯金斯也自视该书是一本经济－社会史著作。④ 在第四章"埃克塞特的民众"中，他首先讨论了1671～1672年的壁炉税这个经济史问题，进而探讨了此时埃克塞特市财富分配与不同堂区的相对富裕或贫困等社会史问题。⑤ 此后，他对16世纪早期英国地方城市史的研究，所讨论的内容也涵盖了纳税状况、人口规模、地方市场、国内贸易、职业结构、各阶层收益差别等问题，对城市经济发展水平与社会结构状况进行了实证研究。⑥ 这样的案例不胜枚举，即使看似与经济－社会史颇有距离的建筑史、景观史，他在研究中也始终注重与经济社会因素的联结。比如他主张，对房屋的研究不能只是单纯将它视为一种建筑物（由对建筑行业技术与材料感兴趣的人来做），而应该将所有类型的房屋置于人类社会的背景之中，并将它们与紧密相关的经济社会史相连。若没有

---

① W. G. Hoskins, *Local History in England*, p. 93.
② W. G. Hoskins, "English Local History: The Past and the Future," in R. C. Richardson, ed., *The Changing Face of English Local History*, London: Ashgate, 2000, p. 138.
③ W. G. Hoskins, *Local History in England*, p. 93.
④ W. G. Hoskins, *Two Thousand Years in Exeter*, Chichester: Phillimore, 1960, p. v.
⑤ W. G. Hoskins, *Industry, Trade and People in Exeter, 1688–1800*, p. 111.
⑥ W. G. Hoskins, "English Provincial Towns in the Early Sixteenth Century," *Transactions of the Royal Historical Society*, Vol. 6, 1956, p. 2.

这一构架，我们只能模糊地理解我们所见之对象。① 而考察城市景观，则需要挖掘景观形成背后的经济基础、资本投入、贸易与工业史以及财产所有权、人口增长等多维经济社会因素。②

第二，底层民众的城市史。霍斯金斯十分关注对城市底层民众历史的研究。他在《埃克塞特的工业、贸易与民众（1688~1800）》一书中便表示，埃克塞特穷人的历史需要专门的著作予以充分研究。③ 此后他还身先士卒，专门研究了莱斯特市的一名屠户，围绕其人生履历、职业变化、家庭结构、住宅穿衣与财富积累等进行了详细探讨，并将之视为16世纪后半叶该市经济与社会变迁的象征。④ 到20世纪50年代末，他更是感叹：我们对作为整体的工薪阶层（wage-earning class）的命运和财富所知甚少。⑤ 在《埃克塞特两千年》一书中他便努力改变这一状况，对埃克塞特中世纪的劳动者及其工资水平、16世纪普通人群的贫富程度、19世纪工人阶级的经济与社会状况等均进行了实证分析。⑥ 霍斯金斯对城市底层民众历史的重视，除了以前的研究不足等具体原因之外，还有更为深刻的历史价值论问题。霍斯金斯曾在《英格兰地方史》第七章"城市：经济-社会史"结尾处提醒研究者："我们必须铭记历史是关于民众（people）的历史。"⑦ 此后他在为《英国城市的危机与秩序（1500~1700）》一书撰写序言时再次表达了类似的以人为本的史学价值论："笔者说他们（指穷人——引者注）之所以重要不仅仅是因为他们人数如此众多，而是认为在任何情况下忽略人类的一半或3/4的历史都不能被称作大写的历史。"⑧ 因为在他看来，任何稳定的社会基础都是由普通民众所构成的。⑨

第三，大历史观下的城市史。霍斯金斯的新城市史除在研究进路、研

---

① W. G. Hoskins, *Fieldwork in Local History*, London: Faber & Faber, 1967, p. 94.
② 〔英〕W. G. 霍斯金斯：《英格兰景观的形成》，第312~342页。
③ W. G. Hoskins, *Industry, Trade and People in Exeter, 1688-1800*, p. 8.
④ W. G. Hoskins, "An Elizabethan Butcher of Leicester," in W. G. Hoskins, *Essays in Leicestershire History*, Liverpool: Liverpool University Press, 1950, pp. 108-122.
⑤ W. G. Hoskins, "Foreword," in W. B. Stephens, *Seventeenth-century Exeter: A Study of Industrial and Commercial Development, 1625-1688*, Exeter: The University of Exeter, 1958, p. xiv.
⑥ 参见 W. G. Hoskins, *Two Thousand Years in Exeter*, Chapter 4, 5, 8, 9。
⑦ W. G. Hoskins, *Local History in England*, p. 105.
⑧ W. G. Hoskins, "Foreword," in Peter Clark and Paul Slack, eds., *Crisis and Order in English Towns, 1500-1700*, p. vi.
⑨ W. G. Hoskins, *Devon*, p. xxxv.

究重心方面颇有特色之外,还展现出一种独具一格的大历史观,这至少体现在三个维度。一是研究内容上注重综合性。霍斯金斯的城市史研究往往以经济史和社会史的整合为基础,在研究内容上表现出广博而综合的特点,无论具体研究对象是什么、主题大小,均能对其诸多面相予以丰富呈现与综合剖析。所以,我们看到不管他在研究伊丽莎白时代莱斯特这座城市史,还是考察此时的埃克塞特商人群体,都具有这样的综合性特征。[①]二是研究视野上注重全局性。虽然其城市史研究以地方城市、小城市为主轴,但他并没有矫枉过正、画地为牢,而是在挖掘这些城市地方性的同时,观照区域性乃至全局性,从而开拓了经济-社会史的研究视野。他认为只有充分掌握国家史才可以解释发生在地方的大量事件,才可以将地方史融入国家史之中。[②]在专著《埃克塞特的工业、贸易与民众(1688～1800)》中,他便将研究时段内埃克塞特市的工业、贸易、民众置于英格兰西南部乃至整个王国的地理和文化背景之中,从而达到了地方史与国家史融为一体的效果。三是研究时段上注重长时段。这方面的代表作便是《埃克塞特两千年》一书,以长时段的历史视域考察了该市2000年间的经济与社会史。当然,时段延长所带来的历史贯通只是表面意义所在,更深层次的意义在于这有利于城市史研究走向深入,因为经济-社会史的研究内容更多是普通人的日常生活,而这大多是琐碎的、短时段内不易察觉变化的,只有从长时段审视才能更好地揭示普罗大众的活动与经济社会变化之间的关系,从而有助于书写以普通人为中心的大历史。毕竟,对霍斯金斯而言,社会变迁与经济发展的"人的维度"始终是其主要兴趣所在。[③]

显然,霍斯金斯的城市史研究及其转向,是在此前城市史研究基础上

[①] 对前者,霍斯金斯讨论了莱斯特在整个英国城市体系中的位置、财富分配与职业种类、自治政府与财政状况、建筑成本与租金水平等诸多方面;对后者,他讨论了商人群体与政府架构、占城市总人口的比重、地域来源与家庭背景、贸易规模与种类,等等。参见 W. G. Hoskins, "An Elizabethan Provincial Town: Leicester," in J. H. Plumb, ed., *Studies in Social History: A Tribute to G. M. Trevelyan*, pp. 33 – 67; W. G. Hoskins, "The Elizabethan Merchants of Exeter," in S. T. Bindoff et. al., eds., *Elizabethan Government and Society: Essays Presented to Sir John Neale*, London: University of London, Athlone Press, 1961, pp. 163 – 187。

[②] W. G. Hoskins, *Local History in England*, p. 7.

[③] R. C. Richardson, "The Review of *Rural Change and Urban Growth, 1500 – 1800: Essays in English Regional History in Honour of W. G. Hoskins* by C. W. Chalklin and M. A. Havinden," *Social History*, Vol. 2, No. 4, Jan., 1977, p. 535.

的有的放矢,他不满于此前的法律宪制史范式和紧随其后的经济史范式,不断开辟城市史书写新领域,开拓了以地方城市尤其是小城市为核心的经济-社会史研究,从而引领建立了一种城市史新范式,而这正是20世纪后期乃至今日城市史研究的主流范式。[1]

四 霍斯金斯与现代城市史研究的兴起

作为研究领域的"现代城市史"起源问题,学界大致有三种不同观点:19世纪德国起源说,20世纪早、中期的法国起源说以及20世纪二三十年代的美国起源说。持第一种观点的学者往往从史学职业化与专业化的角度论述,认为德国史家率先开启了现代城市史研究,即城市史作为一个学术主题(academic subject)始于19世纪的德国,而且德国的影响还传播到了英国和比利时(分别以梅特兰和亨利·皮朗为代表)。[2] 持第二种观点的学者往往强调年鉴学派的引领作用,即年鉴学派推动了历史学家的"城市觉醒"(urban awakening),[3] 在二战后的数十年间,他们完成了一系列关于近代早期法国城市的先驱研究,为城市史研究树立了新的高标准。[4] 持第三种观点的学者则更多从学科的角度看待这个问题,即一般认为城市史研究发轫于20世纪20年代的美国,最初是社会学研究的一部分,[5] 到

---

[1] 英国作为经济-社会史的起源地,从20世纪20年代开始,先后有著名经济史家托尼(R. H. Tawney)以及与霍斯金斯同时期的马克思主义史家克里斯托弗·希尔(Christopher Hill)探索或推进经济-社会史的交融、研究,但他们都没有将之置于城市史的框架之中。另外,早在20世纪50年代初,霍斯金斯已经洞察到经济-社会史作为一个新兴史学分支对史学研究所产生的重要影响。参见徐浩、侯建新《当代西方史学流派》第2版,中国人民大学出版社,2009,第279~280页;W. G. Hoskins, *Devon*, p. xxxi。

[2] Peter Clark, *European Cities and Towns, 400 - 2000*, Oxford and New York: Oxford University Press, 2009, pp. 8 - 9.

[3] 年鉴学派的创始人费弗尔和布洛赫便注重将城市视作一种重要的文明象征,他们指出城市对经济、社会、文化以及人的日常行为和思考方式等均产生了巨大影响。而且,他们在《年鉴》杂志上发表了有关城市研究的大量论文和书评,从而引领了城市史发展方向。参见 François Bédarida, "The Growth of Urban History in France: Some Methodological Trends," in H. J. Dyos, ed., *The Study of Urban History*, pp. 54, 55。

[4] Peter Clark, *European Cities and Towns, 400 - 2000*, pp. 8 - 9.

[5] 陆伟芳、里查德·罗杰:《英国城市史研究的发展走向——兼评〈剑桥英国城市史〉》,孙逊主编《都市文化研究》第1辑,上海三联书店,2005,第49页。

20世纪30年代美国史家率先讨论了如何围绕城市和城市生活的历史研究去创造一个新的史学研究分支，亚瑟·M. 施莱辛格（Arthur M. Schlesinger）便是美国第一位将城市史作为一个独立研究分支，并对它做出清晰界定的学者，[1] 尤以其1933年出版的《城市的兴起（1878~1898）》（*Rise of the City, 1878–1898*）一书为代表，故该书也常被誉为开西方现代城市史研究之先河。[2] 由于学科角度的界定，城市史内外发展都能兼容，且易于观察衡量，故而第三种观点得到更多学者的支持。有学者认为，"城市史，像有轨电车一样，是美国发明的"。[3] 最终，到20世纪60年代，城市史作为一门独立的、跨学科的新兴学科在美、英、德、法等国扩展开来。[4] 也正是在这个意义上，霍斯金斯将20世纪50~70年代英国城市史的迅猛发展誉为一场"史学革命"。

霍斯金斯通过空间转向与视域转向，为这场城市史领域的史学革命做出了重要贡献。他的城市史研究主张与实践，形成了范式与传统，收获了丰硕的"庄稼"。[5] 彼得·克拉克甚至认为，霍斯金斯开创了一条独特的城市史新路径——"地方史路径"，主要关注城市的经济结构、社会变革与有形地貌（physical face），其影响至少持续到20世纪70年代。[6] 从而超越了兴盛于19世纪并延续至20世纪早、中期的"传记路径"。[7] 霍斯金斯认为其所要建立的现代地方史主题也正是"城市和乡村共同体的起源与发展"。[8] 正因如此，地方史与城市史在英国便有了诸多的联结。他的《埃克

---

[1] Anthony Sutcliffe, "The Condition of Urban History in England," *The Local Historian*, Vol. 11, No. 5, 1975, pp. 280, 284.

[2] 参见于沛主编《现代史学分支学科概论》，中国社会科学出版社，1998，第142页。

[3] Anthony Sutcliffe, "The Condition of Urban History in England," *The Local Historian*, Vol. 11, No. 5, 1975, p. 280.

[4] 陆伟芳、里查德·罗杰：《英国城市史研究的发展走向——兼评〈剑桥英国城市史〉》，孙逊主编《都市文化研究》第1辑，第49页。

[5] H. J. Dyos, "Agenda for Urban Historians," in H. J. Dyos, ed., *The Study of Urban History*, p. 26, note 59.

[6] Peter Clark, "Introduction: The Early Modern Town in the West, Research since 1945," Peter Clark, ed., *The Early Modern Town: A Reader*, p. 20; Peter Clark, ed., *The Cambridge Urban History of Britain*, Vol. II, *1540–1840*, p. 18.

[7] Anthony Sutcliffe, "The Condition of Urban History in England," *The Local Historian*, Vol. 11, No. 5, 1975, p. 280.

[8] W. G. Hoskins, "The Writing of Local History," *History Today*, Vol. 2, No. 7, Jul., 1952, p. 487.

塞特的工业、贸易与民众（1688~1800）》便被论者视为帮助建立了城市史的现代样式，①启迪引领了二战后诸多城市史尤其是对工业城市的研究。②他本人也被视为"对前工业化时代英国城市进行研究开先河者"。③他在《英格兰地方史》中对城市历史结构（historic fabric）的强调，又使其被誉为高度熟稔的地形学家和观察家。④他的另一本城市史专著《埃克塞特两千年》则被视作"小书大作"（small masterpiece）的典范。⑤简言之，从方法到内容，城市史都可以从地方史那里获益。从这个角度来看，以霍斯金斯为代表的现代地方史学者的确对英国现代城市史有孕育之功。有学者甚至认为到20世纪60年代，英国大部分城市史仍然是地方史的一个分支。⑥1976年因为诸多标志性课程、成果的出现，被学者视为近代早期英国城市史的"成年"（came of age）之年，而总体来看这些作品大多与霍斯金斯的影响相关。⑦因而霍斯金斯也被视为英国近代早期城市史之父。⑧

此外，他还注重城市史研究方法与基本规范的确立。比如，他在重印、再版多次的研究指南《英格兰地方史》一书中辟专章"城市：经济-社会史"，并以职业、工资与价格、经济增长与变革、社会结构四个主题为例，向读者阐明了为何以及如何研究这些经济-社会史对象。⑨他还重

---

① R. C. Richardson, "The Review of *Rural Change and Urban Growth, 1500 – 1800: Essays in English Regional History in Honour of W. G. Hoskins* by C. W. Chalklin and M. A. Havinden," *Social History*, Vol. 2, No. 4, Jan., 1977, p. 535.
② H. J. Dyos, "Agenda for Urban Historians," in H. J. Dyos, ed., *The Study of Urban History*, pp. 25 – 26.
③ 刘景华：《城市转型与英国的勃兴》，导言，第1页。
④ G. H. Martin, "The Town as Palimpsest," in H. J. Dyos, ed., *The Study of Urban History*, p. 163.
⑤ Peter Beacham, "Introduction to the 2003 Edition," in W. G. Hoskins, *Devon*, p. xviii.
⑥ Eric E. Lampard, "Urbanization and Social Change; on Broadening the Scope and Relevance of Urban History," in Oscar Handlin and John Burchard, eds., *The Historian and the City*, Cambridge, MA: MIT Press, 1963, p. 226.
⑦ Jonathan Barry, "Introduction," in Jonathan Barry, ed., *The Tudor and Stuart Town: A Reader in English Urban History, 1530 – 1688*, London and New York: Routledge, 2014, p. 1.
⑧ Charles Phythian – Adams, "Hoskins's England: A Local Historian of Genius and the Realisation of His Theme," *Transactions of the Leicestershire Archaeological and Historical Society*, Vol. 66, 1992, pp. 143 – 144.
⑨ W. G. Hoskins, *Local History in England*, pp. 93 – 105. 该书1959年出版，到1965年时已经重印5次，此后又分别于1972年、1984年相继推出第2版、第3版修订版，该书最近一次重印是在2021年。

视与其他学科的交叉互鉴,他自视为一位总是提出社会学问题的历史学家,所赞同的是这样的主张:"若研究任何城市而不与社会学家们的大量研究相关联,那将是无益的。"[1] 他还注重对原始史料的发掘,不仅整理出版了两部史料集,而且是最早使用遗嘱、财产清册(inventories)、壁炉税以及补助金(subsidy)等税收档案的城市史学者之一。[2] 甚至城市史著作是否应配有地图这类学术规范,他也同样注重:"出版一部没有地图的城市史著作就如同出版一本没有索引的图书;作为一本出版物,这本书应该被直接除去版权。"[3] 而其《地方史中的田野调查》一书则向读者阐明了如何结合城市文献(包括原始材料与学术著作)进行城市内的田野调查。[4] 并引导读者谨记这样的格言:"城市并不生长,它们是被建立的。"研究者应接续考虑"是谁规划了这些街道,是谁建造了这些房产,是谁资助了这些发展"等城市史问题。[5] 这些与他的两部城市史专著,加上多篇高质量的城市史论文一道,为城市史研究者提供了方法、确立了规范,进而指引了方向。

霍斯金斯对英国现代城市史兴起的贡献,从其与诸多城市史研究者的交集中也可管窥一二。彼得·克拉克和保罗·斯莱克认为霍斯金斯指导了包括他们在内的诸多城市史研究者。[6] 查尔斯·菲西安-亚当斯(Charles Phythian - Adams)也表示要特别感谢霍斯金斯,正是在他"同情之庇护"(sympathetic aegis)下,自己对考文垂的城市史研究才得以开启。[7] 大卫·帕里泽(David Palliser)的城市史研究始于在牛津大学读研究生之时,而

---

[1] W. G. Hoskins, "Discussion, "in H. J. Dyos, ed. , *The Study of Urban History*, p. 340.

[2] W. G. Hoskins, ed. with an introduction, *Exeter in the Seventeenth Century: Tax and Rate Assessments, 1602 – 1699*, Torquay: Devon & Cornwall Record Society, 1957; W. G. Hoskins, ed. with an introduction, *Exeter Militia List, 1803*, London and Chichester: Phillimore[for the] Devon and Cornwall Record Society, 1972. 霍斯金斯对城市档案的重视,从其对学术史的梳理中也可管窥:他评价玛丽·贝特森(Mary Bateson)所整理的3卷本的莱斯特自治市档案(1899~1905年出版),可视为城市史研究的里程碑。参见 W. G. Hoskins, *Local History in England*, p. 20。

[3] T. C. Barker, "Discussion, "in H. J. Dyos, ed. , *The Study of Urban History*, p. 150.

[4] W. G. Hoskins, *Fieldwork in Local History*, pp. 24 – 29, 65 – 73, 104 – 106.

[5] W. G. Hoskins, *Fieldwork in Local History*, p. 73.

[6] Peter Clark and Paul Slack, eds. , *Crisis and Order in English Towns, 1500 – 1700*, p. ix.

[7] Charles Phythian - Adams, "Ceremony and the Citizen: The Communal Year at Coventry, "in Peter Clark and Paul Slack, eds. , *Crisis and Order in English Towns, 1500 – 1700*, p. 80.

他也正是在霍斯金斯的指导下进行的。① 至少在20世纪六七十年代，霍斯金斯有关莱斯特、埃克塞特城市史的重要探究仍被艾伦·埃弗里特（Alan Everitt）等新生代学者所继承。② 当然，特别值得一提的是英国第一位城市史教授、对英国城市史做出卓越贡献的迪奥斯也同样受益于他。1953年，迪奥斯被任命为莱斯特大学学院（University College of Leicester，1957年升格为莱斯特大学）经济史助教，霍斯金斯所开创的现代地方史则"影响了他将要书写的城市史"。③ 迪奥斯来此任职本是填补霍斯金斯调任牛津大学后的空缺的一种权宜之计（stop gap），④ 但实际上却因此改变了一生的学术走向。1966年他在莱斯特大学组织召开第一次英国城市史小组国际圆桌会议，被公认为将城市史绘制在了这个国家的地图之上。⑤ 而此次会议的成功召开，也离不开霍斯金斯的帮助（1965年霍斯金斯重新回到莱斯特大学任职），无论在论文选择、学者邀请、住宿安排等会议筹办阶段，主持圆桌讨论的开会阶段，还是在会议文集整理与出版等会后阶段，霍斯金斯都是最主要的参与者之一，他们之间为此通信达数十封。⑥ 另外，从机构建设角度来看，1948年霍斯金斯在莱斯特大学学院成立英国第一个地方史系，不仅对地方史而且对城市史的发展都可谓划时代的事件，它成为城市史研究者的培育基地，为城市史学在英国的兴起培养了骨干队伍（cadre）。⑦

综上所述，霍斯金斯对英国现代城市史研究兴起所做的贡献表现在多个

---

① "Notes on Contributors," in Alan M. Everitt, ed., *Perspectives in English Urban History*, London: Macmillan, 1973, p. 263.

② Peter Clark, ed., *The Cambridge Urban History of Britain*, Vol. II, 1540 – 1840, p. 18.

③ David Cannadine, "Urban History in the United Kingdom: the 'Dyos Phenomenon' and After," in David Cannadine and David Reeder, eds., *Exploring the Urban Past: Essays in Urban History by H. J. Dyos*, p. 204.

④ 与迪奥斯一道被任命以填补霍斯金斯离任空缺的还有杰弗里·马丁（Geoffrey Martin）。参见 Bruce M. Stave, "A Conversation With H. J. Dyos: Urban History in Great Britain," *Journal of Urban History*, Vol. 5, No. 4, Aug., 1979, p. 471。

⑤ Anthony Sutcliffe, "The Condition of Urban History in England," *The Local Historian*, Vol. 11, No. 5, 1975, pp. 280 – 281.

⑥ Letters of Correspondence between W. G. Hoskins and J. Dyos (1966 – 1972), Available at Dyos Collection, Special Collections of the University of Leicester. 莱斯特大学图书馆特藏部助理馆员莎拉·伍德（Sarah Wood）为笔者提供了信件信息及扫描件，谨致谢忱。

⑦ Gary W. Davies, The Rise of Urban History in Britain c. 1960 – 1978, Ph. D. Thesis, University of Leicester, 2014, pp. 49, 163.

方面，切实推进了英国城市史尤其是近代早期城市史的研究。正因如此，为其在英国现代城市史的学术脉络中寻找一个合适的定位就显得颇为必要。对此，有学者直接将他誉为英国现代城市史之父（founding father），从而取代了迪奥斯的位置。① 在笔者看来，这一定位似乎并不十分恰当，迪奥斯除了对维多利亚时代伦敦史的研究成就之外，在城市史交流平台搭建、学术期刊创办等诸多方面的贡献是任何人都不能取代的，是英国现代城市史走向成熟的最主要推动者。② 实际上，可以说迪奥斯与霍斯金斯在学术上是两代人，前者1953年在莱斯特大学学院开启学术生涯之际，后者已获大学教职20余年（始自1931年）。从城市史学术发展脉络来看，克里斯托弗·戴尔（Christopher Dyer）、伊夫林·洛德（Evelyn Lord）等当代史家甚至认为霍斯金斯早在"城市史"这一术语发明之前就已在书写它。③ 所以，笔者认为将霍斯金斯视为英国现代城市史研究或城市史学革命的"先行者"似乎更为准确。④ 目的不是简单抬高或贬低某位学者的学术地位，而是理清英国城市史学发展的逻辑链条，追溯、绘制学术发展的渊源与长远图景。毕竟，学术创新不能一味向前看，回看来时路，夯实根基与路径，方能行稳致远。

作者：姜启舟，天津师范大学欧洲文明研究院

（编辑：任云兰）

---

① R. C. Richardson, "Pioneering Local History and Landscape History: Some Reflections on Anglo - Saxon England in the Work of W. G. Hoskins,"Alexander Langlands and Ryan Lavelle, eds., *The Land of the English Kin: Studies in Wessex and Anglo - Saxon England in Honour of Professor Barbara Yorke*, Leiden: Brill, 2020, p. 633.
② 参见张卫良《"迪奥斯现象"：英国的城市史研究》，《史学月刊》2015年第12期；〔英〕肖恩·埃文《什么是城市史》，熊芳芳译，北京大学出版社，2020，第21~23页。
③ Christopher Dyer et. al., "Introduction: Local History in the Twenty - first Century,"in Christopher Dyer et. al., eds., *New Directions in Local History since Hoskins*, p. 7.
④ 近来有学者认为，在史学学科之中，英国城市史的核心先觉者（core progenitors）有三：经济史、社会史与英国地方史。参见 Gary W. Davies, The Rise of Urban History in Britain c. 1960 - 1978, Ph. D. Thesis, University of Leicester, 2014, p. 47。而霍斯金斯无疑在此三个领域均长期深耕并卓有成就。

·古代城市·

明清朝邑城市形态演变研究

田大刚

内容提要 朝邑为古代关中地区的一座县城，其城市形态在明清时期发生过显著变迁：明中后期社会经济发展带来了对城市空间需求的增加，城墙、街道及街区均得到扩展；清中期受到黄河洪水的严重影响，城市街道与街区的分布整体上向县城以西的高处平移，导致城东部由街区退化为空地，西关地区街道与街区则均得到显著扩展，从而形成"西盛东虚"的城市空间格局。从朝邑的案例来看，明清时期部分地方城市的城市形态经历了多次复杂的演变。对这类地方城市的深入研究，有助于更加全面地理解明清时期地方城市形态的演变规律及一般性特征。

关键词 朝邑　地方城市　城市形态　明清时期

引　言

城市形态是历史城市地理研究的重要内容，目前学术界在对古代城市形态的研究中多关注都城、省城及其他少数被认为具有典型性的城市，对一般地方城市的关注力度明显不足，对作为城市和城市形态主体部分的街道与街区的研究亦有待加强，以至于经过数十年的探讨，至今我们对中国古代地方城市的认识仍然是比较匮乏的。

造成目前对古代地方城市认识不足的原因主要有两个方面。一方面，对地方（治所）城市尤其是县级城市缺乏足够的重视。① 县级城市是各类（治所）城市中数量最多、分布地域最广的一类，然而对这类城市的研究却长期乏人问津，② 其城市形态的演变及特征则以对少数典型城市的研究结论或认识为代表。然而，不同城市的发展有其特殊性与复杂性，不同地域的城市其城市形态具有一定的差异，存在多样性，不能一概而论。譬如，来亚文对宋代江阴城的研究就充分揭示了一般地方城市形态变迁的复杂性和特殊性，③ 当然，这种复杂性与特殊性并不具有典型性。典型性只能适用于某一类或一组特征相似的城市，即从一类或一组城市中选取比较典型者，通过对这些城市的研究来了解其一般状况。譬如，选取平原地区的明代卫所城市中较为典型者进行研究，从而说明这类城市的一般性特征，而江阴和本文选取的朝邑则均不具备这种典型性。实际上，目前大多数以"典型性"自称的研究所选取的城市多只具有复杂性与特殊性，而不具备典型性。④ 另一方面，对古代地方城市的研究往往以对城墙的研究为核心或导向，⑤ 认为通过理清城墙的形状、周长及其变化便能够掌握城市形态的发展变迁状况。⑥ 然而，即使是以城墙为核心的研究，对历史上城墙具体范围的演变及城墙位置的研究亦十分少见。

诚然，相比街道、街区等城市的核心要素，城墙的资料相对而言较为丰

---

① 详见黄敬斌《江南治所城市：被遗忘的多数》，《中国社会科学报》2016年12月20日，第7版；范习中《清代寿州城市形态探析》，《阜阳师范大学学报》（社会科学版）2021年第1期，第16页。

② 成一农较早注意到此问题，并以甘肃东部地区府州县城市为例对明清时期地方城市的城市形态及其变迁进行了探讨。详见成一农《明清时期甘肃东部城市形态研究》，张萍主编《西北地区城乡市场结构演变的历史进程与环境基础》，三秦出版社，2011，第159~198页。

③ 来亚文：《宋代江阴城市空间格局的演变》，《史林》2019年第2期，第17~29页。

④ 在自称所选取城市具有典型性的研究中，学者一般极少对所选城市是否具有典型性以及如何表现出典型性进行证明，实际上这种典型性也是难以证明的。

⑤ 黄敬斌将此总结为城墙视角。详见黄敬斌《郡邑之盛：明清江南治所城市研究》，中华书局，2017，第19~24页。

⑥ 此类成果不胜枚举，譬如冯贤亮《城市重建及其防护体系的构成——十六世纪倭乱在江南的影响》，《中国历史地理论丛》2002年第1期，第11~29页；王耀《清代阿克苏城市形态及格局变迁探析》，《云南师范大学学报》（哲学社会科学版）2019年第2期，第14~23页；刘景纯等《稳定中的艰难与变迁——六百年西北城镇与市场研究》，中国社会科学出版社，2019，第28~37页；季宇《明代地方城市的考古学观察》，博士学位论文，北京大学，2021，第18~178页；等等。

富，且易于获取。但城墙只是城市中众多的建筑之一，虽然因体量庞大而备受瞩目，但历史上并非每座城市在每个时期都存在形态完好的城墙，即使被认为城市普遍存在城墙的明清时期，在明前期城墙的存在亦不具有普遍性。[①]因此，城墙并非古代城市的必要组成部分，更不能代表城市的全部。街道、街区及主要公共建筑才是城市的主体与核心，然而这些要素在以往的研究中并没有得到足够的重视。[②] 只有在对构成城市形态的各个要素进行研究的基础上，才能够全面了解城市的全貌、发展变迁规律及其特征。

朝邑是古代关中东部的一座普通县城，该县始设于西魏时期，至明清时期，由于位于山陕间大道之上，因而成为商贾云集的东府名邑。朝邑县地处三门峡水库的预计淹没区，故于1958年撤销并入大荔县，县城随即基本搬迁一空，旧址几成废墟。后成为农场驻地，如今则变为普通村落与农田。明清民国时期，朝邑县城的各个方面发生了显著的变迁，是开展古代地方城市形态研究的理想对象。因此，本文以朝邑县城为例，采用要素研究法[③]及长时段的研究视角，以构成城市形态的城墙、街道、街区及主要公共建筑等线状、网状、面状及点状要素的变迁为主线，通过对朝邑城市形态变迁及其原因的探讨，揭示明清时期部分地方城市的城市形态及其变迁的复杂性与特殊性。[④]

一 从矩形到五边形——城墙的演变

古代朝邑城址有过变迁，正德《朝邑县志》记载该城曾位于西原[⑤]，后因"有相地者云：'城居高而左，下法不利。'知县受其言，稍稍验，乃

---

① 历代修城政策和修城状况，可参考成一农《古代城市形态研究方法新探》，社会科学文献出版社，2009，第160~246页。
② 鲁西奇的《城墙内外：古代汉水流域城市的形态与空间结构》（中华书局，2011）与黄敬斌的《郡邑之盛：明清江南治所城市研究》两书以对街道、街区的探讨为核心，是目前比较少见的不以对城墙的探讨为核心的重要论著。
③ 成一农：《古代城市形态研究方法新探》，第9~11页。
④ 本文所说的城市形态的复杂性与特殊性主要指城墙规模与范围的演变、主街的结构类型与变迁、城市街区的变迁过程及其原因、城市街区的空间分布、主要公共建筑的分布及商业地带的分布等方面。
⑤ 西原即明清朝邑县城西侧之黄土塬，在今朝邑镇大寨子一带。

更移置原下"。① 从县署创建于金大定七年（1167）来看，朝邑县城应于金代受风水堪舆思想的影响迁至明清城址。②

明前期并不要求所有城市都修建城墙，如洪武二十六年（1393）规定："若在外藩镇、府州城隍，但有损坏，系干紧要去处者，随即度量彼处军民工科多少入奏修理，如系腹里去处，于农隙之时兴工。"③ 不难看出，明初只对设有卫所或藩王府邸以及府州等重要城市修建城墙有着明确规定，而对为数众多的县级城市甚至未设置同城卫所的府州城市并不严格要求修建城墙。加之明前期社会相对稳定，因此朝邑县城并未修建城墙。

直到"土木之变"之后的景泰二年（1451），④ 朝邑县始由知县申润主持筑城，其城"方三里有奇，东门一，西门二，北无门，南门一"。⑤ 城墙周长为1700多米。⑥ 成化三年（1467），知县郭良对城墙进行修缮。⑦ 成化十二年，黄河洪水冲击县城后，知县李英对城墙进行修缮。⑧ 至嘉靖二十一年（1542），知县刘尚义"开拓东城，直抵教场，阔视参半焉"。将城墙向东、向北两个方向拓展，拓展后南北方向长度为东西方向的一半，城墙周长遂由三里有奇拓展为四里（合今2296.8米）。拓城后设有四座城门，"东一门，西二门，南一门，南曰望岳，东曰临河，西曰镇羌"，北门

---

① 正德《朝邑县志》卷1《总志》，《中国地方志集成·陕西府县志辑》第21册，上海书店出版社，2007，第4页下栏~5页上栏。
② 万历《续朝邑县志》卷2《建置志》，《中国地方志集成·陕西府县志辑》第21册，第32页上栏。
③ 万历朝重修本《明会典》卷187《工部七·城垣》，中华书局，1989，第944页。
④ 万历《续朝邑县志》卷2《建置志》，《中国地方志集成·陕西府县志辑》第21册，第31页下栏。
⑤ 正德《朝邑县志》卷1《总志》，《中国地方志集成·陕西府县志辑》第21册，第5页上栏。
⑥ 本文涉及古今单位换算部分均参考《中国古代里亩制度概述》一文中的换算方法，详见闻人军《中国古代里亩制度概述》，《杭州大学学报》（哲学社会科学版）1989年第3期，第122~132页。
⑦ 万历《续朝邑县志》卷2《建置志》、卷5《官氏志·刘尚义》，《中国地方志集成·陕西府县志辑》第21册，第31页下栏、45页上栏。
⑧ （明）焦竑辑《国朝献征录》卷94《陕西·乾州知州李英传》，台湾学生书局，1965，第4131页下栏。

乃嘉靖二十六年增辟。① 另据记载，北门曰迎恩，南西门曰金汤。② 嘉靖三十四年地震后曾对城墙进行修缮。③

清康熙十九年（1680），知县陈昌言对城墙进行重修。康熙四十六年，知县王兆鳌对雨圮之北、东、南三面城墙进行修缮。④ 乾隆十七年（1752），知县成邦彦对城墙进行修缮。乾隆五十一年，对水毁之部分城墙进行修缮。⑤ 同治六年（1867），知县邢澍田对城墙进行修补。宣统三年（1911），知县李焕墀对城身及女墙与垛口进行修缮。⑥ 根据康熙《朝邑县后志》之《城郭图》，北门筑有瓮城。⑦

虽然方志文献多记载拓展后的城墙周长为四里，但据陕西巡抚何裕城于乾隆五十年奏报的勘测数据，朝邑城墙周长实为五里（合今 2880 米）。⑧ 根据 1943 年测绘的《朝邑县城图》（见图 1）测量数据，城墙周长为 2863 米，⑨ 与五里十分接近，不仅说明清代朝邑城墙规模并未发生改变，而且证明方志文献的相关数据并不准确，城内面积则为 50.27 万平方米。如图 5 所示，清代朝邑城墙轮廓呈五边形，其中东城墙向西倾斜，北城墙呈折线，当系受地形影响。

---

① 万历《续朝邑县志》卷 2《建置志》，《中国地方志集成·陕西府县志辑》第 21 册，第 31 页下栏。
② 康熙《朝邑县后志》卷 2《建置》，《中国地方志集成·陕西府县志辑》第 21 册，第 106 页；咸丰《同州府志》卷 12《建置志》，《中国地方志集成·陕西府县志辑》第 18 册，第 395 页上栏。
③ 万历《陕西通志》卷 10《城池》，国家图书馆出版社，2017，第 508 页；万历《续朝邑县志》卷 2《建置志》，《中国地方志集成·陕西府县志辑》第 21 册，第 31 页下栏。
④ 康熙《朝邑县后志》卷 2《建置志·县城》，《中国地方志集成·陕西府县志辑》第 21 册，第 106 下栏。
⑤ 乾隆《朝邑县志》卷 7《城池公署学校坛庙修建考·城池》，《中国地方志集成·陕西府县志辑》第 21 册，第 308 页上栏；（清）金简：《为核议陕西巡抚题请核销朝邑县绅士捐修城垣用过银两事》（乾隆五十二年六月二十九日），中国第一历史档案馆藏（以下清代档案，除特别指出外，均出自该馆，不再一一注明），档案号：02 - 01 - 008 - 002188 - 0002。
⑥ 光绪《同州府续志》卷 8《建置志》，《中国地方志集成·陕西府县志辑》第 19 册，第 396 页下栏；民国《朝邑新志》卷 2《城池》，《中国科学院文献情报中心藏稀见方志丛刊》第 18 册，国家图书馆出版社，2014，第 439~440 页。
⑦ 康熙《朝邑县后志》卷首《县图考·城郭图》，《中国地方志集成·陕西府县志辑》第 21 册，第 100 页。
⑧ （清）何裕城：《奏为遵旨筹筑朝邑县护城土堤事》（乾隆五十年九月二十一日），档案号：04 - 01 - 05 - 0066 - 012。
⑨ 本文测量数据均系根据 Arcgis 软件配准后的 1943 年《朝邑县城图》测量得到。

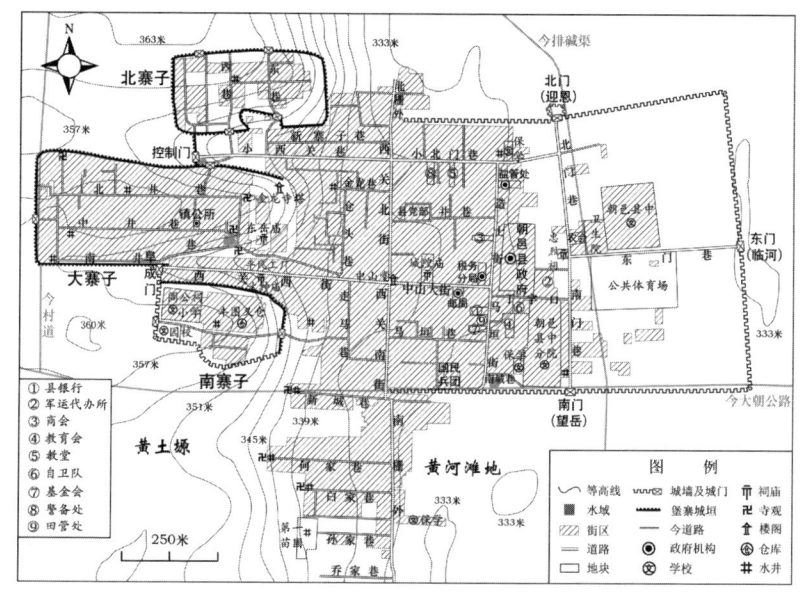

图1　1943年朝邑县城复原

资料来源：图本底图为1943年陕西省地政局测绘的比例尺为1：5000的《朝邑县城图》，该图现藏于台湾"内政部地政司"，在"中研院"地图数位典藏整合查询系统可进行查询浏览。本图在原图的基础上改绘而成，增加等高线、今道路（用以反映县城现今的位置）等信息，对比清代档案的记载（见下文），可知朝邑县城一带地貌特征自清代以来并无明显变化。

对于嘉靖时期拓城的原因，万历《续朝邑县志》记载城墙周长"仅仅三里奇"，[1] 其在知县刘尚义小传中更是明确指出原因在于县城过小。[2] 随着社会经济的发展，由于城墙范围相对较小，城内空间不敷使用，[3] 故于嘉靖二十一年进行拓城。另外，嘉靖时期蒙古人频繁南下侵扰。在这一社会背景下，关中多座城市拓展城墙或修建关城，[4] 朝邑城墙的拓展当亦离

---

[1] 万历《续朝邑县志》卷2《建置志》，《中国地方志集成·陕西府县志辑》第21册，第31页下栏。
[2] 万历《续朝邑县志》卷5《官氏志·刘尚义》，《中国地方志集成·陕西府县志辑》第21册，第47页上栏。
[3] 史载醴泉县由于城内空间相对较小（周长仅二里余一百步），而居民繁盛，遂于成化年间修筑外城。因城墙周长接近，故朝邑拓城的原因也应当是城内空间难以满足人口增长的需要。详见嘉靖《醴泉县志》卷1《土地类·城池》，《原国立北平图书馆藏甲库善本丛书》第352册，国家图书出版社，2013，第239页上栏。
[4] 详见（明）马理《溪田文集》卷4《记·明三原县创建清河新城及重隍记》，《明别集丛刊》第1辑第94册，黄山书社，2016，第340页；万历《白水县志》卷1《城郭》，中国国家图书馆藏明万历三十七年刻本，第4页a。

不开此影响。①

下面根据文献记载并结合相关地图，对拓展前城墙的范围进行梳理。

由于拓展前南、北城墙的范围是"起西门，迄今县治（即图1之县政府——引者注）而止"，②又据图2可知，东城墙在县署与文庙（即图1朝邑县中分院③）以东，则拓城前东城墙当位于图1之南、北门巷处。根据图2，北城墙位于县署与街道E即井巷（见下文）以北，北城墙与井巷的距离相当于井巷与西街间距离的一半，则北城墙当在井巷与小西门巷中间。西城墙即西关南、北街以东。④南城墙西段未变。根据嘉靖《陕西通志》之朝邑县城图（见图2）附注文字对城壕规模的记载，当时存在城壕。根据图4，拓展前的城墙轮廓大致呈矩形。经测算可知，城墙周长约为1760米，城内面积约为19万平方米。城周数据与前述文献记载数值颇为相近，说明本文复原的城墙范围较为合理。

根据图2中城门的位置，并结合当时的街道状况（见下文），四座城门在图1中的位置分别是马垣街南端（南门）、丁字口东端（东门）、马垣巷西端（南西门）以及井巷西端（北西门）。明确拓展前城墙的位置后，对城墙的拓展方向与范围略做解释。根据图1，朝邑县城西侧为黄土塬，西城墙与塬边坡地的直线距离仅为200米，实际上城墙向东拓展的距离为340余米。显然受地形所限，城墙只能向东拓展。因拓展前并无北门，亦当无相应之城外街区，故在南北方向选择向北拓展。由于拓展前城墙南北较长、东西较短（见图4），为使城墙轮廓尽量方正，南北方向的拓展长度仅为东西方向的一半。

除县城之外，靠近县城的西塬东缘另有泰安、仰圣、长春等堡寨。由于三堡位置靠近县城，实乃县城西侧之屏障，在明清时期被视为西关的组

---

① 相比之下，清代由于外部威胁较小，故即使在街区逐渐脱离城墙向西关地区集中，城东半部变为一片荒芜的情况下，亦未对城墙进行改筑，也从侧面说明这次拓展城墙存在外部威胁的压力。
② 万历《续朝邑县志》卷2《建置志》，《中国地方志集成·陕西府县志辑》第21册，第31页下栏。
③ 据记载，孔子庙在县城南门内，根据位置可知朝邑县中分院即原文庙。详见民国《朝邑乡土志》，《中国科学院文献情报中心藏稀见方志丛刊》第21册，第198页。
④ 朝邑县西城墙大约在20世纪30年代末被拆除，由于南、北两面城墙并未遭到破坏，因此，结合南、北墙西端的位置及康熙《朝邑县后志》之《城郭图》，西城墙应在西关南、北街东侧。

成部分,[①] 且县城街区逐渐与之连为一体。因此，可将三堡视为广义的县城的一部分。[②] 其中泰安堡修建于明崇祯时期，当时"流寇"猖獗，由雷于霖创筑。[③] 仰圣、长春二堡寨的修建时间缺载。由于堡寨一般用于自保，多修建于战乱时期，明末即为修建堡寨的一个高峰时期，结合县城以北的东高城、东白池两寨同样修建于崇祯时期来看，[④] 当时正值地方不靖，应存在修建堡寨的风潮。因此，仰圣、长春两堡当与泰安堡一同修建于崇祯时期。[⑤] 泰安、仰圣两堡间另有一座修建于明万历三十五年（1607）的阜成门。[⑥]

从上可知，明代朝邑城墙发生过两次显著变化，其中一次为景泰二年始建城墙，一次为嘉靖二十一年拓展城墙。不仅如此，明末县城西侧另创筑了三座藩屏县城的堡寨，从广义上拓展了县城的范围。与明代不同，清代朝邑城墙的规模与范围较为稳定，仅进行过多次修缮。相比于城墙规模与范围较为稳定的城市而言，明代朝邑城墙（含修建的堡寨）的演变具有一定的复杂性与特殊性。

二 从类十字形到网状结构再到双丁字形——街道的发展与变迁

明清文献对朝邑县城的街道状况缺乏专门记载，仅可根据方志城池图

---

① 根据明人张征音所撰《朝邑县大西关创建阜成门记》及文献对清人雷仪许籍贯的记载，可知明清时期均以三座堡寨一带为西关的组成部分。详见民国《朝邑新志》卷2《城池》，《中国科学院文献情报中心藏稀见方志丛刊》第18册，第443~446页；（清）李元春《桐窗残笔》卷2《雷仪许墓志铭》，《清代诗文集汇编》第496册，上海古籍出版社，2010，第558页下栏。
② 将邻近县城（墙）的堡寨视为县城的一部分并非朝邑县独有的现象，富平县城西侧之连城堡亦被视为县城的一部分。详见嘉靖《耀州志》卷首《富平县城图》，《中国地方志集成·陕西府县志辑》第27册，第344页。
③ 康熙《朝邑县后志》卷2《建置》，《中国地方志集成·陕西府县志辑》第21册，第106页下栏。
④ 民国《朝邑新志》卷2《建置》，《中国科学院文献情报中心藏稀见方志丛刊》第18册，第477页。
⑤ 此三堡分别为1943年复原图中的南寨子、大寨子和北寨子，其中长春堡又称作龙凤堡，修建于长春宫遗址。详见民国《朝邑新志》卷2《建置》，《中国科学院文献情报中心藏稀见方志丛刊》第18册，第472~473、448页。
⑥ 民国《朝邑新志》卷2《建置·朝邑县大西关创建阜成门记》，《中国科学院文献情报中心藏稀见方志丛刊》第18册，第443页。

及文献中的"蛛丝马迹"进行探讨。嘉靖《陕西通志》收录有一幅拓城前的朝邑县城图（见图2），图中城内共有五条街道。由于县署①、城隍庙等坐标性地物的位置至民国时期始终未变（见图1），据此可对图2与图1中的街道进行一一比定。显而易见，图2中A街与B街即图1中的丁字口与中山大街，明代应分属东街与西街；C街对应马垣街，即南街；D街对应造士街，即北街；② E街位于城隍庙后，即井巷。图2中西街以南区域未绘制街道，但此区域有一座城门，城门内一般应有街道与其他街道连通，否则城门无法发挥作用。图1中有一马垣巷，位置大致与图2中的南西门相对

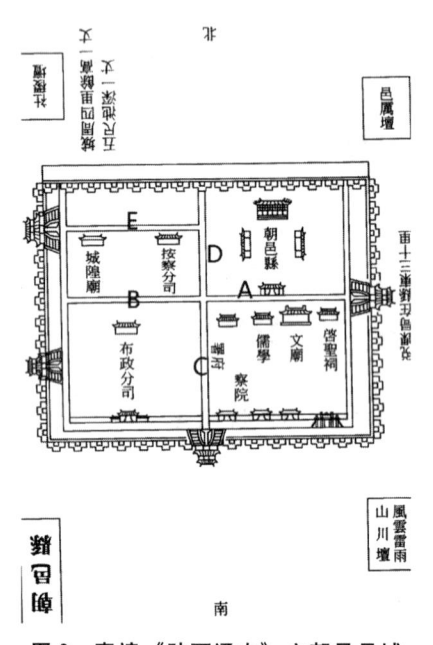

图2　嘉靖《陕西通志》之朝邑县城

资料来源：嘉靖《陕西通志》卷7《土地七·建置沿革上》，第287页。

---

① 衙署属于官产，用途一般不会随朝代更迭而改变，民国时期只是将明清县署改为县政府，其位置并未改变。详见成一农《中国古代城市外部形态复原方法——以乌鲁木齐为例》，北京大学中国古代史研究中心编《舆地、考古与史学新说：李孝聪教授荣休纪念论文集》，中华书局，2012，第323~324页。

② 从乾隆《朝邑县志》记载新仓在县城南街来看，明清时期朝邑县城主街以方位命名。详见乾隆《朝邑县志》卷7《城池公署学校坛庙修建考·仓厫》，《中国地方志集成·陕西府县志辑》第21册，第314页上栏。

应，故南西门内的街道应为此巷。在康熙《朝邑县后志》之《城郭图》中，社学南侧有一条街道（见图3）。社学在清初被改为义学，[①] 民国时期改为女子两级学校，位于南城巷，[②] 则该巷明中期即存在。因此，明中期拓城前朝邑城内至少有7条街道。根据图4，拓城前的主街结构为类十字形。

拓城前西关地区存在街区（见下文），故应存在一定数量的街巷，由于图1中两西门所在的井巷与马垣巷城外部分（即西关南、北街以西）并无街巷，因此，拓城前西关街道的情况难以知悉，两西门外街巷可能在拓城后被侵废。

拓城之后的街道状况，可根据图3进行探讨。图3中城内有7条横街与4条纵街，西关则有2条横街与1条纵街。经与图1进行一一比定并结合文献记载可知，民国时期的中山大街与丁字口、南门巷、北门巷、东门巷在康熙时期应分别为西街、南街、北街与东街。[③] 至于造士街、马垣街、小西门巷及马垣巷等街巷，由于文献记载阙如，难以知悉清代的名称。不过根据地名的稳定性与延续性，并且从井巷[④]的名称自清代一直沿用至民国时期来看，这些小型街巷（包含西关地区的街巷）的名称历代应当多有沿用。

城东半部除东街外，其他街巷最晚在清嘉庆初年便已废而不存，故该区域街道名称无考。

西关地区则有西关南街、北街、西街及小西关巷等最晚形成于明万历时期的街道，[⑤] 图1中的金龙、仓头、走马等巷乃西关地区连接几条主街

---

① 乾隆《朝邑县志》卷7《城池公署学校坛庙修建考·学校》，《中国地方志集成·陕西府县志辑》第21册，第311页下栏。
② 民国《朝邑乡土志》，《中国科学院文献情报中心藏稀见方志丛刊》第21册，第179页。
③ 清代朝邑主街以方位命名，详见乾隆《朝邑县志》卷7《城池公署学校坛庙修建考·仓廒》，《中国地方志集成·陕西府县志辑》第21册，第314页上栏；民国《朝邑新志》卷2《建置》，《中国科学院文献情报中心藏稀见方志丛刊》第18册，第460页。
④ 康熙《朝邑县后志》记载关帝庙在城内井巷，此巷与庙均存在于1943年《朝邑县城图》中，可见一般街巷地名具有长久的稳定性与延续性。详见康熙《朝邑县后志》卷2《建置》，《中国地方志集成·陕西府县志辑》第21册，第108页下栏。
⑤ 根据《朝邑县大西关创建阜成门记》，可知西关最晚在明万历时期已存在街道网络。详见民国《朝邑新志》卷2《城池》，《中国科学院文献情报中心藏稀见方志丛刊》第18册，第443~446页。

的支巷，图3中虽未绘制，但结合其连接主要街道的作用及西关街区人烟稠密（见下文）的特点来看，当时均应存在。其他三关街区因存在时间较短（见下文），故街道状况不详。根据图5，拓城之后至清前期朝邑城内外街道从拓城前的7条发展到约20条，城内主街结构则从拓城前的类十字形变为网状。① 这与一般认为的清代黄土高原地区城镇主街结构以十字形、丁字形为主略有不同。② 究其原因主要是朝邑县城经过较大幅度的拓展，在城东半部形成了新的主干街道，从而使得主街结构整体上发生了显著变化。

根据乾隆《朝邑县志》之《县城图》，清中期朝邑城内西半部与西关地区的主要街道并无显著变化，而城东半部则仅剩一条连接东门的东街，其他主要街道当多已不复存在。③ 主要街道的这种分布状况直至民国后期都无明显变化。根据图1，清中后期朝邑城内主街结构由网状变为双丁字形。

虽然限于文献记载，清中后期朝邑县城的街道变化状况难以进行全面考察，但根据图1可知，民国时期城西半部与西关地区街巷网络密布，其中不乏一些无名街巷。这些无名街巷及南栅外一带的街巷可能形成于清中后期，而非清末民初甚至民国时期。若非在实测图中反映出来，仅靠文献记载的话，这些无名小巷在民国时期是否存在都很难判断，更不要说追溯至清代。因此，清中后期朝邑县城实际的街巷数量可能更多、分布可能更为广泛（不含清后期城东半部）。

从上可知，明代受经济发展与城池拓展的影响，朝邑城内外街道数量及主街结构均发生过明显变化，其中主街结构从类十字形变为网状。清中期受黄河洪水的影响（见下文），城东半部街道大多淹废，主街结构遂由网状变为双丁字形。相比于城内主街结构为稳定不变、单一的十字形或丁字形等常见类型的城市而言，明清时期朝邑多样且多变的城内主街结构显

---

① 虽然缺乏反映拓城后明中后期城内街道状况的资料，但由于拓城后新拓展区域迅速为街区所覆盖（见下文），则其街道应同时或较早已形成，因此，拓城后的明中后期城内主街结构与清康熙时期相同。
② 刘景纯：《清代黄土高原地区城镇地理研究》，中华书局，2005，第312页。
③ 乾隆《朝邑县志》卷10《图考·县城图》，《中国地方志集成·陕西府县志辑》第21册，第352页。

然具有一定的复杂性与特殊性。

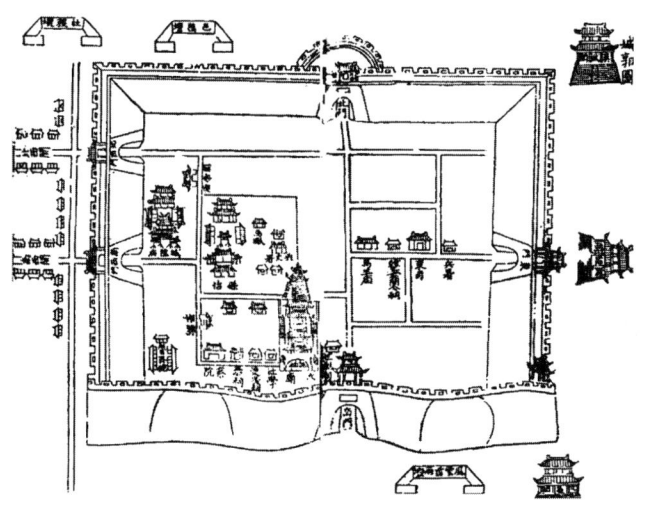

图 3 康熙《朝邑县后志》之《城郭图》

资料来源：康熙《朝邑县后志》卷首《县图考·城郭图》，《中国地方志集成·陕西府县志辑》第 21 册，第 100 页。

三 从城内到城外——街区的拓展与迁移

限于记载缺乏，筑城之前朝邑县城的街区状况难以探讨。筑城后城内街区的状况，据记载，弘治十四年（1501）正月初一日至初二日朝邑发生多起地震，"声响如雷，自西南起，将本县城楼、垛口并各衙门、仓监等房，及𨛬县军民房屋，震摇倒塌，共五千四百八十五间，压死大小男女一百七十名口，压伤九十四名口"。① 从此次地震造成的包括县城在内的房屋损毁与人口伤亡的情况来看，当时朝邑城内应存在一定规模的街区。从东拓县城的原因亦可探查其街区状况，据记载，"狭小县城，于是拓东城，四门起丽，谯人享其利"。② 由于城内空间相对较小，故拓城之前城内应多为街区所覆盖。

---

① （明）马文升：《端肃奏议》卷 9《地震非常事》，清文渊阁四库全书本，第 4 页 a。
② 万历《续朝邑县志》卷 5《官氏志·刘尚义》，《中国地方志集成·陕西府县志辑》第 21 册，第 47 页上栏。

万历《续朝邑县志》记载了拓城前后县城东拓区域的不同景象，其载："它时抱东关而有犹然阒寂，三十年来邑居日蕃，几无空隙矣。"① 说明在拓城之后，新拓展的城东区域街区不仅发展较快，而且发育较为成熟。这也证实了嘉靖时期拓城的原因主要是随着社会经济的发展，狭小的城内空间不敷使用。不过从部使行台（即察院）南有隙地（即学地）的情况来看，明中后期朝邑城内并非完全发展为街区，而是存在少量空地。②

城外街区方面，从"它时抱东关而有犹然阒寂"的记载来看，拓城前朝邑东关可能并无街区。对比图4中拓展前后的街道布局可知，两者的街道格局差异巨大，最为显著的是拓展前后的东街并不重合。加之拓展后的城墙走向及轮廓较为规整，并无迹象表明其受到已有街区的影响。③ 因此，拓城前东关当不存在街区。况且成化十二年（1476）"黄河泛涨，漳没东乡，水至城濠，（朝邑）城几陷没"。④ 即使东关存在街区，亦有可能在此次洪水袭击中损毁殆尽。

据记载，雷复亨为朝邑西关人，生于成化十四年（1478），⑤ 此年距申润创建朝邑城墙的景泰二年仅二十余年。朝邑县城对外交通以东西方向为主，⑥ 西关地区为行旅往来的必经之地，且地势较高，不易受到洪水的影响，很可能在修建城墙之前便已存在街区。此外，由于拓城前并无北门，故当无北关街区。南关的街区状况限于记载缺乏，难以知悉。

康熙《朝邑县后志》载，"邑故四关，后东、南、北皆废"。⑦ 由于拓城前并无北关街区，故此处的四关当指嘉靖二十一年拓城之后而言，即拓

---

① 万历《续朝邑县志》卷2《建置志》，《中国地方志集成·陕西府县志辑》第21册，第31页下栏。
② 万历《续朝邑县志》卷2《建置志》，《中国地方志集成·陕西府县志辑》第21册，第32页下栏。
③ 受街区分布的影响，修建较晚的城墙或关城城墙，其轮廓多为不规则形状。参见黄敬斌《郡邑之盛：明清江南治所城市研究》，第77、81、181页。
④ （明）焦竑辑《国朝献征录》卷94《陕西·乾州知州李英传》，第4131页下栏。
⑤ （明）韩邦奇《苑洛集》卷6《墓志铭·登仕郎临汾县主簿幽齐雷君暨配刘氏合葬墓志铭》，《明别集丛刊》第2辑第8册，黄山书社，2016，第375页下栏。
⑥ 朝邑以东之大庆关乃黄河小北干流段山陕间的主要渡口，表明朝邑对外交通以东西方向为主。
⑦ 康熙《朝邑县后志》卷2《建置》，《中国地方志集成·陕西府县志辑》第21册，第106页下栏。

城之后，在城内街区大规模拓展的同时，城外街区亦得到恢复或发展。万历《续朝邑县志》记载，隆庆四年（1570），"河溢，高数丈，流杀人民……自大庆关抵县治，三十里不见水端"。① 结合清代黄河洪水对朝邑城市街区造成的影响（见下文）来看，东、南、北三关街区很有可能因为此次洪水侵袭而"皆废"。地势较高的西关街区不仅并未受到影响，反而可能因其他三关居民的迁入而得到扩展。② 从万历三十五年修建阜成门时西关地区已是"民居栉比于中"③ 的状况来看，明后期西关街区的规模应当较大。

虽然康熙《朝邑县后志》并未记载清前期城内街区的状况，但据上文分析可知，在明万历时期朝邑县城新拓展区域已多为街区所覆盖。由于明末朝邑县城并未受到战乱的影响，故清初城内街区的分布当与明代相似。虽然康熙十八年（1679）朝邑县城遭受洪水侵袭，④ 可能对其街区分布与规模造成了一定的影响，但由于康熙县志刊刻时正值康乾盛世，且距康熙十八年的洪水侵城事件已过去33年，有充足的时间来恢复和发展城市街区。因此，清前期朝邑城内的街区状况应当与明后期基本相仿，甚至发育得更加充分，分布更为广泛。

一般而言，没有街区和居民的地区不大可能修筑或形成街道，街道的存在无疑对街区具有指示作用。根据图3可知，康熙时期朝邑城内街道分布密集，亦表明清前期城内街区的分布应当较为广泛。当然，城内亦存在一些空地，譬如康熙末年便于城西南隅之空地修建养济院等。⑤

对于清前期城外街区的分布状况，从图3中可直观地看到南、北西关一带存在街区（即房屋状符号）。街区一般在方志城市图中并不多见，之所以能够被呈现出来无疑说明西关一带街区的规模十分可观，以至于这种

---

① 万历《续朝邑县志》卷8《纪事志》，《中国地方志集成·陕西府县志辑》第21册，第77页上栏。
② 从清代遭遇洪水袭击后城东半部居民向西关迁徙来看，明代应亦存在此现象。
③ 民国《朝邑新志》卷2《建置·朝邑县大西关创建阜成门记》，《中国科学院文献情报中心藏稀见方志丛刊》第18册，第443页。
④ 康熙《朝邑县后志》卷8《灾祥》，《中国地方志集成·陕西府县志辑》第21册，第199页上栏、下栏。
⑤ 康熙《朝邑县后志》卷8《艺文志·创建养济院碑记》，《中国地方志集成·陕西府县志辑》第21册，第192页下栏。

符号仅见于西关而不见于其他地区。除城市图所示之外，康熙《朝邑县后志》正文记载，"惟北西门外蓬庐鳞次，称小西关。南西门外市廛百室，醪舍食馆毕备，而谷市在焉，称大西关"。[1] 进一步表明西关地区不仅街区广布，而且商业繁荣，是朝邑县城的重要组成部分。受黄河洪水的影响，明代已"废"的北、东、南三关街区至清代始终未能恢复。

朝邑县城位于黄河西岸滩地之上，海拔与黄河几乎一致。[2] 清代以来黄河主溜不断向西摆动，[3] 导致朝邑县城时常遭受洪水侵袭，致使城内街区的空间分布发生重大改变。据统计，康熙至嘉庆时期至少发生过四次黄河洪水袭击朝邑县城的事件。[4] 譬如乾隆十六年（1751）六月，黄河洪水直抵该城之东、北、南三门，虽因城门阻挡，水未入城，但城外民田与民居却均被洪水淹没。[5] 乾隆三十八年与四十六年夏，河水涨溢，"直灌城中，民房、市舍大半淹圮，其东、南、北三面城垣俱被水冲沙压，处处塌损"。[6] 可见黄河洪水对朝邑城内街区的威胁十分严重。

乾隆五十年（1785）七月，黄河洪水再次袭击朝邑县城，对城内街区造成巨大破坏。当时城内490户居民遭到洪水冲淹，3250间房屋及武弁衙

---

[1] 康熙《朝邑县后志》卷2《建置》，《中国地方志集成·陕西府县志辑》第21册，第106页下栏。

[2] 根据等高线可知，今黄河河道海拔为330米，原朝邑县城东部海拔仅333米，两者之间地带海拔亦以333米为主。可见朝邑县城与黄河河道的海拔非常接近，只要洪水高于3米或一丈，即可冲至朝邑县城。

[3] 据记载，明末以前黄河尚在县城以东三十里处；清康熙时期，县城东距黄河尚有十里；至乾隆五十年，黄河距县城仅五里之遥；光绪时期，黄河与县城亦仅相隔五里甚至二三里。分别见康熙《朝邑县后志》卷1《关津》，《中国地方志集成·陕西府县志辑》第21册，第104页下栏；（清）何裕城《奏为遵旨筹筑朝邑县护城土堤事》（乾隆五十年九月二十一日），档案号：04-01-05-0066-012；光绪《朝邑县乡土志》，《陕西省图书馆藏稀见方志丛刊》第9册，北京图书馆出版社，2006，第481页；（清）宫尔铎《思无邪斋文存续集》卷1《师栗堂碑铭》，《清代诗文集汇编》第741册，上海古籍出版社，2010，第192页上栏。

[4] 四次洪水侵城事件分别发生于康熙十八年八月、乾隆四十二年、乾隆五十八年以及嘉庆五年七月。详见康熙《朝邑县后志》卷8《灾祥》，《中国地方志集成·陕西府县志辑》第21册，第199页下栏；咸丰《初朝邑县志》下卷《灾祥记》，《中国地方志集成·陕西府县志辑》第21册，第199页下栏、431页上栏。

[5] （清）陈弘谋：《奏报勘明朝邑水灾情形折》，《宫中档乾隆朝奏折》第1辑，台北故宫博物院，1982，第58页。

[6] （清）毕沅：《奏报朝邑县民情愿捐修城垣事》，《宫中档乾隆朝奏折》第57辑，第93页。

门等被冲塌，东、南、北三面城垣被浸泡。① 经过黄河洪水的频繁袭击，地势较低的城东半部居民区暨街区遭受严重破坏而趋于萎缩甚至消失，居民多向城西一带的高处迁徙。

嘉庆五年（1800）七月，黄河洪水再次泛涨，漫过护城堤，冲入城内。据朝邑知县朱仪轼称："本月初七日寅刻，河水陡涨三丈，该县滨临黄河，水势冲入城内一丈有余，衙署、监狱、民房、铺面尽行坍塌。"② 对于此次洪水的规模与朝邑县城的地势状况，陕西巡抚台布写道："城外西面地势较高，东、北、南三面地势最下，城内东面更觉低洼，此次城外水至三丈，城内水至一丈有余，实非寻常被淹可比。"③ 结合朱、台二人的描述来看，此次洪水威力空前，对包括衙署在内的县城建筑及街区造成了巨大破坏，导致知县暂移泰安堡处理公务。④ 此次洪水侵城事件无疑对朝邑县城造成了毁灭性打击，以致当地生监卫作新等人"恳请将城身东面收进以避大溜，或于城西土山上包筑一半新城，既可节省修堤费用，居民亦不致再被水患"。⑤

经过乾隆后期几次严重的洪水侵袭，朝邑城市街区的空间分布发生了重大改变。陕西巡抚方维甸在嘉庆十年（1805）查勘朝邑县城后指出："（朝邑）城内迤东一带地势亦甚洼下，（嘉庆）五年水溢入城时，东城民人多已迁至华原山上，城中半系空地"；"臣随登城周历查勘，东半城委属洼下，居民多已迁徙"。⑥ 朝邑县城位于黄河滩地，地势西高东低，在乾

---

① 水利电力部水管司、科技司，水利水电科学研究院编《清代黄河流域洪涝档案史料》，中华书局，1993，1785 年第 9 条，第 332 页。
② 参见（清）台布《题报陕省朝邑县本年七月被水情形并抚恤被难民口粮银两事》（嘉庆五年九月二十一日），档案号：02 - 01 - 04 - 18312 - 003。
③ （清）台布：《题报陕省朝邑县本年七月被水情形并抚恤被难民口粮银两事》（嘉庆五年九月二十一日），档案号：02 - 01 - 04 - 18312 - 003。此条史料无疑表明虽经黄河洪水的多次冲击，但朝邑县城一带西高东低的地势特点至今并无改变，故今等高线能够反映明清时期的地势状况。
④ 咸丰《初朝邑县志》下卷《灾祥记》，《中国地方志集成·陕西府县志辑》第 21 册，第 431 页上栏。
⑤ （清）方维甸：《奏为查验朝邑县护城堤工并详勘河道情形事》（嘉庆九年十月十五日），档案号：04 - 01 - 05 - 0268 - 019。
⑥ （清）方维甸：《为题请核销陕西朝邑县修筑护城堤工用过工料银两事》（嘉庆十年三月十二日），档案号：02 - 01 - 008 - 002649 - 0014。华原山即朝邑县城西侧黄土塬之东缘坡地一带。

隆、嘉庆年间接连遭受几次严重的洪水侵袭后，城东部居民大多择高就居，纷纷向西关及三座堡寨一带迁徙，从而导致城东部人烟稀少，街区逐渐萎缩，"县（城）遂无东街"。① 黄河洪水的侵袭无疑是导致朝邑城市街区的空间分布发生重大改变的直接和主要原因。

咸丰《初朝邑县志》载："往者，黄河大溢，自北来突越，县城东半居民尽没于水，今犹虚无人烟"；"旧东乡村落尚多富民，今以河皆西徙，处高邑，城中东半犹然"。② 不仅再次证实了朝邑城东半部居民向西迁徙的事实，而且说明虽然经过约半个世纪的发展，③ 至咸丰初年朝邑城东半部仍然荒无人烟。尽管黄河在清末以后逐渐远离朝邑县城，④ 但根据图1，即使到了民国后期，城东半部仍然多为空地，街区规模十分有限，说明乾嘉之际洪水的侵袭对朝邑城市街区的发展产生了长远且深刻的影响。甚至咸丰时期再次有人建议"宜截去受水之半，移西原以复旧址"，⑤ 足见当时城东半部之空虚以及人们对洪水之患的担忧。

此外，为应对黄河洪水的冲击，朝邑县曾多次修建护城堤。早在成化十二年黄河洪水冲击县城后，知县李英便主持修筑过护城堤。⑥ 清代于雍正七年（1729）修筑一条护城土堤，西起连家庄，东至东屯村，长六百九十九丈（2236.8米），堤身底宽二丈五尺，顶宽一丈五尺，高一丈。⑦ 乾隆五十一年（1786）重建护城堤，距城一里，自县城西北隅之迎恩堡起，至仰圣堡止，从北、东、南三面包围县城，堤长一千六百八十六丈

---

① 咸丰《初朝邑县志》下卷《灾祥记》，《中国地方志集成·陕西府县志辑》第21册，第431页上栏。
② 咸丰《初朝邑县志》下卷《建置》《河防》，《中国地方志集成·陕西府县志辑》第21册，第433页下栏、438页下栏。
③ 咸丰《初朝邑县志》刊刻于咸丰元年（1851），距嘉庆五年的黄河洪水侵城事件约半个世纪。
④ 光绪二十六年（1900），陕西巡抚端方指出"黄河东移，距城渐远"，说明清末朝邑县城已经不再受到黄河洪水侵袭的威胁。详见（清）端方《奏为朝邑县前请接修寨城现经委员复勘情形请伤立案事》（光绪二十六年五月初十日），档案号：03-6186-083，录副。
⑤ 咸丰《初朝邑县志》下卷《灾祥记》，《中国地方志集成·陕西府县志辑》第21册，第433页下栏。
⑥ （明）焦竑辑《国朝献征录》卷94《陕西·乾州知州李英传》，第4131页下栏。
⑦ （清）毕沅：《奏报办理添修朝邑县城堤事》（乾隆四十二年二月二十二日），档案号：04-01-01-0366-025。

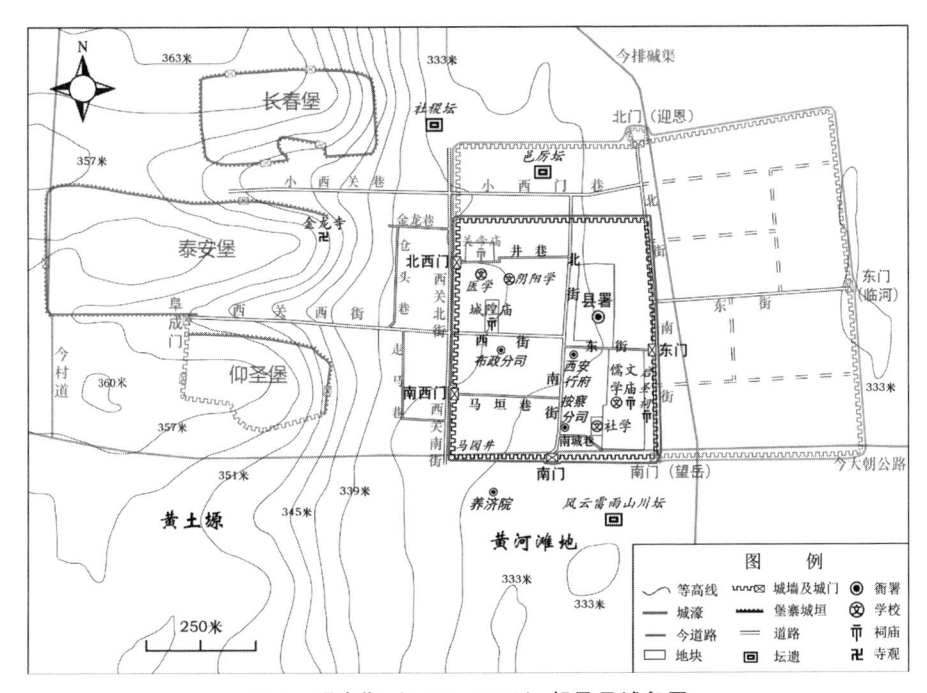

图 4　明中期（1519~1542）朝邑县城复原

注：本图由图 1 改绘而成。图中斜体名称建筑的位置系推测。颜色较浅的部分为拓城后的地物信息以及三座堡寨，用以比较拓城前后的变化。

（5395.2 米），底宽八丈五尺，顶宽二丈五尺，高一丈二尺。① 嘉庆十一年（1806）在乾隆时期所建旧堤以内收进一百余丈，另筑长堤一道，西自华原山山麓起，向东接原堤止，长三百九十六丈（1267.2 米），高度与旧堤相同。②

　　从上引文献来看，黄河一般于夏秋时期发生洪水，这与黄土高原地区降水多集中于夏、秋两季有着直接的关系，③ 黄土高原地区不仅降水时间集中，而且多短时强降雨，因此，在夏、秋两季容易形成洪水。相比于明

---

① （清）永保：《奏报查勘过朝邑县修竣护城堤工情形事》（乾隆五十一年五月十六日），档案号：03-1030-001，录副；（清）巴延三：《为题请给发朝邑县建筑护城土堤所占民地价值银两事》（乾隆五十二年六月十一日），档案号：02-01-008-002194-0012。

② （清）方维甸：《为题请核销陕西朝邑县修筑护城堤工用过银两事》（嘉庆十一年六月初一日），档案号：02-01-008-002697-0001。

③ 《陕西省志·黄土高原志》编纂委员会编《陕西省志·黄土高原志》，陕西人民出版社，1995，第 99~101 页。

代，清代随着人口的快速增长，黄河中上游地区植被破坏严重，[①] 水土流失加剧，进一步增加了洪水发生的频率，故有清一代黄河洪水相对多发。由于朝邑县城与黄河河道间地势十分平缓，且清代黄河河道距离县城较近，因此，只要洪水高度超过护城堤便会冲至朝邑城墙甚至城内。如乾隆三十八年（1773）黄河水位曾暴涨至二丈五尺及二丈三尺，[②] 嘉庆五年的洪水甚至高达三丈。因此，清代虽筑有护城堤，但由于高度较低，且洪水异常猛烈，常常冲坏堤坝，故难以有效地抵御洪水的袭击。

同治回民起义是清后期发生于西北地区的重大事件，对陕西尤其是关中地区的诸多城市造成了较大影响。回民起义期间，朝邑县城虽被围攻八昼夜，但由于参将王永庆及时来援，因而未被攻陷。[③] 当时仅仰圣堡（即南寨子）被攻陷，最终成为废墟。[④] 西关民房则被回民起义军焚烧，[⑤] 对街区造成了一定的影响。总体而言，此事对朝邑城市街区的空间分布影响并不大。

正因为深受黄河洪水的影响，清后期至民国后期，朝邑城市街区仍然呈现城东半部荒凉，西半部与西关地区街区广布的特点（见图1）。从测量数据来看，1943年城内与西关街区面积合计49万平方米，与朝邑城内占地面积（约50万平方米）大致相当。从上文分析来看，每当遭受洪水袭击之后居民纷纷从地势较低处向高处迁徙，而西关地区无疑是其首选。因此，民国时期西关一带街区规模的近半数[⑥]应是城东半部等地居民向西迁徙的机械式增长而非内生性增长的结果，即西关街区规模的扩大是伴随着城东半部等地街区的萎缩而进行的，两者存在此消彼长的关系。相比于清前期，清后期至民国时期朝邑城市街区的分布相当于整体上向西平移了大

[①] 马雪芹：《明清黄河水患与下游地区的生态环境变迁》，《江海学刊》2001年第5期，第130~131页。
[②] 《清代黄河流域洪涝档案史料》，1773年第7、8条，第301页。
[③] 光绪《朝邑县乡土志》，《陕西省图书馆藏稀见方志丛刊》第9册，第391~393页。
[④] 民国《朝邑新志》卷2《建置》，《中国科学院文献情报中心藏稀见方志丛刊》第18册，第450页。
[⑤] 杨虎城、邵力子修，宋伯鲁、吴廷锡纂《续修陕西通志稿》卷173《纪事七·平定回匪一》，中国西北文献丛书编辑委员会编《西北稀见方志文献》第10卷，兰州古籍书店，1990年影印本，第286页上栏。
[⑥] 在城东半部等地居民向西关迁徙前，西关街区规模已较为可观，应约为民国时期街区面积的一半。

约一条清代东街的长度。

从上可知，明清时期朝邑城市街区的规模与空间分布变化显著。其中明代修建城墙后，城内与西关均存在街区。城墙拓展后，在城内街区大幅拓展的同时，四关亦形成街区或街区范围得到扩展。由于黄河洪水的影响，明后期西关以外的街区均不复存在。清中期整个城市街区向西平移，城东半部退化为空地，西关街区得到有效扩展，从而呈现出"西盛东虚"的分布特点。明清时期朝邑城内外街区的规模与布局多次发生变迁，与街区较为稳定的城市相比，朝邑城市街区的变迁具有一定的复杂性。同时，清中后期朝邑城市街区"西盛东虚"的空间分布格局又表现出一定的特殊性。

四 变与不变——主要公共建筑位置与数量的演变

据正德《朝邑县志》记载，拓城前的明中期县署在城中偏东，县署南为西安行府，行府东为儒学与文庙。儒学南为按察分司，西为布政分司。布政分司北为城隍庙，城隍庙北为阴阳学及医学。养济院在城南，社稷坛在城西北，山川坛在城南，邑厉坛在城北。[1] 另有在城铺、儒学南之社学等。又文庙东有启圣祠，城西南隅有马园井，西原有金龙寺（今寺废塔存）[2] 等建筑。根据图4，明中期县署、儒学与文庙、城隍庙分别位于城东北部、东南部及西北部，主要公共建筑除城西南部外均有分布。

拓城后的明后期，社稷坛、邑厉坛、风云雷雨山川坛的位置分别改到城西北、城东南及城北，并增加西原之东岳行祠（即东岳庙，遗址今存）、道会司所在的灵应观[3]（位置无考）等建筑。[4] 其他主要公共建筑并无变

---

[1] 正德《朝邑县志》卷1《总志》，《中国地方志集成·陕西府县志辑》第21册，第5页上栏。
[2] 在城铺即总铺应位于县署大门内左侧，无须亦无法单独绘制，详见万历《续朝邑县志》卷2《建置志》，《中国地方志集成·陕西府县志辑》第21册，第33页上栏；社学位置见康熙《朝邑县后志》之《城郭图》，《中国地方志集成·陕西府县志辑》第21册；启圣祠位置见嘉靖《陕西通志》之朝邑县城图；马园井位置见嘉靖《陕西通志》卷2《土地二·山川上》，第70页；金龙寺位置见正德《朝邑县志》卷1《总志》，《中国地方志集成·陕西府县志辑》第21册，第6页下栏。
[3] 灵应观位于紫阳山，具体位置不详。详见康熙《朝邑县后志》卷2《建置志·祠庙》，《中国地方志集成·陕西府县志辑》第21册，第110页上栏。
[4] 万历《续朝邑县志》卷2《建置志》、卷3《秩祀志》，《中国地方志集成·陕西府县志辑》第21册，第33页上栏、36页上栏。

化，只是在城中的相对位置有所改变，如县署从城东北部变为城西南部，儒学与文庙从城东南部变为城西南部，城隍庙从城西北部变为城西南部等。

　　清康熙时期布政分司等衙署皆废，将按察分司署改为常平仓，① 将养济院迁至城西南隅，并增加东门内之马王庙（即图1中之农会）及其东侧之兵备道、东司与韩恭简公祠、井巷之关帝庙（即图1中之县党部②）、文庙东侧之三烈（节孝）祠、南门内之八蜡庙、西关之三皇庙、东南城角之魁星楼、城东北之真武阁以及王公祠、双忠祠等建筑。③ 雍正时期改社（义）学为西河书院，乾隆时期于县署东设立华原书院。④ 道光时期在东门内增置考院，⑤ 并将西河书院迁至西关。⑥ 清后期主要公共建筑的变化并不大，⑦ 清末将义学改为女子初等小学校，并增加巡警局及仰圣堡之丰图义仓等建筑。⑧

　　根据图5，清前期县署等主要公共建筑的分布格局与明后期一致。衙署、祠庙等公共建筑多分布于城内西半部及东半部之东街，且集中分布于城中南部即拓城前的旧城一带。

　　据记载，明后期城隍庙占地面积为5亩（即3053平方米）。⑨ 根据

---

① 民国《朝邑新志》卷2《建置·仓廒》，《中国科学院文献情报中心藏稀见方志丛刊》第18册，第514页。
② 民国《朝邑乡土志》，《中国科学院文献情报中心藏稀见方志丛刊》第21册，第177页。
③ 康熙《朝邑县后志》卷首《县图考·城郭图》、卷2《建置志》，《中国地方志集成·陕西府县志辑》第21册，第100、107~112、112页下栏。
④ 乾隆《朝邑县志》卷7《城池公署学校坛庙修建考》，《中国地方志集成·陕西府县志辑》第21册，第308页下栏、311页下栏。
⑤ 民国《朝邑新志》卷2《建置·学校》，《中国科学院文献情报中心藏稀见方志丛刊》第18册，第493页。
⑥ 光绪《同州府续志》卷8《建置志·学校》，《中国地方志集成·陕西府县志辑》第19册，第404页下栏。
⑦ 咸丰《同州府志》卷12《建置志》、卷14《祠祀志》、卷15《学校志》、卷24《寺观志》，《中国地方志集成·陕西府县志辑》第18册，第395、398页下栏、408页下栏、414页下栏、533~551页。
⑧ 民国《朝邑新志》卷2《学校》《仓廒》，《中国科学院文献情报中心藏稀见方志丛刊》第18册，第508、517页；光绪《朝邑县乡土志》，《陕西省图书馆藏稀见方志丛刊》第9册，第483页。
⑨ 据记载，万历十五年（1587）扩建后城隍庙占地面积为5亩。详见民国《朝邑新志》卷9《艺文·城隍庙记》，《中国科学院文献情报中心藏稀见方志丛刊》第20册，第214页。

1943年《朝邑县城图》所示地块范围测算，清代县署、儒学与文庙、城隍庙、关帝庙、马王庙、社学等公共建筑的地块面积分别为11864平方米、15225平方米、1611平方米、1891平方米、885平方米及675平方米。若城隍庙地块面积按3053平方米计算，则上述建筑地块面积总计为3.36万平方米，仅占城内面积的6.68%。即使考虑到当时城内尚有其他地块面积不明的军政机构及祠祀建筑，这些以县署为代表的主要公共建筑的地块面积占城内面积的比重亦应不超过20%。上述建筑除社学与马王庙外均在旧城内，经计算可知，明代拓城前上述公共建筑占城内面积的比重为16.84%，即使考虑到其他公共建筑，这些主要公共建筑占城内面积的比重亦不会超过50%。这一量化数据无疑有助于我们深入了解明清时期地方城市的土地利用状况、功能属性甚至城市的性质。譬如鲁西奇根据对明清汉水流域城市的研究，认为发展了一定规模城外街区的城市，其城内主要被官方机构与人员占据。[①] 路伟东认为清代城市城内空间有限，可供居住的空间并不多。[②] 张力仁亦认为清代城市城内以衙署祠庙等建筑为主，普通商民不得不居住在城外。[③] 从本文获取的数据来看，上述观点可能需要进行进一步的探讨。

从上可知，朝邑城墙拓展前后县署等主要公共建筑的相对位置发生了明显变化，拓展前主要公共建筑分布于除西南隅外的整个城内部分，拓展后主要公共建筑亦多分布于拓展前的旧城一带。这些以县署为代表的主要公共建筑虽然在方志城市图中被夸大或放大绘制，但实际占地面积并非很大。无论拓展前后，朝邑城内均以居民建筑而非公共建筑为主。

结　　语

根据以上分析，明清时期朝邑城市形态的变迁具有如下特点：其一，城内面积从嘉靖二十一年以前的约19万平方米扩展至之后的约50万平方

---

① 鲁西奇：《城墙内外：古代汉水流域城市的形态与空间结构》，第360~361页。
② 路伟东：《晚清西北人口五十年（1861~1911）——基于宣统"地理调查表"的城乡聚落人口研究》，复旦大学出版社，2017，第89、163页。
③ 张力仁：《清代城市的空间范围及其人口属性》，《陕西师范大学学报》（哲学社会科学版）2014年第5期，第125页。

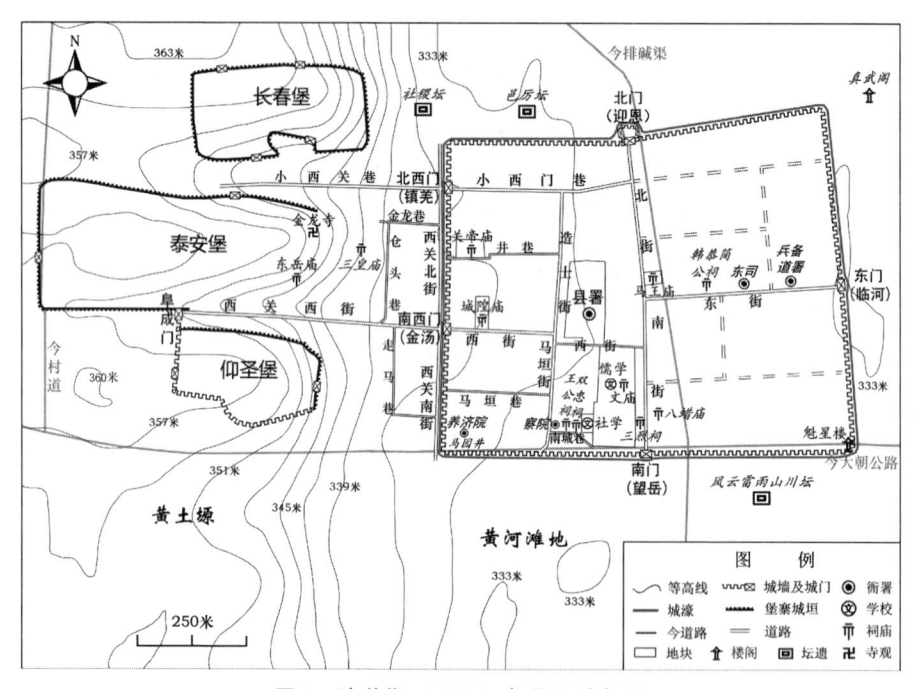

图 5　清前期（1712）朝邑县城复原

注：本图根据图 1 改绘而成。图中斜体名称建筑的位置系推测。

米。县城的范围也从仅包括城内区域演变为包括西关与三座堡寨在内的广义的县城地区。其二，明代城内主街结构从单一的类十字形演变为由多条街道组成的网状结构，清代主街结构则变为双丁字形。其三，明代城市街区随着社会经济的发展及城墙范围的拓展而逐渐得以扩大，形成以城内为主、城外为辅的分布格局。清中期城市街区整体上向西平移大约一条清代东街的距离，表现出城东半部衰落、西关地区发育成熟的特点。其四，明中期拓城之后，县署、儒学与文庙、城隍庙等主要公共建筑的相对位置均发生了改变，清代则保持稳定。

　　根据城墙与街区的变迁特点，可将明清时期朝邑城市形态的发展变迁过程划分为三个阶段。第一个阶段为明景泰初建城至嘉靖二十一年拓城（约1450~1542），此阶段城内面积较小，街区主要分布于城圈之内。第二个阶段为嘉靖时期拓城至乾隆末年（1542~1795），此阶段城墙范围及城内面积得到大幅扩展，城内外街道亦得到扩展，主街结构发生变化。城市街区形成以城内为主、西关为辅的空间分布格局。随着城墙的扩展，县署的相对位置从城东北部变为城西南部，儒学与文庙从城东南部变为城西南部，城隍庙从城西北部变为城西南部。第三个阶段为乾隆末年至清末（1796～1911），此阶段整个城市街区、街道及城市重心向西平移，城东部退化为空地，城西部及西关地区街区密布，总体上形成"西盛东虚"的城市空间格局。

总的来看，明清时期朝邑城市形态的变迁十分显著，其产生变化的原因，在明代主要是随着社会经济的发展，人们对城市（用地）空间需求的增长，而在清代则主要是黄河洪水的侵袭。与城市形态相对稳定的地方城市相比，明清时期朝邑城市形态在多个方面都表现出一定的复杂性与特殊性，尤其是其清中期呈现"西盛东虚"的城市空间格局更显得格外特殊。[①]

值得注意的是，在黄土高原地区，当城址靠近黄土塬时，城墙一般会延伸至黄土塬的半坡或塬面，从而消除敌人居高临下的后顾之忧。美国学者章生道较早发现并指出了这一现象，他以灵台县城为例，认为"在某些情况下，河岸上平地狭窄得使一部分城墙不得不筑在山坡上，于是，城墙所围的范围是一块朝向河流的斜面"。[②] 与章氏所说相似，在城墙未延伸至半坡或塬面时，则在塬面或半坡构筑堡寨，以加强对坡下或塬下城市的保护，朝邑县城便属于这种情况。明清时期，关中地区韩城与同官（今铜川印台区）两座县城也是在塬面或半坡构筑堡寨。[③] 这种情况在其他地区也可能存在。

一般而言，明清时期地方城市的城市形态及其变迁具有一定的普遍性与趋同性，但朝邑的案例则表明，部分城市也具有一定的复杂性与特殊性，不宜简单地一概而论。像朝邑这样的地方城市更应引起学术界的重视，对它们的充分研究能更加全面、深入地探析明清时期地方城市形态的普遍性与特殊性、演变规律及一般性特征。明清时期地方城市的城市形态

---

① 根据笔者的初步了解，明清时期，关中地区除西安府城以外的39座城市中，朝邑县城城市街区的变迁最为复杂，清代其城市街区的空间分布尤为特殊。因此，相对而言，朝邑城市形态及其变迁具有一定的复杂性与特殊性。
② 〔美〕章生道：《城治的形态与结构研究》，〔美〕施坚雅主编《中华帝国晚期的城市》，叶光庭等译，中华书局，2000，第91～92页。
③ 嘉靖《耀州志》卷1《地理志》，《中国地方志集成·陕西府县志辑》第27册，第343页；民国《韩城县续志》卷首《城郭图》，《中国地方志集成·陕西府县志辑》第27册，第249页。

并非一成不变，城市的发展亦并不一定与朝代变迁相吻合，一些重要的变化可能发生于朝代内部，而非王朝鼎革之际。从本文的认识来看，要加强对古代尤其是明清时期地方城市的研究，不仅要关注城市形态的变迁过程、特点及其原因，而且要注意其变迁的复杂性与特殊性。在具体研究中，要进行长时段、综合性的考察，以城墙、街道、街区、主要公共建筑等线状、网状、面状、点状要素[①]以及城市商业类型与分布的演变为核心，而非仅仅将目光局限于城墙这种单一的可有可无的线状要素上。此外，应当格外注重城墙拓展和收缩给城市形态带来的影响。应当进一步提高研究的精度与深度，对不同时期城墙的具体位置、街道的数量与位置、街区的规模与空间分布、主要公共建筑的绝对位置与地块面积等进行深入研究，而非仅做描述性探讨。应当尽量绘制较为准确的复原图，而非仅依靠方志城市图等对城市形态的特点进行判断与总结。只有这样，我们才能深化对中国古代地方城市形态的一般性特征、变迁与发展规律的认识，并且推进对中国城市历史地理的研究。

作者：田大刚，咸阳师范学院历史文化学院

（编辑：龚宁）

[①] 当然，在城内或城门外存在河流的情况下，河流及相关的桥梁、码头等线状要素亦为必不可少的研究对象。

君士坦丁堡早期城市建设、发展及其战略地位初探*

董晓佳

内容提要 君士坦丁堡曾是地中海世界东部地区的大都会,也是拜占庭帝国的经济、政治、军事、宗教与文化中心。君士坦丁一世是君士坦丁堡的奠基者,其在位时期修建的各类建筑奠定了新首都城市建设的基础。自君士坦丁一世统治开始,君士坦丁堡就一直是东部帝国皇帝的主要居城,以及帝国的行政中心,公元4世纪至5世纪中期的拜占庭皇帝利用帝国各地的人力与物力资源在君士坦丁堡进行大规模建设活动,从而促进了城市的繁荣与发展。此外,君士坦丁堡的建设与帝国对多瑙河边疆和东部边疆的关注有直接关联,其特殊的战略地位令皇帝高度重视君士坦丁堡防御设施的建设,而高水平的城市防御体系则成为此后拜占庭帝国绵延千年的重要保障。

关键词 拜占庭帝国 君士坦丁堡 早期城市建设

君士坦丁堡(Constantinople,今土耳其的伊斯坦布尔)作为拜占庭帝国的千年首都,曾是欧洲首屈一指的大都会,也是拜占庭帝国控制下的地中海世界东部地区经济、政治、军事、文化与宗教中心,同时又是沟通东西方精神与物质产品交流的桥梁。有学者指出,君士坦丁堡是"中世纪欧洲最伟大的城市",[①]

---

* 本文系 2019 年度国家社科基金重点项目"晚期罗马帝国与周边'蛮族'关系研究"(项目号 19ASS002)阶段性成果,并得到湖北大学历史文化学院水历史与水文明研究团队的支持。

① Marcus Rautman, *Daily Life in the Byzantine Empire*, Westport, Connecticut London: Greenwood Press, 2006, p. 61.

它曾如罗马城一样是"世界的舞台"。① 鉴于君士坦丁堡在历史上的重要地位,国外学者对其城市建设与发展历程给予了高度关注,其宏观分析与微观研究成果较为丰富。② 就国内研究现状而言,相关研究主要集中于君士坦丁一世(Constantine Ⅰ,306~337 年在位)时期与查士丁尼一世(Justinian Ⅰ,527~565 年在位)时期这两个时间段,而对于其他时间段则鲜有提及。③ 实际上,城市建设非一朝一夕之功,而有其逐渐发展的过程。在君士坦丁堡发展的早期阶段,君士坦丁一世的奠基之功自不可没,但 4 世纪至 5 世纪中期君士坦丁王朝的其他皇帝以及后续的瓦伦提尼安王朝和

---

① Peter Arnott, *The Byzantines and Their World*, London: Macmillan, 1973, p. 66.
② 自 18 世纪英国史学家爱德华·吉本的《罗马帝国衰亡史》一书出版起,与君士坦丁堡有关的研究成果不胜枚举,所有的拜占庭通史类著作中都会或多或少提及君士坦丁堡的建设,而有关君士坦丁堡内部个别建筑的论文也多不胜数。现将当代学者中以君士坦丁堡建设与发展为主题的宏观与微观研究成果略举数例如下。就君士坦丁堡的宏观发展而言,迈克尔·麦克拉甘的《君士坦丁堡》(Michael Maclagan, *The City of Constantinople*, New York·Washington: Frederick A. Praeger Publishers, 1968)就君士坦丁堡的千年发展史进行了总结,书中配有大量图片,可收左图右史之效;西里尔·曼戈的《拜占庭建筑》是对拜占庭帝国建筑的综述性著作,其中也包含了对君士坦丁堡建设的论述(〔美〕西里尔·曼戈:《拜占庭建筑》,张本慎等译,中国建筑工业出版社,1999);乔纳森·哈里斯的《君士坦丁堡:拜占庭首都》(Jonathan Harris, *Constantinople: The Capital of Byzantium*, London and New York: Continuum, 2007)则是有关这一主题的最新研究成果。就君士坦丁堡内建筑的个案分析而言,西里尔·曼戈就君士坦丁堡内的皇帝雕像、城门、某个公共浴室、某一教堂等均有考证性论文(Cyril Mango, *Studies on Constantinople*, Aldershot: Variorum, 1993);詹姆斯讨论了君士坦丁堡内的异教雕塑问题(Liz James, "Pray Not to Fall into Temptation and Be on Your Guard: Pagan Statues in Christian Constantinople," *Gesta*, Vol. 35, No. 1, 1996);布拉迪尔就君士坦丁堡的"金门"为狄奥多西二世(Theodosius Ⅱ, 408~450 年在位)时期所建的传统观点提出质疑(Jonathan Bradill, "The Golden Gate in Constantinople: A Triumphal Arch of Theodosius Ⅰ," *American Journal of Archaeology*, Vol. 103, No. 4, Oct., 1999);贝尔格尔就君士坦丁堡的街道与公共空间进行了研究(Albrecht Berger, "Streets and Public Spaces in Constantinople," *Dumbarton Oaks Papers*, Vol. 54, 2000);伍兹则利用文献分析比对的方法考证了 4 世纪君士坦丁堡一座教堂建立的时间与地点(David Woods, "The Church of 'St.' Acacius at Constantinople," *Vigiliae Christianae*, Vol. 55, No. 2, 2001);等等。
③ 关于君士坦丁堡的城市建设,国内主要研究成果包括:陈志强《拜占廷帝国史》,商务印书馆,2003,第 92~99、146~147、166~167 页;徐家玲《早期拜占庭和查士丁尼时代研究》,东北师范大学出版社,1998,第 45~51、249~252 页;裔昭印《论查士丁尼》,《学术月刊》1995 年第 10 期,第 71~72 页;袁波、雷大川《论君士坦丁迁都拜占廷》,《吉林师范大学学报》(人文社会科学版)2008 年第 1 期,第 100 页;陈志强《君士坦丁堡城市功能研究》,张利民主编《城市史研究》第 40 辑,社会科学文献出版社,2019;等等。

君士坦丁堡早期城市建设、发展及其战略地位初探

狄奥多西王朝的统治者及其政府也为君士坦丁堡的建设与发展做出了重大贡献,而这种关注本身与君士坦丁堡的重要战略位置密切相关。笔者不揣谫陋,现以相关史料为基础,结合中外学者已有研究成果,对此问题进行初步探讨,希望能为国内相关研究的进一步发展略尽绵薄之力。

一 君士坦丁一世的奠基工作

在击败最后一个皇位竞争者李锡尼(Licinius)后,公元324年君士坦丁一世开始在博斯普鲁斯海峡旁古希腊人建立的殖民城市拜占庭城旧址上建立新都,以皇帝之名命名的新都君士坦丁堡在公元330年落成。此后直至公元337年君士坦丁一世去世为止,皇帝基本居住于此统治整个帝国。[1] 除君士坦丁堡这个称谓之外,拜占庭人也称其为"新罗马"[2] 或"第二罗马"[3],后两个名称在一定程度上反映了君士坦丁堡自建成后就成为旧都罗马的竞争对手的事实。

从君士坦丁一世开始,历代拜占庭帝国皇帝都为君士坦丁堡的发展做着添砖加瓦的工作。君士坦丁堡内的建筑不断增加,人口不断增多,从而在规模上逐渐达到了可以与旧都罗马相媲美的程度。

最先在君士坦丁堡开展大规模建设的正是君士坦丁一世。苏格拉底指出,君士坦丁一世"用大量建筑物装点这座城市",在城中修建了两座教堂,分别命名为"伊仁妮"(Irene)教堂与"使徒"(the Apostles)教堂。[4] 君士坦丁一世去世后就下葬于使徒教堂的墓地内。[5] 实际上,在君士

---

[1] Timothy D. Barnes, *The New Empire of Diocletian and Constantine*, Cambridge, Massachusetts and London, England: Harvard University Press, 1982, p. 69.

[2] Socrates Scholasticus, *The Ecclesiastical History of Socrates Scholasticus*, translated by A. C. Zenos, Grand Rapids, Michigan: Wm. B. Eerdmans Publishing Company, 1957, Ⅰ. 16, p. 21; Sozomen, *The Ecclesiastical History of Sozomen*, translated by Chester D. Hartranft, Grand Rapids, Michigan: Wm. B. Eerdmans Publishing Company, 1957, Ⅱ. 3, p. 260; Philostorgius, *Church History*, translated by Philip R. Amidon, S. J. , Leiden Boston: Brill, 2007, 2. 9 – 9a, pp. 24 – 26; Theophanes, *The Chronicle of Theophanes Confessor: Byzantine and Near Eastern History AD 284 – 813*, translated by Cyril Mango and Roger Scott, Oxford: Clarendon Press, 1997, p. 46.

[3] Michael Whitby and Mary Whitby translated, *Chronicon Paschale, 284 – 628 AD*, Liverpool: Liverpool University Press, 1989, p. 17.

[4] Socrates Scholasticus, *The Ecclesiastical History of Socrates Scholasticus*, Ⅰ. 16, pp. 20 – 21.

[5] Socrates Scholasticus, *The Ecclesiastical History of Socrates Scholasticus*, Ⅰ. 40, p. 35.

坦丁一世时期，君士坦丁堡建立的教堂可能已经超过两座，因为君士坦丁一世曾经写信给凯撒里亚的尤西比乌斯，让他准备50份圣经抄本，送交君士坦丁堡内各教堂以供使用。① 为建设君士坦丁堡，君士坦丁一世不惜花费倾国财富，下令建立专门学校培养各类建筑人才，并调集各地建筑师与工匠按照罗马的样式与规模进行设计和建设，来自黑海沿岸的优质木材与爱琴海岛屿出产的大理石源源不断运往新都作为建筑材料，从帝国各个行省与城市搜集而来的各色青铜或大理石雕像与艺术品成为新都的装饰品。② 君士坦丁堡的建设耗费异常巨大，以致杰罗姆（Jerome）声称"君士坦丁堡的落成是通过把几乎所有其他城市压榨剥削殆尽而实现的"；③ 多神教徒史家左西莫斯则责备君士坦丁一世把"公众财富浪费在大多数都是无用的建筑之上，因为他下令修建的一些建筑由于工期过短而成为危房，不得不在建成后不久就予以拆除"。④ 左西莫斯关于危房的说法或许有事实依据，也有可能是出于多神教徒的偏见或夸张，但是无论是基督徒史家还是非基督徒史家，都一致承认君士坦丁一世为建设君士坦丁堡投入了举国财力和物力，由此建成了这座拜占庭帝国的千年国都。

除苏格拉底提到的教堂外，君士坦丁一世还在城中模仿罗马的大竞技场式样修建了一座极为华丽壮观的大竞技场（Hippodrome）。这座大竞技场比罗马的大竞技场还长40米左右，赛道可容8辆赛车同场竞技，看台可容纳数万人，外墙则由4层装饰着大理石雕刻的精美的拱形门廊构成，竞技场中立着雕有阿波罗神像的德尔菲三足锅（Delphic tripod），竞技场内还设有专供皇帝使用的包厢。竞技场附近建有大皇宫，由数个毗邻的独立宫院组成，占地超过60万平方米，为全城制高点以及君士坦丁堡最为豪华的建筑群。在皇宫与竞技场的皇帝包厢之间有通道相连，皇宫对面则立着君

---

① Eusebius, *Life of Constantine*, translated by Averil Cameron and Stuart G. Hall, Oxford: Clarendon Press, 1999, 4.36, pp. 166 – 167; Socrates Scholasticus, *The Ecclesiastical History of Socrates Scholasticus*, I.9, pp. 12 – 13.

② 〔瑞士〕雅各布·布克哈特：《君士坦丁大帝时代》，宋立宏、熊莹、卢彦名译，宋立宏审校，上海三联书店，2006，第286~287页；陈志强：《拜占廷帝国史》，第94页；徐家玲：《拜占庭文明》，人民出版社，2006，第15页。

③ Philostorgius, *Church History*, appendix 7.7c and 8b, p. 209.

④ Zosimus, *New History*, translated by Ronald T. Ridley, Canberra: Australian Association for Byzantine Studies, 1982, 2.32.1, p. 38.

士坦丁一世之母海伦娜（Helena）的纪念碑。城市中心的君士坦丁广场上矗立着巨大的斑岩石柱，石柱上有各种装饰，其顶端是用来自弗里吉亚的青铜制作的皇帝本人的雕像，在广场与皇宫入口之间以两条装饰着大理石雕像的柱廊相连，两条柱廊之间的区域称为"雷吉亚"（Regia），君士坦丁堡东城地区的主干道麦西（Mese）大道即从此处穿过。柱廊附近建有带有半圆形穹顶的元老院会堂。在皇宫附近，建有名为宙斯普斯（Zeuxippus）的公共浴室，以各种石柱、大理石与青铜雕像加以装饰。据左西莫斯的记载，在城中还建有供奉众神之母瑞亚（Rhea）与命运女神（Fortuna）的神庙。[1] 在君士坦丁堡落成后，据说君士坦丁一世于330年5月11日头戴镶满珠宝的皇冠召开落成庆典，为城市命名，并举行赛车比赛以资庆祝，宙斯普斯浴室于同日向公众开放。[2]

君士坦丁一世修建的宫廷与政府建筑、公共建筑和宗教建筑奠定了新首都城市建设的基础。在随后的一个世纪中，在君士坦丁一世修建的基础上，君士坦丁堡内的各种建筑日益增多。

二 从君士坦提乌斯二世到狄奥多西二世时代的城市发展

在君士坦提乌斯二世（Constantius Ⅱ，337～361年在位）统治时期，君士坦丁堡建设中的一项重要成果是圣索菲亚（St. Sophia）大教堂的第一次落成。根据苏格拉底的记载，君士坦丁一世时期，已经存在紧邻伊仁妮教堂的索菲亚教堂，但是规模很小，据说君士坦丁一世曾经考虑扩建索菲亚教堂，这一愿望到君士坦提乌斯二世时期才实现。他合并了伊仁妮教堂与索菲亚教堂，将两座教堂围于同一道围墙之内，加以扩建，并取消了伊

---

[1] Socrates Scholasticus, *The Ecclesiastical History of Socrates Scholasticus*, Ⅰ.16, p.21; Zosimus, *New History*, 2.30.4 – 2.31.2, pp.37 – 38; Michael Whitby and Mary Whitby translated, *Chronicon Paschale*, 284 – 628 AD, p.16 and note 54; John Malalas, *The Chronicle of John Malalas*, translated by Elizabeth Jeffreys, Michael Jeffreys and Roger Scott with Brian Croke, Jenny Ferber, Simon Franklin, Alan James, Douglas Kelly, Ann Moffatt, Ann Nixon, Melbourne: Australian Association for Byzantine Studies, 1986, 13.7 – 8, pp.173 – 175; Theophanes, *The Chronicle of Theophanes Confessor: Byzantine and Near Eastern History AD 284 – 813*, p.46;〔瑞士〕雅各布·布克哈特：《君士坦丁大帝时代》，第287~288页；陈志强：《拜占廷帝国史》，第95~96页。

[2] Michael Whitby and Mary Whitby translated, *Chronicon Paschale*, 284 – 628 AD, p.17; John Malalas, *The Chronicle of John Malalas*, 13.8, p.175.

仁妮教堂的名称。①《复活节编年史》则载,在君士坦丁一世为圣索菲亚大教堂打下地基后的第34年,君士坦提乌斯二世于公元360年2月15日举行了庆祝教堂落成的典礼,将该教堂称为"大教堂"(the Great Church)。②现代学者一般认为,可能是君士坦丁一世开始了圣索菲亚大教堂的建设工程,但其主要的建设工作则是在君士坦提乌斯二世时期完成。③圣索菲亚大教堂建成后,这里就归历任君士坦丁堡大主教管理,成为君士坦丁堡大主教权威的象征以及大主教举行各种宗教活动的地点。到金口约翰(John Chrysostom,主教任职期为398~404年)担任君士坦丁堡大主教时,教会内部纷争,导致圣索菲亚大教堂于公元404年6月20日毁于火灾,这场大火从下午一直燃烧到次日清晨,不仅烧毁了教堂及其附近的众多房屋等建筑,甚至还烧毁了位于皇宫附近的元老院会堂和君士坦丁一世时期从帝国各地运来装饰城市的大量雕像,不过皇宫则得以幸免于祝融之灾。④火灾之后,君士坦丁堡政府进行灾后重建,迅速恢复旧观,在狄奥多西二世时期,圣索菲亚大教堂再度建成,并于公元415年10月10日举行了落成庆典。⑤第二次落成的圣索菲亚大教堂使用了一百余年,直到532年尼卡暴动(Nika Revolt)时被焚毁,再由查士丁尼一世予以重建,后在奥斯曼帝国时期被改为清真寺,现在是伊斯坦布尔市内的一座博物馆。

除去圣索菲亚大教堂,君士坦丁一世之后各种类型的建筑在城中不断出现,同时旧有建筑也得到增修或重建。君士坦提乌斯二世时期,于345年开始了君士坦提亚浴场(Constantianae bath)的建设,⑥这一浴场虽长期未能完工,但至少在404年之前投入使用。⑦瓦伦斯(Valens, 364~378

---

① Socrates Scholasticus, *The Ecclesiastical History of Socrates Scholasticus*, Ⅱ. 16, p. 43.
② Michael Whitby and Mary Whitby translated, *Chronicon Paschale, 284 – 628 AD*, p. 35.
③ Michael Whitby and Mary Whitby translated, *Chronicon Paschale, 284 – 628 AD*, p. 35, note. 110. Jonathan Harris, *Constantinople: Capital of Byzantium*, p. 30.
④ Socrates Scholasticus, *The Ecclesiastical History of Socrates Scholasticus*, Ⅵ. 18, pp. 150 – 151; Sozomen, *The Ecclesiastical History of Sozomen*, Ⅷ. 22, p. 413; Zosimus, *New History*, 5. 24. 4 – 6, pp. 111 – 112. Palladius, *The Dialogue of Palldius Concerning the Life of Chrysostom*, translated by Herbert Moore, New York: The Macmillan Company, 1921, pp. 87 – 89; Michael Whitby and Mary Whitby translated, *Chronicon Paschale, 284 – 628 AD*, p. 59.
⑤ Michael Whitby and Mary Whitby translated, *Chronicon Paschale, 284 – 628 AD*, p. 64.
⑥ Michael Whitby and Mary Whitby translated, *Chronicon Paschale, 284 – 628 AD*, pp. 25 – 26.
⑦ Socrates Scholasticus, *The Ecclesiastical History of Socrates Scholasticus*, Ⅵ. 18, pp. 150 – 151; Sozomen, *The Ecclesiastical History of Sozomen*, Ⅷ. 21, pp. 412 – 413.

年在位）统治时期，在君士坦丁堡修建了两座以其女儿安娜斯塔西亚（Anastasia）与喀罗莎（Carossa）命名的公共浴场；① 在瓦伦斯为君士坦丁堡增建了一条水渠使饮水供应更便利后，当时在任的君士坦丁堡市长克莱阿库斯（Clearchus）又借此为市民修建了一座宏伟的公共浴室。② 尤里安（Julian，361~363年在位）统治时间虽然短暂，但也为君士坦丁堡修建了一座港口和一座图书馆，或许还扩大或增建了元老院会堂。③ 狄奥多西一世（Theodosius Ⅰ，379~395年在位）时期是继君士坦丁一世时期后又一个君士坦丁堡建设的重要时期。约公元386~393年，狄奥多西一世建成了狄奥多西广场（Forum of Theodosius），这是君士坦丁堡最大的公共广场，建有高柱、拱门与骑士雕像等，该广场是多条重要道路的会合点，此后也成为全城最大的集市贸易区，形成了方圆数里的商业区。尤里安时期曾用船从埃及运来重达800吨的古埃及方尖碑，后一直置于君士坦丁堡南面海岸，狄奥多西一世将之竖立于大竞技场的中央，以大理石为底座，底座上雕刻着狄奥多西一世及其家人观看赛跑的图案。公元391年，狄奥多西一世在君士坦丁堡修建了施洗者约翰（John the Baptist）教堂。狄奥多西一世的原配弗拉西拉（Flaccilla）则修建了弗拉西拉诺宫（Flaccillianon）。④ 当时的高官与哲学家泰米斯提乌斯（Themistius）为此赞颂道："如果皇帝装点城市的热诚持续下去，就需要一个更为广大的空间，这就会引出一个问题：狄奥多西增建的君士坦丁堡与君士坦丁扩建的拜占庭城二者相较，何者更为富丽堂皇。"⑤

在阿尔卡迪乌斯（Arcadius，395~408年在位）时期至狄奥多西二世时期，除了新建建筑外，由于城内时常发生地震和火灾，灾后重建也是一项重要工作。苏格拉底曾经提到，立于圣索菲亚大教堂街道对面的阿尔卡

---

① Socrates Scholasticus, *The Ecclesiastical History of Socrates Scholasticus*, Ⅳ. 9, p. 99; Michael Whitby and Mary Whitby translated, *Chronicon Paschale, 284 – 628 AD*, p. 45; Theophanes, *The Chronicle of Theophanes Confessor: Byzantine and Near Eastern History AD 284 – 813*, p. 88.

② Socrates Scholasticus, *The Ecclesiastical History of Socrates Scholasticus*, Ⅳ. 8, p. 99.

③ Zosimus, *New History*, 3. 11. 3, p. 56; p. 174, note 48.

④ Sozomen, *The Ecclesiastical History of Sozomen*, Ⅶ. 21, pp. 391 – 392; Michael Whitby and Mary Whitby translated, *Chronicon Paschale, 284 – 628 AD*, pp. 53 – 55; Jonathan Harris, *Constantinople: Capital of Byzantium*, p. 31; 陈志强：《拜占廷帝国史》，第96、357页。

⑤ Jonathan Harris, *Constantinople: Capital of Byzantium*, p. 32.

迪乌斯的皇后尤多西亚（Eudoxia）的银像是君士坦丁堡大主教金口约翰与皇后的矛盾进一步激化的导火线。① 实际上，为皇帝与皇族成员在公共场所建造雕像是一种传统做法，这些立在公共场所的雕像既有表现和宣扬皇权的一面，又能起到装点城市的作用，而在雕像落成时依例举行的竞技比赛以及跳舞、哑剧等表演也是市民娱乐的一种方式。② 狄奥多西一世就曾于394年在狄奥多西广场上立起自己的骑马雕像；③ 421年，在色诺罗菲乌斯宫（Xerolophus）前的阿尔卡迪乌斯广场上举行了阿尔卡迪乌斯雕像的落成庆典。④ 427年，君士坦提安浴场完工后，改名为狄奥多西公共浴场，并举行了落成庆典。⑤ 继404年的大火之后，君士坦丁堡又于406年、433年发生两次大火，406年的火灾损毁了大竞技场的部分外围区域以及邻近的柱廊，⑥ 433年的火灾则烧毁了许多谷仓与阿喀琉斯公共浴室（the Achilles），后者直到10年后才得以重建。⑦ 407年、408年、417年、422年、423年、438年君士坦丁堡先后发生6次地震，造成不同程度的损失。⑧ 虽然时有天灾人祸，但君士坦丁堡的建设并未受阻，重建工作一般能顺利进行，市民曾在大竞技场内向领导城市建设且深孚众望的君士坦丁堡市长居鲁士（Cyrus）欢呼"君士坦丁所建立的，由居鲁士重建"，以表示感谢。⑨

对于研究拜占庭帝国早期迅速崛起为帝国东部地区中心城市的君士坦丁堡的建设与历史而言，幸运的是，留存至今的5世纪东部帝国政府官员的文献《君士坦丁堡城市志》为我们提供了较为详细的第一手资料，该文

---

① Socrates Scholasticus, *The Ecclesiastical History of Socrates Scholasticus*, VI. 18, p. 150.
② Sozomen, *The Ecclesiastical History of Sozomen*, VIII. 20, p. 412.
③ Michael Whitby and Mary Whitby translated, *Chronicon Paschale, 284 – 628 AD*, p. 55.
④ Michael Whitby and Mary Whitby translated, *Chronicon Paschale, 284 – 628 AD*, p. 69.
⑤ Michael Whitby and Mary Whitby translated, *Chronicon Paschale, 284 – 628 AD*, p. 70.
⑥ Michael Whitby and Mary Whitby translated, *Chronicon Paschale, 284 – 628 AD*, p. 60.
⑦ Michael Whitby and Mary Whitby translated, *Chronicon Paschale, 284 – 628 AD*, pp. 71, 73.
⑧ Michael Whitby and Mary Whitby translated, *Chronicon Paschale, 284 – 628 AD*, pp. 60 – 61, 65, 69, 70; Theophanes, *The Chronicle of Theophanes Confessor: Byzantine and Near Eastern History AD 284 – 813*, pp. 144 – 145.
⑨ Michael Whitby and Mary Whitby translated, *Chronicon Paschale, 284 – 628 AD*, p. 78; Theophanes, *The Chronicle of Theophanes Confessor: Byzantine and Near Eastern History AD 284 – 813*, p. 151.

献序言中称君士坦丁堡得到皇帝狄奥多西的关怀与改造。① 根据马修斯的观点，这部文献是君士坦丁堡的地方行政管理清单，由于其中明确提及狄奥多西二世时期君士坦丁堡城墙的建设，因此应当是完成于 5 世纪狄奥多西二世统治时期；但是其中记载城市东西长度为 4.2 公里，又与君士坦丁一世建立的城墙所圈入的城市大小相当吻合，因此该文献的作者应当是在 4 世纪官方文献的基础上进行了一些编写工作，但是未能及时全部更新君士坦丁堡在 5 世纪的发展，或是在狄奥多西城墙（Theodosian Wall）建设之初，新的城市空间尚未得到发展。② 虽然这一文献遗漏了如狄奥多西一世时期在竞技场中修建的方尖碑、位于君士坦丁广场（Forum of Constantine）与狄奥多西广场中间的青铜四塔门（Bronze Tetrapylon）、狄奥多西凯旋门（Arch of Theodosius）等重要建筑，③ 但是仍然是 4~5 世纪君士坦丁堡城市面貌与地理环境描述较为准确的资料。该文献将君士坦丁堡分为 14 个区，并分别介绍了每个区的重要建筑物及其数量，包括宫殿、教堂、元老院、法庭、港口、柱廊、里程碑、公共与私人谷仓、水库、储水池、仓库、剧场、竞技场、广场、公共与私人浴室、公共与私人面包作坊、肉市、雕像、街道、造币场、阶梯以及宅邸等。除此之外，还记录了每个区所拥有公务人员的种类与数量。如第一区的重要建筑包括大宫殿（Great Palace）、普拉西迪亚宫（Palace of Placidia）、奥古斯塔普拉西迪亚宅（House of Placidia Augusta）、阿尔卡迪乌斯浴室（Baths of Arcadius）、29 条街道或小巷、118 座宅邸、2 道柱廊、15 所私人浴室、4 所公共面包作坊、15 所私人面包作坊、4 座阶梯等；而第一区的公务人员包括 1 位负责整个辖区的保佐人（curator）、1 名服务于该区公共需求的公共奴隶、25 名从不同行会选出的协助灭火的行会成员、5 名负责城市夜间守卫的护卫官（vicomagistri）。④

---

① John Matthews, "The Notitia Urbis Constantinopolitanae," in Lucy Grig and Gavin Kelly, eds., *Two Romes: Rome and Constantinople in Late Antiquity*, New York: Oxford University Press, 2012, p. 86.
② John Matthews, "The Notitia Urbis Constantinopolitanae," in Lucy Grig and Gavin Kelly, eds., *Two Romes: Rome and Constantinople in Late Antiquity*, pp. 84 – 85.
③ John Matthews, "The Notitia Urbis Constantinopolitanae," in Lucy Grig and Gavin Kelly, eds., *Two Romes: Rome and Constantinople in Late Antiquity*, pp. 112 – 113.
④ John Matthews, "The Notitia Urbis Constantinopolitanae," in Lucy Grig and Gavin Kelly, eds., *Two Romes: Rome and Constantinople in Late Antiquity*, pp. 86 – 87.

君士坦丁堡的建设能取得以上成就，主要在于自君士坦丁一世开始，君士坦丁堡就一直是皇帝的主要居城，是帝国的行政中心，在皇权不断加强的拜占庭帝国，中央政府能够利用帝国各地的人力与物力资源以保证君士坦丁堡的繁荣与发展。与此同时，早期拜占庭皇帝之所以如此关注君士坦丁堡的建设，与君士坦丁堡本身在帝国的战略地位密切相关。

三　君士坦丁堡的战略地位

公元324年，君士坦丁一世在重新统一罗马帝国之后，开始在博斯普鲁斯海峡（Bosporus Strait）欧洲一侧的古希腊拜占庭城旧址建设新都。公元330年，新都君士坦丁堡最终落成并启用，一般认为这是后世所称的拜占庭帝国的开端。但在时人看来，这只是罗马帝国必须多负担一座皇帝所钟爱的城市与驻地，在当时，君士坦丁堡是否能取得高于特里尔、塞萨洛尼卡、米兰等同样作为皇帝居城的地位似乎尚不确定。

但是，就地理位置而言，君士坦丁堡确实具有重要的战略意义，它从此成为罗马帝国色雷斯（Thrace）地区的腹地，同时也进一步强化了帝国对多瑙河流域的关注，当然，君士坦丁堡之建设本身就与帝国对多瑙河边疆与东部边疆的关注有直接关联。而随着君士坦丁堡的建设，流经巴尔干半岛北部的多瑙河也获得了新的突出地位，因为此后大部分统治帝国东部地区的皇帝一般居住在君士坦丁堡，这里成为东部帝国的政治中心。与这一新的东部帝国中心城市密切相关的两个地区是色雷斯平原与多瑙河南部地区。斯塔拉山脉（Stara Planina）[①]横亘于这两个区域之间，并不险峻，同时山脉中存在连接多瑙河中下游河谷地区与色雷斯平原的众多通道，从而有利于来自多瑙河以北的族群南下色雷斯。[②] 从早期拜占庭帝国的历史发展可以看出，只要能够越过多瑙河，色雷斯与该地区包括君士坦丁堡在内的众多城市就将面对这些能够渡河的群体的攻击或劫掠，因此就防御而言，多瑙河与色雷斯地区是两位一体的结构，而君士坦丁堡则处于这一结构中的核心位置。

[①] 即巴尔干山脉（Balkan Mountains），斯塔拉山脉一名出自保加利亚语，意为"古老的山脉"（old mountain）。
[②] 陈志强：《巴尔干古代史》，中华书局，2007，第5页。

就君士坦丁堡自身而言，该城北为黑海，南为爱琴海，而由爱琴海可通向地中海，因此该城位于从黑海前往地中海的咽喉要地。君士坦丁堡三面环水，城的南面濒临马尔马拉海（Sea of Marmara），东北部是长约8公里的著名良港金角湾（Golden Horn）；博斯普鲁斯海峡位于马尔马拉海以东，达达尼尔海峡（Dardanelles Strait）则从西面扼住了马尔马拉海与外界沟通的管道。由此，君士坦丁堡成为一座极难从海上攻克的堡垒。① 正如我们从拜占庭帝国一千多年历史所见到的，来自海上的进攻力量在当时的技术条件与战术手段下很难攻克君士坦丁堡，因为其拥有的特殊地理位置为之提供了保护。实际上，即使到了公元15世纪，奥斯曼土耳其人攻陷君士坦丁堡仍然依靠的是此前君士坦丁堡守卫者在战争中从未遇见过的巨炮。由于从海上难以进攻，加上早期拜占庭帝国仍然总体上掌握东地中海地区的制海权，因此与这一时期之前或之后一样，君士坦丁堡所面对的最大威胁来自该城与陆地相连的一面，来自攻破多瑙河边疆的敌人。早在古典时期，著名史家波里比阿（Polybius）就精辟地指出了君士坦丁堡的前身拜占庭城所面对的来自陆地的威胁。

正如古代的色雷斯人可以由陆地进攻拜占庭城一样，② 任何进入色雷斯地区的"蛮族"也都可以经由相同的路线攻击君士坦丁堡。色雷斯位于这座新都的西北部地区，当地虽有山岭，但可以经由河谷地带通行。色雷斯南部地区有巴尔干半岛的交通要道埃格纳提亚大道（Via Egnatia），它与位于色雷斯北部地区的辛吉杜努姆（Singidunum）—君士坦丁堡大道均通向君士坦丁堡。除此以外，在色雷斯地区也有多条将多瑙河下游流域的重要城市与君士坦丁堡相连接的道路。③ 在罗马帝国晚期，萨尔玛特人（Sarmatians）、哥特人（Goths）、匈人（Huns）、阿兰人（Alans）等均是先越过多瑙河，再进入色雷斯，然后深入巴尔干半岛，并劫掠当地城乡乃至攻击君士坦丁堡，也有"蛮族"群体长期定居（哥特人）或控制（匈人）

---

① 〔英〕约翰·朱利叶斯·诺威奇：《地中海史》上册，殷亚平等译，东方出版中心，2011，第62页。
② Polybius, *The Histories*, with an English translation by W. R. Paton, Cambridge, Massachusetts: Harvard University Press, reprinted 1992, Vol. II, Book IV. 44. 11 – 45. 8, pp. 411 – 413；〔古希腊〕波里比阿：《罗马帝国的崛起》，翁嘉声译，社会科学文献出版社，2013，第380~381页。
③ Dimitri Obolensky, *The Byzantine Commonwealth: Eastern Europe, 500 – 1453*, New York: St. Vladimir's Seminary Press, reprinted 1982, pp. 33 – 41.

多瑙河沿岸乃至色雷斯地区，从而对君士坦丁堡与东部帝国构成长期威胁。实际上，色雷斯平原是巴尔干半岛战略地位最为重要的地区，这就导致色雷斯必然成为兵家必争之地。多瑙河河谷平原自西向东延伸至多瑙河下游三角洲地区，该平原南部易于通行，历史上诸多游牧民族将此处作为巴尔干半岛的桥头堡，因此多瑙河流域也一直是防范北方族群入侵的军事中心。[1] 除此之外，下多瑙河为来自北方的族群提供了进入巴尔干半岛的入口，并可由此进一步前往黑海、马尔马拉海、爱琴海沿岸的重要城市；另一方面，在帝国居民看来，下多瑙河也是帝国控制区域的边界。[2] 自罗马帝国放弃多瑙河北岸行省以后，下多瑙河便成为色雷斯平原与多瑙河流域北岸"蛮族"之间所剩下的唯一自然界线。在此，对帝国不利的是，从军事上而言，任何河流均不是无法渡过的，多瑙河也不例外。[3] 拜占庭帝国在其历史上一直在与来自色雷斯方向的族群不断进行争斗。[4] 来自黑海附近的居民的移动也会对多瑙河流域产生冲击，正如奥布林斯基所言，黑海附近的居民经常被入侵帝国土地并定居于巴尔干半岛的可能性所吸引。[5] 君士坦丁堡正处于多瑙河以南的色雷斯地区，在此可就近指挥多瑙河流域的战事与防务，有利于成为多瑙河边疆防卫体系中的战略中心城市。

除多瑙河边疆之外，君士坦丁堡与小亚细亚之间距离近、交通便利，也方便帝国防卫东方边疆。在拜占庭帝国早期，东方边疆的重要性并不亚于多瑙河边疆，因为在这里存在地中海周边世界唯一能与罗马帝国相颉颃的"蛮族"政权萨珊波斯帝国，而日后将席卷中亚、西亚与半个地中海世界的阿拉伯帝国也起源于此。

在东方边疆的北部是高加索地区（Caucasia），该地区东为里海，西为黑海，北为高加索山脉的群山，南部面向伊朗高原、两河流域、叙利亚与

---

[1] 陈志强：《巴尔干古代史》，第10页。
[2] Dimitri Obolensky, *The Byzantine Commonwealth: Eastern Europe*, 500–1453, p. 42.
[3] C. R. Whittaker, *Frontiers of the Roman Empire: A Social and Economic History*, Baltimore and London: The Johns Hopkins University Press, 1994, p. 61.
[4] Dimitri Obolensky, *The Byzantine Commonwealth: Eastern Europe*, 500–1453, p. 32.
[5] Dimitri Obolensky, *The Byzantine Commonwealth: Eastern Europe*, 500–1453, p. 42.

小亚细亚地区，主要由亚美尼亚与格鲁吉亚①两个部分组成。② 在古代世界，这里与地中海世界有着密切联系。古典作家对于高加索山脉及其邻近地区并不陌生。希罗多德在其《历史》一书中提及高加索山脉坐落于里海的西岸，在群山之中最为高大与广阔，其间还居住着各种各样的部落。③ 对高加索地区的关注一直保持至拜占庭帝国时期。6 世纪史家普罗柯比在其《战争史》一书中称陶鲁斯山脉先经过卡帕多西亚和亚美尼亚与波斯亚美尼亚人（Persarmenias）的土地，然后也进入阿尔巴尼亚与伊比利亚以及这一地区的波斯帝国附庸政权。④ 在《帝国行政论》中，生活在10世纪的拜占庭帝国皇帝君士坦丁七世感到有必要告诉他的读者，存在两个伊比利亚，一个是西班牙，另一个位于波斯帝国附近。⑤

虽然高加索山脉以南的阿尔巴尼亚与伊比利亚等地区从未被全部并入罗马帝国，但是黑海东南沿海地带则由罗马军队所占据，至于亚美尼亚则是罗马帝国与帕提亚及其后继者萨珊波斯之间持久的争夺对象。⑥ 从其最

---

① 在古代，格鲁吉亚主要分为科尔基斯（Colchis）与伊比利亚（Iberia）两个部分，科尔基斯又被称为西格鲁吉亚（Western Georgia）与拉奇卡（Lazica），伊比利亚又被称为东格鲁吉亚（Eastern Georgia），在伊比利亚东南部还有阿尔巴尼亚（Albania），曾多次被波斯或伊比利亚合并，有时"东格鲁吉亚"用来指称包括阿尔巴尼亚在内的伊比利亚。（John Rufus, *The Lives of Peter the Iberian, Theodosius of Jerusalem, and the Monk Romanus*, edited and translated with an introduction and notes by Cornelia B. Horn and Robert R. Phenix Jr., Atlanta: Society of Biblical Literature, 2008, introduction, p. xxi) 至 6 世纪，在西格鲁吉亚出现了强大的拉奇卡（Lazica）王国。[David M. Lang, "Iran, Armenia and Georgia," in Ehsan Yarshater, ed., *The Cambridge History of Iran, Vol. 3 (1): The Seleucid, Parthian and Sasanian Periods*, Cambridge: Cambridge University Press, fifth printing 2007, p. 520]

② Cyril Toumanoff, *Studies in Christian Caucasian History*, Washington, D. C., Georgetown University Press, 1963, p. 11.

③ Herodotus, *The Persian Wars, Books I – II*, with an English translation by A. D. Godley, Cambridge, Massachusetts and London, England: Harvard University Press, reprinted 1999, I. 203, p. 257.

④ Procopius, *History of the Wars, Books I – II*, with an English translation by H. B. Dewing, Cambridge, Massachusetts and London, England: Harvard University Press, reprinted 1996, I. 10. 1, p. 77.

⑤ Constantine Porphyrogenitus, *De Administrando Imperio*, Greek text edited by Gy. Moravcsik, English translation by R. J. H. Jenkins, Washington, District of Columbia: Dumbarton Oaks, 1967, pp. 99 – 101.

⑥ Benjamin Isaac, *The Limits of Empire: The Roman Army in the East, Revised Edition*, Oxford: Clarendon Press, reprinted 2000, pp. 9 – 10；〔以色列〕本杰明·艾萨克：《帝国的边界：罗马军队在东方》，欧阳旭东译，华东师范大学出版社，2018，第12页。

初发展阶段开始，高加索地区居民就处于地中海文明与中亚和伊朗高原文明的交汇中，其文化被认为是安纳托利亚、两河流域与爱琴海海域三种地方文化的综合体。①

高加索地区同时受到两方面影响的独特文化地位来自它处于两者之间的地理位置，而正是这一地理位置令该地区成为罗马—拜占庭帝国与波斯争夺的焦点之一。从罗马—拜占庭帝国的角度看，高加索山脉的最北部是通向欧亚草原的通道，也是向黑海与多瑙河流域进发的游牧民族入侵的道路；中央高加索（Central Caucasus）② 为游牧民族提供了直通小亚细亚的隘口；在其南部的外高加索（Transcaucasia）③ 则为中东地区如波斯人、阿拉伯人与突厥人（Turks）这样的强权势力提供了进攻小亚细亚、博斯普鲁斯海峡地区与君士坦丁堡的跳板。④ 而从萨珊波斯帝国的角度看，高加索地区也是必须控制在自己手中的要地，不仅由于该地区与伊朗高原有着长期的经济、政治与文化往来，也不仅由于历史上这里曾处于另一个波斯帝国的霸权之下，更是由于这里是波斯帝国北部地区的最重要屏障。罗马—拜占庭帝国如果控制了高加索地区尤其是亚美尼亚，就能以此为基地进攻波斯帝国境内最富庶的两河流域辖区。⑤

东方边疆的另一组成部分是两河地区（美索不达米亚）⑥。如果就罗马—拜占庭帝国的东方边疆整体形势来看，控制着两河地区北部的罗马美索不达米亚（Roman Mesopotamia）处于相当关键的位置。从地理上看，该地区北与高加索地区相联系，南则与帝国在阿拉伯半岛的控制区密不可分。从经济上看，在罗马美索不达米亚的西部和西南部，包括叙利亚与巴勒斯坦等诸行省在内的地中海东岸及其内陆地区是古代罗马帝国晚期东部

---

① Cyril Toumanoff, "Caucasia and Byzantium," *Traditio*, Vol. 27, 1971, p. 112.
② 高加索山脉又分为大高加索山脉（Greater Caucasus）与小高加索山脉（Lesser Caucasus），前者又分为从黑海沿岸至厄尔布鲁士峰的西高加索山脉（Western Caucasus）、从厄尔布鲁士峰至卡兹别克山（Mount Kazbek）的中央高加索山脉以及从卡兹别克山至里海沿岸的东高加索山脉。
③ 即南高加索（South Caucasus），高加索山脉以南地区，也就是亚美尼亚人、阿尔巴尼亚人、伊比利亚人、科尔基斯人（Colchians）等居住的地区。
④ Dimitri Obolensky, *The Byzantine Commonwealth: Eastern Europe, 500 – 1453*, p. 52.
⑤ 刘衍钢：《罗马帝国的梦魇——马塞里努斯笔下的东方战争与东方蛮族》，上海人民出版社，2018，第61页。
⑥ 地跨伊拉克、科威特、伊朗、土耳其与叙利亚等国。

地区最为富裕的一些地区。① 从战略上看，在该地区的东部，罗马所控制的美索不达米亚北部地区恰与波斯帝国最富庶的农业地区两河流域南部地区密迩为邻，尤其是萨珊波斯帝国的行政首都泰西封就位于底格里斯河畔，因此从地理位置、经济地位与战略重要性而言，两河地区对于罗马—拜占庭帝国而言都可谓东方边疆的核心地区。

帝国东方边疆的最后一个组成部分是位于美索不达米亚以南的阿拉伯边疆，以罗马阿拉比亚（Roman Arabia）为中心。罗马阿拉比亚指的是帝国位于巴勒斯坦东部与南部的行省，包括现在的内盖夫（Negev）沙漠、叙利亚南部地区、约旦与沙特阿拉伯的西北部地区。② 罗马阿拉比亚的绝大部分地区属于地理上阿拉伯半岛（Arabia Peninsula）的组成部分，与阿拉伯半岛其余部分存在密切联系。阿拉伯半岛的居民从很早时期起就与周边地区存在互动联系。公元106年，阿拉伯人中的纳巴泰人所建立的王国灭亡，罗马帝国的阿拉比亚行省正式建立。③ 此后，在罗马与帕提亚的战争中，阿拉伯半岛及其居民也被卷入。④ 至拜占庭帝国时期，这一状况仍然持续，拜占庭帝国与萨珊波斯均在半岛上拥有同盟者，两大帝国均对阿拉伯人的多个部族授予头衔与赠礼，以交换他们不对帝国进行攻击并帮助维持边疆秩序，同时在需要时提供军事援助。⑤ 与此同时，从战略上看，位于罗马与萨珊波斯之间的阿拉伯半岛实际上是双方的侧翼，若拜占庭帝国通过军事或外交手段在半岛上占据优势，则萨珊波斯的南部边疆，尤其是其所控制的美索不达米亚南部地区所受到的压力就将增加；若萨珊波斯的影响力在阿拉伯半岛上以任何方式直接或间接地压倒拜占庭，则拜占庭

---

① Hugh Kennedy, "Syria, Palestine and Mesopotamia, "in Averil Cameron, Bryan Ward – Perkins, Michael Whitby, eds., *The Cambridge Ancient History, Vol. XIV: Late Antiquity: Empire and Successors, A. D. 425 – 600*, Cambridge: Cambridge University Press, 2000, p. 588.

② G. W. Bowersock, *Roman Arabia*, Cambridge, Massachusetts and London, England: Harvard University Press, 1983, p. 1.

③ Miriam Griffin, "Nerva to Hadrian, "in Alan K. Bowman, Peter Garnsey, Dominic Rathbone eds., *The Cambridge Ancient History, Volume XI The High Empire, A. D. 70 – 192*, Cambridge: Cambridge University Press, 2000, p. 123.

④ Michael C. A. Macdonald, "Arabs and Empires before the Sixth Century, "in Greg Fisher, ed., *Arabs and Empires before Islam*, Oxford: Oxford University Press, 2015, p. 73.

⑤ Robert G. Hoyland, *Arabia and the Arabs: From the Bronze Age to the Coming of Islam*, London and New York: Routledge, 2001, p. 78.

帝国的东方边疆也将遭到类似的威胁,这是双方持续关注阿拉伯半岛以及阿拉伯人事务的重要原因。

就罗马阿拉比亚本身而言,从地理位置上看,其与奥斯若恩、帕尔米拉等一样,不仅是拜占庭帝国在阿拉伯人主要居住地边缘的前哨,也是帝国势力进入更大范围的阿拉伯半岛并与当地及行省周边阿拉伯人互动的重要平台,同时也在帝国保护其东方边疆南翼地区以及埃及时起到重要作用。阿拉比亚行省的西南部是内盖夫沙漠。从内盖夫沙漠可以去往西奈半岛(Sinai Peninsula),并由此前往埃及。① 在罗马帝国征服纳巴泰人王国之前,西奈就在纳巴泰人统治之下;当阿拉比亚行省建立后,西奈也曾是阿拉比亚行省的组成部分,直至戴克里先重新划分行省时,西奈才从阿拉比亚行省中分离出来而被并入巴勒斯坦行省;至公元4世纪后期,随着巴勒斯坦行省被一分为三,西奈被归入第三巴勒斯坦行省(Palaestina Tertia),直至阿拉伯帝国征服此处。② 因此,对于埃及而言,阿拉比亚行省是其维持东部安全的屏障,如果阿拉比亚行省的防御崩溃或是瓦解,来自阿拉伯半岛方向的敌人就可以穿越内盖夫沙漠并进入西奈半岛,进而越过苏伊士地区进入尼罗河三角洲地区。与此同时,阿拉比亚行省的北部地区主要由约旦河以东的外约旦地区(Transjordan)构成,这里曾经是纳巴泰人王国的核心地区,同样也是罗马阿拉比亚的核心区域,行省中最主要的城市博斯特拉(Bostra)与佩特拉(Petra)均位于这一地区。③ 该地区拥有充裕的水源与便利的南北交通,其东南部的古老商路穿越沙漠与季节性游牧民生活的地区,从古至今都是连接阿拉伯半岛与叙利亚地区的重要通道。④ 因此,从叙利亚以及罗马美索不达米亚的南部地区的安全角度来看,罗马阿拉比亚显然也有其相当的价值。

显然,相比罗马、特里尔、米兰等城市,君士坦丁堡的地理位置更便于皇帝处理对于帝国东部安全至关重要的东方边疆问题,而相对位于小亚

---

① Benjamin Isaac, *The Limits of Empire: The Roman Army in the East, Revised Edition*, p. 11;〔以色列〕本杰明·艾萨克:《帝国的边界:罗马军队在东方》,第 14~15 页。
② Walter D. Ward, *The Mirage of the Saracen: Christians and Nomads in the Sinai Peninsula in Late Antiquity*, Oakland, California: University of California Press, 2015, p. 12.
③ G. W. Bowersock, *Roman Arabia*, p. 91.
④ Benjamin Isaac, *The Limits of Empire: The Roman Army in the East, Revised Edition*, pp. 12-13;〔以色列〕本杰明·艾萨克:《帝国的边界:罗马军队在东方》,第 15~16 页。

细亚的尼科美地亚与安条克、位于埃及的亚历山大等东部名城，则君士坦丁堡的地理位置更便于皇帝监控同样重要的多瑙河边疆，可以说，在考虑君士坦丁堡的历史发展过程时，其战略地位是不可忽视的至关重要的影响因素。

正是由于君士坦丁堡重要的战略地位，因此自君士坦丁堡建设开始，其防御设施就受到皇帝们的重视。苏格拉底称，君士坦丁一世用城墙围绕君士坦丁堡。[1] 至狄奥多西二世统治早期，据苏格拉底记载，东方大区长官安塞米乌斯（Anthemius）又修建了一道新城墙。[2] 这道城墙位于旧城墙以西，[3] 从金角湾的顶端绵延至马尔马拉海海岸，全长超过7公里。[4] 这道狄奥多西城墙建成于公元413年，除了防御目的之外，也是为了要容纳城内日益增多的人口，它将自金角湾到马尔马拉海之间的陆地全部围在城墙之内，由以多层砖块分隔的石灰石块构成，墙高12米，宽5.5米，城墙上建有96座防御塔供守城士兵使用，墙外有以砖镶边的护城壕沟，宽度为15~20米，深度为5~7米，城边还有一个由砖木建成的围栏，这座城墙建成后的千年内，成为君士坦丁堡的主要防御设施。[5] 该城墙被认为是"凝聚了火药时代之前希腊—罗马世界关于城防的军事工程学的全部智慧"。[6] 阿提拉之所以放弃攻打君士坦丁堡，可能就与这道坚固的城墙有关。[7] 此后，在公元439年，为防御汪达尔人（Vandals）从海上入侵，狄奥多西二世又下令修建城墙保护君士坦丁堡的海滨地区。[8] 公元447年，狄奥多西城墙因为地震而严重损毁，[9] 由于当时正面临匈人入侵的威胁，

---

[1] Socrates Scholasticus, *The Ecclesiastical History of Socrates Scholasticus*, Ⅰ.16, p. 20.
[2] Socrates Scholasticus, *The Ecclesiastical History of Socrates Scholasticus*, Ⅶ.1, p. 154.
[3] Alan Cameron, *Literature and Society in the Early Byzantine World*, London: Variorum Reprints, 1985, pp. 240-241.
[4] Jonathan Harris, *Constantinople: Capital of Byzantium*, London and New York: Continuum, 2007, p. 46.
[5] Jonathan Harris, *Constantinople: Capital of Byzantium*, p. 46.
[6] 〔英〕罗杰·克劳利：《1453：君士坦丁堡之战》，陆大鹏译，社会科学文献出版社，2014，第123页。
[7] 〔英〕罗杰·克劳利：《1453：君士坦丁堡之战》，第122页。
[8] Michael Whitby and Mary Whitby translated, *Chronicon Paschale, 284-628 AD*, p. 72.
[9] 按照比德的说法，地震导致"该城相当一部分城墙连同五十七个塔楼"倒塌。参见〔英〕比德《英吉利教会史》，陈维振、周清民译，商务印书馆，1991，第46页。

皇帝立即下令重修。①并且趁此机会在壕沟与墙之间的空地上又增建了一道外墙，高度比原先的那道略矮，另外墙上设置了92座防御塔。②防御塔楼高18米，可以施放各种投掷武器，哨兵在塔楼顶端负责警戒工作。内墙高度为12米，外墙高度为8米。内外两道城墙间有宽18米的平台，这是负责防守外墙的士兵的集中地。外墙脚下还有一道宽18米的空地。③

正如后人所言，狄奥多西城墙"防御体系的纵深之大和复杂程度、城墙的坚固以及居高临下的优势"，使其"几乎坚不可摧，中世纪的只拥有传统攻城武器的军队奈何它不得"。④由此，护城壕、砖木围栏、三道城墙与188座防御塔就成为任何企图从陆地上入侵君士坦丁堡的敌人所必须面对的可怕防御设施；在海上，则有金角湾的锁链与海滨城墙（the Sea Wall）。这些防御设施令君士坦丁堡成为一座难以攻破的巨大要塞，在其后拜占庭帝国的历史上发挥了重要作用。而城墙的重要作用也令维护与保养城墙成为君士坦丁堡最为关键的公共事务，所有公民均有义务参与；同时，帝国为维护城墙设立了专门的官职，修补城墙则被列为国家财政支出的优先事项。⑤

除了城市防御体系建设之外，帝国在君士坦丁堡及其周边也驻扎重兵。4世纪时，东部帝国的五名最高军事长官各自统领的野战部队，或驻扎于可以同时监控多瑙河边疆与东方边疆的君士坦丁堡附近，或直接驻扎于多瑙河边疆与东方边疆。至狄奥多西一世时期，东部的五名骑兵与步兵长官中有两名是御前军事长官，驻扎于君士坦丁堡，各自指挥一半禁军部队，另外三位则分别独立指挥驻扎于东部大区、色雷斯与伊利里库姆的军队。⑥5世纪时，仍然保持着这种状况，君士坦丁堡、色雷斯与东方边疆仍然是野战部队的驻地。至5世纪末，随着阿塔纳修斯一世为了进一步加强君士坦丁堡防御而将色雷斯长城纳入御前军事长官的代理官（vicarius）军

---

① Alan Cameron, *Literature and Society in the Early Byzantine World*, p. 241.
② Jonathan Harris, *Constantinople: Capital of Byzantium*, p. 46.
③〔英〕罗杰·克劳利：《1453：君士坦丁堡之战》，第123页。
④〔英〕罗杰·克劳利：《1453：君士坦丁堡之战》，第123页。
⑤〔英〕罗杰·克劳利：《1453：君士坦丁堡之战》，第125~126页。
⑥ J. B. Bury, *History of the Later Roman Empire: From the Death of Theodosius I to the Death of Justinian*, Vol. I, New York: Dover Publications, INC., 1958, p. 36.

君士坦丁堡早期城市建设、发展及其战略地位初探

事管辖之下,[①] 御前野战部队的责任区域显然扩展至色雷斯与多瑙河边疆地区。

综上所述,经过4~5世纪的建设与发展,君士坦丁堡的防御体系与军事建设经受住了哥特人与匈人入侵的考验,虽然哥特人与匈人曾经多次蹂躏色雷斯地区,甚至攻到君士坦丁堡城门之前,但是君士坦丁城墙与狄奥多西城墙为进攻者无法突破的屏障,从而确立了该城作为帝国东部地区经济、政治、军事与文化中心的地位,保障了帝国命脉的存续,并为拜占庭帝国此后千年的发展与延续提供了保障。

余 论

在拜占庭帝国早期发展阶段,君士坦丁一世与查士丁尼一世是最著名的两个统治者,其中一个被后世众多学者视为拜占庭帝国的首位皇帝,另一个则曾在短期内重新征服了帝国在5世纪丧失的西部地中海地区的大片疆域。与此相应,在君士坦丁堡自身的发展史中,身为奠基者的君士坦丁一世和圣索菲亚大教堂的重建者查士丁尼一世同样吸引了后人的大部分注意力。正因如此,在关于拜占庭帝国首都君士坦丁堡的历史书写中,尤其是关于这座城市早期发展的叙事中,从古至今,这两个皇帝都占据着最为重要的特殊位置,从而导致研究者相对忽略了君士坦丁堡在君士坦丁一世与查士丁尼一世时期之间的发展。

实际上,城市的发展正如同人类社会与文明的发展,成效不可能在一夕之间显现,而是需要一代代人的努力以及漫长时间的积淀。君士坦丁堡早期发展正是如此。在君士坦丁一世之后的两个世纪之中,历代皇帝、皇室成员、贵族、官员,以及为数众多的没有留下姓名但是极为重要的实际参与城市建设的普通劳动者,都为君士坦丁堡成长为相当长的历史时段内地中海世界最为繁荣的城市以及拜占庭帝国最为坚固的堡垒付出了不懈努力。虽然君士坦丁一世与查士丁尼一世时期确实是君士坦丁堡大发展的时期,但是在这两个时期之间无数为君士坦丁堡的发展做出贡献的拜占庭居

---

① Hugh Elton, "Military Forces," in Philip Sabin, Hans van Wees, Michael Whitby, eds., *The Cambridge History of Greek and Roman Warfare, Vol. II: Rome from the Late Republic to the Late Empire*, Cambridge: Cambridge University Press, 2007, p. 276.

民同样应当得到关注,缺失了他们以及他们的成就的拜占庭帝国首都史必然是不够完整的。

作者:董晓佳,湖北大学历史文化学院

(编辑:任云兰)

·城市经济·

晚清天津的白银货币与金融市场[*]
——基于票号津庄账册的分析

王治胜 刘秋根

内容提要 票号利用自身创设的本平制度,可以对不同时期、不同城市的周行银色、平砝种类进行统一标准的折算,这在票号其他分庄账册也均有体现。晚清时期的金融市场主要集中于利率市场与内汇市场两个方面,票号基于汇兑业务开展存款、放款业务,因此在天津利率市场上表现出低水平、规范化的特点,在天津内汇市场上则表现为垄断性、季节性的特点。票号的影响力不囿于一城一地,而是通过遍及全国的分庄网络实现各城市之间的金融关联,客观上也促进了中国近代金融市场的整合与统一。

关键词 票号津庄账册 白银货币 利率水平 金融市场

引 言

清代嘉庆道光时期,天津作为商业城市迅速崛起,且成为华北地区最

---

[*] 本文系国家社科基金重大招标项目"明清以来我国传统工商业账簿史料整理与研究(1500~1949)"(21&ZD078)、河北省研究生创新资助项目"清代华北的白银货币与金融市场研究"(CXZZBS2021008)、河北大学哲学社会科学重大培育项目"明清民国时期京津冀地区山西商人史料搜集整理与研究"(2019HPY024)的阶段性成果。

大的商业中心和海港城市，这已为许檀的一系列研究所证明。① 天津开埠以后，晚清洋务继而兴起，天津的近代工商业、金融业（包括新式银行）以及对外经济贸易水平都得到进一步提高，其作为中国北方商品集散中心与区域金融中心的地位也愈加强化。天津也是"行商天下""汇通天下"的晋商票号重点经营的城市之一，对于清代以来天津的商业金融、城市经济的影响不可谓不深刻。有鉴于此，学术界在有关天津城市经济发展的讨论中，基本会对晋商票号在天津的经营领域、影响作用等方面有相当叙述。② 其中以张利民的观点最具代表性，他利用山西会馆碑刻资料指出，清代以后在天津的山西商人"主要经营盐业、颜料、铁锅、锡器、烟业、茶叶等，特别是在典当、票号等银钱业占有优势，在天津的各商帮中实力最强"。③ 毫无疑问，晋商票号在天津城市经济发展进程中扮演着重要角色，尤其在金融领域的影响巨大。

然而，长期以来对晚清天津货币金融尤其是天津票号的研究存在两大问题。第一，很少利用票号原始资料（可能由于该类型资料较为罕见），更多是利用商会档案、期刊报纸、碑刻文献等资料进行宏观描述或大体估计，缺乏对天津票号在微观层面、实证层面的基础研究。第二，很大程度上就天津票号而言天津票号，缺乏对天津与其他城市的横向比较和金融联系，大多置于"天津地方史"的研究视角之下，忽略了票号的"专业性"与"全国性"特征。作为传统中国兴起最迟但影响最大的金融机构，山西票号与天津本地的典当、银号、钱庄、账局等其他金融机构有很大不同，彼此之间业务虽互有交叉，但又分别侧重于不同的金融业务，对天津货币市场、金融市场的影响也各异。本文主要利用新近发现的票号津庄账册，辅以其他相关资料，具体考察天津

---

① 许檀：《清代前期的沿海贸易与天津城市的崛起》，《城市史研究》第13~14辑，天津古籍出版社，1997；许檀、高福美：《乾隆至道光年间天津的关税与海税》，《中国史研究》2011年第2期。
② 姚洪卓主编《近代天津对外贸易（1861~1948年）》，天津社会科学院出版社，1993；罗澍伟主编《近代天津城市史》，中国社会科学出版社，1993；龚关：《近代天津金融业研究（1861~1936）》，天津人民出版社，2007；冯剑：《近代天津民间借贷研究》，博士学位论文，南开大学，2012；等等。
③ 张利民：《从旅津晋商碑刻看清代天津集散中心地位的形成》，《史林》2017年第4期，第16页。

票号的经营实态、金融业务，从山西票号的视角来观察晚清天津白银货币周行与金融市场运行情况，以期补充、丰富对晚清天津经济的立体认识。

一 票号津庄账册介绍及考证

天津作为山西票号较早设立分庄的城市之一，早在道光年间，蔚泰厚、日升昌票号就已在天津设立分庄。① 咸丰至光绪初年，更多票号入驻天津，这从山西会馆碑刻资料可以看出，同治十年（1871）至光绪六年（1880）至少存在19家山西票号。② 到光绪二十四年，有山西票号24家，南帮票号1家。③ 庚子事变时，各家票号的天津分庄曾先后短暂收撤，待局势稳定后，"西帮票号陆续全行回津，仍理旧业，惟资本甚为谨慎"④。在光绪三十一年、三十二年的《全津各行加入商会清单》中共记载有25家票号。⑤ 天津商务总会编制的《津埠票号调查表》显示，宣统二年（1910）存在21家票号。⑥ 到1917年依然有20家，仅缺少了大美玉一家。⑦ 此后，伴随着晋商票号的整体衰败，在20世纪二三十年代，票号逐步退出了天津金融的历史舞台。

本文使用的票号津庄账册，主要是日升昌、蔚盛长、新泰厚等著名票号的账册，这些账册都是晋商票号在天津设立分庄从事金融经营时遗留下来的原始的、真实的、珍贵的第一手史料，均由山西收藏协会会长刘建民

---

① 黄鉴晖等编《山西票号史料》（增订本），山西经济出版社，2002，第1110~1111、840页。
② 张利民：《从旅津晋商碑刻看清代天津集散中心地位的形成》，《史林》2017年第4期，第18页。
③ 《天津皇会考·天津皇会考纪·津门纪略》，张格、张守谦点校，天津古籍出版社，1988，第76~77页。
④ 吴弘明编译《津海关贸易年报（1865~1946）》，天津社会科学院出版社，2006，第232页。
⑤ 天津市地方志编修委员会编著《天津通志·金融志》，天津社会科学出版社，1995，第88页。
⑥ 天津市档案馆等编《天津商会档案汇编（1903~1911）》（上），天津人民出版社，1989，第772~773页。
⑦ 天津市档案馆等编《天津商会档案汇编（1912~1928）》（2），天津人民出版社，1994，第1518页。

先生自文物市场上陆续收购得到，原件现藏于山西省太原市晋商博物院。刘先生在对票号账册定名时，认为津庄账册有五本。[①] 但经过笔者详细考证，实际上只有三本，分别为《光绪二十三年十一月立新泰厚票号京津通年总结账》《光绪二十七年十一月立蔚盛长票号天津通年总结账》《光绪二十八年十二月立日升昌票号天津通年银流水账》（以下简称《新泰厚账册》《蔚盛长账册》《日升昌账册》）。[②] 由于自身经营性质的特殊性，票号在一些方面有不同于其他行业账册的注意事项，这也导致了在最初整理过程中有一些失误，现予以纠正，简要叙述如下：

第一，账册吉立时间。年总结账的吉立时间视票号记录业务的最终时间而定，《蔚盛长账册》中的起止时间，应该为光绪二十六年十二月初一日至光绪二十七年十一月三十日。相应的，账册吉立时间也应该确立为光绪二十七年十一月[③]，而不是原命名中的光绪二十六年十二月。

第二，账册分属分庄的地点确定。山西票号主要实行"总分庄"的组织框架制度，在山西的祁太平地区设立总庄，在全国其他各主要商埠、城市、码头、市镇设立分庄。无论是总庄还是分庄，都会有各自的经营业务账册，所以对票号账册需要重点进行地理位置的"归户"。关于《新泰厚账册》，细致考证后可以看出，该账册并不是天津分庄所立，而是由北京分庄所立，天津分庄是北京分庄的二级分庄，内容一同记录。

---

① 《光绪二十八年十月立蔚长厚票号京津总结账》《光绪二十八年十二月立日升昌票号天津银流水账》，刘建民主编《晋商史料集成》第 20 册《簿记四》，商务印书馆，2018，第 366～460、724～831 页；《光绪二十三年十一月立新泰厚票号天津总结账》《光绪二十六年十二月立蔚盛长票号天津总清账》，刘建民主编《晋商史料集成》第 21 册《簿记五》，第 151～256、422～481 页；《民国十二年某月立中兴和票号津庄总结账》，刘建民主编《晋商史料集成》第 22 册《簿记六》，第 177～195 页。按：《光绪二十八年十月立蔚长厚票号京津总结账》，经考证是湖北沙市分庄的总结账，而非京津分庄的总结账；《民国十二年某月立中兴和票号津庄总结账》，经考证是中兴和票号已经转变为钱庄，已经不能作为票号看待。

② 这三本账册的命名与原文件中稍有不同，为笔者勘误之后的重新命名。

③ 在该账册原封面上有"光绪庚子年腊月初一日至辛丑冬月□□□·□□总清账"字样，采用的是账册起止时间记录方式，在统一命名的过程中需要格外注意。

二　天津市面的周行银色、平砝

与其他金融机构不同，票号专门从事白银货币的异地汇兑业务，并兼营存、放款业务。因此在票号账册中，常常伴随出现大量全国各地的周行银色与平砝称谓。明清时期，称量形态的白银货币与国家铸币形式的铜钱有很大不同，有一定信用的商业字号、钱业组织皆可自由铸造银锭，所以全国各地基本上形成了各式各样并具有一定地理认同的区域性白银货币，而且不同白银种类之间的内在价值也不一致。

天津主要周行银色为白宝银与化宝银，是为足银序列的"地方化"称谓。具体来看，白宝银又可分为头白宝、二白宝，"头白宝，名为足色，库上即用此宝"。① "头白宝与二白宝每千两申色一两多不一。"② 尽管化宝银在同治年间已有铸造，但是票号账册显示，光绪年以前主要周行白宝银，同治年蔚长厚票号上海分庄"收会津" 1 笔白宝银业务，③"交会津" 69 笔业务中，交会白宝银 68 笔，足宝银 1 笔。④ 化宝银俗称卫化宝，为白宝银掺杂其他金属进行混合铸化而成，"（九九二化宝）较头白错色八两，头白每千两依例升色八两。其或多升少升，则视银色之高低，临时酌定"。⑤ "各炉房熔铸宝银亦俱照章錾有九九二色戳记，相沿数十年通行无阻。"⑥ 故又名九九二色化宝银。新泰厚票号的资料记载，"（头白）每千两易化宝，约可申水八两五钱至十两之谱，比京都足纹毛色千两亦得毛八、九、十来两之谱"。⑦ 光绪年以后主要周行化宝银，光绪年协和信票号

---

① 《清代新泰厚各处称码》，刘建民主编《晋商史料集成》第 71 册《规程五》，第 649 页。
② 《同治九年九月兴协韩读各处银色平码款式》，刘建民主编《晋商史料集成》第 71 册《规程五》，第 435 页。
③ 《同治六年十一月立蔚长厚票号上海通年总结账·收会京津票处》，刘建民主编《晋商史料集成》第 19 册《簿记三》，第 137 页。
④ 《同治六年十一月立蔚长厚票号上海通年总结账·交会京津票处》，刘建民主编《晋商史料集成》第 19 册《簿记三》，第 226~248 页。
⑤ 《光绪二十一年忻州三义泉记各处平码折》，刘建民主编《晋商史料集成》第 71 册《规程五》，第 465 页。
⑥ 《天津商会档案汇编（1903~1911）》（上），第 361 页。
⑦ 《清代新泰厚各处称码》，刘建民主编《晋商史料集成》第 71 册《规程五》，第 649~650 页。

上海分庄"交会津"14笔业务，全部交会化宝银；① 蔚长厚票号广州分庄"交会津"22笔业务中，也是全部交会化宝银。② 此外，还有辅助白宝银、化宝银使用流通的中小银锭，有重约一两的钱粮子、四两的古娄、五两的松江银和十两的盐课银。③

相较于白银货币的成色，平砝的种类则更为复杂。天津周行平砝与全国其他地方一样，主要分为官平与市平，二者各自又有不同的种类。光绪年一份平码折记载，"至于（天津）周行平码、银洋两行，卒率用行平，银号川换，以公砝为主，其各外帮驻客、本地各行所用平码，更不一致"。④ 其中，有记录的天津平砝种类，官平有库平、运库平、北洋库平，市平有行平、津公砝平、西公砝平、老钱平、新钱平、议砝平。还有一些没有记录在内的，如关平、关道库平、部库平、道库平、县库平以及使用范围不广的新行平。⑤ 可以看出，仅天津一地的平砝种类就多达十几种，不过主要周行平砝还是少数几类，如使用最为广泛的津公砝平、外国洋行使用的行平等。实际上，晚清中国的度量衡并没有一个统一固定的标准，以不同平砝为标准，平砝之间的大小较兑情况也会有所不同，这在称量货币的"白银时代"是一个非常重要的问题。

因此，从事全国汇兑业务的票号为便于经营核算，便创设了自己的"本平"制度，以解决统一核算和衍生出来的余平银问题。第一，统一核算的需要。例如，蔚长厚票号"汉收津交"汇兑业务中，"冬月二十九日收王季贤公津公砝平化宝银四百两，每百两小一两四钱二分，共小五两六钱八分。合本平三百九十四两三钱二分"。⑥ "七月十四日收源丰润老钱平

---

① 《光绪五年十一月立协和信票号上洋总结账·交津票处》，刘建民主编《晋商史料集成》第18册《簿记二》，第378~386页。
② 《光绪十九年十月立蔚长厚票号广东通年总结账·交会京票处》，刘建民主编《晋商史料集成》第19册《簿记三》，第556~563页。
③ 刘昌宪：《钱业簿记》，长沙宏文社，1914，第132页。
④ 《光绪二十一年忻州三义泉记各处平码折》，刘建民主编《晋商史料集成》第71册《规程五》，第465~481页。
⑤ China Imperial Maritime Customs: Decennial Reports 1892 – 1901, Vol. II – Southern Ports, Shanghai: The Statistical Department of the Inspectorate General of Customs, 1906, pp. 544 – 545.
⑥ 《光绪二十一年十月立蔚长厚票号汉口总结账·收会京票处》，刘建民主编《晋商史料集成》第20册《簿记三》，第97页。此账簿原命名为《光绪二十一年十月立蔚长厚票号福州总结账》，经过考证实际为汉口分庄，以下不再一一说明。

化宝银一万五千两，每百小九钱六分，共小一百四十四两。合本平一万四千八百五十六两。"① 此处出现了"津公砝平"、"老钱平"、蔚长厚票号"本平"三种平砝，蔚长厚票号收交王季贤的 400 两与源丰润的 15000 两，不能简单直接相加为 15400 两，这是由于所使用的平砝不同，需要将津公砝平与老钱平折算为统一的标准平即蔚长厚票号本平，本平 394.32 两（津公砝平 400 两）与 14856 两（老钱平 15000 两）相加，为本平 15250.32 两，即这两笔业务蔚长厚票号收交款项本平 15250.32 两。第二，衍生出的"余平"问题。称量白银货币制度发展到清代后期，各种主要平砝之间已经形成较为固定的换算"历史惯例"，如"天津老钱平比津公砝每千两小五两"。② 据前文可知，蔚长厚票号本平比津公砝平"每百两小一两四钱二分"，比老钱平"每百两小九钱六分"。也就是说，在津公砝平 1000 两兑换老钱平 995 两的过程中，以蔚长厚票号本平为标准平砝，可得平 0.352 两的兑换收益。反之，在老钱平 1000 两兑换津公砝平 1005 两的过程中，以蔚长厚票号本平为标准平砝，需赔平 0.329 两的兑换损失。③

三 天津票号的借贷习惯与利率市场

天津票号的借贷习惯，与票号在全国各地其他分庄中基本一致。票号的借贷形式分为该外与外该两种。"该外"指票号向其他商号或个人借款，专门化术语有"收借来""交还去""出付利"，可以理解为"存款"，没有"拆借"之含义；"外该"指其他商号或个人向票号借款，专门化术语有"交借去""收还来""收还利"，是为放款。两种形式在借贷周期、执行利率以及利息计算等方面都存在差异。

---

① 《光绪二十一年十月立蔚长厚票号汉口总结账·收会京票处》，刘建民主编《晋商史料集成》第 20 册《簿记三》，第 99 页。
② 《光绪二十一年忻州三义泉记各处平码折》，刘建民主编《晋商史料集成》第 71 册《规程五》，第 471 页。
③ 公式如下：津公砝平 1000 两 = 蔚长厚本平 985.8 两，津公砝平 1000 两 = 津老钱平 995 两，津老钱平 995 两 = 蔚长厚本平 985.448 两，计算"余平"得 985.8 – 985.448 = 0.352 两；老钱平 1000 两 = 蔚长厚本平 990.4 两，老钱平 1000 两 = 津公砝平 1005 两，津公砝平 1005 两 = 蔚长厚本平 990.729 两，计算"余平"得 990.4 – 990.729 = – 0.329 两。

（一）存、放款业务

根据《日升昌账册》内容来看：

在天津票号存款业务中，有按"长年满加利"与"月利"两种计算利息的方式。第一类，长年满加利，即约定一年的存款周期，利息按"每千多少两"的形式计算。"（光绪二十八年）腊月初一日，收借文锦堂宝银二千五百两。言定长年每千满加利五十两，期限来年对日还，立票。"还款记录为"（光绪二十九年）冬月廿九日，交还文锦堂宝银二千五百两"。"出付伊一年利银一百二十五两。"第二类，月利，即按规定月利率的形式计算利息，借贷周期可长可短。如"（光绪二十九年）十月初一日，收借去耕经室叶宝银一万五千两，言定每月四厘行息，来年对日还，立票"。交还记录为"（光绪二十九年）冬月廿九日，出付耕经室叶一万五千两上二个月利银一百二十两"。这里，日升昌票号是先按本号账年记账习惯归还光绪二十九年十月初一日至十一月二十九日两个月的利息：$15000 \times 4‰ \times 2 = 120$（两）。到下一年再行归还光绪二十九年腊月初一日至光绪三十年十月初十日的利息，到期一次性归还本银15000两及剩余十个月的利银：$15000 \times 4‰ \times 10 = 600$（两）。实际上，一年利息为$15000 \times 4‰ \times 12 = 720$（两），与$120 + 600 = 720$（两）计算一致，只不过是分两次归还利息。这种做法，是票号为核算本账年经营收益的需要。这两种计算利息的不同方式，是应对不同的金融需求，表面看借贷周期都为一年，实际上付出的利息大不相同。如收借2500两，按照"长年满加利每千五十两"计算，需要付出125两的利息；如果按照"月息四厘"的标准计算，则需要付出120两。二者相差5两。可见，计算标准不同，付出的利息也不同。

放款业务中，基本上按月利计算。可以分为有约定周期和没有约定周期两种情况。第一种，有约定周期。如"（光绪二十九年）八月初十日交汇源店借去宝银一千两，言定每月五厘行息，期限六个月还，有票"。据此可以推测出，汇源店的归还时间应当为光绪二十九年二月初十日，于当天同时归还本银及利银，归还情形将在下一年的流水账册（新账）中显示，为"（光绪二十九年）二月初十日收汇源店还来宝银一千两"，"收伊六个月利银三十两"。第二种，没有约定周期，即账册中出现的专业术语

"便还",以这种形式归还日期不定,期限有长有短。最长者有近一年,"(光绪二十九年)二月初十日交东如升借去宝银一万八千两,言定每月六厘行息,便还"。"(光绪二十九年)冬月廿九日收东如升还来宝银一万八千两","收伊十一个月利银一千一百八十八两"。最短者只有十天,"(光绪二十九年)五月廿五日交东如升借去宝银一千两,言定每月九厘行息,便还"。"(光绪二十九年)闰五月初五日收东如升还来宝银一千两","收伊十天利银三两"。

值得注意的是,有约定周期和没有约定周期的借贷情形中,客户会根据自身情况进行续借。"(光绪二十八年)腊月初十日,收裕丰成还来宝银五千两,收伊三个月利银九十两;交裕丰成借去宝银五千两,言定每月六厘行息,期限三个月还,有条。""(光绪二十九年)三月初十日,收裕丰成还来宝银五千两,收伊三个月利银九十两,交裕丰成借去宝银五千两,言定每月六厘行息,期限三个月还,有条。""(光绪二十九年)闰五月初十日,收裕丰成还来宝银五千两,收伊三个月利银九十两,交裕丰成借去宝银五千两,言定每月六厘行息,陆续归还。"这些是同一笔借款所产生的归还与续借记录。光绪二十八年腊月初十日的归还记录,是对应裕丰成光绪二十八年九月初十日向日升昌天津分庄的借款情形,当天归还本银与利银,当天续借,到光绪二十九年三月初十日、闰五月初十日再同步进行归还与续借。由于闰五月初十日约定期限改为"陆续归还",此后账册中没有再记录归还情形,即裕丰成的这笔借款还没有归还,归还周期在六个月以上。

可以肯定,这种续借服务是根据不同时期的利息高低、期限长短、金额大小而进行的必要调整。山西票号在天津的放款对象,一般为殷实可靠的商号以及金融机构,如光绪二十八年,天津盛兴源银号倒闭时清算账目,合计欠协成乾票号10000两、大德通票号5800余两、福成德票号2800两。[1] 光绪二十九年,天津瑞兴泰、瑞承泰银号歇闭时,欠协成乾票号京票银达17225两。[2] 光绪三十二年天津立泰成钱局亏欠日升昌票号本银7200两,三年未还,连本带利达8800余两。[3] 此外,天津富商王益孙

---

[1] 《票庄大德通等控钟杏荪霸房不叫》,天津市档案馆藏,档案号:128-3-342。
[2] 《协成乾戴立斋控瑞兴泰等叟静山欠款》,天津市档案馆藏,档案号:128-3-169。
[3] 《日升昌控立泰成刘荫卿等欠款》,天津市档案馆藏,档案号:128-3-170。

开设有益兴恒、益源恒银号及益兴源盐店,山西各票商一致认为"该商东富甲津郡,殷实堪靠,平时票款存款,该商等三号实居多数"。①各票号"有借给该三号银两情事,屡借屡还,向无错误"。宣统三年(1911)十月,当此三号受市面金融紧急之影响而先后倒闭时,欠下蔚泰厚、百川通、协成乾、大德玉等票号及其他商家津公砝银566722.56两。②不过需要注意的是,山西票号与天津当地各银号之间只存在普通的业务关系,而没有相互救济、相互支持的协调关系。

(二)利率水平

据宋寿恒估计,"乱前外邦存款共有二千万,计票庄千万,金店及南帮二百万,银行三百万,其他各路约共五百万",③以至于时人感叹,"天津市面纯恃山西票庄之现银为之周转"。④票号的金融经营是主要围绕异地汇兑业务来开展的。其该外业务与外该业务,即存款与放款,属于票号的兼营业务,因此在业务记录中比主要经营的汇兑业务要少很多。因此,票号的存款、放款业务以及所执行的利率标准,与其他金融机构相比具有不同特点。

天津票号的存款业务记录,如表1、表2所示。

表1 光绪二十八年、二十九年日升昌票号津庄存款情况

单位:两

年份	日期	堂名	金额	借贷周期	利息	备注
光绪二十八年	腊月初一日	文锦堂	2500	对年	长年满加利五十两	立票
光绪二十九年	十月初一日	耕经室叶	15000	来年对日	月息四厘	立票
光绪二十九年	十月初十日	耕经室叶	10000	来年对日	月息四厘	立票
光绪二十九年	冬月廿九日	文锦堂	2500	对年	长年满加利五十两	立票

---

① 《天津商会档案汇编(1903~1911)》(上),第593~594页。
② 《天津商会档案汇编(1903~1911)》(上),第603~604页。
③ 《天津宋君寿恒上凌太守救治市面条陈(附表)》,《济南汇报》第10期,1903年,第5页。
④ 《重兴水师学堂之计划·拟设极大银行》,《大公报》(天津版)1908年5月6日,第2版。

表2　光绪二十三年、二十七年蔚盛长票号津庄存款情况

单位：两

年份	日期	堂名	金额	借贷周期	利息
光绪二十三年	正月十八日	李三大人	8000	—	—
光绪二十七年	十月初一日	耕经室叶	28000	对年期	月息四厘
光绪二十七年	十月十五日	叶元佐	500	对年期	月息四厘
光绪二十七年	冬月廿五日	敬简斋	4400	便还	月息四厘

可以看到，天津票号的存款利率，在光绪二十七年至二十九年期间，稳定在月利率0.4%、长年满加利率5%左右。"耕经室叶"作为天津的富商大户，在日升昌票号与蔚盛长票号皆有大笔"存款"，且两家票号的存款利率一致，客户"耕经室叶"分散储存款项不仅不会影响其利息收益，且有利于建立与两家大票号的业务联系。也即，同一客户在同一城市的不同票号存款利率基本保持一致，存款利率市场较为稳定。

与同时期天津其他金融机构的存款利率相比，山西票号与大清银行基本持平，较南帮票号为低，而南帮票号较天津银号为低。大清银行在初期经办的存款业务，不计息或只付给周息一厘至二厘，定期存款按照期限长短付给周息五厘至六厘，[1] 折合月息在四厘至五厘之间。南帮票号的长年存款利率为周息六七厘，多有至一分者，折合月息在五厘至六厘之间。如宣统二年（1910）四月十四日商人冯子琳将公砝宝银750两存于义善源汇票庄，每月按五厘生息；直隶劝业宫所柏宪章也在该票庄长年存款，按月息六厘行息。[2] 天津本地银号的存款利率更高，如新泰银号存有天津广仁堂生息善款计银1000两，每月按八厘行息。[3]

与其他城市相比，天津票号的存款利率与同类型的通商口岸城市也基本相同，但是较内陆地区商业城市的存款利率为低。如上海票号的月息标准在三厘五至四厘五之间，年息标准为长年利五厘，与天津票号的存款利率基本持平。[4] 而陕西三原票号的月息则高达七八厘，远远高于天津票号

---

[1]《天津通志·金融志》，第301页。
[2]《义善源银号闭请维持》，天津市档案馆藏，档案号：128-3-5-2577。
[3]《新泰银号荒闭请设法保护》，天津市档案馆藏，档案号：128-3-4-1983。
[4]《光绪十八年十一月立协和信票号上洋通年总结账》，刘建民主编《晋商史料集成》第18册《簿记二》，第401~539页。

的存款利率。[1]

天津日升昌票号的放款业务记录，如表3所示。

表3　光绪二十七年至二十九年日升昌票号津庄放款情况

年份	月息	业务量（笔）	占比（%）	备注
光绪二十七年	五厘五	1	—	—
光绪二十八年	三厘	1	4.17	合计24笔
	五厘五	3	12.50	
	六厘	16	66.67	
	八厘	4	16.66	
光绪二十九年	五厘	4	10.81	合计37笔
	六厘	10	27.03	
	六厘五	3	8.11	
	七厘	1	2.70	
	八厘	15	40.54	
	九厘	4	10.81	

在这一时期，日升昌票号津庄的放款利率参差不齐，基本在一分以下，以六厘、八厘为多，最高有九厘者，最低有至三厘者。与存款利率不同，放款利率复杂得多。影响放款利率的因素是多方面的，主要有客户类别、归还方式、借款金额、借款时间、借款周期等。

例如，日升昌票号天津分庄在光绪二十九年二月廿五日这一天，共进行了五次放款，分别为：（1）"交仁兴茂借去宝银三千两，本平。言定每月六厘五行息，期限三月对日还，有条。"（2）"交大德成借去宝银五千两，本平。言定每月七厘行息，期限二个月还，有条。"（3）"交和泰益借去宝银五千两，每百小一两五钱四分，共小平七十七两。言定每月六厘五行息，期限五个月还，有条。"（4）"交东如升借去宝银三千两，每百小九钱三分，共小平二十七两九钱。言定每月九厘行息，期限二个月还。"（5）"交东如升借去宝银二千两，每百小九钱三分，共小平十八两六钱。言定每月

---

[1] 《光绪二十五年十一月立协同信票号三原总结账》，刘建民主编《晋商史料集成》第19册《簿记三》，第1~124页。

九厘行息，期限一个月还。"在第一笔与第四笔业务中，日升昌同时向仁兴茂与东如升放款宝银五千两，放款周期分别为三个月、两个月，相对应的放款利率为六厘五、九厘。① 在第二笔与第四笔业务中，日升昌同时向大德成与东如升发放了借贷周期为两个月的款项，放款金额分别为5000两、3000两，相对应的放款利率为七厘、九厘。这似乎表明，在借款时间、借款金额一致的情况下，借款周期越短，借贷利息越高；在借款周期一致的情况下，借款金额越高，借贷利息越低。

实际上，借贷利率并不十分固定，更多表现为，随着利率行市的浮动，每一天的借贷利率都有可能发生变化，票号会依据具体情形分别按照不同的利率进行放款，但可以肯定是围绕利率市场中的基准利率进行。如在《蔚盛长账册》中，有记载的10笔放款业务，都执行的是月息四厘五的利率。从表3中可以看出，光绪二十七年、二十八年、二十九年，天津的利率行市从五厘五，上涨至六厘左右，再到八厘左右，庚子事变扰乱的天津金融市场也逐步得到恢复。而光绪十五年至宣统三年（1889~1911），津埠十大盐商借私债利率，最低为月息五厘，最高为月息二分。②

总而言之，专业金融机构的借贷利率一般比私人借贷利率为低。清代以后，更为专门化、类别化的金融机构的存放款业务得到了很大发展，且除了旧有的典当铺、钱铺、银号外，还出现了账局、票号、放账铺等新型金融机构，它们也开始普遍经营从事相关金融业务。这进一步促进了中国传统利率市场的成熟与完善，在一些重要的商业金融中心城市，利率水平更低、更稳定。

四 天津白银的货币流向与内汇市场

晚清时期，天津的白银汇兑业务也主要由山西票号所垄断，"是时商家往来，于本地经营，以银号为外库；于埠际贸易，恃票号为调节"。③ 19世纪80年代以后，天津的近代银行、本地银号也开始从事白银汇兑业务，

---

① 第二笔与第三笔业务也是同理。在第二笔与第三笔业务中，日升昌向大德成与和泰益各放款宝银5000两，放款周期分别为两个月、五个月，相对应的放款利率为七厘、六厘五。
② 《天津商会档案汇编（1903~1911）》（上），第484页。
③ 杨荫溥：《杨著中国金融论》，黎明书局，1931，第275页。

但实力较为薄弱,尚不能对票号构成威胁。因此,从山西票号看晚清天津市面的白银流通情况更为直观,更能真实反映这一时期天津与其他城市之间的金融关联。

(一) 汇兑业务

山西票号的汇兑业务,主要有"收会去""交会来""交会去""收会来"四种不同类型,代表了不同的收交次序与方式。下面以蔚盛长账册中天津与北京的汇兑业务为例,分而述之。

"收会去"即天津收会去北京票项,先收后交,天津收银,北京交银。如"(光绪二十七年)九月初四日收杨正斋会京足银四百两,每百小一两八钱五分,共小一十二两九钱五分"。这一天,蔚盛长票号为客户杨正斋办理了一笔由天津汇款至北京的业务,天津分庄先收现银,待客户从天津抵达北京后,由北京分庄交与客户现银。

"交会来"即天津交北京会来票项,先收后交,北京收银,天津交银。如"(光绪二十七年)正月初五日交郑大老爷京会足银四百两,每百小三两八钱,共小一十五两二钱"。这一笔汇兑业务是先由蔚盛长票号北京分庄收得客户郑大老爷现银,到这一天,由天津分庄交与客户现银。

"交会去"即天津交会去北京票项,先交后收,天津交银,北京收银。如"(光绪二十七年)六月二十日交通和号会京足银三千两,每百小一两五钱四分,共小四十六两二钱"。这一天,蔚盛长票号为客户通和号办理了一笔由天津汇款至北京的业务,天津分庄先交给客户现银,待客户从天津抵达北京后,由北京分庄收得客户现银。

"收会来"即天津收北京会来票项,先交后收,北京交银,天津收银。如"(光绪二十七年)九月初四日收叶文樵京会足银一千七百两,每百小一两二钱八分,共小二十一两二钱五分"。这一笔汇兑业务是先由蔚盛长票号北京分庄交给客户叶文樵现银,到这一天,由天津分庄收得客户现银。

可以看出,"收会去"与"交会来"相对应,"交会去"与"收会来"相对应,为一笔汇兑业务在同一票号不同分庄、不同时间的记录,前者为先收后交,后者为先交后收。两种不同的收交方式主要基于两个原因。一为客户需求不同,用款地点不同,则要采取不同的收交方式,前者的用款地点在北京，后者的用款地点在天津。二为视两地银根松紧情况而定，如天津银根紧缩，北京银根宽松，则天津多用"收会去"，北京多用"交会去"；反之，天津银根宽松，北京银根紧缩，则天津多用"交会去"，北京多用"收会去"。以此来调整两地的白银存量。

（二）银市行情

银市行情，即是指市面上银根松紧的行情状况，也称为"期口"。日升昌票号津庄账册中清晰地记录了其一个完整账年的各月收交情况，也就是票号术语中习惯上所称的"月清折"，并按照四柱账法完成。① 于山西票号而言，业务经营主要围绕为白银货币进行收交或进出，基本不涉及各种具体商品的名目，是为典型的金融会计。

通过图1可以看出：（1）从各月业务量来看，一年中，冬月最高，六月最低，各月业务量大小依次为冬月、二月、腊月、十月……正月、七月、闰五月、六月；（2）从货币流量曲线看，可以分为冬月至二月、二月至五月、五月至八月、八月至冬月四段时期，凹点分别为正月、三月、六月、九月；（3）从单月收、交业务差额看，冬月最高，二月、四月次之，三月最低，七月、六月次之。

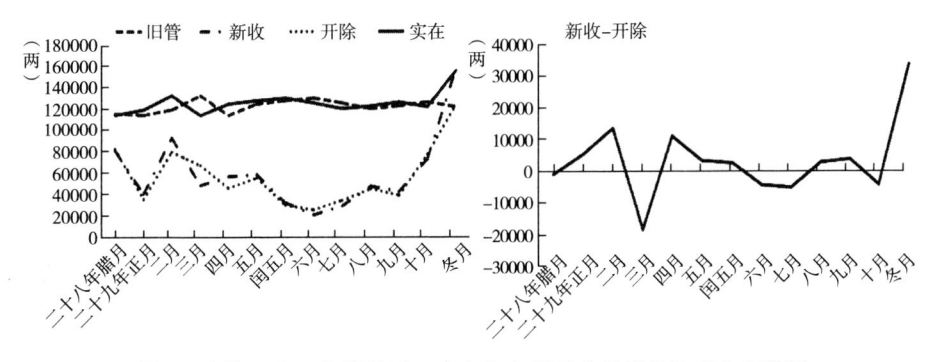

图1 光绪二十八年腊月至二十九年冬月日升昌票号津庄业务情况

显然，日升昌票号该账年的收交业务情况，反映的是天津市场的银市行情。一年之中，银根当以秋、冬季节最为紧张。进入十月后，日升昌收

---

① 四柱账法的基本公式为"旧管+新收－开除＝实在"。

交白银货币的数额较前数月上升明显。主要因为此时华北地区的棉花、小麦、高粱、芝麻、花生等农产物品先后进入商品市场，或者经由晋商等长途贩运商人，运至天津市面进行销售，或由天津本地商人深入内地进行收购，白银货币的需求量十分庞大，银根开始紧张。十一月、十二月正好属于票号业务的结算周期，白银货币的汇兑、借贷更为频繁，银根也就更为紧迫。来年二月至五月，北方地区的河流及其支流开始相继解冻，草原地区的皮毛、土货也大多运津转口销售，此时春季的银根虽没有秋、冬两季那样紧迫，但相较于夏季还是要紧迫很多。六月至八月，时当夏令，商业停滞，银根最为宽松。入九月，秋季结账，粮食、棉花行将上市，银根转趋坚挺，直至秋冬季节达到最盛。

天津的银市情况，实际上也与晋商"标期"密切相关。清代山西商人的标期制度，是以张家口——祁太平地区为中心，以山西票号为统领的债权债务清偿网络体系，大致可以分为春、夏、秋、冬四个标期，每标为期三个月，具体开标日期不是十分固定。春标在二三月，夏标在五六月，秋标在八九月，冬标在十一二月。以张家口（东口）开标时间最早，依次是归化以及晋中各县（太原、太谷、祁县、平遥、榆次、寿阳等）。① 据中兴和票号信稿记载，平遥地区宣统元年至三年的春标开市分别在二月初六日、二月十四日、二月十三日，夏标开市分别在四月二十九日、五月初二日，秋标开市分别在八月初二日、八月初七日，冬标开市分别在十月二十九日、十一月初三日。② 可以明显看出，天津的银市行情与山西商人的标期一一对应，货物的赊购赊销、债务债权的清偿都集中在此时期进行。

（三）内汇市场

内汇，即国内白银货币的区域性资金流动。近代，伴随着沿海地区通商口岸的开辟、国内国外贸易规模的扩大，"港口—腹地"模式下的区域经济也大为发展，大大加强了区域之间的商品流通与货币流通，进而也刺激了国内金融机构异地汇兑、借贷业务的需求。天津内汇市场在晚清时期

---

① 孔祥毅：《镖局、标期、标利与中国北方社会信用》，《金融研究》2004年第1期，第120页。
② 《宣统年间中兴和票号祁县与汉口之间的往来书信》，该文献由山西大学历史文化学院孟伟教授提供，特此致谢。

主要由山西票号所垄断，我们以日升昌、蔚盛长票号为例，对天津内汇市场做进一步的分析。

分析票号收、交项业务占比超过 10% 的数据，可以发现，在日升昌票号账册中，津庄汇兑业务收项主要来自上海、开封、汉口、周口、北京，占总收项的 87.66%；交项主要出自北京、平遥，占总交项的 83.23%。从收交差额看，白银净流入天津的城市主要为上海、开封、汉口、周口，天津白银净流出城市主要为北京、平遥。蔚盛长较日升昌票号的经营规模为小，[①] 账册中天津分庄收项主要来自上海、北京、周口，占总收项的 84.33%；天津交项主要出自北京、开封，占总交项的 89.25%。从收交差额看，白银净流入天津的城市主要为上海、周口，天津白银净流出城市主要为北京、开封。结合两家票号共同反映的情况看，天津与上海、北京的金融联系最为紧密，开封（周口）、平遥次之（见图2）。下面分城市述之。

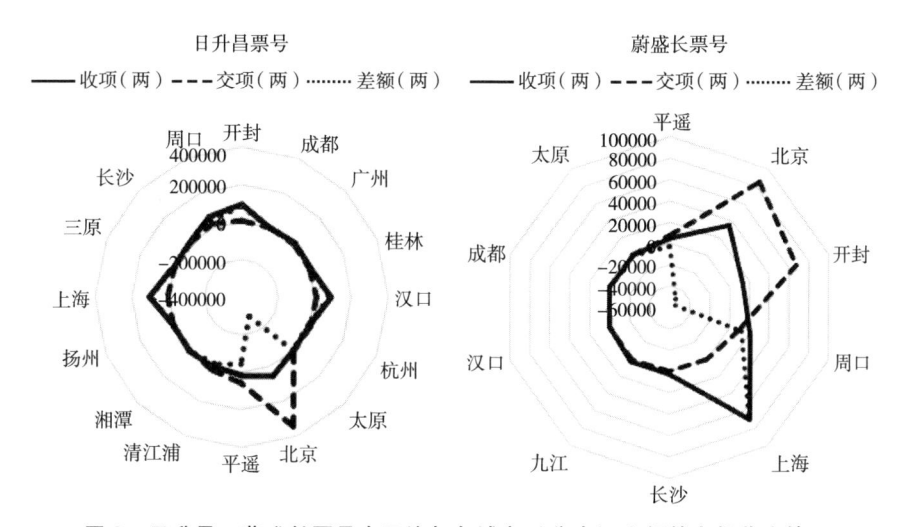

图 2 日升昌、蔚盛长票号在天津与各城市（分庄）之间的白银收交情况

---

① 一方面，作为公认的"第一家"票号，日升昌无论从业务水平还是影响力方面，都在山西票号史甚至中国金融史上占据非常重要的地位；而蔚盛长是著名票号集团"蔚字五联号"之一，单论的话，是无法与日升昌相提并论的。另一方面，从本文目前所使用的现存票号津庄账册看，蔚盛长票号与天津分庄发生业务联系的分庄仅有 10 处，也不及日升昌票号的 16 处。

1. 天津与上海

上海作为近代中国的金融中心，也是第一大工商业城市，对全国其他各主要城市商业、金融领域的影响最为深远。上海对天津的金融影响，也是如此。天津本地金融业，实际上无法满足商业贸易对货币资金的巨大需求，迫切需要其他城市的金融支持，以向上海的融资表现得最为明显，对上海金融市场的依赖程度也最高。在票号账册中，日升昌、蔚盛长津庄收交申票项差额高达 98070.86 两、69639.59 两，为所有分庄之最，如图 2 所示，离心率也最高；蔚盛长票号的津收申票项在总收项中占比高达 50% 左右，远远超过其他分庄。

天津商业的发展也很依赖上海，天津商号往往需要从上海大量进口布绸、粮杂等货物，多是直接向上海钱庄或票号借银购货、运津销售，再经由银号、票号等金融机构通过汇兑清偿所欠上海之货款。例如，天津盐商何彝臣独资开设的义昌新号，就从上海的义善源票号、承裕、元牲、元春、瑞昶、寿昌等钱庄获取资金，到宣统三年三月底，结欠这些庄号规银 29415 两。[①] 从总体规模看，上海钱庄、票号等银钱业组织对天津商号的贷款规模相当可观，一般在七八百万两，光绪二十九年（1904）尚有三四百万两的规模。[②] 因此，"北地通商口岸天津最巨，富商巨贾百货云屯，恒借上海银根为挹注"。[③]

2. 天津与开封（周口）

河南省是天津重要的腹地市场，作为行政中心城市的开封与作为著名商业重镇的周口均为山西票号分庄网络的重要经营城市，[④] 但各家票号依据自身经营重心的不同，对开封与周口的定位有所区别，与天津的金融关联也显示出比较复杂的特征。如汴号，在日升昌票号中净流入天津分庄 87281.67 两白银，而在蔚盛长票号中则净流出天津分庄 54269.76 两白银。两家票号中周庄的表现较为统一，分别净流入天津分庄白银 41353.85 两、11871.51 两。一

---

① 《天津商会档案汇编（1903～1911）》（上），第 1084 页。
② 《天津商会档案汇编（1903～1911）》（上），第 1075 页。
③ 《商情·本省·沪市银根》，《商务报》第 14 期，1900 年，第 17 页。
④ 此外，道口也是票号在河南的重要经营商镇城市。在《光绪二十七年十一月立蔚盛长票号天津通年总结账》中，道口分庄隶属于开封分庄，汇兑业务需要从开封中转，没有独立成为蔚盛长票号的一级分庄。

般而言，开封作为省城，直接消费与府库汇兑需求居多，在金融市场上则表现为存款多、贷款少，开封的金融机构则需要将资金进一步流通至周边的商业城镇，周口即为首选。如光绪三十四年（1908）大清银行开封分行报告显示，"省城放出款项为数不多，必须分支于外方能活动。……周家口距省城二百七十里，是处为南北帮荟萃之场……一岁出入约在千万之谱……省城只有进款而无出路，必须将款项送至周家口，然后调申调汉，事极便捷"。①

周口作为中原最大的商贸中心，也是华北地区粮、油、茶叶等重要商品的集散地。土特产以金针菜为大宗，芝麻、香油、小麦、杂粮次之，周口也转销来自南方的茶叶。输入商品则以天津芦盐为大宗，"年约一百三十万元，各县民食赖之，陆续输入，不分淡旺"。② 因此，周口与天津、北京、上海、汉口等城市的商业联系非常紧密。③ 由于与其他城市贸易往来中长期处于"出超"地位，周口拥有丰富的现银储备。对于天津而言，周口也是重要的白银货币来源地之一。如蔚盛长票号账册中"收周会票处"有一笔业务"（廿七年八月初一日）收在津卖茶叶、芝麻足银二千一百八十二两五钱八分，合砝平"即是证明。

3. 天津与北京

北京由于自身在中国特殊的政治中心、文化中心地位，以白银货币为中心的全国赋税收入需集中于北京国库，因此作为白银窖藏之地的北京，现银极度缺乏，非常依赖天津等其他城市的白银汇兑供给。于票号而言，津庄的设置主要是为协助、配合、服务京庄的需要，④ 京庄也是津庄白银货币的最大交付方，在日升昌、蔚盛长票号账册中津庄分别交付京号白银345691.62两、85574.52两，在总交付业务中占比均高达50%以上，收交差额为 -290233.35两、⑤ -50393.62两，也就是说从天津流向北京的白

---

① 《大清银行始末记（一）》，《档案与史学》1997年第6期，第10页。
② 久道：《周家口商业金融调查记·概论》，《新闻报》1922年5月20日，第14版。
③ 许檀：《清代河南的商业重镇周口——明清时期河南商业城镇的个案考察》，《中国史研究》2003年第1期；秦国攀：《土宜的流动：晚清中原土特产长途贩运研究——以恒兴祥商号信稿为中心的考察》，《中国社会经济史研究》2020年第2期。
④ 在票号分庄网络中，早期津庄一般属于京庄的二级分庄，后随着天津地位的上升，逐渐从京庄中独立出来，成为票号的一级分庄。在"平遥帮"票号中体现得更为明显，这是由平遥票号的金融经营重心在长江流域及其阶段性的经营方针决定的。
⑤ 其中，光绪二十九年日升昌票号津庄收退京白银高达51000两。如果将退京白银相加，收交差额达 -341233.35两。

银货币,仅日升昌一家票号就有近 30 万两。除此之外,津庄每年还向京庄运送大量现银,如光绪二十九年(1903)日升昌票号一年内津庄发京现标共达 44350 两。

4. 天津与平遥

平遥作为山西票号总庄所在地之一,与其他分庄都保持有基本的业务联系,天津分庄离平遥总庄更近,联系也更多。在日升昌账册中,天津分庄与平遥总庄之间的收交差额在 59000 两左右,仅次于北京。这是由于大量从事长途贩运的在外晋商字号需要在"祁太平标期"时间内进行每年每季度的债务债权清算与资金往来借贷,这种"过账"在彼此债务冲抵之后的差额也需要有大量的现银予以交割。票号通过"交会平"的方式(天津先交、平遥后收),完成了白银货币从天津到平遥的空间转移。

据此,我们可以看到天津内汇市场白银货币的大致流向:上海、周口—天津—北京、平遥。天津的重要性不言而喻。天津作为晚清民国时期华北地区最为重要的商业中心,大量的国内外进出口商品与日常生活用品集中于此交易,这也意味着白银货币需要大量进入天津,各地商人都要将白银货币交与天津市面的商家手中,也就是票号津庄"收得白银"。而在北京以及祁太平地区,则需要交付诸如府库、商业汇兑,出借银两等项,也就是票号津庄"交出白银"。天津需要上海、周口的白银货币存量予以支持,北京、祁太平地区则需要天津的白银货币存量予以支持,天津发挥中转作用,从而完成了近代中国白银货币的空间运动。天津为商贸、政治服务的双重特征在票号中表现得也尤为明显。

结　语

票号与其他金融机构(包括传统金融机构与近代银行)的最大不同,在于其是以白银货币的汇兑业务为基础,来展开放款、存款等多种金融业务经营。因此,基于票号津庄账册,可对晚清时期天津货币金融的一些基本情况,得出一些新的结论。

第一,尽管大约在 19 世纪 60 年代,天津银钱业已确定九九二色为化宝银的标准成色,但实际上,从不同城市之间的白银汇兑角度看,天津使用"化宝银"是从 19 世纪 70 年代开始的,货币标准从确定到广泛使用有一个过渡的过程。而平砝的使用，晚清时期天津商人更多还是以"津公砝平"为主。票号为解决不同城市之间度量衡不统一的问题而另创出的"本平"制度，与学术界重点讨论的国家层面的库平两、关平两、漕平两等，以及区域层面的上海规银、营口过炉银、汉口洋例银、天津行化银等"虚银两"制度同等重要，虽然只在各票号内部使用，但客观上也为全国不同度量衡之间提供了另一套平砝标准。

第二，晚清时期票号开展的汇兑、放款、存款等金融业务，与天津的其他金融机构组织相比，都具有明显不同的特点与影响。具体表现为：垄断汇兑业务，放款业务扩大且利率较低，存款业务较少且利率最低。山西票号的存款、放款业务主要是基于汇兑业务展开，因此在利率水平上表现得更低、更稳定，这种专业化又进一步促进了中国传统利率市场的成熟与完善。可以说，山西票号对天津金融市场的影响是非常深刻的，尤其在利率市场上更是起到"稳压器"的基础性作用。

第三，天津内汇市场上的白银货币流动主要表现为：上海、北京作为天津白银的最大输入方与输出方（第一梯队），周口与平遥（祁太平地区）则属于天津白银货币流向的第二梯队。天津白银的货币流向可以简单概括为"上海、周口—天津—北京、平遥（祁太平地区）"。不同城市定位不同，在全国城市序列中所承担的城市功能也很不一样。晚清时期，部分城市的城市化进程进一步加快，新兴工商业城市与传统商业市镇之间的金融关联也更为紧密，而山西票号正是充当了这种城市之间金融关联的"纽带"角色。近代中国的金融市场逐步得到整合与统一，形成一个较为成熟、完善的城市金融序列。

最后需要注意的是，票号的分庄设立处于动态变化中，不同票号的经营区域也有不同或者资料限制等诸多原因，与天津有紧密货币金融关联的其他重要商业城市、市镇，本文还无法一一予以厘清，仅是对天津金融市场部分资金流向的分析，更为全面、宏观的统计需要新史料的进一步挖掘与研究。

作者：王治胜，河北大学宋史研究中心
刘秋根，河北大学宋史研究中心

（编辑：龚宁）

近代九江樟脑贸易的兴衰与城市发展（1904~1935）

吴家洲

内容提要 江西九江在 1910~1924 年（除 1920 年、1921 年外）始终是中国樟脑出口的第一大港，形成了九江与上下级市场间、与周边及属县间紧密的贸易运输网络；吸引了一大批中外商人参与九江樟脑市场竞争，促进了相关产业的发展和技术革新。同时，以樟脑为桥梁建立了新的贸易联系，成为九江城市新的、强劲的经济增长点。这些都极大地提升了九江城市、港口竞争力，促进了城市发展。然而樟脑生产的趋利性、盲目性和制脑技术落后导致樟木滥伐严重，而补植不足，原料日缺，加上运输不便、税收较重、人工樟脑竞争激烈以及日商蓄意收购等因素，使得九江樟脑出口绝对量始终不高、竞争力不足。此外，江西接连战乱，特别是 1927 年后对樟脑主要产区赣南革命根据地的"围剿"和破坏，阻碍了九江樟脑贸易的恢复和发展。

关键词 九江　樟脑贸易　樟脑　樟脑油

近代樟脑（camphor）为赛璐珞工业、消毒药类、制药工业、爆药工业等之重要原料，樟脑油（Oils, Camphor）为防腐药剂及制造香水、肥皂之原料。[①] 中国为世界制樟脑最古之国，日人白河太郎云："韶州为世界樟脑业之起源地。后韶州之樟树尽，而潮州之樟脑业代兴。……潮州之樟脑业衰，而福州之樟脑业盛。"[②] 福州樟脑业衰败后，江西樟脑业又兴。江西

---

* 本文为福建省社科博士扶持项目"闽西苏区山林管理制度研究（1927~1937）"（项目批准号：FJ2023BF007）的阶段性成果。

[①]《世界天然及合成樟脑之生产状况》，《化学工业》（上海）第 5 卷第 2 期，1930 年，第 150 页；《中国樟脑业之前途观》，《医药杂志》第 6 卷第 6 期，1922 年，第 36 页。

[②] 参见吴承洛编纂《今世中国实业通志》（下），商务印书馆，1929，第 257 页。

别称豫章,"豫章以樟得名,江西通省所在皆有樟树"。[①] 良好的资源禀赋,为江西樟脑业的兴起奠定了基础。江西樟脑几乎都从九江输出,1904年后,九江逐渐成为中国最大的樟脑输出港,此后虽有波折,但九江的樟脑出口量始终在全国占有较大份额。可以说,近代九江樟脑贸易在近代中国樟脑贸易发展史上占有重要地位,也对九江城市发展产生了一定影响。

以往对近代中国樟脑业的研究,主要集中于台湾,兼及福建,[②] 且多集中于清末,由于文献资料缺乏和数据缺失等,对中国其他省份及近代樟脑业整体的研究较为薄弱。本文以中国旧海关数据为基础,[③] 以近代日本调查资料为补充,结合近代有关江西的史料和报刊资料等,意在论述近代九江樟脑贸易兴衰的历史过程和原因,及樟脑贸易对九江城市发展的影响,进而探析近代中国樟脑业的发展历程。

一 近代九江樟脑贸易的兴衰变迁

江西樟脑业肇始于19世纪末20世纪初,光绪二十八年至光绪三十年(1902~1904),南昌生利樟脑公司、赣县益华樟脑公司、新建兴利樟脑公司、南安同益熬脑有限公司及临江志成有限樟脑公司、江西日新樟脑公司等相继开办。[④] 江西樟脑开发之初,主要由陆路运到福建,再沿闽江集中

[①] 《江西日新樟脑公司章程》,《南洋官报》第90期,1904年,第6页a。
[②] 主要研究有林满红《茶、糖、樟脑业与台湾之社会经济变迁(1860~1895)》,台北,联经出版事业股份有限公司,1997;黄富三、黄颂文《台湾总督府樟脑专卖政策与雾峰林家》,中国社会科学院台湾史研究中心主编《日据时期台湾殖民地史学术研讨会论文集》,九州出版社,2010;吴巍巍《近代闽台地区樟脑贸易述论》,《福建省社会主义学院学报》2008年第2期,第110~113页;卞梁、连晨曦《近代西人眼中的樟脑战争探析》,《佳木斯大学社会科学学报》2019年第4期,第147~151页;王湛《樟脑与晚清台湾社会》,硕士学位论文,厦门大学,2007;贾志峰《十字架与樟脑——清末台湾凤山教案研究》,硕士学位论文,福建师范大学,2010;钟一驰《清末福建樟脑对外贸易研究(1901~1911)》,硕士学位论文,福建师范大学,2016。
[③] 中国第二历史档案馆、中国海关总署办公厅编《中国旧海关史料(1859~1948)》,京华出版社,2001;吴松弟整理《美国哈佛大学图书馆藏未刊中国旧海关史料(1860~1949)》,广西师范大学出版社,2014。
[④] 《江西商务情形(节录江西商务议员傅春官报告)》,《商务官报》第1期,1907年,第20页b;《中国樟脑生产情形及世界樟脑供求状况》,《中外经济周刊》第45期,1924年,第8页;《江西日新樟脑公司章程》,《南洋官报》第90期,1904年,第6页a。

于福州出口,[①] 其发展大致可以分为三个阶段。

(一) 兴起阶段 (1904~1914)

九江樟脑输出从 1904 年发轫,当时仅 27 担,至 1908 年已达 3255 担。此时几乎所有江西出产的樟脑均通过九江对外输出,樟脑主要产自赣江、抚江、信江等流域,具体来说,主要包括赣江流域的瑞金、会昌、峡江、信丰、万安、泰和、于都、赣州、南安、崇义、龙泉、永新、安福、袁州,抚江流域的新城、广昌、南丰、岳口、宜黄,信江流域的玉山、广丰、上饶诸县,其中尤以赣江流域的瑞金、会昌、信丰、万安、泰和等县及抚江流域诸县的樟脑产出最多。[②]

1906 年冬,江西官府将各属的购樟熬脑权收归官有,不准民人私制。[③] 不久后开办江西樟脑官局,并通饬各属凡已开办的樟脑公司必须赴局领照方许继续开设,"所出之脑概归官局收买,并须改为分厂以便独揽其利"。[④] 但江西樟脑官局仅办理年余,即由抚台冯中丞札饬裁撤,至 1909 年,各分厂、樟脑官局已次第裁并。[⑤] 限制解除后,江西兴起了新一轮兴办樟脑公司的浪潮,九江樟脑出口日渐勃兴。至 1910 年,中国[⑥]各港口樟脑出口量约占世界需求量的 1/5,而九江又占中国的一半左右。[⑦]

表 1　1902~1931 年九江、福州及全国樟脑海关出口量及比较

单位:海关担,%

	1902 年	1903 年	1904 年	1905 年	1906 年	1907 年	1908 年	1909 年	1910 年	1911 年
九江	—	—	27	113	112	1028	3255	2463	2636	2341
福州	222	1144	1210	4037	11370	19514	8101	3936	981	559
全国	1543	2256	2533	5979	15550	27198	15246	9497	6319	4443

---

① 《咨赣浙闽桂粤湘黔滇省政府 (林字第二九〇九号)》,《实业公报》第 340 期,1937 年,第 31 页。
② 东亚同文书院编《桂江、资江流域调查 (广东、江西两省ノ樟脑)》,上海东亚同文书院,1925,第 11 页 b。
③ 《樟脑归官局专办》,《北洋官报》第 1422 期,1907 年,第 13 页。
④ 《江西请设樟脑分厂》,《并州官报》第 30 期,1908 年,第 6~7 页。
⑤ 《樟脑局禀准缓裁》,《农工杂志》第 2 期,1909 年,第 105 页。
⑥ 本文仅统计大陆的樟脑情况,不包括台湾。
⑦ 东亚同文书院编《浙江、安徽、江西ノ樟脑》,上海东亚同文书院,1924,第 15 页 b。

近代九江樟脑贸易的兴衰与城市发展（1904~1935）

续表

	1902 年	1903 年	1904 年	1905 年	1906 年	1907 年	1908 年	1909 年	1910 年	1911 年
九江/全国	—	—	1.1	1.9	0.7	3.8	21.3	25.9	41.7	52.7

	1912 年	1913 年	1914 年	1915 年	1916 年	1917 年	1918 年	1919 年	1920 年	1921 年
九江	1736	1743	1910	1280	1959	2492	2496	7123	8799	3911
福州	179	207	50	112	452	394	424	6987	10026	3726
全国	2896	2599	2709	2126	3028	4600	5941	27915	34444	16730
九江/全国	59.9	67.1	70.5	60.2	64.7	54.2	42	25.5	25.5	23.4

	1922 年	1923 年	1924 年	1925 年	1926 年	1927 年	1928 年	1929 年	1930 年	1931 年
九江	5904	9597	5513	1387	1028	531	495	278	63	18
福州	1588	1119	538	358	69	13	23	2	0	75
全国	12976	17008	10508	4016	3026	1882	1347	1049	702	1341
九江/全国	45.5	56.4	52.5	34.5	34	28.2	36.7	26.5	9	1.3

资料来源：据《中国旧海关史料（1859~1948）》（第 42 册，第 246 页；第 48 册，第 293 页；第 57 册，第 29 页；第 67 册，第 243~244 页；第 79 册，第 256~257 页；第 89 册，第 187~188 页；第 95 册，第 200~201 页；第 101 册，第 306~307、407 页；第 107 册，第 287、380 页；第 111 册，第 314 页；等等）中九江、福州及其他有关海关出口数据绘制。

1910 年以前，福建一直为中国樟脑产量最多之省，福州樟脑出口量最多时近 2 万担。[1] 但随着资源的过度开发，福建樟树"叠经制脑者斩伐，年少一年"，[2]"大樟树已经在过去五年中被斩伐殆尽，已经不能像过去那样大量生产了"。[3] 同时，由于九江樟脑交易价格下降，福州樟脑交易的价格优势越来越不明显。根据海关统计资料，1904~1910 年，九江海关出口樟脑每担价格分别为 97.67 海关两、115.50 海关两、201.90 海关两、92.55 海关两、76.35 海关两、76.35 海关两、76.93 海关两，而福州海关出口价格分别为 58.98 海关两、75.99 海关两、99.00 海关两、85.60 海关两、64.16 海关两、68.14 海关两、68.53 海关两。[4] 且九江"掌赣北之锁

---

[1] 日本东亚同文会编纂《福建省全志（1907~1917）》，李斗石译，延边大学出版社，2015，第 386 页。
[2]《福州商务》，《商务官报》第 3 期，1908 年，第 25 页 a。
[3] 欧森：《1908 年闽海关年度贸易报告》，池贤仁主编《近代福州及闽东地区社会经济概况（1865~1931）》，华艺出版社，1992，第 267~272 页。
[4]《中国旧海关史料（1859~1948）》第 42 册，第 246 页；第 48 册，第 293 页；第 57 册，第 29 页。

钥，控长江之中流，地势冲要，交通便利，商贾辐辏"，① 货栈、报关行、码头、钱庄、航线等一应俱全，可以快速建立与外销市场的樟脑贸易联系，加上运输距离、成本等因素，江西境内的樟脑逐渐转运九江出口。从表1中可知，1910年后九江取代福州成为中国第一大樟脑出口港，并持续了很长一段时间。

综合来看，1904～1914年九江樟脑的出口量波动较大，1908年达到峰值3255担，其在全国樟脑出口量中所占比重不断上升，1914年甚至超过70%。1911～1917年，九江樟脑出口量占到全国樟脑海关总出口量的50%以上，在樟脑出口中的地位愈发重要。需要注意的是，九江樟脑大部分是转运到上海，在上海外销。②

（二）繁荣阶段（1915～1924）

1915年后，九江樟脑来源区域继续扩展，几乎遍布全省，新余、新干、分宜、上高、崇仁、遂州、南城等地制脑业也开始兴起。③ 其中吉安地区成为樟脑的最大供应地，产地包括吉安县、泰和县、安福县、赣县、兴国县、峡江县、吉水县等。④ 这直接促使九江樟脑出口在经过1915年的调整之后，开始走向鼎盛。1915～1920年九江樟脑出口量不断增长。1917～1924年九江樟脑出口量远超其他时期，其中1923年达到历史最大值9597担。这一时期，九江樟脑出口量占全国樟脑总出口量的比重虽有所下降，但大多时候也超过40%。

虽然1915年后，九江樟脑出口量屡创新高，但与中国其他港口的差距已大大缩小。1919年前，九江尚能保持中国樟脑出口第一大港的地位，但已岌岌可危。1919年福州的樟脑出口量已十分接近九江，1920年，福州完成了超越，甚至超过九江1923年樟脑最大出口量。然而福州的增长势头并没有能够持续，1922年九江又夺回了樟脑出口第一大港的位置并持续到1924年。还须注意的是，虽然这一时期九江樟脑出口在国内基本上能保持

---

① 江西省政府经济委员会编《九江经济调查》，江西省政府经济委员会，1934，第1页。
② 东亚同文书院编《江西、浙江、福建三省（物产）》，上海东亚同文书院，1916，第26页b。
③ 《桂江、資江流域調查（広東、江西両省ノ樟脑）》，第16页a。
④ 东亚同文书院编《広東、江西ノ樟脑（主トシテ樟樹ニ関シテ）》，上海东亚同文书院，1925，第12页a。

龙头地位，但出口量与福州鼎盛时期相比仍差距较大，与同时期台湾相比差距更大。

在看到九江樟脑贸易的繁荣之后，江西军政府又想收回樟脑利权。1920年7月，江西省督军认定省内所产钨砂、硝矿、樟脑为军用物资，决定实行专卖制度，随即成立了"江西全省钨砂、硝矿、樟脑督销总局"，同年8月，颁布《取缔樟脑、樟油暂行章程》。① 该章程的颁行，在一定程度上有效整顿了江西樟脑市场秩序，故实行前期九江尚能维持较高的樟脑出口数量。但实行几年后，弊端开始凸显，由于特许证频发、乱发，税卡林立，官商勾结，社会秩序混乱，樟脑出口量锐减。同时，由于该章程对洋商并无太多限制，无形中削弱了华商的竞争力。

（三）衰落阶段（1925~1935）

1925年后，九江樟脑出口量持续下降，1930年、1931年甚至未超过百担。1932~1935年，九江樟脑出口数量亦不过数十担至一二百担。② 一方面，九江面临着20世纪初与福州一样的问题，资源的过度开采使得樟树大量减少，江西产樟区域急剧收缩。日本人的调查指出，江西樟树本分布极广，樟脑业大兴之后，樟树迅速减少，只在庙宇及居民家附近受风水说影响，樟树还比较常见。③ 另一方面，全国樟脑业衰落是大势所趋。1932~1935年，全国的樟脑出口量分别只有710担、376担、733担、606担，④ 与1925年前相比差距甚大。实际上从1932年开始，《中国旧海关史料（1859~1948）》主要出口货物列号货品表下已没有樟脑品别。⑤ 在江西省政府秘书处统计室编制的《民国二十三年江西省进出口贸易分类统计》出口货物分类统计表中也找不到樟脑货别。⑥

---

① 《浙江、安徽、江西ノ樟脑》，第21页b~27页b。
② 《咨赣浙闽桂粤湘黔滇省政府（林字第二九〇九号）》，《实业公报》第340期，1937年，第31页。
③ 《広東、江西ノ樟脑（主トシテ樟樹ニ関シテ）》，第7页b。
④ 《咨赣浙闽桂粤湘黔滇省政府（林字第二九〇九号）》，《实业公报》第340期，1937年，第31~33页。
⑤ 《中国旧海关史料（1859~1948）》第113册，第187~196页。
⑥ 江西省政府秘书处统计室编《民国二十三年江西省进出口贸易分类统计》，江西省政府秘书处统计室，1935，第21~34页。

需要注意的是，樟脑油为樟脑副产物，也是樟脑业的重要组成部分。1918年樟脑油在九江海关出口货物中始有列名，1920年即达到顶峰14544担，1923年后开始持续下降（见表2）。但除了1930年，1924~1931年九江樟脑油的年出口量均超过福州。1924~1928年九江一直是中国樟脑油输出第一大港，樟脑油出口量占全国樟脑油总出口量的62%以上，1925年甚至超过78%，这一时期的九江樟脑油出口在全国处于绝对领先地位。然1928年后形势突变，1929年九江樟脑油出口量暴跌至204担，被汉口超过。[①]

表2　1918~1931年九江、福州及全国樟脑油海关出口量及比较

单位：海关担，%

	1918年	1919年	1920年	1921年	1922年	1923年		
九江	4249	11594	14544	1670	5913	9907		
福州	—	—	—	—	—	—		
全国	—	—	—	—	—	—		
九江/全国	—	—	—	—	—	—		
	1924年	1925年	1926年	1927年	1928年	1929年	1930年	1931年
九江	7127	1930	1527	881	757	204	5	85
福州	1346	248	140	44	79	16	11	51
全国	10374	2462	2118	1414	1172	845	313	947
九江/全国	68.7	78.4	72.1	62.3	64.6	24.1	1.6	9

注：（1）樟脑油未列入1918~1923年福州海关出口货物中。参见吴松弟整理《美国哈佛大学图书馆藏未刊中国旧海关史料（1860~1949）》第134册，第352页；第145册，第136页；第149册，第90页；第155册，第81页。（2）九江、福州常关樟脑、樟脑油出口量十分稀少，文中"出口量"如无特别说明，即指"海关出口量"。

资料来源：据吴松弟整理《美国哈佛大学图书馆藏未刊中国旧海关史料（1860~1949）》（第144册，第186页；第148册，第304页；第154册，第596页）和《中国旧海关史料（1859~1948）》（第101册，第407页；第107册，第380页；第111册，第412页）中九江、福州及其他有关海关出口数据绘制。

综上，1904~1935年，九江樟脑贸易大致经历了兴起、繁荣、衰落三个阶段。1910年起九江开始长期占据中国樟脑出口第一港的位置；1914年后九江樟脑、樟脑油的出口量经常占全国樟脑、樟脑油出口量的半数以上；然而1925年后九江的樟脑出口贸易渐趋没落，出口量持续下降。

---

① 《中国旧海关史料（1859~1948）》第107册，第380页。

二 九江樟脑贸易衰落的原因考察

九江樟脑贸易的衰落是内部因素和外部因素共同作用的结果。内部因素包括滥伐成风、补植缺乏、制法粗劣等,外部因素包括日本对世界樟脑市场价格的控制,以及人造樟脑的竞争等。

(一) 日本操控价格、人造樟脑竞争

为了提高市场竞争力,日本在1903年将本部樟脑收归国有,并规定种樟树者"皆须依国定之价格,以其产品售诸国家提炼樟脑",再运销海外,禁止生樟脑直接供给外国之制造者。① 日本占据台湾后,在1901年成立樟脑专卖局,开始推行专卖制度。② 实行专卖后,樟树和粗脑收购成本降低,使日本樟脑在世界市场上更有竞争优势。但中国本土樟脑潜力巨大,一经发轫,产量便直线增长,抢占了不少世界樟脑市场份额。故日本视中国樟脑业为劲敌,③ 竭力阻止其发展,此前日本三五公司已导致福建樟脑业衰落,此时自然将目标转向中国樟脑最大输出地江西。但江西与福建情况有很大不同,清末福建为日本势力范围,日本采取的各种措施几无阻碍,而江西则是英国势力范围,加上本地官府、绅商的竞争,日本并不能轻易达到目的。故日本采取了在江西设精制工场收购樟树熬脑出售、直接收购粗制樟脑出售和收购粗制樟脑回国精制后再外销等方式相结合的策略。日本在九江所设之工场每年制樟脑千五百担,樟脑油千二三百担。④

日本密切关注世界樟脑市场的供应量和价格,当市场价格抬高时,日本也相应提高售价,"以免西洋各商独擅大利"。⑤ 西方国家见此情形,谋划抵抗,发明人造樟脑,以松香油为原料,价格仅为樟脑的3/4,日本政府见专利不可恃,遂"用摧残手段贬价至三分之二与人造者竞争",⑥ 并加

---

① 《世界樟脑市场概况·日本之樟脑国有政策》,《申报》1921年1月30日,第19版。
② 徐学文:《本省樟脑事业发达史》,《台湾建设》第1卷第2期,1948年,第23页。
③ 杨志洵:《日本樟脑谈(译东洋经济新报)》,《商务官报》第26期,1908年,第34页a。
④ 《中国樟脑业之前途观》,《医药杂志》第6卷第6期,1922年,第37页。
⑤ 《日本矿业纺织业樟脑业情形(节录横滨领事吴仲贤报告)》,《商务官报》第7期,1907年,第14页b。
⑥ 《中国樟脑前途之观察》,《申报》1920年7月11日,第19版。

大研究以降低提炼之成本，后随着人造樟脑原料松香价格上涨，人造樟脑竞争力下降。此后，各国都在改进人造樟脑技术，降低成本，不过前期效果不太明显，如作为最大人造樟脑消费国的美国，1910～1920年所用人造樟脑量大体也只及天然樟脑量的1/3。① 直至1926年情况开始发生重大变化，该年美国人造樟脑输入量已接近天然樟脑，② 各国人造樟脑消费量也有所增加，世界天然樟脑的需求量相对降低，也减少了对中国樟脑的需求量，九江樟脑出口量的减少在所难免。

（二）技术落后、滥伐严重、补植不足

关于制造方法的问题，早在1899年江西即有人设想"赴台湾，延一樟脑师前来监制，借辟利源，并令人学习其术事"，③ 此后有条件的樟脑公司陆续实行此设想，如梁岷山在1902年成立生利樟脑公司时，即从台湾招来头等匠人开办，所出樟脑香而且白。④ 后又招来福建著名工师督工，煎熬成绩甚好，樟脑品质与台湾不相上下。⑤ 故江西所产樟脑质量较中国其他各省为佳，但与日本本土相较差距仍很大。日本在20世纪初即改进了制脑方法，"凡种樟树只需数十年即能熬脑出售，计每樟二百磅能熬脑十磅，树根出脑尤多"，⑥ 所出樟脑"洁白如蜡，光透而明，令人可爱。即民间所制之樟脑末，亦复白似砂糖，绝无渣滓"。⑦ 日本占据台湾后，也大加改良煎炼之法，从枝叶也可得脑，"培养有方，既种五六年，即能采脑"。⑧ 此后又发明了土佐式、回收式、改良回收式及最新改良回收式等种种新法，利用精密机械，提高效率。⑨ 而江西制脑技术并无明显进步，双方差距逐渐拉大。

---

① 周桢：《世界樟脑之需要及我国应取之方针》，《劝业丛报》第2卷第3期，1922年，第5页。
② 彭老：《樟脑工业之近况》，《兴业杂志》第2卷第2期，1927年，第80页。
③ 《翼轸星光》，《申报》1899年7月27日，第2版。
④ 《樟脑公司开办》，《广益丛报》第105期，1906年，第8页b。
⑤ 《樟脑获利》，《北洋官报》第632期，1905年，第4页b。
⑥ 《调查日本樟脑业之实况》，《北洋学报》第33期，1906年，第23～25页。
⑦ 长崎正领事卜绗昌：《日本花房及樟脑业情形（附敦贺商务情形）》，《商务官报》第18期，1907年，第17页b。
⑧ 《日本矿业纺织业樟脑业情形（节录横滨领事吴仲贤报告）》，《商务官报》第7期，1907年，第14页b。
⑨ 徐百汇：《日本之樟脑》，《药报》第43期，1935年，第56页。

在樟树采伐上，江西各处虽都在采樟制脑，却对樟树的用途不甚了解，不明白采伐的真正方法，伐取樟树多乏学理，[1]"以致不问树之老壮，木之大小，悉被砍伐，搜之索之，渐及于交通不便之深山溪谷中，必至山无遗材而后已"。[2] 更严重的是所采"樟树均百年物，逐年采伐，有减无增"，若不补种，数年之后樟树就有绝种的危机。为此，周桢建议限制樟树制脑年龄、培植樟苗推广区域，邹日烜建议将庐山森林局的樟树种植成林法向江西全省推广。[3] 然而实际操作却困难重重，终不易行，樟树补植严重不足。另一方面，囿于"种樟既成，其人必死"的忌讳，[4] 主动栽植者更少，而樟树成材又需要很长的周期，"若欲提取多量之樟脑，非数十年之树植不为功"，[5] 栽植樟树的速度远远赶不上砍伐的速度，老树砍伐殆尽又只能砍伐新树。最终导致樟树林面积大量减少，樟脑制造原材料供应不足，九江樟脑出口下降。与之相对，日本在1899年制定了樟脑国有制度规划和逐年种植规划，[6] 随后又发明了单纯、混淆两种樟树种植方法及四种樟苗栽植方法，由厅农会主持，以地方团体为主体，在鹿儿岛、宫崎、大分和歌山、静冈诸县大力植樟造林。[7] 占据台湾后，日本又在台湾推广植樟，并设置试验场不断改进种植方法，保证了樟脑的稳定输出。

（三）社会秩序混乱，战乱频仍

海关贸易册中言："九江贸易情形，恒与地方治乱相表里。"[8] 九江樟脑贸易的情形也大致如此。1922年，李烈钧率军攻入赣南，占领赣州，退逃军队劫掠樟脑业重地吉安、樟树镇，[9] 九江樟脑供应不足，输出量暴跌。1923年地方平靖，樟脑贸易亦盛。1924年后，江西地方战乱频仍。1924年、1925年地方军阀时常混战；1926年北伐军进克江西，樟脑贸易受到较

---

[1] 《中国樟脑前途之观察》，《申报》1920年7月11日，第19版。
[2] 周桢：《世界樟脑之需要及我国应取之方针》，《劝业丛报》第2卷第3期，1922年，第5页。
[3] 《江西邹日烜之实业意见》，《申报》1919年10月29日，第7版。
[4] 《书本报江西日新樟脑公司章程后》，《南洋官报》第90期，1904年，第2页b。
[5] 《中国樟脑前途之观察》，《申报》1920年7月11日，第19版。
[6] 《世界樟脑市场概况·日本之樟脑国有政策》，《申报》1921年1月30日，第19版。
[7] 《调查日本樟脑业之实况》，《北洋学报》第33期，1906年，第23～25页。
[8] 《中国旧海关史料（1859～1948）》第158册，第92页。
[9] 吴松弟整理《美国哈佛大学图书馆藏未刊中国旧海关史料（1860～1949）》第148册，第312页。

大影响；1927年军队调遣频繁，商轮多被征调，工潮迭起，纸币充斥，金融市场混乱，樟脑业运输、借贷均受摧残。1927年秋收起义后，中国共产党在井冈山建立了第一个农村革命根据地。经过几年的艰苦发展，形成了以瑞金为中心的赣南、闽西中央革命根据地，几乎将江西最重要的樟脑产区包括在内。中共十分重视樟脑业的发展，多次在会议上强调，将樟树等树木收归苏维埃政府管理，① 多次明确樟脑与钨、煤、铁、木材等都是主要的生产原料，② 统筹规划樟脑事业的发展。然而从1927年开始，国民党对中共的武装"围剿"从来没有间断，其中一条重要的措施就是切断交通、贸易的孔道，控制物资的输入和输出，樟脑贸易线路被切断。中共只能通过红色资本家或商人零星地将樟脑运往福建、广东等地出口，这些出口数据自然无法在九江贸易出口册中得到体现。1930年11月起至1933年底，国民党发动了五次"围剿"，对赣南革命根据地造成了毁灭性的打击。中共的樟脑事业稍有起色即遭摧残，中共在1933年"经济建设的初步总结"中就明确指出，因为敌人连年的封锁，苏区的樟脑生产呈低落态势。③ 即使遭遇严重困难，中共仍力图恢复樟脑生产，1933年底在兴国设立了樟脑股份有限公司，④ 并创造性地运用劳动互助社的形式来发展樟脑事业。⑤ 但第五次反"围剿"失败后，红军开始长征，不久后全面抗战爆发，九江很快沦陷，樟脑贸易再也无人顾及。诚如严寿萱先生所云：中国樟脑"近年来因战争关系，生产不振，已不复为世人所注意矣"。⑥ 江西亦不外如是。

  除上述因素外，九江樟脑贸易的衰落还受到诸如运输、税收、世界樟脑市场发展、贸易纠纷等因素的影响。江西樟脑大多通过水路运至九江输

---

① 《雩都县雩北区第六次工农兵代表大会决议案》（1931年6月），中国社会科学院经济研究所中国现代经济史组编《第一、二次国内革命战争时期土地斗争史料选编》，人民出版社，1981，第534页。
② 《中华苏维埃共和国中央执行委员会与人民委员会对第二次全国苏维埃代表大会的报告》（1934年1月），江西省档案馆、中共江西省委党校党史教研室选编《中央革命根据地史料选编》（下），江西人民出版社，1982，第341页。
③ 《经济建设的初步总结》（1933年9月30日），《中央革命根据地史料选编》（下），第603页。
④ 《江西省第二次工农兵代表大会经济建设决议案》（1933年12月28日大会通过），《中央革命根据地史料选编》（下），第616页。
⑤ 《目前苏维埃合作运动的状况和我们的任务》，《中央革命根据地史料选编》（下），第626页。
⑥ 严寿萱：《台湾樟脑工业之世界展望》，1947，第15页。

出，尚称方便，然"较之福建、台湾两处，诸多不便，而运输及一切杂费，皆甚浩繁，以致输出上不无障碍"。① 军阀统治时期，各地统税局、闸卡林立，② 樟脑过境重复征税现象十分严重。樟脑贸易衰落时，捐税有所减少，然"贸易一经转机，则捐税亦即从而加征依然如旧"。③ 而日本樟脑则实行专卖，统购、统销，统一税收，采取铁路运输、海运的方式，进一步降低了成本。樟脑业发达之后，樟脑贸易纠纷也随之而来，如"朦抵樟脑案""陈继茂诈骗案""美商摩斯洋行樟脑船自吉安府前往南昌时被军人扣留、征用案"等，④ 在一定程度上阻碍了九江樟脑贸易的发展。

三 樟脑贸易与九江城市发展

（一）商号林立与樟脑技术革新

一大批国内商号、公司及外国洋行被吸引参与樟脑的贸易，繁荣了九江城市的金融和市场，客观上促进了相关产业的发展。这些商号、洋行、公司一般在产地设置收买所、樟脑制造工场收购、制造樟脑，在九江设立分号、办事处负责樟脑交易。日本直接派藤田公司驻九江负责江西樟脑有关事务，铃木洋行、宫崎洋行、三五公司均设支行或办事处协助藤田公司；英商则由隆茂洋行负责樟脑相关事宜。⑤ 国人设立的公司有九江华昌制造樟脑公司、日新樟脑公司等。⑥ 本土商号包括慎记、邹源泰、泰记、德隆和、通记、景记、仁丰祥、言记、朋记、华记、德记、新记、胡庆元、茂记、吉隆、信义祥、邱仁和、成记、和记、合记、利记、吕记、瑞记、洪春、德茂、存记、泰和祥、聚义生、合顺、义和祥、德裕隆、德昌

---

① 《中国樟脑生产及输出情况》，《上海总商会月报》第 3 卷第 10 号，1923 年，第 39 页。
② 《浙江、安徽、江西ノ樟脑》，第 25 页 b。
③ 《中华民国八年通商海关各口全年贸易总论》，《申报》1920 年 6 月 17 日，第 11 版。
④ 《朦抵樟脑案之续讯》，《申报》1920 年 4 月 22 日，第 15 版；《钨砂与樟脑所有权之宣判》，《申报》1921 年 2 月 12 日，第 11 版；《美商樟脑船在赣被扣之交涉》，《申报》1924 年 2 月 20 日，第 13 版。
⑤ 东亚同文书院编《福建ニテケル樟脑》，上海东亚同文书院，1924，第 16 页；《浙江、安徽、江西ノ樟脑》，第 19 页 b。
⑥ 《令江西实业厅（第一〇七四号）》，《农商公报》第 5 卷第 11 期，1919 年，第 10 页；《樟脑获利（录时报）》，《四川官报》第 12 期，1905 年，第 41 页。

等不下50家,[1] 其中慎记、泰记、邹源泰、永和号、林志记等皆有相当资本。同时,也刺激了樟脑买方市场的活跃,吸引了一大批商人到九江购买樟脑。[2] 旧有的、新设的钱庄、银行分行等金融机构乐于为商人购买樟脑提供贷款,一些商号如吕记、德裕隆等本身就有放贷业务,日本甚至设台湾银行九江点以保证日商收购长江沿线樟脑的资金。[3]

在应对外商的竞争方面,九江樟脑业加快技术革新,提升了竞争力。1915年前九江仅有一小型樟脑工场,[4] 1915年后各大商号普遍设立樟脑精制工场,制脑能力普遍提高,如慎记、邹源泰、泰记等都有精制工场,慎记商行一昼夜可制脑480斤,泰记商行可制脑320斤。[5] 但也应看到,大多数制脑工场技术仍比较落后,部分雇用台湾、福建技师负责制脑,多数仍沿用土法制脑;外商的技术也在提升,如日商在九江建有新法制脑工场,[6] 大量利权仍被外国攫取。还需注意,日本的三五公司隶属于台湾总督府,主要从事福建及周边地区的经济渗透、破坏活动。[7] 中国樟脑业是日本樟脑业在世界市场上的最大竞争对手,日本洋行、公司参与江西樟脑利权角逐的目的是"设法收买,以谋垄断其利",[8] 1910年时,日本政府更是联络九江日商企图"将中国(江西及长江一带)樟脑一律包收"。[9] 这些洋行、公司甚至以九江为依托,以樟树调查为名,配合九江日本领事馆行经济调查、渗透之实。但外商也带来了先进的技术、管理经验,刺激本土商人进行市场竞争和技术革新,一批相关产业的建立为九江近代新式工业的创办提供了可行的参考。

(二) 市场网络的形成与九江城市向心力

樟脑贸易的繁荣,使九江成为江西及邻近湖北地区最大的樟脑集散市

---

[1] 《広東、江西ノ樟脑(主トシテ樟樹ニ関シテ)》,第12页b~13页a。
[2] 《中国樟脑生产及输出情况》,《上海总商会月报》第3卷第10号,1923年,第39页。
[3] 《桂江、資江流域调查(広東、江西両省ノ樟脑)》,第12页a。
[4] 胡学志:《江西省之实业》,《民意日报》1920年4月27日,第5版。
[5] 《広東、江西ノ樟脑(主トシテ樟樹ニ関シテ)》,第12页b~13页a。
[6] 吴承洛编纂《今世中国实业通志》(下),第258页。
[7] 〔日〕后藤新平:《台湾总督府对岸经营之由来》,陈小冲主编《厦台关系史料选编(1895~1945)》,九州出版社,2013,第50页。
[8] 《中国樟脑与日本市面有关》,《农工杂志》第5期,1909年,第105页。
[9] 《日本经营樟脑事业之用心》,《申报》1910年9月23日,第10~11版。

场，形成了以九江为中心的层次分明的三级市场网络，其中初级市场为紫阳、丁江、百嘉、水南、阜田、泰和、永阳、峡江等地，[①] 二级市场为樟树镇、吉安、新余、蕲州等地，中心市场在九江。同时形成了以九江为中心向外辐射的樟脑贸易运输网络，九江与樟树镇、九江与新余、九江与吉安、九江与蕲州，以及九江与上海均有固定的汽船负责樟脑的运输。[②] 航运业的发展又促进了相关产业的发展，便利了其他货物运输。

九江樟脑中心市场的形成还促进了九江周边地区的樟脑资源开发，九江马回岭，其"岭上岭下樟树不知其数，而所产之樟脑亦无虑三万担"。日商在九江附近设置的收买樟脑所，每年从马回岭收买的樟脑都在万担以上。[③] 同时也带动了所属县星子、德安、九江、武宁、永修等樟脑业的发展，[④] 密切了市县之间的经济联系，增强了九江的城市向心力，提升了城市综合实力。

（三）新的贸易增长点提升了九江外贸竞争力

在樟脑贸易发轫之前，九江传统的大宗植物产品按出口额排列主要有茶叶、纸、柏油、茯苓、水靛、木材、药材等。九江樟脑出口增长迅速，出口额在大宗植物产品总出口额中所占的比重持续增长，1907年后陆续超过药材、木材、茯苓、水靛等产品，逐渐攀升至第四位，仅次于茶叶、纸、柏油。[⑤] 1911~1915年，药材的出口额分别为24859海关两、28913海关两、38510海关两、42036海关两、42136海关两，木材产品出口额分别为9630海关两、8082海关两、28889海关两、23899海关两、4644海关两，两者相加都远低于樟脑的出口额178735海关两、132543海关两、133078海关两、154080海关两、115152海关两。[⑥] 1911~1915年，九江柏

---

① 《広東、江西ノ樟脑（主トシテ樟樹ニ関シテ）》，第12页a。
② 东亚同文书院编《上海ノ米、樟脑及居留地行政（上海における樟脑）》，上海东亚同文书院，1925，第59页a。
③ 卓君：《樟脑》，《申报》1927年5月3日，第17版。
④ 东亚同文书院编《江西、湖南ノ商工業調査（江西省ノ樟脑）》，上海东亚同文书院，1923，第3页a。
⑤ 《中国旧海关史料（1859~1948）》第55册，第468页；第56册，第579、613；第67册，第267、373、413、429、542~548页。
⑥ 《中国旧海关史料（1859~1948）》第57册，第29页；第67册，第243页；第69册，第107页。

油出口额分别为 60251 海关两、232867 海关两、163548 海关两、143506 海关两、148240 海关两,[①] 樟脑出口额与之十分接近,并在 1911 年、1914 年反超。1916 年后,九江樟脑出口额正式反超柏油,跃居九江大宗植物产品出口总额的第三位,一直持续到 1925 年。[②] 九江海关贸易报告中屡次强调,樟脑出口增长迅速,获利甚大,需要加强关注,并指出将来需要有强有力的系统计划来补植樟树,以保证樟脑贸易持续发展。[③] 可见,在洋货肆虐的背景下,九江樟脑贸易不仅直接增加了出口贸易额,也在一定程度上改善了九江的植物产品出口结构,提升了外贸竞争力,挽回了不少利权。

樟脑贸易加强了九江与其他国家和地区的经济联系。当时九江是英国的势力范围,樟脑贸易也带有浓厚的"英属"色彩。1904~1911 年,中国香港、英国基本上居九江樟脑出口的前两位,其次是法国、美国和德国。[④] 这一时期,九江还开辟了天津至内蒙古的贸易线路,每年从九江出口至这些地区的樟脑可达五六百担,直到辛亥革命后才终止。[⑤] 1912 年后,美国从九江进口樟脑的比重开始上升,并在 1918 年成为九江最大的樟脑出口地,英国、法国、德国仍保持一定的进口量。日本、印度、加拿大、安南、新加坡、暹罗也开始从九江进口樟脑,[⑥] 其中日本的进口量较大,主要是出于经济利益的考虑,因为中国的粗制樟脑比日本便宜,日本从中国购买粗制樟脑,经过精制,再售往世界各地。[⑦] 1925 年后香港夺回九江樟脑出口第一的地位,美国的进口量渐渐减少并于 1928 年后停止进口,印度、安南、暹罗、新加坡从九江的进口量则不断增加。[⑧] 综合来看,1904~1935

[①] 《中国旧海关史料(1859~1948)》第 63 册,第 704 页;第 71 册,第 549 页。
[②] 《中国旧海关史料(1859~1948)》第 83 册,第 577 页;第 71 册,第 549 页;第 95 册,第 526 页;第 99 册,第 646 页。
[③] 吴松弟整理《美国哈佛大学图书馆藏未刊中国旧海关史料(1860~1949)》第 139 册,第 192 页;第 185 册,第 156 页。《中国旧海关史料(1859~1948)》第 156 册,第 342 页。
[④] 《中国旧海关史料(1859~1948)》第 42 册,第 246 页;第 48 册,第 293 页;第 57 册,第 29 页。
[⑤] 《浙江、安徽、江西ノ樟脑》,第 19 页 b。
[⑥] 《中国旧海关史料(1859~1948)》第 67 册,第 243 页;第 79 册,第 256 页;第 89 册,第 187 页;第 95 册,第 200 页。
[⑦] 东亚同文书院编《上海ノ米、樟脑及居留地行政(上海に於ける樟脑)》,第 27 页 b~28 页 a。
[⑧] 《中国旧海关史料(1859~1948)》第 101 册,第 306 页;第 107 册,第 287 页;第 111 册,第 314 页;第 156 册,第 342 页。

年，香港、英国、美国等国家和地区在多数时候都居于九江樟脑出口的前三位，印度、日本也经常位居前列，法国、安南、德国、加拿大、暹罗等国也是常客。由此可见，九江樟脑出口的国家和地区呈现出扩大的趋势。

综上，九江樟脑贸易吸引了大量华商、外商来到九江开设分支机构，使竞争更为激烈，同时客观上也促进了相关产业和金融业的发展，加快了樟脑业的技术革新。樟脑贸易促使以九江为中心的樟脑集散市场的形成，同时也一定程度带动了周边地区及所属县樟脑业的发展。樟脑是九江外贸出口的特色和优势产品，其不仅促进了九江港口贸易额的增长、扩大了外贸范围，同时也一定程度提高了港口和城市的竞争力。

四 结语

从1904年开始，九江凭借江西优质的樟脑资源逐渐超越福州成为中国樟脑出口的中心，1910年至1925年，九江樟脑、樟脑油出口量经常居全国总出口量的第一位；1925年后九江樟脑、樟脑油出口量大幅下降，但在全国总出口量中仍占有较大比重，1929年后占比才明显减少。而九江樟脑贸易衰弱的原因则错综复杂。中国樟脑容易受市场价格影响，[①] 当脑价提高时，"即向来以为远僻地亩亦均从事垦植"。[②] 时人就感慨："惟一般一民只图目前之利，对于将来事业之发达与否，多不知考求。"[③] 唯利性、盲目性，导致滥伐严重，虽可以促进九江樟脑输出的短时期增长，但补植不足，直接导致樟树资源锐减，无法保持樟脑贸易的长久繁荣。日本垄断世界天然樟脑市场后，以控制价格为主、收购原料为辅，层层限制中国樟脑业的发展，九江樟脑业亦受其影响。人造樟脑提炼技术不断提高，成本降低，供应量增加，进一步挤压了九江樟脑的市场空间。而江西制脑技术的相对落后又直接导致九江樟脑在国际市场上竞争力不足，无法提供足够的增产动力。加之1902~1935年大多数时期江西都处于战火之中，特别是"黄金十年"时期国民党对樟脑主要产区——赣南革命根据地的封锁和

[①] 东亚同文书院编《江西、湖南ノ商工业调查（江西省ノ樟脑）》，上海东亚同文书院，1923，第2页b。
[②] 《中华民国八年通商海关各口全年贸易总论》，《申报》1920年6月17日，第11版。
[③] 《中国樟脑生产及输出情况》，《上海总商会月报》第3卷第10号，1923年，第40页。

"围剿"，使樟脑无法顺利生产和外销。在多种因素的共同作用下，近代江西九江樟脑贸易发展起起伏伏，最终在1929年后归于沉寂。仔细考察还可得知，1904~1935年九江樟脑贸易的发展轨迹与全国樟脑贸易发展轨迹具有高度的一致性，其衰弱的主要原因对全国樟脑贸易而言也具有参考意义。

樟脑贸易与九江城市发展互为表里、互相促进。九江凭借其优越的地理位置、良好的市场基础迅速发展成为江西及邻近湖北地区最大的樟脑集散市场，并与二级市场及销售市场之间建立了稳定的贸易运输网络。九江发挥了中心城市强大的经济辐射作用，带动了周边及所属县的樟脑资源开发，总体上提升了城市的经济发展水平。九江樟脑贸易的繁荣，直接促进了出口贸易额的增加，樟脑出口值超过了传统的药材、木材等植物产品，是九江贸易出口的优势产品之一，由此抵抗了洋货的入侵，改善了出口贸易结构，提升了九江的外贸竞争力。樟脑贸易的发展显著扩展了九江的对外贸易范围，使九江与许多国家和地区建立了新的贸易联系，有利于其他产品的外销。受樟脑利益驱使，一大批国内外公司、商号，以及洋行等进驻九江，它们和金融机构合作投资樟脑业，使九江成为樟脑交易、资金融通的中心。为与外商抗衡，华商自觉增加投资、改进制脑技术、设置精制工场，虽力有未逮，但促成了一批相关产业的诞生，一定程度上加快了九江的城市近代化进程。但要注意，日本在九江设立的一系列机构、采取的各种措施的目的是控制世界樟脑市场及进行中国国情调查，以为日后的军事行动服务。

作者：吴家洲，厦门理工学院马克思主义学院

（编辑：龚宁）

近代大连自由港制度及其运行[*]

杨敬敏

内容提要 大连是近代中国自由港制度运行时间较长的口岸城市之一，其经济发展背后的贸易制度优势受到学界关注。本文通过梳理近代大连自由港制度的形成与演进过程，结合多种来源的历史数据，分析这一制度的贸易效应与产业效应。近代大连自由港制度为国际贸易与国内贸易提供了一系列优惠政策，并且在自由港制度确立至九一八事变前，一定程度上促进了贸易与产业的发展。但是自由港制度并未改变近代大连原料输出口岸与商品输入口岸的地位，亦未将大连打造成真正的近代化工业城市。

关键词 大连 自由港制度 "关东州"租借地 关税

在近代中国，俄国与日本主导下的大连自由港制度带有殖民主义的印记，近年来有的研究提出自由港制度在客观上也促进了近代大连贸易与产业的"繁荣"，可以说是近代大连成为北方重要工业城市的一个特殊历史因素。[①] 鉴于自由港制度曾对近代中国口岸城市贸易与工业发展发挥了一定作用，本文以近代大连自由港制度为研究对象，对该制度的形成与演变

---

[*] 本文系2022年度教育部人文社科规划基金项目"中国近代进口关税实际税率测算与经济效应研究"（22YJA770020）阶段性成果。

① 相关研究成果如：吕绍坤《近代大连自由港制度的实施及其对城市经济的影响》，《社会科学辑刊》2004年第3期；姚永超《港势地位变迁的制度因素分析——以营口、大连两港的发展比较为例（1906～1931）》，《辽宁大学学报》（哲学社会科学版）2007年第1期；宋芳芳『大連港の形成と展開』博士論文、新潟大学、2010；柳沢遊「1930年代大連の工業化」『三田学会雑誌』101巻1号、2008年4月；杨莹《近代大连自由港与重工业发展》，大连市近代史研究所、旅顺日俄监狱旧址博物馆编《大连近代史研究》第11卷，辽宁人民出版社，2014；等等。

过程进行梳理,并对其贸易与产业效应进行深入探讨。

一 大连自由港制度的形成及演变

大连开埠于1898年中俄《旅大租地条约》签订后,[1] 根据该条约,俄国除获得旅大租借地外,还与清政府约定"旅顺一口专为武备之口,独准华俄船只享用,而于各国兵、商船,以为不开之口。至于大连湾,除口内一港亦照旅顺口之例,专为华俄兵舰只用,其余地方作为通商口岸,各国商船任便可到"。通过该条约,俄国在获得旅大两港军事特权的同时,把大连开辟为通商口岸。由于当时并未议定关税制度,对外贸易与国内贸易在大连港皆不征收关税,大连港成为事实上的自由港。

日俄战争后,日本继承旅大租借地"关东州",并取消日本货物进出"关东州"租借地的关税。此举遭到英国等西方列强的反对。[2] 1906年6月,日本大藏省提出"辽东半岛租借地关税方案",要将大连开辟为自由港。[3] 这一提案通过后,日本外务省发布《大连开放宣言》,[4] 免除经大连港进出"关东州"租借地的货物关税。[5] 1907年,清政府与日本政府签订《会订大连海关试办章程》,[6] 该章程包括《会订大连设关征税办法》与《续立会订大连设关征税办法附件(内港行轮办法)》两部分,根据该章程,清政府被迫承认"关东州"租借地为自由港,日本政府借此机会要求在大连设海关对进出内陆的货物征税。1907年6月,日本关东都督府制定《关东州租借地关税暂行规则》,[7] 大连海关与"关东州"租借地关税征收办法就此确立。

日本擅自宣布租借地为自由港的行为严重侵犯了中国主权,中国政府曾多次提出修改"关东州"租借地关税制度的要求。1912年1月,海关总

---

[1] 王铁崖编《中外旧约章汇编》第1卷,三联书店,1957,第741~743页。
[2] 「關東州の關税制度」『東亜経済事情叢刊』第2輯、大連商工会議所、1935、8頁。
[3] 「關東州の關税制度」『東亜経済事情叢刊』第2輯、8~11頁。
[4] 『関東州租借地に於ける自由港制度調査』外務省臨時調査部、1924。
[5] JACAR(アジア歴史資料センター)Ref. A04010099300『公文雑纂·明治三十九年 第十二巻(纂00981100)』(国立公文書館)。
[6] 王铁崖编《中外旧约章汇编》第2卷,第394~398页。
[7] 「関東州租借地関税仮規則」『滿洲國の關税制度』關東軍統治部、1935、49-57頁。

税务司安格联以"当前海关制度不足以防止走私"为由,向日本公使提出改订条约,希望参照胶海关模式①改订大连海关相关制度。同年,外交总长陆征祥多次照会日本政府,希望以减免1/3通过铁路进出东北内地货物关税为条件,改订大连海关协议。②

迫于国际舆论压力,日本外务省于1921年召集拓殖局、大藏省、神户官员及大连商业会对大连自由港问题进行了充分讨论,在权衡坚持自由港制度带来的贸易利益,与废除自由港制度带来的税收和国际声誉利益后,最终认为"日本大连的经营应以建设满蒙贸易中心为目的",从而应"最大限度实行自由港主义"。③

为进一步促进大连港贸易,日本针对大连与日本本土之间的贸易制定了一系列优惠政策。日本对大连工业品向日本与中国东北的输出给予优惠。1906年9月,日本规定一小部分"关东州"产品可免税进入日本,这一商品名目在1916年再次增加。④ 1925年实施的《关东州特惠关税法》则进一步规定30种"关东州"所产商品可免税进入日本。⑤

九一八事变后,日本与伪满洲国建立政治经济的"特殊关系",将伪满洲国与关内地区的贸易视同国际贸易,重新订立了"关东州"租借地与关内地区之间贸易的征税办法。⑥ 同时,日本国内亦存在撤销大连自由港制度的提议。最终日本外务省认为自由港在维持伪满洲国与华北"特殊贸易"、应对国际舆论、促进"关东州"工业发展等方面具有必要价值,决定维持大连自由港制度。⑦

1940年,为配合日本侵略战争,伪满洲国实行贸易统制政策,大连自

---

① 1905年中德《会订青岛设关征税修改办法》废除胶州湾租借地概行免税制度,改为在租借地内另择一区作为无税之地。
② JACAR（アジア歴史資料センター）Ref. B06150946600『準備/準備参考資料附属 第三巻』（2-4-3-0-3_1_005）（外務省外交史料館）。
③ JACAR（アジア歴史資料センター）Ref. B06150946600『準備/準備参考資料附属 第三巻』（2-4-3-0-3_1_005）（外務省外交史料館）。
④ 荆蕙兰、屈宏、迟琳琳:《近代大连城市转型与新型精英群体的产生》,张利民主编《城市史研究》第30辑,社会科学文献出版社,2014。
⑤ JACAR（アジア歴史資料センター）Ref. A09050281100『昭和財政史資料第5号第139冊』（平15財務00689100）（国立公文書館）。
⑥ 関東局官房文書課編『関東局要覧』関東局官房文書課、1942、94頁。
⑦ JACAR（アジア歴史資料センター）Ref. B04121063600『本邦港湾関係雑件 第一巻』（G-1-2-0-4_001）（外務省外交史料館）。

由港制度已名存实亡。抗战胜利后，苏联进驻大连港，并将大连港开辟为中苏自由港。1950年5月，新中国旅大海关正式将中苏贸易视为正常贸易，不再免税，近代大连自由港的历史就此画上句号。①

从1907年起，大连自由港制度运行40余年，虽然其间经历数次修改，但其制度主体一直保持。依据《会订大连海关试办章程》《关东州租借地海关暂行规则》，将自由港贸易区分为洋货贸易（外国货物进口）、土货贸易（国产货物贸易）、加工贸易（租借地内制成品出口）三种，各自对应的征税办法汇总如图1所示。

与近代中国其他通商口岸相比，实行自由港制度的大连在关税制度方面具有以下两个显著特点。

首先为海路贸易的免税政策。无论原产自国外的"洋货"，还是原产自国内的"土货"，由海路运进自由港区域均不征收进口税；同时，货物由自由港区域复运至外洋同样免征出口税。对比其他通商口岸，无论"国货"还是"洋货"，运抵口岸即须缴纳进口正税，运出则须缴纳转口税或出口正税，而国产货物在内地运输还可能要承受"逢关正税、遇卡抽厘"的负担。由此可知，大连自由港制度在为国际贸易提供了便利的同时，也降低了国内贸易的成本，为大连口岸转口贸易的发展提供了契机。

其次为针对租借地内制成品的优惠政策。在大连自由港区域范围内，利用进口自外国、进口自其他通商口岸的原料制成货物并出口，这一过程中无须缴纳关税；利用来自东北内地通过陆路运至自由港区域内的原料制成的货物出口，亦可选择按照原料或制成货物完纳出口税。这一政策为大连自由港区域内的加工贸易提供了契机。

由此可见，近代大连自由港在关税制度设计上有利于海路贸易、加工贸易的发展，在自由港区域将近代中国专为进口洋货服务的税收优惠政策扩展到国产货物，为大连提供了利用海外及国内其他区域市场，通过外向型经济发展路径实现经济"繁荣"的契机。鉴于学界对大连自由港制度与经济发展关联的描述性分析颇多，下文将从大连自由港制度的贸易效应、产业效应两方面，尽可能通过对数据资料的分析，对大连自由港制度的实

---

① 大连市史志办公室编《大连海关志》，中央文献出版社，2001，第202~205页。

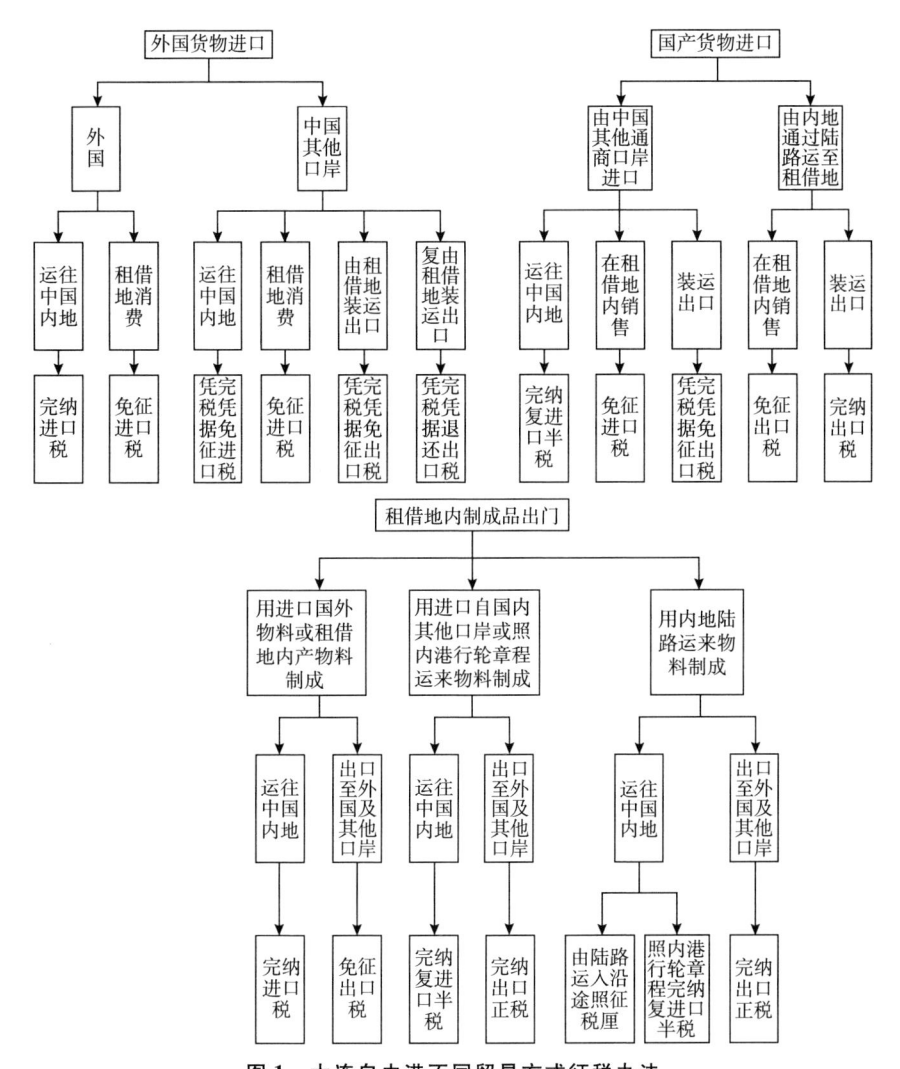

图1 大连自由港不同贸易方式征税办法

际运行效果进行研究。由于1931年东北沦陷后，日伪当局将东北地区与关内贸易视作国际贸易，大连自由港关税规则发生较大改变，本文对大连自由港贸易效应、产业效应的分析截至1931年。

二 大连自由港制度的贸易效应

上文已述，大连（"关东州"租借地）在实施自由港制度后形成了较为特殊的贸易地位。由于自由港区域的存在，通过大连口岸进口的货物可在自由港区域就地消费而不缴纳关税，也可缴纳进口关税运入东北内地；而通过大连口岸出口的货物包括东北内地由陆路运至自由港区域内的货物，也包括原产于自由港区域内的货物。因此，大连自由港贸易事实上包括海路贸易（对外国及中国其他通商口岸）与陆路贸易（对东北内地）两类货物贸易。想分析清楚自由港制度为大连带来的贸易优势，首先需要厘清大连自由港涉及的几种贸易流向。

图 2 展现了大连自由港涉及的 6 种贸易流向。其中 Ⅰ、Ⅱ 为通过贸易，即东北内地与中国其他通商口岸及海外之间的货物流通，Ⅲ、Ⅳ 为自由港区域与中国其他通商口岸及海外之间的贸易，Ⅴ、Ⅵ 为自由港区域与东北内地之间的贸易。由于大连自由港制度的特殊性，Ⅲ、Ⅳ、Ⅵ 贸易免除关税，其发展可说明大连自由港制度的贸易效应。

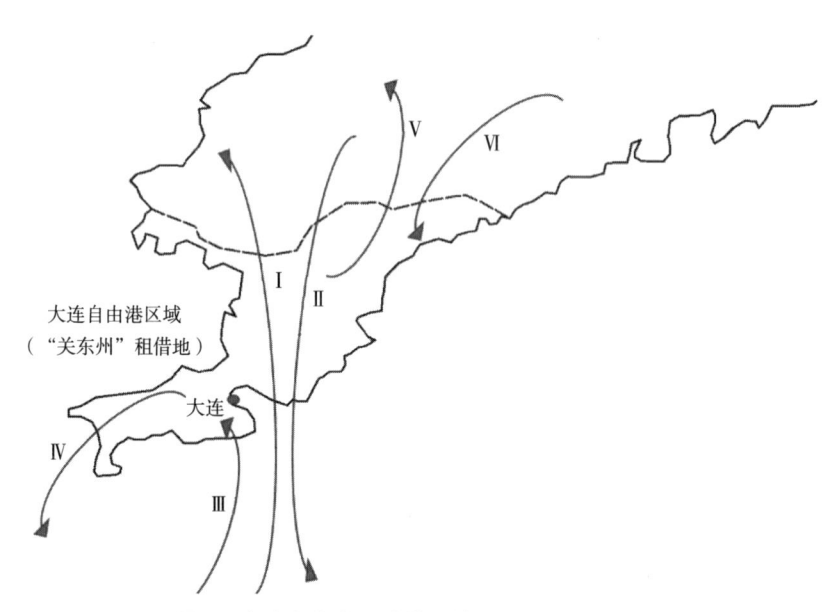

图 2　大连自由港区域涉及的 6 种贸易流向示意

关于大连自由港以上几种货物流向，海关总税务司署统计数据虽有涉及，但在时间序列上并不完整，统计界限亦不清晰，想要勾勒出大连自由港海路、陆路两类贸易较长时段的趋势，还需其他统计资料的补充。

（一）几类贸易统计数据辨析

在近代大连口岸贸易研究中，海关总税务司署《通商各埠华洋贸易总册》中所载大连口岸历年进出口贸易数据已为学界广泛利用，但由于现有研究普遍将大连口岸视作货物出入东北地区的集散地，对于大连自由港区域（"关东州"）与东北内地、中国其他口岸及海外之间贸易联系的定量研究不多，对于近代海关资料与其他统计资料之间的结合与辨析亦不多。本文聚焦大连自由港，先对相关贸易统计资料进行初步辨析。

连续记载大连（"关东州"）贸易统计数据的资料主要有三类。

其一为历年海关总税务司署《通商各埠华洋贸易总册》。[①] 该资料于《大连湾口华洋贸易情形论略》中记录历年大连口岸外国货物、国产货物进口值，及两者运入内地、消费于租借地的货物总值。这一记录开始于1909年，终止于1928年。另外，该资料于《大连关贸易册》中记录大连海关各货物进出口数量与价值（1908~1931年），通过铁路运入内地的大宗货物数量与价值（1908~1931年），以及通过铁路运至"关东州"租借地的货物数量（1908~1919年），但是这两项记载仅记录大宗货物，未记录货物总值。

其二为"关东州厅"公布的《关东州贸易统计月表》，及在其基础上汇总的《关东州贸易统计年表》，该系列统计资料部分数据开始于1908年，终止于1938年。该统计将大连自由港贸易分为海路贸易与陆路贸易两部分。海路贸易部分记录各年度各类进出口货物原产地、目的地、数量与价值，陆路贸易部分记录各年度通过铁路运往东北内地各类货物原产地、目的地、数量与价值。[②]

其三为《满铁货物统计》（1907~1936年），该统计连续记录大连到达、发出各类货物情况，但仅记录重量，不记录货物价值，亦无货物来源记载。[③]

---

① 中国第二历史档案馆、中国海关总署办公厅编《中国旧海关史料（1859~1948）》，京华出版社，2002。
② 関東州庁（関東局）編『関東州貿易統計』関東局、1928–1938。
③ 松本俊郎「満鉄輸送統計と関東州貿易」『岡山大学経済学会雑誌』18巻3号、1986年。

《大连商工会议所统计年报》[1] 与《满洲经济统计年报》[2] 连续整理《满铁货物统计》数据，可资方便利用。不过遗憾的是，三种资料对于陆路贸易仅有铁路运输统计数据，因此本文仅能通过铁路运输统计来估算陆路贸易规模。

依据大连自由港涉及各类贸易统计方式及资料分布汇总如表1所示。

表1 大连自由港涉及的几种贸易方式及资料分布

	货物种类		统计资料	年份（说明）
进口贸易	外国货物	运入租借地并消费或留存（贸易Ⅲ）	《通商各埠华洋贸易总册》	1909~1928（记录货物总价值）
		运入内地（贸易Ⅰ）	《通商各埠华洋贸易总册》	1909~1928（记录通过铁路大宗货物数量与价值）
			《关东州贸易统计月表》	1928~1938
			《满铁货物统计》	1916~1943（记录各类货物重量）
		大连口岸进口（贸易Ⅰ与Ⅲ总量）	《通商各埠华洋贸易总册》《关东州贸易统计月表》	1908~1931
	国产货物	租借地消费或留存（贸易Ⅲ）	《通商各埠华洋贸易总册》	1909~1928（记录货物总价值）
		运入内地（贸易Ⅰ）	《通商各埠华洋贸易总册》	1909~1928（记录通过铁路大宗货物数量与价值）
			《关东州贸易统计月表》	1928~1938
		大连口岸进口（贸易Ⅰ与Ⅲ总量）	《通商各埠华洋贸易总册》《关东州贸易统计月表》	1908~1931

---

[1] 大连商工会議所編『大連商工会議所統計年報』大連商工会議所、1916-1931。
[2] 大连商工会議所編『満洲経済統計年報』大連商工会議所、1932-1943。

续表

		货物种类	统计资料	年份（说明）
出口贸易	国产货物	内地运往租借地（贸易Ⅵ）	《通商各埠华洋贸易总册》	1908~1919（仅记录大宗货物重量）
			《满铁货物统计》	1916~1943（记录各类货物重量）
		租借地出口至外洋（贸易Ⅳ）	《关东州贸易统计月表》	1928~1938
		大连口岸出口（贸易Ⅱ与贸易Ⅳ总量）	《通商各埠华洋贸易总册》《关东州贸易统计月表》	1908~1931

《通商各埠华洋贸易总册》虽对大连自由港各类贸易方式都有所统计，但由于统计时段所限，且进入自由港货物并不查验，其数据为估算得出，[①]想真正厘清大连自由港各类贸易方式下贸易量变化过程，需要结合其他资料。《关东州贸易统计月表》《关东州贸易统计年表》记录陆路运出、海路进出"关东州"租借地各类货物数量与价值，且在1928年后分来源地进行货值统计，可对《通商各埠华洋贸易总册》数据加以补充。在分析两种来源数据可比性的基础上，可以勾勒出大连自由港除"内地运往租借地"货物价值外各类贸易货物价值变化趋势。

另外，《关东州贸易统计月表》《关东州贸易统计年表》贸易数据为汇总提交海关货物申告书得出，[②]与海关总税务司署统计同源。表2对比1910~1931年《通商各埠华洋贸易总册》与《关东州贸易统计年表》大连口岸进口货值、陆路运往内地货值统计数据，可知，除1910~1912年两种资料数据差距较大外，其余年份相差甚微，应属于同一统计口径中的合理误差范围。

---

① 见各年度《大连关贸易册》"贸易货价"部分。
② 见各年度《关东州贸易统计年表》"凡例"部分。

表2　1910~1931年《通商各埠华洋贸易总册》与《关东州贸易统计年表》大连口岸贸易统计数据比较

单位：百万海关两

年份	大连自由港进口货值 《通商各埠华洋贸易总册》	大连自由港进口货值 《关东州贸易统计年表》	大连自由港通过陆路运往内地货值* 《通商各埠华洋贸易总册》	大连自由港通过陆路运往内地货值* 《关东州贸易统计年表》
1910	21.6	30.6	—	—
1911	31.4	46.1	18	23.7
1912	36.8	59.8	22.2	32.9
1913	38.2	36.6	25.7	24.4
1914	38.5	36.3	21.1	21.0
1915	41.2	40.2	21.3	21.2
1916	53.8	50.5	33	33.1
1917	83.4	74.3	50.5	50.6
1918	97.3	83.9	55.5	55.5
1919	130.1	107.6	74	74
1920	95.9	81.8	59.7	64.1
1921	100.1	97.8	64.8	64.6
1922	93.1	87.1	62.8	62.7
1923	96	96.1	65.7	71.9
1924	107.9	111.1	70.4	75.4
1925	118.6	115.0	80.8	72.8
1926	141.8	133.1	97.7	92.4
1927	143.9	131.5	96.4	80.5
1928	165.5	168.5	108.7	108.9
1929	202.3	204.5	—	—
1930	179.3	169.5	—	—
1931	143.8	141.9**	—	—

注：*1910年及1929~1931年大连自由港通过陆路运往内地货值《通商各埠华洋贸易总册》与《关东州贸易统计年表》均无记载。

**《关东州贸易统计年表》自1931年起货币单位改用日元，该数据根据1931年海关两与日元汇率（1海关两=0.69日元）换算得出（汇率见各年度《通商各埠华洋贸易总册》）。

资料来源：1910~1931年《通商各埠华洋贸易总册》《关东州贸易统计年表》。

(二) 大连自由港涉及各种货物流向货值变化

在对以上三种资料进行辨析的基础上，可以整理出 1911～1931 年大连自由港各种贸易方式贸易值变化过程，结果如表 3 所示。

表 3 勾勒出 1911～1931 年大连自由港各货物流向货值（量）的变化情况。其中进出口贸易量、内地贸易量的持续增长反映了以大连为中心的口岸与腹地贸易的迅速发展。不过，以上几种贸易增长并不能说明自由港制度的特有优势。

"内地运至大连自由港区域"（贸易Ⅵ、Ⅱ）、"复出口贸易"、"自由港区域消费货留存"（贸易Ⅲ）与自由港制度关系更为密切。

根据大连自由港制度，内地运至大连自由港区域货物免税，为大连自由港工业免除了来自东北内地原料的关税成本。通过铁路运至大连货物吨数在 1911 年至 1931 年呈波动增长之势。不过，由于满铁资料仅统计货物重量，难以对大连自由港区域消费与大连口岸出口货物加以区分。关于这一问题，松本俊郎曾经根据满铁输送货物重量，结合相关货物价格资料估计东北内地与"关东州"租借地之间货物贸易价值，[①] 但由于其中估算输入东北内地货值数据与其他统计资料悬殊，这一工作并未得到学界认同。[②]

复出口贸易可视为转口贸易的一部分，图 3 为 1911～1931 年复出口贸易值及所占比重变化趋势。其中，复出口外国货物价值所占比重在 1915 年达到最高的 14.6%，其后呈波动下降趋势；复出口国产货物价值所占比重在 1918 年达到最高的 40.5%，其后呈波动下降趋势。

此外，"自由港区域消费货留存"为《通商各埠华洋贸易总册》中《大连湾口华洋贸易情形论略》记载"关东州"租借地洋货、国货的消费与留存价值，这一数据亦可在一定程度上反映大连自由港转口贸易的发展趋势。这一数据根据以下公式推算得出：

租借地消费货物价值 = 进口货物价值 - 陆路运出货物价值 - 复出口货物价值

但由于原产于自由港区域内与原产于海外的货物通过大连海关输入东

[①] 具体算法见松本俊郎「満鉄輸送統計と関東州貿易」『岡山大学経済学会雑誌』18 巻 3 号、1986 年。

[②] 对其批评理由可见山本有造「関東州貿易統計論」『人文学報』66 巻、1990 年。

表3 1911～1931年大连自由港各种贸易方式贸易情况

年份	进口贸易 外国货物	进口贸易 国产货物	出口贸易 出口至通商口岸及海外	内地贸易 外国货物运至内地	内地贸易 国产货物运至内地	内地贸易 内地运至大连自由港区域	复出口贸易 外国货物	复出口贸易 国产货物	自由港区域消费货留存 外国货物	自由港区域消费货留存 国产货物
1911	27.4	4	33.7	16.4	1.6	—	1.3	0.2	9.6	2.2
1912	30.4	6.44	28.9	19.2	3	—	2.5	0.84	8.7	2.6
1913	32.6	5.58	39.0	22.5	3.2	—	3.6	0.28	6.5	2.1
1914	33.2	5.31	41.0	17.9	3.2	—	3.8	0.61	11.5	1.5
1915	32.2	9.01	48.9	16.8	4.5	—	4.7	0.61	10.7	3.9
1916	40.7	13.1	54.7	25.8	7.2	2.6	5	2.6	9.9	3.3
1917	67.8	15.6	63.2	42.5	8	2.9	5	4.6	20.3	3
1918	75.8	21.5	86.0	48.4	7.1	3.2	7.3	8.7	20.1	5.7
1919	99.4	30.7	105.0	63	11	3.5	10.4	11.7	26	8
1920	80.2	15.7	125.1	52.6	7.1	3.7	10.2	4.5	17.4	4.1
1921	84.3	15.8	121.6	56.7	8.1	4.4	7.6	4.1	20	3.6
1922	77.1	16	136.9	52.8	10	5.6	6	4.5	18.3	1.5
1923	78.9	17.1	145.4	53.9	11.8	6.0	8.7	2.6	16.3	2.7
1924	85.9	22	141.3	57.3	13.1	6.1	5.1	3.9	23.5	5
1925	87.1	31.5	165.7	58.9	21.9	8.8	5.4	5.9	22.8	3.7

续表

年份	进口贸易 外国货物	进口贸易 国产货物	出口贸易 出口至通商口岸及海外	内地贸易 外国货物运至内地	内地贸易 国产货物运至内地	内地贸易 内地运至大连自由港区域	复出口贸易 外国货物	复出口贸易 国产货物	自由港区域消费货留存 外国货物	自由港区域消费货留存 国产货物
1926	111.9	29.9	200.1	76.3	21.4	7.2	5.9	4.7	29.7	3.8
1927	113.6	30.3	205.7	73.3	23.1	8.1	7.8	6.4	32.5	0.8
1928	128.2	37.3	238.4	83.7	25	8.7	8.2	5	36.3	7.3
1929	162.5	39.8	282.9	96.0	28.9	9.1	8.2	3.3	58.2	7.6
1930	147.9	31.4	224.4	78.7	19.8	6.7	9.4	2.2	59.8	9.4
1931	112.1	31.7	270.5	61.7	19.7	7.5	7.5	2.4	42.9	9.6

说明：数据单位除"内地运至大连自由港区域"项为"百万吨"外，其余均为"百万海关两"。

资料来源：1928年前数据根据《通商各埠华洋贸易总册》整理汇总得出；1928年后自由港区域运往内地货物价值数据整理自《关东州贸易统计年表》，内地运至大连自由港区域货物数据根据《满铁货物统计》，1928年后自由港区域留存消费数据根据《关东州贸易统计年表》计算得出。

北内地，皆需完纳进口正税，在统计上并不予以区分。"陆路输出货物价值"事实上包括产于自由港区域并输入东北内地的货物价值，包括这批货物来源于海路进口、陆路进口以及自由港区域内的生产原料价值、其他成本及增值，因此上述文献中依照以上公式计算得出的货值不等同于自由港区域消费留存货值，仅是区域内消费、转口贸易、加工贸易的综合体现。图4为这一货值占贸易总值及占进口贸易总值比重变化趋势。

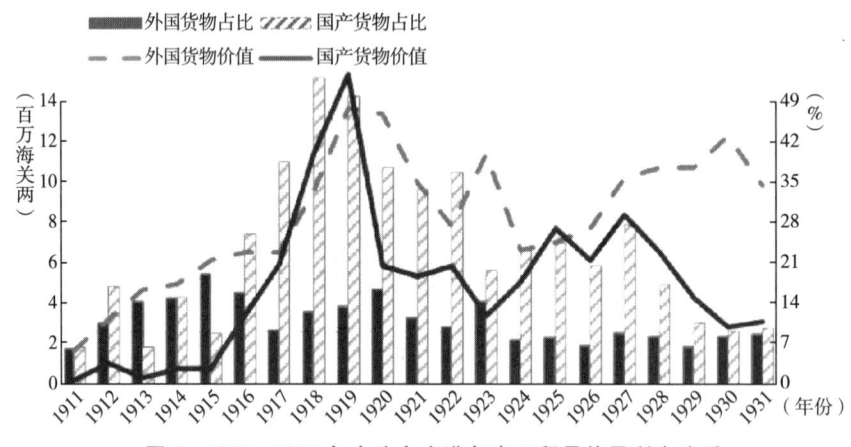

图3 1911~1931年大连自由港复出口贸易值及所占比重

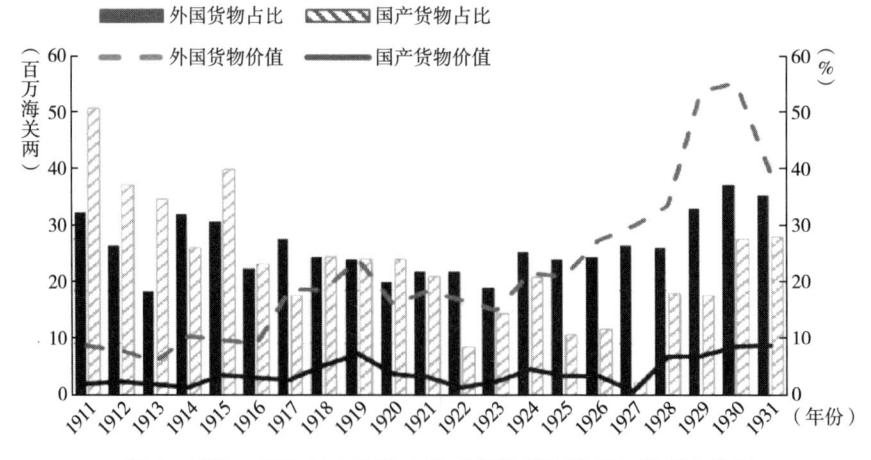

图4 1911~1931年大连自由港"消费留存货值"及所占比重

由图 4 可知，这一货值在 1919 年、1929 年出现两次高峰，占进口贸易值比重也呈现出先升后降再上升的趋势，其第一次高峰与转口贸易发展高峰同步，但第二次高峰则与转口贸易发展情况略有不同，在货值及其占比上皆超过第一次高峰。由此可得出结论，第一次世界大战结束后，大连自由港迎来了转口贸易的发展高峰，在 20 世纪 20 年代末，大连自由港迎来了加工贸易的发展高峰。

（三）大连自由港贸易收支推算

根据《关东州贸易统计年表》分来源地货值统计与《通商各埠华洋贸易总册》中《大连关贸易册》大连进出口贸易数据，对 1928~1931 年大连自由港区域贸易收支情况进行计算，得出表 4。通过排除陆路输往东北内地产自"关东州"的货物，表 4 更加准确地界定了通过贸易，同时可较为准确地反映大连自由港区域与其他区域的经济联系。

表 4　1928~1931 年大连自由港区域贸易收支情况

单位：百万海关两

年份	海路进口贸易（Ⅲ）	海路出口贸易（Ⅳ）	陆路出口贸易（Ⅴ）	进口贸易（Ⅰ）	出口贸易（Ⅱ）
1928	48.5	8.6	4.9	104.0	195.7
1929	70.5	13.3	4.7	120.3	251.8
1930	73.9	18.9	4.7	93.9	227.4
1931	57.3	16.4	4.8	74.0	190.2

表头："海路贸易"、"陆路贸易"、"通过贸易"

由于统计单位不一致，表 4 不包括陆路进口贸易（贸易Ⅵ）。不过，根据 1938 年满铁大连到达货物总吨数（700 万吨）与总价值（423 百万元），可推算与该总吨数相近的 1930 年度东北通过满铁运至大连自由港区域内货物价值约为 63.5 百万海关两。[①] 结合表 4 数据可大致推算 1930 年度大连自由港区域贸易收支。总体上看，大连自由港区域贸易呈入超，且入

---

① 该数据根据大连商工会议所编『満洲経済統計年報』（大連商工会議所、1938、154-155 頁）推算得出。

超值达113.8百万海关两，这一入超同时体现在海路贸易与陆路贸易上。不过，就海路贸易与陆路贸易分别来看，海路贸易总额为92.8百万海关两，陆路贸易总额为82.4百万海关两，体现出海向经济联系强于陆向经济联系的特点。

通过以上分析可知，1911~1931年，与自由港制度存在同步，从数据上看大连自由港区域转口贸易、加工贸易皆有不同程度的发展，其中以复出口贸易为代表的转口贸易在一战后达到高峰，"自由港区域内留存消费货物价值"在20世纪20年代末达到高峰则反映了这一阶段大连自由港加工贸易的发展。另外，大连自由港区域在贸易方式上呈现出倾向于海路贸易的趋势。这些特点皆可视作自由港制度带来的贸易效应。但是，通过对1930年大连自由港区域贸易收支的估算可见，无论海路贸易还是陆路贸易，自由港区域都处于严重的贸易入超状态，这反映了大连在总体上仍为消费城市。

三 大连自由港制度的产业效应

上文利用多种资料中的数据评估了大连自由港制度的贸易效应，但是，想真正厘清大连自由港制度中"加工贸易"的运行效果，还应当仔细分析其间自由港区域各工业门类的发展情况。目前学界对自由港制度与大连各工业经济之间的关系仅有描述性分析，有待深入。

通过上文分析可知，在20世纪20年代，大连自由港在贸易上体现出倾向于海路贸易的趋势，而在自由港制度下，由海路进口至自由港区域内的货物免税，在自由港区域内加工并出口的货物免税，大连工业经济发展中是否充分利用了这一开展"加工贸易"的优势，将是本部分分析的重点所在。以下将通过仔细分析九一八事变前大连主要工业门类原料产地、产品去向情况，在一定程度上揭示自由港制度下的大连工业经济是否体现出明显的"加工贸易"的特点。

（一）九一八事变前大连主要工业门类发展概况

图5、图6根据《关东局统计三十年志》汇总了1910年至1931年大连自由港区域纺织、金属、机械、化学四个主要工业门类工厂数及产值变

近代大连自由港制度及其运行

化情况。其中纺织业包括棉纺、棉织、缫丝、丝织、毛织、印染等行业，金属业包括金属冶炼、制造等行业，机械业包括电器、建筑材料、各类机械制造行业，化学业包括造纸、火柴、制油、染料、肥料等行业。①

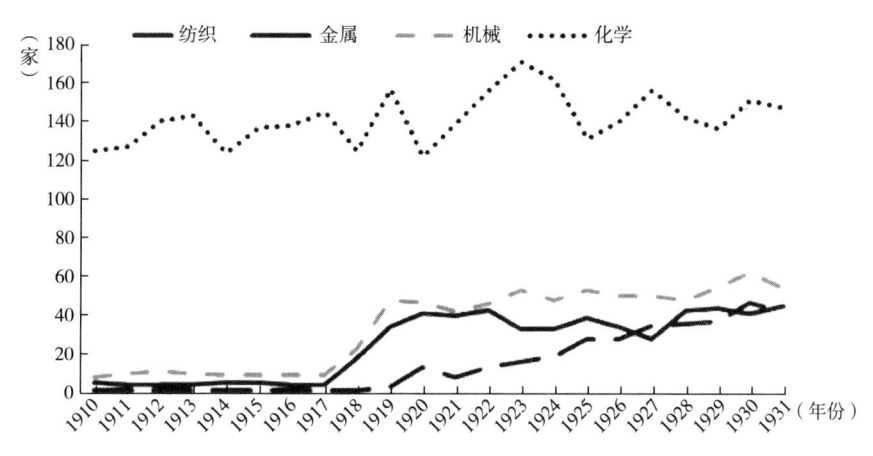

图5　1910~1931年大连自由港四大工业门类工厂数量变化

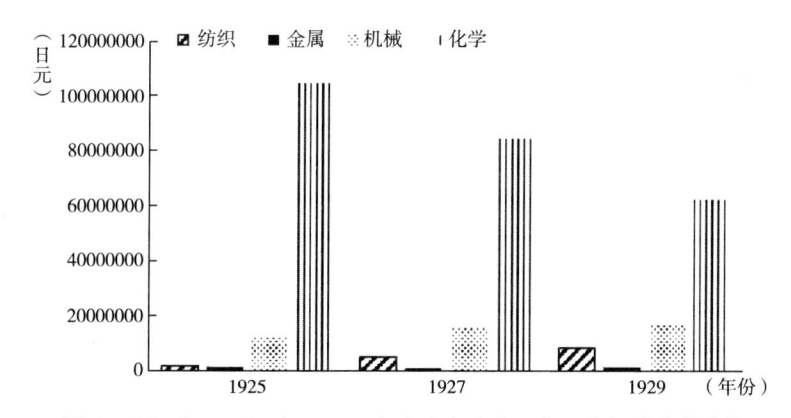

图6　1925年、1927年、1929年大连自由港四大工业门类产值变化

据图5可知，1910~1931年，以豆类制品为代表的化学工业门类在工厂数量上处于绝对优势。不过，其他工业门类在1919年后皆出现较快速度的发展，其中以纺织业、水泥业、炼瓦业、钢铁业、玻璃业、水泥业以及属于食品工业门类的粮食业为代表。图6亦可反映相似的情况，1925年后

---

① 関東局官房文書課編『関東局統計三十年誌：明治39年－昭和10年』関東局、1937。

119

化学工业产值有所下降，但是依旧在各工业门类中处于绝对优势。不过，其他三类工业产值在此期间也有明显的增长。

表5汇总1910年至1931年大连主要行业产值及占比情况，可进一步说明这一问题。其中豆粕行业总产值稳居各行业首位，其次为豆油行业。两个行业产值在1919年达到高峰。1912~1919年两个行业产值所占比重极高，在90%以上，1920年后，占比有所下降，在20世纪20年代末，两个行业产值占比为75%左右。其他行业产值在1910~1931年皆有一定增加，且占总产值比重有一定增长，但其中只有棉纱业在1930年前后占比近9%，其余行业在1931年前大连工业经济中的地位并不突出。

（二）九一八事变前大连工业经济"加工贸易"特点分析

在明确1910~1931年大连工业经济结构的基础上，着重分析其间大连自由港区域主要工业原料来源地与工业品去向的情况，判断上述工业经济结构是否体现了自由港制度带来的"加工贸易"优势。

表6为1923~1927年、1928~1931年各类工业原料及机械设备消费量平均值。在表6所列各类工业原料及机械设备中，1928~1931年棉纱、棉花、机械、钢铁消费量平均值与1923~1927年相比明显增加，石油、大豆、高粱、煤炭消费量略有下降。进一步分析各类货物来源地可知，棉花、石油、机械主要进口自海外与国内其他通商口岸，大豆、高粱、煤炭主要来自东北内地。棉纱、钢铁两类原料则部分来自海外、部分来自东北内地，其中来自东北内地的货物占较大份额。

根据这一货物分布来源可知，虽然大连自由港区域棉纺业在原料上依赖海路进口，工业机械依赖海路进口，动力燃料中石油来自海路进口，但从总体上看，在自由港区域工业门类中占绝对优势的豆制品工业在原料上依赖东北内地，对于发展工业经济至关重要的钢铁来源同样以东北内地为主。

表7、图7展现出1928~1931年大连自由港区域主要几类工业品的去向分布。在豆油、钢铁、机械、棉织物、水泥、棉纱几类工业品中，除水泥在东北内地市场占有较大份额外，其余五类工业品皆以海路输出为主。可见，在工业品去向上，大连自由港各类工业部门皆以海外及国内其他通商口岸为主要市场。

表5　1910~1931年大连主要行业产值及占比情况

单位：百万日元，%

年份	棉纱产值	棉纱占比	棉织产值	棉织占比	钢铁产值	钢铁占比	炼瓦产值	炼瓦占比	玻璃产值	玻璃占比	水泥产值	水泥占比	豆油产值	豆油占比	豆粕产值	豆粕占比	面粉与杂粮粉产值	面粉与杂粮粉占比	总产值
1910							0.4	7.1			0.6	9.6	1.1	18.1	3.2	51.5			6.1
1911							0.3	2.0	0.2	0.1	0.6	3.6	4.1	25.7	10.7	67.4			15.9
1912							0.3	1.3	0.1	0.1	0.6	2.9	4.9	25.7	12.9	67.9			19.0
1913							0.1	0.7	0.1	0.1	0.7	3.6	4.8	24.3	13.5	68.6			19.7
1914							0.1	1.1	0.1	0.1	0.6	4.9	2.8	24.7	7.4	65.2			11.3
1915							0.1	0.4	0.1	0.2	0.5	2.2	6.2	25.3	16.9	69.3			24.4
1916							0.4	1.2	0.1	0.1	0.9	2.4	12.4	32.7	23.4	61.8			37.8
1917							0.3	0.6	0.0	0.0	1.1	1.9	17.9	31.3	36.7	64.2			57.1
1918							0.9	1.1	0.1	0.1	1.0	1.2	21.9	27.1	55.1	68.2			80.8
1919							1.8	1.5	0.1	0.1	1.2	0.9	37.3	29.6	82.7	65.7			126.0
1920			0.3	0.6			1.2	2.1	0.0	0.1	1.1	2.0	12.9	22.5	38.3	66.9	0.2	0.4	57.2
1921			0.2	0.3			0.7	0.9	0.1	0.1	1.3	1.7	12.4	16.8	56.7	76.7			73.9
1922			0.1	0.1			0.9	1.3	0.2	0.3	1.3	1.8	17.3	23.1	52.7	70.2			75.1
1923			0.4	0.4	0.2	0.2	1.2	1.2	0.3	0.3	1.9	2.0	25.1	26.4	61.5	64.8			95.0
1924	0.1	0.1	0.1	0.1	0.6	0.6	0.9	0.9	0.3	0.3	3.6	3.5	28.2	27.6	63.7	62.4			102.1
1925	3.4	3.0	0.8	0.7	0.3	0.2	0.7	0.6	0.5	0.4	3.1	2.7	30.4	26.9	68.6	60.6			113.1
1926	4.2	3.1	0.6	0.5	0.3	0.2	0.6	0.4	2.9	2.1	4.4	3.2	37.2	27.1	79.8	58.2	0.2	0.2	137.1
1927	3.8	3.9	0.7	0.7	0.2	0.2	0.6	0.6	2.4	2.4	3.8	3.9	22.8	23.3	56.3	57.5	0.3	0.3	97.8
1928	4.8	5.4	0.2	0.2	0.4	0.4	0.8	0.9	2.7	3.0	3.7	4.1	22.5	25.1	47.2	52.6	0.4	0.4	89.6
1929	6.0	7.8	0.4	0.5	0.4	0.5	1.0	1.2	2.2	2.8	4.3	5.6	16.2	20.9	39.4	50.7	0.4	0.5	77.7
1930	5.6	8.9	0.3	0.4	0.6	0.9	0.8	1.3	1.7	2.8	3.3	5.2	13.5	21.5	30.0	47.8	0.1	0.2	62.7
1931	5.1	8.6	0.2	0.4	0.4	0.6	0.4	0.6	0.9	1.5	1.9	3.2	13.4	22.5	30.1	50.5	0.1	0.2	59.6

资料来源：根据《关东局统计三十年志》所载历年产业数据汇总。

表6 1923～1927年、1928～1931年大连自由港主要工业原料及机械设备消费量平均值

	棉纱（海关两）			棉花（海关两）			石油（海加仑）			机械（海关两）		
	消费	海路	陆路	消费	海路	陆路	消费	海路	陆路	消费	海路	陆路
1923～1927年平均	16503	6531	9972	971879	971879	—	1265595	1265595	—	1521137	1521137	—
1928～1931年平均	38447	5900	32547	3225330	3225330	—	876703	876703	—	3041053	3041053	—

	钢铁（海关两）			大豆（海关两）			高粱（海关两）			煤炭（英吨）		
	消费	海路	陆路*	消费	海路	陆路	消费	海路	陆路	消费	海路	陆路
1923～1927年平均	8562421	2015903	6546518	19072367	—	19072367	874106	—	874106	1112000	—	1112000
1928～1931年平均	11550082	2289770	9260312	16577602	—	16577602	837549	—	837549	954748	—	954748

注：* 本表中海路原料通过"净进口量（值）－海路出口量（值）"得出，陆路原料由"陆路运入量（值）－陆路输入项下"—"代表该货物输入量（值）"汇总计算得出。

说明：《满铁货物统计》仅记录货物吨数，这里货物价值根据《关东州贸易统计年表》所载物价值得出，陆路输入工业原料由"陆路运入量（值）"得出，《大连商工会议所统计年报》《满铁货物统计》《通商各埠华洋贸易总册》仅记载历年大宗货物，陆路输入量（值）微小，可忽略不计。

资料来源：根据《关东州贸易统计年表》《大连商工会议所统计年报》所载《满铁货物统计》《通商各埠华洋贸易总册》汇总计算得出。

表7 1928～1931年大连自由港主要工业品去向分布

年份	棉纱（海关两）		水泥（海关两）		棉织物（海关两）		机械（海关两）		钢铁（海关两）		豆油（海关两）	
	陆向	海向	陆向	海向	陆向	海向	陆向	海向	陆向	海向	陆向	海向
1928	11476	32550	303383	231389	26367	1876994	121178	361136	6423	869686	1047	15943591
1929	2592	62662	256172	534241	48603	1577325	55413	485289	2514	946253	1023	19243711
1930	1136	82987	316917	672645	60607	1569024	49510	736908	3666	717796	353	23286358
1931	1665	117106	257382	485498	11183	607938	78106	1563190	1669	939126	156	17566173

注：《关东州贸易统计年表》分货物来源地统计自1928年开始，因此仅列出1928～1931年数据。

资料来源：根据1928～1931年《关东州贸易统计年表》汇总得出。

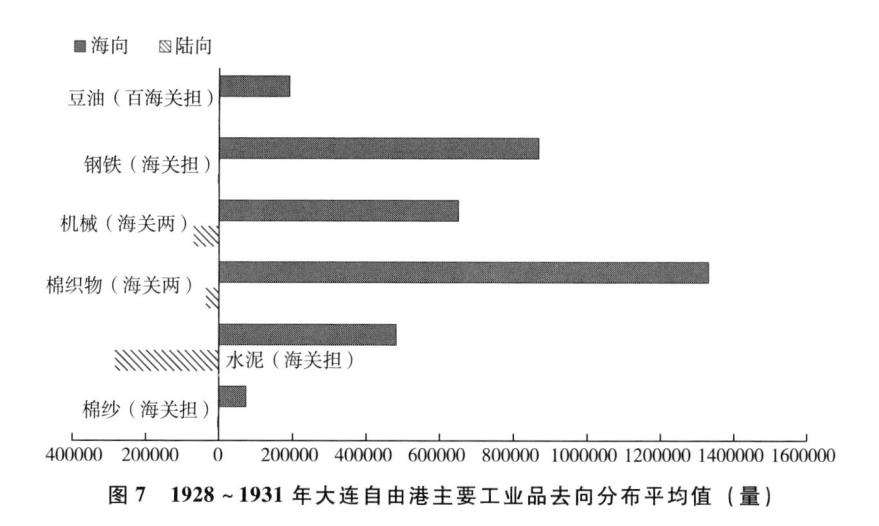

图 7　1928～1931 年大连自由港主要工业品去向分布平均值（量）

通过分析九一八事变前大连自由港主要工业门类原料来源、产品去向情况可知，以棉纺业为代表的部分行业原料依赖海路进口，该行业在九一八事变前发展显著，产值占工业产值比重也逐渐提高。此外，机械、石油等工业发展必需的设备与能源同样依赖海路进口。同时，大连自由港区域主要工业品皆通过海路出口，以海外及国内其他通商口岸为主要市场。因此，九一八事变前大连自由港工业发展在原料来源、产品去向上皆利用了自由港海路贸易优惠、租借地内制成品优惠的特殊规定。

不过需要看到，虽然大连自由港棉纺业等部分行业原料来源与产品市场皆依赖海路贸易，已体现出一定程度的"加工贸易"特点，但从总体上看，这些行业产值所占比重非常有限，大连工业经济的主体依旧是豆制品工业，而该工业门类依靠的是东北内地工业原料产地与满铁的运输优势，自由港制度在其中起到的作用不能高估。

结　语

综上所述，本文在分析大连自由港制度特点与演变方向的基础上，从贸易效应与产业效应两个方面对大连自由港的运行效果进行了论述。大连自由港制度中海路贸易免税制度与租借地内制成品优惠制度在为进口洋货提供税收优惠的同时，客观上亦为国产货物提供了同样的优惠。从贸易数据来看，1911～1931 年大连自由港区域与转口贸易、加工贸易相关的数据皆出现不同程度的增长，体现出倾向于海路贸易的趋势。从产业数据来看，九一八事变前大连自由港区域工业产品市场以及部分行业原料来源依赖海路贸易。因此可以认为，大连自由港制度中的海路贸易免税制度，租借地内制成品优惠制度优势在一定程度上得到了利用。

但是，这并不意味着九一八事变前大连利用自由港制度发展成一个近代工业城市。通过估算大连自由港区域贸易收支额发现，1930年大连自由港区域处于严重入超状态，在总体上仍为消费城市。通过考察大连自由港区域工业结构发现，利用东北内地原料与满铁运输便利的豆制品行业在工业产值上始终处于绝对优势；以棉纺业为代表的带有"出口加工"特点的行业虽有所发展，但规模有限。

因此，在九一八事变前，自由港制度虽在某种程度上刺激了近代大连工业和经济，但其作用不应高估。在日本势力主导下，大连虽被开放为自由港，但其原料输出口岸与商品输入口岸的地位仍未发生根本性的改变。九一八事变后，大连工业经济在日伪扶植下虽呈现出新的发展特点，但其发展基础与自由港制度倡导的"自由贸易"相悖。

作者：杨敬敏，上海海关学院马克思主义学院

（编辑：任云兰）

近代江西商会网络与传统市镇体系的转型[*]

张芳霖　弭克庸

内容提要　近代中国商会自清末成立之日起,就陆续形成了全国范围和省域范围的商会网络,并承担起一定范围的市场功能和社会功能。同时期,随着江西商务总会和省域范围内各商业发达之市镇商会陆续组建,江西商会网络逐渐形成。辐射全省的各市镇商会,渗透于传统市镇体系,既实现了交换、流通等市场功能,又覆盖了教育、治安、赈济等多重社会领域。整体来看,商会网络与传统的市镇体系在市场功能上相互交叉,并随着近代化的进程,逐渐实现商会网络对传统市镇体系的整合,进而推动了江西传统市镇体系的近代化转型。

关键词　江西　商会网络　市镇体系

近代中国商会自清末成立之日起,就形成了全国范围和省域范围的商会网络。从全国来看,华商联合会和后期改组成立的全国商会联合会位于网络的核心,各省商务总会、市总商会位于次级,各县、镇商会为网络的基层单位,以此构成了纵向的商会网络。同时,商会网络也承担了一定范围的市场功能和社会功能,既便利了商品的交换、流通,又覆盖了教育、治安、赈济等多重社会领域,实现了各省市商会网络节点上的横向拓展。学界早有对于商会网络的相关讨论,主要涉及商会网络与区域市场关系、商会网络与社会功能等。如宋美云、宋立曼便以天津商会为中心,讨论了

---

[*] 本文系国家社会科学重大基金项目"近代长江中游(湘鄂赣)商会档案资料整理与研究"(项目编号:17ZDA199)的阶段性成果。

天津商会与其他商会、社会组织间的互动机制;[①] 应莉雅则在此基础上继续探讨了天津商会网络与区域市场间的关系;[②] 闫冰华以广西商会为落脚点,讨论了其网络结构与影响力。[③] 江西与前述两地的情况有较大的差异,作为传统时期的商业大省,明清以降,贸易繁盛,市镇林立,形成了繁荣的市镇贸易网络,大小市镇棋布于网络之中,构成了不同层级的区域市场。而设立在有一定商业基础区域的商会与传统市镇间关系密切,省域范围的商会网络与传统的市镇网络交织在一起,联系紧密。这一联系具体如何,商会及其网络又在传统市镇体系的近代化转型中发挥了什么样的作用?对于这一问题的研究,有助于我们进一步了解基层商会以及传统市镇体系近代化转型的历史过程。

一 江西商会的设立与商会网络的形成

1904年初,清政府为振兴商务,倡导华商设立商务总会和分会,谕批颁行商部拟定的《奏定商会简明章程》26条。该章程规定"凡属商务繁富之区,不论系会垣系城埠,宜设立商务总会,而于商务稍次之地设立分会,仍就省分隶于商务总会",前此所设商务公所等类似的组织,一律改为商会,以为各省之倡。[④] 北京率先成立商会,此前设立的上海、天津等地的商业会议公所亦改为商务总会。这样,中国最早的一批商会相继成立,随后从沿海沿江等通商口岸地区逐渐向内陆推广。

(一)江西商会的设立与商会联合会组织的发展

1906年,作为内陆省份的江西率先在省垣南昌创设江西商务总会,随后作为通商口岸的九江创设九江商务总会,省内其他地区的商务分会也纷纷建立。从1904年清政府提倡建立商会,到1912年南京临时政府成立前,

---

[①] 宋美云、宋立曼:《近代天津商会与国内其他商会网络机制的建构》,《中国社会经济史研究》2001年第3期。
[②] 应莉雅:《天津商会组织网络研究(1903~1928)》,厦门大学出版社,2006。
[③] 闫冰华:《近代广西商会网络的结构及影响力研究》,硕士学位论文,广西师范大学,2016。
[④] 《奏定商会简明章程二十六条》,《东方杂志》第1期,1904年。

江西全省共筹办商会49个。①

北洋政府对商会政策进行了一系列的优化与调整，并分别于1915年和1918年颁布了《商会法》和《工商同业公会规则》，以法律的形式保障了商会及同业组织的权益，进一步鼓励商会的发展，维持同业公会利益，矫正营业上之弊端。1915年，江西商务总会依《商会法》改组为南昌总商会，会董制改为会长制，全省商会结构随之调整。1929年8月国民政府通过《中华民国商会法》，再次对商会进行改组，并重新制定了一系列行为规范。1930年6月21日，上海市商会宣告成立，以此为蓝本，全国各地商会纷纷进行改组，南昌总商会依照新商会法改组为南昌市商会。从1912年辛亥革命胜利到1929年商会改组，在清末原有商会的基础上，江西省共新建、改组商会30余个，设立的商会基本遍及全省各市县。② 1929年后，江西各县、镇商会数量还在不断增加，商会的组织结构不断完善，社会功能不断丰富。与此同时，政府也逐渐加强对商会的管理，商会的地位不断提高，在地方事务中发挥的作用也更加突出。

在建立商会的同时，商会联合会组织也在不断尝试构建。1907年，上海商务总会发起召开了第一次海内外华商代表会议，经会议讨论决定，以西方商会联合会为模板，建立商会联合会。1909年，《华商联合报》在上海创刊，并试图以此刊物为阵地，促成华商联合会的建立。但从效果上来看，《华商联合报》的影响十分有限，尽管在商业发达地区有所响应，但并没有产生全国范围的影响，积极响应者数量极少。江西商会与《华商联合报》的筹备成员之间就会务问题有过通信往来："华商联合报馆诸公鉴：……承寄表格数册，敬谨如式填写，各分会亦当速为函知，俟汇齐后再行寄呈登录，至敝省实业物产及进出口数目正在调查，容俟调查详实再为通告，余不缕缕，尚此奉复，敬请公安。"③

1910年，《华商联合报》发表了题为《为国会事公告海内外华商联合请求书》的文章，当时颇有影响的《时报》亦有转载，该请求书得到了包

---

① 洪振强：《清末民初（1902~1927）商会网络结构探析》，《华中师范大学学报》（人文社会科学版）2002年第4期。
② 倪骏：《近代江西商会组织的演变与转型（1906~1953）》，硕士学位论文，江西师范大学，2016。
③ 《江西商务总会复本馆函》，《华商联合报》第14期，1909年，第64~65页。

括江西景德镇商务总会在内的诸多地方商会的响应。① 1912 年，在上海商务总会、汉口商务总会的多方筹备下，全国各主要商会的代表前往北京召开了筹备会议，决定成立"中华全国商会联合会"。同年 12 月 20 日，中华全国商会联合会批准设立，以上海总商会为总事务所，并于各地设立分所，包括江西在内，共有 19 个省市参与其中。②

1927 年后，南京国民政府在对商会、商民协会、同业公会等民间商业组织进行调整的同时，对"中华全国商会联合会"的组织机构也进行了相应的调整，在"中华全国商会联合会"的基础上，改组成立了"中华民国商会联合会"，并要求在各省设立全省商会联合会。1928 年 3 月 20 日下午，在南昌总商会会议厅召开了江西全省商会联合会筹备会议，并于同年 5 月 4 日正式成立。③

从中华全国商会联合会到中华民国商会联合会的转变，反映了商会组织间联系的不断加强，而在这一过程中江西的商会网络也逐渐形成。马敏和朱英在对苏州商会组织进行研究时，提出商会组织系统由三个部分组成，即本体系统（指商会本身）、从属系统（包括农会、教育会、同业公会等与商业直接相关的社会组织）、协作系统（包括民间的自发社会团体，可涉及治安、救灾等多个社会层面）。④ 从商会组织的三个系统出发，可根据商会网络涵盖的组织系统类型将商会的组织网络进一步划分为商会与商会间的网络和商会与其他社会团体（包括从属系统、协作系统）之间的网络。由于商会与商会间的关系涉及多个地区，又有全国商会联合会、各省商会联合会等全国联合性、区域联合性的组织之分，所涉市场范围与行政层级不同，在商务交流、商品运输上存在递进式的层级关联，因此可以称为商会的纵向网络，或称为商会网络的核心结构。而商会与其他社会组织所构成的网络关系往往存在于商会所属的区域或城市内部，以平铺方式在区域内展开，因此可称为商会的横向网络，包括商会建立的从属系统，与

---

① 虞和平：《中华全国商会联合会的成立与中国资产阶级完整形态的形成》，《历史档案》1986 年第 4 期。
② 《中华全国商会联合会第一次大会各省代表一览》，《中华全国商会联合会会报》第 9 期，1914 年，第 182~196 页。
③ 《筹备会议记录》，《江西全省商会联合会特刊》第 1 期，1929 年，第 31~32 页。
④ 马敏、朱英：《传统与近代的二重变奏——晚清苏州商会个案研究》，巴蜀书社，1993。

商业直接相关的商团、同业公会，以及其他民间社会团体等。宏观来看，清末到民初江西成立的商会数量众多，商会的纵向网络已基本成形，但由于江西省各地商业发展情势各异，在横向网络上有着较大的差异。

(二) 江西商会的纵向网络

从整体看，江西商会纵向网络的发展起步较早，发展较快，网络结构相对完善，按照时间可划分为三个阶段。

清末是江西商会网络纵向发展的起步阶段。根据清政府的规划，商务总会在地方商务组织中居于核心和领导地位。因此商会的主体网络结构呈"商务总会—各市县商务分会"两级展开，它们彼此之间独立运行、自成体系，又相互交流与沟通，并无等级差别。清末商务刚刚起步，尽管网络初步成形，但其间的商务往来尚不密切，在商务活动的过程中逐渐形成了自下而上的信息传导模式。这种"上"与"下"关系的产生主要受两方面的影响：其一是受建立在市县不同市场规模所属市场层级的商会的影响；其二是受市县之间行政级别或隶属关系的影响。在清末，江西共设立江西、九江、景德镇三个商务总会，其中江西商务总会位于南昌府，处于全省的政治中心，这在很大程度上决定了江西商务总会以及改组后的南昌总商会在全省商会中的核心地位，起到了统领全省商务的作用。而九江总商会地处赣江与长江交汇之处的九江通商口岸，既是江西商会网络中的一部分，也是整个长江中下游地区商会网络中的重要一环。随着近代商务的进一步发展，跨区域联合性商会组织的陆续出现，九江商务总会成为江西商务对外交流的重要窗口。景德镇行政上隶属于浮梁县，因为景德镇瓷器名扬海内外，成为传统时期的瓷业重镇，特别是广州一口通商时期，江西为南北商道必经之地，带动了沿赣江流域过境贸易的繁荣，景德镇成为江西四大名镇之一。然而"近年因瓷业衰败，日形退步，颇有绅商发起应设商务总会，以期挽救者……"[1] 虽然也有过在景德镇设立商务总会的质疑，但最终还是奏准了景德镇商务总会，这是江西唯一设于名镇的商务总会。除了商务总会外，在各县镇如吉安、吴城、樟树等商业次发达区域建有40

---

[1] 《饬查景德镇应否设立总商会》，《申报》1908年9月28日，第12版。

余个商务分会。①

　　1912~1929年的商会改组为江西商会网络纵向发展的第二阶段。在这一阶段，江西的商会网络逐渐由两级发展为三级。辛亥革命后，南京临时政府与北洋政府继承并发展了清末的商业政策。1915年《商会法》颁布后，江西商务总会依法改组为南昌总商会，九江商务总会改组为九江总商会，景德镇商务总会改组为景德镇总商会。② 在此期间，江西全省共成立、改组商会30余个。③ 自九江开埠以后，南昌就成了江西的商业中心。④ 南浔铁路投入运营后，"铁路—公路"的运输方式逐渐取代了传统时期的河流运输，进一步加强了南昌作为江西商业中心的地位，南昌总商会在全省商会中的中心地位也因此得到了加强。1914年3月15日，中华全国商会联合会正式成立，并在全国各省设立了分会所，但江西省商联会的职能实际上由南昌总商会代为行使，并逐渐形成了"中华全国商会联合会—总商会—各县镇商会"三级网络格局。

　　1930年，南昌总商会改组为南昌市商会，江西商会网络纵向发展进入第三阶段。1929年夏，国民政府改组商会及同业公会，撤并商民协会。1930年，受上海市商会改组的影响，南昌总商会依照新《商会法》改组为南昌市商会，由会长制改为委员制。同时，九江总商会亦改组为九江市商会。8月，新的《中华民国商会法》和《工商同业公会法》颁布，九江市商会又更名为九江县商会，景德镇总商会后因景德镇隶属于浮梁县，改名为浮梁县商会。另外，在中华全国商会联合会的基础上改组成立了中华民国商会联合会，江西省设立江西全省商会联合会。由于江西全省商会联合会组织机构尚未健全，会址又选在南昌市商会之中，因而在相当长的一段时间里，商会联合会事务多依靠南昌市商会代为处理。南京国民政府虽然对机构名称进行了调整，但基本上维持了原有的三级网络格局，如江西呈现"中华民国商会联合会—江西全省商会联合会（南昌市商会）—各县市

---

① 虞和平：《商会与中国早期现代化》，上海人民出版社，1993，第75~76页。
② 景德镇曾在1927~1929年从浮梁县中析出独立置市，但因持续时间不长，后仍归属浮梁县管辖。
③ 洪振强：《清末民初（1902~1927）商会网络结构探析》，《华中师范大学学报》（人文社会科学版）2002年第4期。
④ 陈晓鸣：《九江开埠与近代江西社会经济的变迁》，《史林》2004年第4期。

商会"的网络层级。随着商业的发展，一些较小的市镇也逐渐建立起商会组织，从商会网络的角度来看，它们是商会网络结构进一步下沉的产物，多依托于所属的市县商会而成立，具备商业结构的特质。例如在1935年前后成立的市汊镇商会与沙潭镇商会，便是作为南昌市商会的下属机构而存在的。[1] 据统计，经常与省商会联合会保持联系的机构有100余个。[2]

从纵向结构上来看，江西商会网络呈现出垂直的信息传递结构，依次为江西省内各地方商会、江西省商会联合会（南昌市商会）、全国商会联合会。同时，政府也是商会纵向网络运作中的重要一环。商会网络的存在给地方商会提供了向上的信息传递渠道，从而能够在一定程度上缓解地方商会与政府间的矛盾冲突。

如在1928年，进贤县商会便要求江西省商会联合会出面，督促省政府民政厅解决遗留的军事垫款问题："据进贤县商会代表杨庆云提议，进贤招待军事垫款久未归还，请转呈省政府民政厅饬县从速设法抽还案，经公讨论，此即议决，照案通过，应交执监委员会办理等语。记录在案。兹经将该案交由事务所执行，前来。除将该提议原案于文字略加修正外，相应照录该项进贤县商会代表杨庆云提议原案一份函达贵厅，请烦查照，希即准予。令饬进贤县政府，从速设法筹款归还，以恤商艰，而免久累，是所盼切，此致。"[3] 在进贤县商会看来，关于军费问题与县政府多次商讨无果，只能通过"上诉"省政府的方式来解决，该商会并不是直接函电江西省政府，而是转由商联会告知。在地方商会看来，尽管没有明确的层级划分，但涉及省一级的事务似乎交由商联会办理较为稳妥。这样的案例还有很多。同年，安福、丰城两县商会也就军费问题向商联会提议，并由商联会出面与省政府沟通："为地当冲要，军队往返络绎不绝，对于军事招待，应恳请省政府责成县长负责办理，或设立军事招待所，以一事权而恤民艰案。提出议案者，一为丰城县商会代表任鸿宾、陆光彩，二为安福县商会

---

[1] 况益红：《民国时期南昌县属乡镇商会研究（1936~1949）》，硕士学位论文，南昌大学，2021。
[2] 南昌市地方志编纂委员会编《南昌市志》第5卷，方志出版社，1997，第226页。
[3] 《民政厅据进贤商会杨代表提议请转令进贤县政府设法筹还军事垫款》，《江西全省商会联合会特刊》第1期，1929年，第194~195页。

会长周树海、代表贺瑞苏。"①

在江西省商会联合会的斡旋下,许多地方商务问题由商联会出面上报省政府向地方政府施压,最终得到了圆满的解决。而在商人通过商联会维护自身权利的同时,省政府也可以通过商联会将命令传达到各级商会。

(三) 江西商会的横向网络

江西商会的横向网络关系包括商会与其周边组织和商会与其他社会团体两个大类,其中商会的周边组织又包括由商会直接创建的组织或与商会的商业活动直接相关的社会组织。

由商会直接创建的组织包括商会建立的学校、创立的报刊以及组织的地方政治经济类团体或自治武装、民团等。以学校为例,江西南昌最早的私立学校"心远中学堂"便是由当时南昌著名的商业家族熊氏所创办。② 曾担任江西商务总会首任会长的曾秉钰也在家乡筹办了"义正两等小学",并长期以个人名义捐资建校。除建立新式学堂外,江西商会也十分热衷于加强商业职业技能的培训,早在江西商务总会成立之初,便成立了"商徒启智学校"。1915 年设立工商学校,对各行业商人进行相关的职能培训。③

在与商会的商业活动密切相关的社会组织中,同业公会是其中的代表。作为近代以来重要的商人团体,同业公会与商会不同,门槛相对较低,成员中包含了诸多行业的中小商人,且以单一行业或几个行业为主,同业公会会长多为商会成员,而一般成员则多以代表身份参与商会会议。同业公会成立初期,商会对同业公会拥有一定的管理权限。1918 年北洋政府颁布的《工商同业公会规则》便规定,同业公会设立的必要理由、发起人的商业资料,要先行向所在地区的总商会进行汇报。总商会对所在地区

---

① 《省政府据丰城安福县商会提议招待过境军队应共同负责办理不得偏累商民》,《江西全省商会联合会特刊》第 1 期,1929 年,第 127~128 页。
② 李平亮:《卷入大变局——晚清至民国时期南昌的士绅与地方政治》,经济日报出版社,2009,第 134 页。
③ 张芳霖:《市场环境与制度变迁——以清末至民国南昌商人与商会组织为视角》,人民出版社,2013,第 177 页。

的同业公会起到一定的监督、管理作用。① 这种关系在1929年《工商同业公会法》颁布后逐渐淡化，同业公会在运行上更为独立，与商会的关系更为平等。但实际上，商会对同业公会的管理仍然在延续。一份资料显示，1936年，国民政府仍通过南昌商会督促没有建立同业公会的行业，加快进行同业公会的建设："唯查本市尚有钟表业、理发业、棉花业、鞋业、香业、帽业、肥皂业、雨伞业、油行业、银行业、砖瓦业、寿木业、新衣业等行业，其所属同业店号，均已超过七家以上，尚未组织同业公会……此次江西省党部暨南昌市党部更督促本会严密组织成立本市各同业公会……"②

除工商业同业公会外，江西商会与省内的农会、工会、教育会等也有着密切的联系。从清末新政建立新式社团开始，商会便与农会同属农工商部管理，关系紧密。这种联系一方面出于商会自身进行社会活动的需要；另一方面出于政府更愿意将商业、教育、农业、工业等若干事务进行统筹，以便管理的需要。通过一份对各新式社团的统一发文便可窥见："查各地农会、工会、渔会、商会及工商同业公会，对于有关法令事项，发生疑义，自应呈请解释，以免舛误；惟呈请手续，应先呈由当地主管官署就近核示，间有未能解答者，再由主管官署依据法律，及当地事实，详细加具意见，转呈核办。近查以上各团体，对于法令解释，多有径呈来部，或词句过于简单，或意义晦涩不明，甚至割裂章条，掩蔽事实，期取得有利之解释，以为应付对方之工具，种种流弊，在所难免。本部为慎重起见，嗣后各团体对于呈请解释法令事项，务须依照上项程序办理，不得径自呈部；各主管官署，对于此等案件，应先行审核，如确有疑义，再行呈转，以期简捷，而昭慎重。除分咨外，相应咨请查照饬遵为荷。"③

此外，江西商会的横向网络中还包含多种社会团体，涵盖市政、民生、教育、军事等各个领域，如赈务会、消防会、救火会、同乡会、劝业

---

① 张芳霖、李大鹏：《政府、商会、同业公会关系研究——以1906～1937年江西南昌为例》，《江西社会科学》2013年第1期，第103～108页。
② 《为通告事》（1936年），南昌市档案馆藏，档案号：6-09-0035。
③ 《准实业部咨为农会工会渔会商会及工商同业公会关于呈请解释法令事项应先呈由主管官署转呈核办不得径自呈部等由令仰转饬遵照》，《江西省政府公报》第25期，1934年，第16～17页。

公所等。清末商会成员多为绅商，有着商人与士绅的双重身份。这种身份延续了士绅在传统时期对地方事务的关注和参与，在清末商会创立开始，便以商会为纽带，以绅商的身份与其他社会组织建立联系，并将其纳入商会网络之中。随着商会网络在社会事务中的参与度不断提高，商会的横向网络不断扩展完善，成为实现商会社会功能的重要渠道。

从全省的宏观角度看，在不同地区间，各社会组织、民间机构与商会保持着积极交流与沟通，各地方商会在这一网络中居于核心地位。在横向网络的社会组织中，有些组织同样有着省级、国家级的上层机构，这使商会网络信息的传递更加多样化，在应对突发性社会问题时能够更好地进行统筹，将商会网络拓展到其他社会层面。

以1931年江淮大水为例，商会与赈务委员会和后续成立的国民政府救济水灾委员会始终保持着密切联系。从纵向网络看，商会联合会（南昌市商会）就灾情与各县市商会保持沟通。同时又通过横向网络与赈务会、慈善会等机构共同筹划全省救灾事宜、商办赈务。从各地商会横向网络来看，地方商会也与各地的赈务会就各地受灾情况制定救济方案。在部分受灾严重的地区，由于资金缺乏，工人组织困难，经地方政府允许，部分堤坝的修筑任务更是直接交给商会办理。[①] 同时，各地的赈灾分会又会将各地情况报给位于南昌的赈务总会共同协商，以便更好地反映灾情，从而进行物资调配。可以说，商会横向网络中的赈灾系统，在一定程度上保障了赈灾活动的有序进行，弥补了政府在地方社会赈济中的能力缺陷。

此外，在商会的横向网络之中，还有一类特殊群体，即海外华商商会、国外商会等。它们在一定程度上与江西商会网络存在关联，可以将它们视为江西商会网络中最为边缘化的一部分。

二 商会网络与传统市镇市场功能的交叉

根据《奏办江西商务总会简章并增订章程》，江西商务总会以"保护

[①] 《彭泽县范围内马华堤工程应否由该县商会承修令厅查核具复》，《江西省政府公报》第37期，1933年，第63~64页。

商业，扩充商务"为行动宗旨。① 因此，商会及其网络的基本职能在于帮助商人营造一个健康有序的商业环境，协调商业与政府间的关系，保护商人的商业利益。由于传统时期长期的重农抑商政策，商业长久以来未受到政府的重视。随着近代以来商业的快速发展，相关的配套政策始终得不到完善，而在内忧外患、财政收入匮乏的大背景下，清政府将快速发展的商业视为新的"摇钱树"，设置关卡、反复征税、强行摊派的现象屡见不鲜。正如上文所述，商会网络在这样的环境下起到了协调政商关系、保障商人利益的作用。

同时，商会网络也促进了商品交换、流通和贸易。从商会的成员构成来看，商会成员一般包含市场覆盖范围内的重要企业，并通过吸纳同业公会与其他社团法人的形式不断拓展，从而将市场中的大多数商业主体涵盖其中，为它们提供了一个新的交流、交易场所。商会网络也能在一定程度上调和商人内部的矛盾，维系地方市场秩序。传统时期商帮林立，竞争剧烈，各帮之间、各行之间、商人内部之间存在多重矛盾，商会的建立打破了以地缘为纽带的商帮隔阂，建立起以业缘为纽带的商人组织，为不同商人与行业提供了一个良好的交流平台，能够更好地协商、解决矛盾，维护地区市场的秩序，并减少商业活动中的不正当竞争行为。

商会除具有协调商业、保护商人权利、促进贸易发展的商业功能外，也积极参与地方社会事务，如维护地方治安、参与灾害赈济等，表现出商会的社会责任感。在参与社会活动的同时，商会也对政治有着敏锐的观察力，并积极投身于政治活动之中，清末商人逐渐打破了以往"在商言商"的传统，积极参与政治活动，并试图通过参与政治，尽可能地维系地方稳定与市场秩序，保护私有财产，防止自身的商业业务受到冲击。②

总的来看，商会及其网络的功能大致可以分为两个方面：一是与经济活动直接相关的，体现在维护商人权利，保障市场稳定上；二是与经济活动无直接关联的，体现在参与社会活动与政治风潮上，表现出较高的社会责任感与政治参与度。

---

① 曾秉钰：《奏办江西商务总会简章并增订章程》，江西省图书馆影印本，转引自张芳霖《市场环境与制度变迁——以清末至民国南昌商人与商会组织为视角》，第107页。
② 冯筱才：《在商言商——政治变局中的江浙商人》，上海教育出版社，2019，第333~336页。

近代商会脱胎于传统商帮、行会，因此商会与市镇间有着千丝万缕的联系，且与市镇市场功能存在较大关联。

根据任放的观点，传统市镇市场功能大致可以分为两类：其一是商品的交换功能，其二是商品的流通功能。①基于市镇的商品交换与流通能力的强弱，江西市镇可以划分为三个层级，分布于不同等级的区域市场之中。第一个层级的市镇往往处于区域市场的中心，或是转运贸易中的重要节点。第二个层级处在以中心市镇发散而形成的周边市场之中，它们多辐射周边的几个乡或村，这些市镇往往设立在乡与乡之间的交通便捷之处，邻近水路或公路，处于高级市镇的上下游地区，通过河流网络与高级市镇紧密联系，在区域内货物调配与运输中起到承上启下的作用，使货物在区域内进行贸易与运输。最低一个层级的市镇多是设立在乡里或村中的定期集市、墟场。作为初级市镇，它们是普通农民参与商品经济的直接场所，与百姓的日常生活紧密相关，小农经济环境下的农业、手工业产品在此进入市场，是实现其商品化的起点。

而商品的交换、流通与贸易总是离不开生产、加工与仓储，传统时期的江西市镇在承担着商品流通贸易的同时，也担负着商品生产、加工、仓储的重任，樟树镇的药材、景德镇的瓷器等便是其中的代表。商品贸易也在变相促进市镇服务业的发展。以吴城镇为例，截至近代，吴城镇有会馆20余所。每个会馆中，都祭祀其地方神或已故乡贤，同时还建有戏台、酒店、茶馆和旅社，为来往客商提供便利。②到了清代中叶，吴城镇已经形成了"六坊八码头，九垄十八巷"的基本格局，人口超过十万，流动商旅多达两万余人，有店铺250余家，南北货物应有尽有，被誉为"装不尽的吴城"。③

总的来看，从商品的交换与流通出发，到生产、加工与仓储，这些共同构成了传统时期以市镇为核心的区域市场。近代以来江西商会网络的出现，正是区域市场变迁的结果。江西商会由官方倡建，以振兴商业为宗旨，自成立之初便有着振兴区域市场的使命。从空间上来看，商会往往设立于所属市场的中心。九江商务总会设于当时轮船招商局九江分局内，招商分局地处九江滨江路西侧，紧邻最热闹、最繁盛的各大商号、钱庄、银

---

① 任放：《明清长江中游市镇经济研究》，武汉大学出版社，2003，第298页。
② 梁洪生：《吴城商镇及其早期商会》，《中国经济史研究》1995年第1期，第104~113页。
③ 张新国：《吴城镇史略》，《新建县文史资料》第1辑，第25~28页。

行所在地。商会选址于此,一是与当时的招商局九江分局局董郑官桂有关,另一是希冀发挥招商局九江转运业优势以及维护市场秩序的作用。景德镇商务总会设于本镇花园里,与当时的江西铁路瓷股劝捐局毗邻,亦属于商业繁盛之地,由当时景德镇工商界的都、徽、杂三帮倡议成立。这三帮原本就把持着传统的景德镇市场,他们在市镇中建立会馆、旅舍,作为沟通联系、协调贸易、解决纠纷的窗口。在倡设商务总会后,这些功能逐渐被商会所吸收。景德镇商会在调节商业纠纷、维持市面金融秩序上发挥了重要作用。[①] 随着商会网络不断壮大与发展,它为商人提供了更多商品交换和流通的渠道,在维护商业秩序、降低交易成本、营造良好的经商环境上提供了诸多帮助。从这一点上看,商会网络与市镇市场功能间有着较高的交叉与重合度。按照凯恩斯的现代市场理论,市场组织是为了实现组织内部利润目标最大化,仅以自身利益作为其出发点。显然,商会并非单纯的市场组织,士绅传统、商业习俗无时无刻不影响着商会的行为。通过横向网络,商会试图将功能扩展到社会的多重领域之中。因此,商会网络与市镇体系间的交叉互动不会就此结束。随着近代化的进一步深入、商会作用的日益凸显,商会及其网络逐渐成为市镇体系向近代化发展的重要推力,逐渐实现了对传统市镇体系的整合。

三 商会网络对传统市镇体系的整合

近代以来的通商政策,促使全国市场发生剧变。在江西,以"南昌—九江"为中心的区域市场逐渐形成,区域市场的转型又直接导致了江西市镇体系的变迁。传统时期,江西商业市镇的繁荣多依赖一口通商政策下的过境贸易,大型市镇多是转口贸易下的重要货物集散场所,随着市场的变迁,这些处于转口贸易中心的市镇逐渐走向衰落。而"南昌—九江"在江西市场上中心地位的确立,使得经济与行政中心不断靠拢,这些传统市镇的地位逐渐被周边的府治、县治等行政中心所取代。与此同时,新式交通工具的引入也加速了传统市镇的衰落,以往以赣江及其支流水运为核心的水运

---

① 付火水:《在传统与现代之间的内地传统工商业城市商会——以景德镇商会为中心的考察》,《东华理工大学学报》(社会科学版) 2011 年第 2 期,第 111~115 页。

流通体系被打破,水陆联运、海运等新型货运方式出现,新的货运方式极大地便利了市镇间的货物流通。以河口镇为例,"闽浙海禁开通,陆路入闽,水路赴浙,货物商运,经由海道,不从铅山",[1] 商业遭受了巨大冲击。

从市镇主要商品贸易额来看,江西市镇的特产货物在市场上的销量也有所下滑。随着近代化进程的不断推进,市场更多地被外来工业产品所占据,传统时期江西市镇特产的瓷器、纸张、茶叶等销量下降。据统计,同治、光绪两朝景德镇出口瓷器量极不稳定,最低仅5046担,高低之间,相差十倍以上。[2] 而河口"洋纸盛行,售价不满十万之数",48家茶庄,河口仅剩一家。[3] 外来商品的冲击由此可见一斑。

商会的出现为传统市镇提供了契机——通过组建商会、促进商业的发展来重振商业。如1904年河口镇商会的前身河口商务公会成立时,县令就提出了"设立公会,究制造之法,以冀仍复旧观"的口号,[4] 但很显然,随着商路改道,江西的市镇已经很难再恢复到曾经的繁荣景象,商会的出现恰好为市镇提供了向近代化转型的契机,市镇的诸多功能逐渐被商会所吸收,商会网络对原有的市镇社会体系进行了整合。

这种整合,在一定程度上满足了政府与商人双方的需求。从商人的角度来看,近代商会及商会网络的出现与发展满足了促进商业发展、推进市场整合的目的,同时也使商会能在近代化的社会事务中发挥更大的作用,满足提高商会社会影响力的需求,从而获得更多的商业利益。在民国初期政局复杂、苛捐杂税层出不穷的大环境下,商会及其网络成为商人更好地表达商业诉求的中介或代理,维护了商人的合法权益。以湖口复设二五税局事件为例,苏、皖、赣、豫、闽、鄂等省纸商代表便通过南昌总商会请求裁撤,后又由上海总商会代为上呈南京国民政府财政部。[5] 从政府的角度来看,商会网络加强了政府对商业的管控力度,使得原本分散、流动的商人借由商会系统登记在案,在一定程度上实现了政府对商人、商业的整合,政府的行政命令也得以通过商会网络向下传达。1928年,国民政府便以商联会为渠道,

---

[1] 陈连生:《河口近现代商业说略》,《江西名镇河口镇铅山文史资料》第5辑,第70页。
[2] 杨永峰:《景德镇陶瓷古今谈》,中国文史出版社,1991,第48页。
[3] 林善甫:《河口商会札记》,《江西名镇河口镇铅山文史资料》第5辑,第66页。
[4] 林善甫:《河口商会札记》,《江西名镇河口镇铅山文史资料》第5辑,第66页。
[5] 《总商会请撤湖口二五税局》,《新闻报》1928年8月1日,第13版。

督促江西各地商会进行改组。[①] 这样的例子比比皆是，在此不做赘述。

民国时期政府在救灾、赈济、维系地方治安等地方事务上显得力不从心时，商会与商会网络的出现极大地弥补了政府在地方治理能力上的缺失，提高了政府在地方事务上的管控能力。江西商会和商会网络与政府间的关系也在不同历史时期发生着变化。商会作为众多社会组织中的一员，在强调"自发性"与"自主性"发展的同时，也在根据国家政策适时调整生存与发展的中长期策略，使商会组织网络能够更好地立足于国家规定的行动范围，并积极与国家进行互动，保持与政府间的关联性，强化其在商业活动领域中的合法地位。

从社会功能的角度看，传统时期的市镇由于长期定位模糊，往往被视为"边缘社会"，在这一社会中，商人是其主要事务的参与者和社会秩序的维护者。[②] 因此，他们热衷于在市镇中建立各种机构，从而实现对地方社会事务的参与。如成立育婴堂、同善堂等慈善机构，或组织团练、乡勇、救火队等维护地方治安。这些机构也逐渐成为市镇体系的重要组成部分，是市镇除市场功能外的重要延伸。到了近代，从传统中逐渐发展与形成的近代商人也进一步发扬了传统时期的社会责任意识。商人作为地方社会的重要代表人物，借助商会及其网络系统，在处理地方事务时，能更好地进行意见整合与利益分配。这种依附于"地缘""业缘"特殊纽带而形成的认同感、责任感，始终影响着近代以来商人与商业组织网络的运作与发展机制，影响着地方社会的治理体系。这种影响直接反映在近代江西商会的横向网络上。作为商会网络的重要组成部分，其构成基本覆盖了教育、治安、赈灾、消防等社会生活的方方面面。通过对地方事务的参与，商人与商会网络推动了各县市近代化学校、社会组织、基础设施的完善，在近代城市的发展与治理中发挥了重要作用，也促进了区域社会的转型。以景德镇为例，1914年在时任商会会长吴简廷的带领下，修建了全镇最早的下水、排水系统，推动了城市基础设施的建设。[③] 商会通过横向网络，将市镇体系中的诸多社会功能整合其中，这使得商会功能愈加完善，并能基本覆盖市县商会影响下的大部分地区。随着近代化的不断深入，这些民

[①]《商联会督促粤赣商会改组》，《民国日报》1928年5月23日，第10版。
[②] 任放：《明清长江中游市镇经济研究》，第310～311页。
[③] 余静寰：《景德镇商会继任总理吴简廷》，《景德镇文史资料》第11辑，第285～290页。

间社团也开始逐渐向近代化的方向转型。而与之相伴的，是传统市镇机构及运作机制在不断萎缩，让位于商会及其网络。这种萎缩一方面是源于近代化浪潮下求"新"、求"变"的要求，但同时也反映了江西市镇在近代以后的衰落——传统以市镇为核心所形成的区域市场已经瓦解。在这一过程中，商会逐渐成为区域社会中的重要一环。

从区域市场的角度来看，随着商会网络的进一步发展，商会在传统市场衰退、近代市场尚未完善的过程中为商人提供了交易货物的渠道、了解商业信息的途径，并对货物的生产、交易进行了调控和制约，同时也在一定程度上遏制了商人间的不正当竞争，为商业矛盾提供了调节渠道。

商会网络对市镇体系的整合也伴随着政府对区域市场管控的加强。商会自成立之初便有着较强的官方背景。随着近代商业的不断发展，商人创办商会的积极性不断增强，但与此同时，政府也不断通过颁布法律法规、设置机构的方式加强对商会的管理，进而也加强了对地方商业的管控。商人同时借助与政府的合作提升自己的社会地位，以保障自身的商业利益。对大型市镇来说，商会为它们提供了一个转型契机，使其逐渐向城市转型，尤其在南京国民政府成立并加强对商会的管控后，商会的官方性质不断增强，政府试图通过商会加强对这些市镇区域的管理。从1933年的这份政府训令中，我们可以看出，政府对这些在区域内的原有中心市镇的管理模式已经与县城无异，市镇商会起到的作用与县政府类似：

> 令各县县政府、景德镇河口吴城樟树各商会：为令遵事。案据财政厅呈称：案准江西省经济委员会公函内开，本会现正进行研究本省米谷问题，拟调查各县、各主要市镇米谷，与其他辅助粮食品之供给及价格之变迁状况，曾由专家刘治乾先生前诣贵厅就商一切，兹制就江西各县镇粮食零售价格旬报表，暨粮食单位调查单各一张，统请贵厅审核付印。令发各县政府及各主要市镇之商会，或其他机关，饬各照表单，分别填报……①

随着近代城市的进一步发展，市镇功能逐渐被商会所整合，中小型市

---

① 《转发粮食价格调查表暨单位调查单分饬遵照查填呈厅核转》，《江西省政府公报》第44期，1933年，第32~33页。

镇也融入了近代城市之中，成为政府管辖下的基层行政单位。

余 论

以 1904 年清政府提倡设立商会为起点，江西积极加入商会的筹办之中。从早期省城南昌成立江西商务总会，到通商大埠九江、瓷器名镇景德镇设立商务总会，并逐渐在全省各地建立分会，商会数量不断增加，组织功能不断完善，逐渐形成了以南昌总商会（江西商会联合会）为核心的区域性商会纵向网络，同时形成以商会为主体覆盖所属区域或城市内的商业、商团、同业公会以及其他民间社会团体的江西商会横向网络。通过这些纵横网络，商会间联系日益密切、社会功能更加完善，并能够与各级政府产生有效的沟通与交流，进一步维护了商人的权利。

近代以来全国性贸易市场的巨变，使江西失去了原有的地理位置优势，市镇面临转型。江西商会多建立在有一定商业基础的地区，与传统商业市镇间有着天然的联系。商会网络与传统市镇在维系商业秩序、降低交易成本、营造良好的经商环境等市场功能上相互交叉与重合。同时，又由于其非市场主体的性质，商会网络能够将市镇中的诸多社会功能吸纳其中，以此实现对传统市镇体系的整合。

江西传统市镇的近代化转型，得益于近代市镇商会设立的重要机制化变革，受制于地理优势的丧失，除少数市镇完成了向城市的转型外，大部分市镇面临的却是商路改道后的衰颓。传统时期的市镇，可以看作商业功能从城市中分离，并逐渐发展形成的商业中心。而进入近代，江西市镇衰败，城市逐渐成为区域内的经济中心，商业重心回归城市之中。而商会的出现，为商人提供了一个新的契机——通过组建商会将原本集中于市镇的社会体系重新嵌入城市之中。这既是近代化城市发展过程中的需要，也是江西市镇体系转型过程中的必然结果。

作者：张芳霖，南昌大学人文学院
羿克庸，南昌大学人文学院

（编辑：王静）

·空间与社会·

苏州古城空间的神圣性叙事

杨雅茜　江　牧

内容提要　考古研究认为今苏州古城建立于汉，佛道信仰与吴文化在不同时期以不同方式参与了苏州古城的神圣性叙事。汉至魏晋时期，沿袭阖闾城"法天象地"的建城逻辑，以城市的神圣性维护安全性。唐宋时期，苏州城在统治秩序中叙述神圣，借佛道信仰维护城市秩序。明清时期权力阶层借宗教仪式重塑了城市的神圣结构。苏州城经历了以天、序、仪建构神圣性的方式，但均将"中心"视为城市神圣的核心表征。在苏州城的发展进程中，权力阶层与一般阶层的佛道信仰认同产生差异，致使城市神圣性的建构主体与神圣性内容逐渐转化。在宗教、政治与世俗信仰的认同与博弈中，苏州古城的神圣性叙事不断推演，以中华神圣整合了地理与人文的关系。

关键词　苏州古城　佛道信仰　空间叙事

西方学者认为城市的出现与否是判断社会是否达到文明的标准。中国传统文化以器载道，古城物理空间承载着社会制度、价值观念、宇宙图示等思想，是重要的文化遗产。苏州历史悠久，利用山水环境，因地制宜地创建了水路与陆路相辅相成的交通体系，构成了功能布局和建筑艺术协调的城市空间结构，体现了古人的营城智慧。古代江南媚神信鬼的文化传统使宗教景观在苏州兴盛，造就了寺观、神祠林立的街景。城市规划学、考古学等领域相关研究已从街巷结构、区域景观演变、佛道建筑分布规律等角度阐述了苏州城的结构特征。[①] 构建神圣的空间是城市区域的重要功能之一。[②] 城市的神圣性建构，表达了营城者的主观意志，承载着营城理念的精神内核。本文拟从历时性角度梳理苏州城神圣性的建构方式，并基于信仰类型多样的地域文化特征，重点探讨佛道信仰与苏州城神圣性叙事的关联，以及佛道信仰对苏州古城形态推演的作用，最后检视苏州古城神圣性叙事的意象变化、表现及成因。对苏州城空间叙事中的神圣性探讨，从宗教的融合与竞争、世俗权力对宗教的认同与博弈等关系中解释苏州城的形态变化，是基于文化脉络解读古城发展的另一个路径。

一 形塑神圣：佛道信仰与苏州古城的共建

神圣性是古代塑造城市空间的重点，以王权为代表的世俗权力及以宗教为代表的神谕力量相互作用，明确了城市空间的意义。根据考古资料推断，今苏州城最早建立于汉，是当时郡治所在地，春秋时吴大城地处现灵岩古城，其空间形态与苏州城有嬗递关系。[③] 佛道信仰于汉至魏晋南北朝时期初传至吴地，宗教建筑因此参与了苏州古城雏形的建构，与中国古代空间观念共同完成了苏州城的神圣性形塑。

殷商时期，"中央—四方"统治模式、"居天下之中"建都理念、"中轴对称"建筑原则——确立，"中"逐渐演化成为政治中心权力的象征，且这种国土经营方式被周人继承，进一步赋予其为大、为尊的思想，以中正之道诠释治国理念。[④]《平江图》是现存最早的苏州城图，展现了宋时子城居中的水陆双棋盘空间结构特征。明正德《姑苏志》最早记录

[①] 众多学者就相关问题展开过探讨，如俞绳方《我国古代城市规划的一个杰作——宋平江（苏州）图》（《城市规划》1978年第5期）通过《平江图》分析苏州城的空间布局特征，是苏州古城形态研究早期重要的成果；须博、过伟敏《南宋宗教建筑与城市格局的空间分布特征——以苏州〈平江图〉为例》（《艺术百家》2018年第1期）叙述了南宋时期苏州城佛道建筑与城市的空间关系。

[②] 〔美〕乔尔·科特金：《全球城市史》（典藏版），王旭等译，社会科学文献出版社，2014，第3~4页。

[③] 陆雪梅、钱公麟：《春秋时代吴大城位置再考——灵岩古城与苏州城》，《东南文化》2006年第5期。

[④] 邓国军：《殷周时期"中"观念的生成演变——兼论殷周制度文化的沿革》，《古代文明》2018年第1期。

"子城……历汉、唐、宋皆以为郡治"。① 绍定《吴郡志·官宇》记载子城内齐云楼、初阳楼、西楼、东楼等在唐代就已存在,② 但仅可将子城建造时间推至唐代。另外,据成一农考证,汉代文献中并没有"子城"一词,直至魏晋南北朝时由于军事防御的需要,子城才大量出现,并在唐时得到普及。③ 同时,春秋战国时期阖闾城东西两小城在城西北,并未与外城城郭形成同心结构,春秋至汉江南地区的诸多古城亦没有严格遵循子城作为权力机构所在地,占据城市中心,与城郭构成"中央—四方"的形态特征(见图1)。④ 所以,从现有资料分析,子城作为最具代表性的城市中心结构,并未在苏州城建造初期形成。

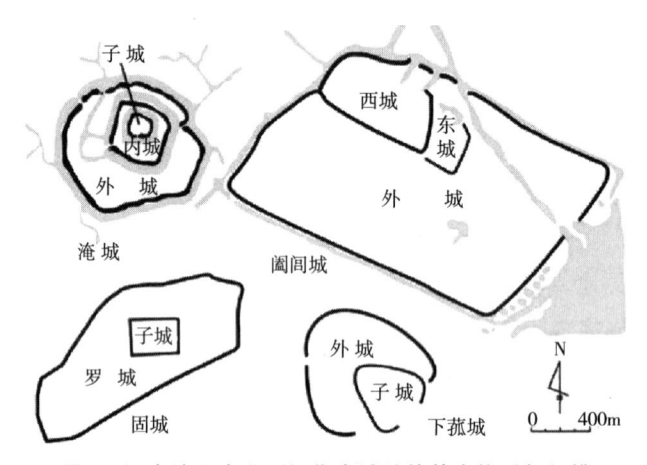

图1 江南地区春秋至汉代古城址的基本构型与规模

资料来源：钟翀《江南子城的形态变迁及其筑城史研究》,《史林》2014年第4期。

根据苏州早期城市建设的文献记载,可推断苏州城初期形态是对"天"的复制。相传春秋时期,子胥曾相土尝水为阖闾城择址,以"法天象地"的建城方式勾勒了阖闾城与宇宙的关系,构建了城市的神圣性特征。首先,"吴在辰,其位龙也,故小城南门上反羽为两鲵鱙,以象龙角",阖闾城依照古代天文学定城址于东南,而辰属龙的性质又以小城南

---

① 正德《姑苏志》卷16,明正德元年刻嘉靖二十一年增刻本,第1页。
② （宋）范成大：《吴郡志》卷6《官宇一》,1913年影印本,第5、6、28、31页。
③ 成一农：《古代城市形态研究方法新探》,社会科学文献出版社,2009,第98~110页。
④ 钟翀：《江南子城的形态变迁及其筑城史研究》,《史林》2014年第4期。

门的建筑形态得以生动描绘。因此，在地理方位和城市形态两个维度建构了神圣性。其次，阖闾城以阊门象天门，借阊阖之风通天。苏州古城城门的命名方式和方位，表达了地之水平空间与天之垂直空间的交通关系。加之为达到"西破楚"的军事目的，"越在巳地，其位蛇也，故南大门上有木蛇，北向首内，示越属于吴也"，[1] 可见，城门开设的方位既遵循天地对应的空间关系，其神圣性特征又表明了征服邻国的政治野心。《吴郡图经续记》记载"阖庐乃委计于子胥……更历秦、汉、隋、唐之间，其城减、门名，循而不变"。[2] 所以，根据营城思路的承袭关系，苏州虽非依循周人建太庙、祭坛等制式营城，但以早期的宇宙观为原型连通天地，是苏州城市形态神圣性的表达。并且，苏州建城初期，其神圣性主要作为军事和政治之用，是维护城市安全的方式。

汉至魏晋时期，道教与佛教初入江南，因媚神信鬼的文化风俗得到了权力阶层和一般阶层的认同，宗教开始参与城市的神圣性叙事。然而，权力阶层认同方式的差异导致了佛道对城市空间迥异的塑造结果。随着中原文化对吴地的影响逐渐深入，"中心"在城市空间的意义开始凸显，并体现在佛道建筑在城市的空间布局中。

中国在殷商时期就已经形成集巫术、王道、农业、礼仪于一体的空间观念，权力阶层对中心方位的崇尚由来已久。吴越楚特尚巫法，又神话、巫法与道教关系亲密深久，因此道教与江南地缘关系更为密切。道教利用道家学说升华思想体系，孙吴诸主好术数巫技，吸引各地道士来江南传教；同时，基于中国的宗法血缘观念，家族道教形成并带动了道教的转型升格，使道教信仰成为统治集团的工具，赋予其政治意涵。[3] 苏州城内首座宫观在西晋时创立，名天庆道院（或有称上真道院或真庆道院，即现玄妙观），唐时名开元宫。该宫观择地缘由已不可考，但从其与城市的相对位置看，道院居于城内较为中心的位置。由于权力阶级的认同，道教的宗教身份在城市空间当中被再次强调。

佛教作为外来宗教，进入中国初期被视为神仙方术。如若以佛教建筑

---

[1] （东汉）赵晔：《吴越春秋》卷2，商务印书馆，1937，第41~42页。
[2] （宋）朱长文：《吴郡图经续记·城邑》，江苏古籍出版社，1986，第8页。
[3] 李刚：《试论孙吴至东晋的江南家族道教》，《四川大学学报》（哲学社会科学版）2019年第1期。

参与建构城市神圣性形态,那么其宗教建筑应先被赋予神圣意味。此时,佛寺获得神圣性的方式颇具策略性。根据县志统计,苏州城内早期佛教寺院多由精英阶层舍宅而建。以重玄寺与报恩寺为例,重玄寺(后承天寺,现已毁)位于苏州城内西北侧,萧梁时梁卫尉卿陆僧瓒因"见住宅有云重重覆之",所以奏请舍宅建寺;① 而报恩寺据记载为三国吴赤乌年间由先主母吴夫人舍宅而建,而后有渔者将现于水面的石像供奉于寺内,寺光明七昼夜不绝。② 宅院一则因祥瑞之兆、一则因神像祝圣完成了空间意义的转化,以居住为主要功能的建筑空间因而产生宗教神圣性。此时苏州城内还增建佛教建筑,强化城市空间的神圣结构,尤以塔的修建最为突出。塔是佛教建筑的中国转译,其神圣性本源于佛教义理。从宗教宇宙观看,古代印度以宇宙柱和宇宙树确立世界的中心,强化了垂直方向在空间表达中的神圣意义。受其影响,佛塔之"高"在佛教宇宙空间图示中具有神圣性。但早期苏州佛塔多借神显传达神性。瑞光寺位于城内西南角,原名普济院,由僧性康开山,宋时建塔,塔成即现五色光。③《生经》云"于时世尊,寻以欣笑,五色光从口出,上至梵天,普照五道,靡不周遍,还绕身三匝",④ 瑞光塔借佛教五色光代表佛法之意,使信众产生建筑与宗教神圣性的联结。因此,塔的建造被赋予禀异特性,在佛教的语境中得以圣化。借佛教哲学与神显,佛塔之"高"在苏州古城的垂直空间确立了宗教角度的神圣性。

佛道信仰传入苏州之后,在对城市景观的争夺中,道教因突出的本土文化优势,成为权力的工具。相较于城内通玄寺(今报恩寺)、开元寺、瑞光寺、东禅寺等早期佛教建筑均位于城市边缘,道教宫观则占据了苏州城靠近中心的位置。早期佛道建筑在苏州城内的分布规律,主要源于中原空间文化观念的渗透,为唐宋时期权力机关强化城市中心并整合城市空间秩序埋下伏笔。

---

① (唐)陆广微:《吴地记》,江苏古籍出版社,1999,第90页。
② (宋)朱长文:《吴郡图经续记·寺院》,第3页。
③ 崇祯《吴县志》卷20《僧坊一》,明崇祯十五年刻本,第72页。
④ (西晋)竺法护译:《生经》卷5,台北:CBETA 2022.Q1, T03, no. 154, p. 103a9 – 10; CA0002953。

二　神圣整合：信仰多元化与苏州古城空间的秩序关联

隋唐时期，苏州城初步形成"水陆双棋盘"格局，宋时已经确定。由于文化的转型和城市经济政治的多元发展，苏州城借天地神圣性维护城市安全的结构，转化为以秩序确立政治权力神圣性的结构，城市空间神圣结构的表征主体从外城转向子城。同时，城市神圣形态所渗透的天命观逐步淡化，代之以神圣性的人文意义及社会属性。这一时期，城内寺院、宫观多有建造，在不同空间维度控制了苏州城市景观，而宗教与权力的制衡整合了苏州城市形态的神圣关系。

首先，苏州城市形态神圣性的表现转移。"天"作为城市原型的神圣性特征淡化甚至消失。苏州建立初期，以"天"之神圣为原型，开阊门仿阊阖引西风。至唐时，陆机诗"阊门势嵯峨，飞阁跨通波"赞其之高对于城市景观的意义，而非创建之初沟通天地的神圣意涵。同时，隋唐时期水陆并行的城市结构在"陆门八、水门八"的基础之上强化了城市的自然序列。宋代苏州城总体上表现为"中央—四方"主导的空间结构。子城明确成为城市中心，构成了权力阶层与一般阶层的圣俗界限，统治权力的空间隐喻得以凸显，主要表现在三个方面。

其一，子城的不断修缮和门楼规制的提升。西汉到元末，苏州古城历经朝代更迭，城墙和城楼在战争中多次受到重创。子城东楼与初阳楼两座楼在兵火之后并未重建，但北侧齐云楼"两挟循城为屋数间，有二小楼翼之，轮奂雄特，不惟甲于二浙，虽蜀之西楼、鄂之南楼、岳阳楼、庾楼皆在下风，父老谓兵火之后官寺草创，惟此楼胜承"。[①] 受到礼制的影响，中国古代建筑的政治等级与其规模、样式息息相关。齐云楼屋宇之高大雄伟，足见子城建筑等级，突出了子城军事防御功能的重要性。子城城楼划定了城市权力的核心范围，书写了权力阶层区别于一般阶层的特征。

其二，子城内部秩序的完善。随着唐宋时期子城制度的成熟，宋元丰时《吴郡图经续记》称："盖古之诸侯有三门……今之子城门，古之所谓皋门也；今之戟门，古之所谓应门也；今之便厅门，古之所谓路门也；今

---

① （宋）范成大：《吴郡志》卷6《官宇一》，第28页。

之大厅,古之外朝也;今之宅堂,古之路寝也。"① 由此可以看出,宋时苏州城城门设置,继承了先秦时期"天子五门,诸侯三门"之遗制,并将子城的布局回溯至周人理想的城市秩序当中(见图2)。

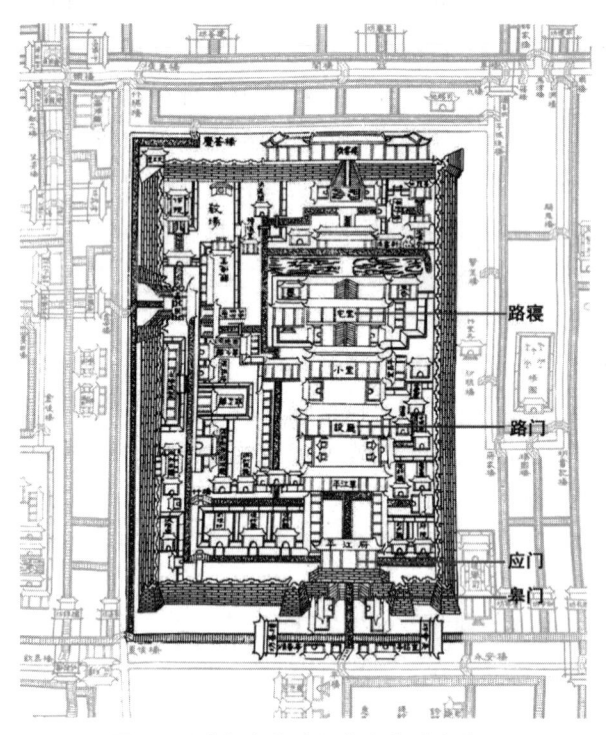

图 2　子城与古代城门秩序的对应关系

其三,佛道等信仰对子城的守护。子城西北角的天王堂与西南角的城隍庙强调了其作为城市中心的重要性。《佛祖统纪》记载,唐天宝元年,因安西有寇,召国师不空入内诵咒禳之,"上忽见神兵可五百人……师曰:此毗沙门天王第二子独健……寇人帐幕间有金鼠啮断弓弦,五国即时奔溃"。② 此为中国古代城西北隅置天王像的原因,姑苏子城西北角亦建有天王堂。佛教虽进入城市的中心区域,但并非基于其"涅槃寂静"的宗教追求,而是对城市"中心"的保护。另外,随着道教逐渐参与社会生活,唐

---

① (宋)朱长文:《吴郡图经续记·州宅下》,第20页。
② (宋)志磐撰,释道法校注《佛祖统纪校注》(中)卷29,上海古籍出版社,2012,第662~663页。

中期以后，城隍神之神格不断提升，并被纳入官方祭祀体系之中。城隍祭祀在江南地区的记录明显增多，江苏城隍庙的创建方式，除了新建之外，还有改建，即将东岳庙、土地庙或纪念历史人文的祠庙改建为城隍庙。[1] 子城内城隍庙初祀春申君黄歇，初建年代不详，但唐朝天宝十载（751）已有重修并正式更祀城隍神。[2] 与佛教进入子城的方式相似，道教因宗教神圣性也被运用于对子城的守护当中。

其次，唐宋时期，苏州佛道蓬勃发展，由于两者在社会、政治方面的角色与特质发展各异，因此，虽然宗教建筑形成了不同类型的城市景观控制方式，但仍被统一在权力意志的文化秩序中。

苏州城内众多的佛教建筑，城内外高耸的佛塔及寺院悠远的钟声，已然成为当时苏州城市景观的重要标志。《吴郡图经续记》载"梁武帝事佛，吴中名山胜境多立精舍，因于陈隋，浸盛于唐"，受唐武宗灭佛和战争的影响，寺院毁坏严重，后在钱俶主持下修旧图新，[3] 佛寺在重创之后又得再创。以《平江图》为依据，寺院、宫观等宗教建筑穿插在水陆平行、河街相邻的城市格局中。城内桥梁多以其与寺院的位置关系命名，构成了"石桥朱塔两依然"的街景。所以，总体上看，佛教建筑以数量上的优势控制了城市的景观格局。此外，佛教还利用建筑高度的视觉控制与听觉景观赋予城内外山水背景以文化意境。城内瑞光寺塔浮屠七级，至永乐年间，寺院仍"室庐完好，林木益茂，钟梵之音不绝"，[4] 与城外寒山寺钟声遥相呼应。而城外虎丘"寺之创置则自晋王珣兄弟始也，浮屠插天，万木拱秀"，晴时"绀宇苍林掩映"，如遇阴雨，"终日烟雾，卷舒吐吞，异态俨若蓬莱仙岛隐约于云海之中也"。[5] 因自然禀赋和佛教文化的渗透，虎丘被联想成与中国仙山相似的地方。佛教建筑突出的视觉冲击力与悠远的声景，沟通了城市内外。所以，"吾国僻远，顾在东南之地，险阻润湿，又有江海之害"[6] 的初始自然环境，在国土治理和佛教建筑的影响下，产生

---

[1] 孙亦平：《江苏的城隍庙及城隍文化初探》，《世界宗教文化》2020年第3期。
[2] 正德《姑苏志》卷27，第25页。
[3] （宋）朱长文：《吴郡图经续记·寺院》，第1页。
[4] （清）周永年编《吴都法乘》卷10，台北：新文丰出版公司，1987，第295页。
[5] （明）王宾：《虎丘山志》，明成化二十二年刻本，第2页。
[6] （东汉）赵晔：《吴越春秋》卷2，第40页。

了诗性山水的意境。

  与佛教相比,道教在苏州的政治性在唐宋时期得到进一步强化。唐朝统治阶级尊老子为李姓始祖,以真宗、徽宗为代表的宋代皇帝利用道教制造君权神授的舆论,这奠定了道教在我国的重要地位。再者,唐代道教投龙仪式在江南地区十分活跃,反映了当时国家信仰对地方信仰的支配性影响。宋时,玄妙观"新作三门,尤峻壮"。[1] 又白玉蟾撰《诏建三清殿记》,称"孝宗皇帝……亲洒宸翰'金阙寥阳宝殿'六大字,扁之殿眉",玄妙观"将如虎邱,过自祖庭,目其正殿雄伟,为诸郡冠,诘其所,自知为诏建之也"。[2] 殿中吴道子老君像更受到唐元宗御赞。玄妙观建筑规制、皇帝御笔及远超其他神圣空间规模等历史信息,均可证明当时玄妙观在政治阶层中的宗教地位。因此,作为城内最重要的道教建筑,玄妙观基本位于子城南侧城门至北齐云楼一线,处于苏州城内的核心区域,被纳入苏州古城以"中"为尊的空间秩序当中。

  唐宋时期是苏州信仰多元化时期,民间俗信虽繁盛,但佛道建筑仍然是影响城市空间结构的主要因素。比较唐宋时期佛道建筑在城市中的空间布局可以发现,权力阶层的意志决定了城市空间的秩序,因权力而产生的秩序即为城市神圣形态的根源。"序"将城市文化与自然的不同层次及需求组织为一个理想的体系,成为水陆平行、子城居中的城市结构的神圣性逻辑。这种秩序一方面体现在城市人文秩序的整合上,即宏观空间层面借不同的方式强调子城的中心形态,中观空间层面以宗教建筑的空间分布隐喻权力阶层的信仰意志;另一方面体现在自然秩序的整合上,即宏观层面整理城市的水陆关系,中观层面借用宗教赋予城市自然文化意境。总之,"序"是完成苏州城神圣性整合的关键,城市形态神圣性的人文意义与社会属性逐渐突出。

三 神圣重构:佛道建筑的转译与苏州古城神圣结构的再造

  元末子城因战争损毁,明以子城为"中"的空间格局因"魏观案"再

---

[1] (宋)朱长文:《吴郡图经续记》,第36页。
[2] (清)顾元辑《元妙观志》卷1《本志》,1927年铅印本,第3~4页。

未重建，因此，唐宋时期苏州城表征神圣性的核心空间瓦解。清朝中期，苏州再次尝试确立城市中心。此时，由于佛道宗教性质的变化，宗教在参与城市神圣性建构时形成了更加复杂的局面，城市神圣脉络与中心神圣性的精神内核产生了新的含义。

首先，由于儒家在文化和政治上主体性地位凸显，佛教建筑的文化含义发生变化。明清两朝以儒学作为治国理政的根本策略，且国家治理层面的专制程度高于前朝。由于官方对儒学的尊崇与当时江南地区文化的昌盛，儒家与佛教在城市空间的争夺与制衡尤其突出。原本为佛教建筑的塔，在明清时期由于堪舆与科举制度在民间的普及，成为城市重要的人文景观。文星阁在万历年间建于东禅寺中阁故址，位于苏州城内东侧相门与葑门之间，属于县学之塔。乾隆《苏州府志》记载："右翼双浮图是曰文笔，左空缺不称，当有所建竖。"[1] 文星阁与西南侧双塔在空间上形成对峙之势，完善了苏州古城垂直空间之形胜，借城市空间布局"壮学宫之声势"，以神圣空间建造的方式强调学宫所代表的儒家之文化地位，突破了佛教独统城市垂直空间结构的局面。明清时期苏州寺观、祠庙少新建而多修缮与归并，儒学之兴又对苏州城内部分佛教建筑产生了转译，导致佛教建筑的神圣性特征发生变化。受到儒家强调个人精神生命社会性的影响，佛教逐渐脱离以获得个人生命精神超越的信仰倾向，参与到社会生活当中。城内寺院不仅沿袭腊八施粥的传统，并"添设六门粥厂"；同时，"借元都观、北寺、天宫寺为栖流所，以安集流民"。[2] 寺院为僧家修行之所的空间性质因参与社会救助产生了明显的入世性特征。另一方面，佛道景观被赋予儒学意义。城东南隅大云庵（结草庵）以放生为最著，并称"放生之举，世人往往托于释氏普度之说"，实有"伊川先生养鱼记谓见其煦沫不忍见其死"之仁心，对于深受儒家文化影响的士人阶层，园水被赋予"生生"与"无生"的生命追问，居者借由哲学思考"得孔佛之旨"。[3] 所以，明清时期佛教建筑与仪式得到了儒家与佛教文化的共同解释。

其次，苏州城的神圣性结构经由轴线与中心再次建立，并且开始表现出市民性特征。其一，从清中期开始，借道教仪式，苏州城的中心得到再

---

[1] 乾隆《苏州府志》卷17《学校二》，乾隆十三年刻本，第21页。
[2] 同治《苏州府志》卷24《公署四》，江苏古籍出版社，1991，第17页。
[3] 道光《苏州府志》卷41《僧寺一》，道光四年刻本，第67、69页。

造。苏州城初建时，道教就被用于赋予权力所有者以统治的合法性，奠定了其政治地位。玄妙观建造历史悠久，可谓见证并参与了苏州城的建立与发展，其地位由于王权与神权的融合不断提升。根据朱春阳考证，"万寿庆典"是"习仪祝厘"的重要形式。明洪武年间，朝廷将玄妙观三清大殿确立为"习仪祝厘之所"，庆典活动承载的政治、经济因素使玄妙观逐渐成为苏州城的中心。① 作为举行仪式的场所，玄妙观的城市中心性被再次确立。康熙年间，"每遇万寿圣节，焚香膜拜，欢呼夹道，愿效华封人者，盖肩相摩踵相接也"。② 官方祀典开始在市民阶层流行，因此，御史吴存礼在原子城区域创建供奉万岁牌的万寿宫。通过皇权赋予玄妙观政治身份，万寿宫的兴建拓展了仪式的空间范围，并延长了城内神圣空间的轴线。明清时期虽未在子城原址重建政府机构，但借仪式，玄妙观与万寿宫一线重新塑造了城市的几何中心。以政治为内核、宗教为表现，苏州城神圣结构再次确立。清乾隆至光绪年间，家族商业的发展、帝王权力的衰弱与民间性庆典的开展，逐渐使玄妙观政治层面的神圣性减弱；同时，阊门一带的商业中心，在倭寇的搅扰之下逐渐失去主导地位，苏州城内的商业中心转移至玄妙观附近。由此，至清晚期，"中心"对于苏州城的神圣意义发生了质的转变，唐宋时期的唯一权力表征，在明清时期已经被市民精神和城市传统文化取代。

其二，丰富的信仰内容使苏州城的神圣脉络得以重塑和再生。"吴在辰，其位龙也"，城市方位信息传递了吴国建城择址时对祥瑞的追随，直至明清时期苏州以龙示尊的城市结构被再次提及。卧龙街其名最早出现在明代，后称护龙街，该街贯通苏州古城南北，明嘉靖年间成为长洲县与吴县的界线。《元妙观志》云其"旧名天庆，在卧龙街"，③《吴都法乘》记"北寺浮屠在吴城卧龙街上"，④ 又《王百穀集十九种》有"卧龙街当吴王阊闾故宫之右"之说。⑤ 作为苏州城内较早形成的街道之一，卧龙街应在

---

① 朱春阳：《社会仪式与城市中心的确认——以清代苏州玄妙观"万寿庆典"为中心的考察》，《历史教学》（下半月刊）2017年第12期。
② 乾隆《苏州府志》卷24《公署二》，第1页。
③ （清）顾元辑《元妙观志》卷12，第3页。
④ （清）周永年编《吴都法乘》卷9，第276页。
⑤ （明）王穉登：《王百穀集十九种·法因集》卷4，明刻本，第274页。

早期"三横四直"城市结构建立时就已经形成,组织了城内佛、道与权力核心的空间关系,以线形的表现方式梳理了苏州古城的神圣脉络(见图3)。"形家云街为龙身,北寺塔为尾,府学为首,双塔为角,取辰巽之气也。府学正门前双井为目,旁地为脑,出薄荷不甚辛辣,清芳酷烈似龙脑香。"① 从乾隆年间《红兰逸乘》对卧龙街的描述可知,"龙身"之圣与城内儒佛道宗教建筑的空间关系密切相关。清中期,苏州城再一次因其辰龙之位,以府学、佛寺、双塔等宗教建筑的方位特征象龙形,构"辰巽之气",甚至以"薄荷"气味强化了空间的神圣氛围。唐宋时期苏州城的轴线随着子城的损毁而消失,反而突出了由儒佛道建筑构成的卧龙街的神圣性,使之成为苏州城的神圣轴线。

图3 卧龙街及位置示意

资料来源:根据同治《苏州城图》改绘。

---

① (清)张紫琳:《红兰逸乘》卷4,1932年铅印本,第12页。

四 苏州古城神圣性叙事的结构表现与成因

虽然垂直系统在庄子建立的神话宇宙模式中曾占有一席之地，但中国先民仍然选择了儒家文化崇尚的五方位或九方位的平面空间观念，在与不同文化空间图示的抗争中流传，且最终长时间占有中国空间图示的主导地位。[①]《周礼·大司徒》称"地中"为"天地之所合也，四时之所交也，风雨之所会也，阴阳之所和也"，[②] "地中"对于中国古代水平空间的重要意义被天地、时间、气象等不同因素证明。由此，"中心"在以水平空间体系为主的古代中国具有神圣性。纵览苏州从汉至明清时期的城市形态发展历程，佛道信仰在不同时期以不同方式参与了城市空间的神圣性叙事，但"中心"始终是苏州古城神圣性的核心表征。

"天""序""仪"作为苏州古城神圣性演变的逻辑，对应苏州城寻找中心、强化中心、重构中心的方式和途径，但在这一过程中，"中"的表现形式和神圣意义亦产生变化并不断推演（见表1）。主要表现在以下两个方面。首先，中心与轴线在苏州城内由合一走向分离。总体上看，苏州城分别以天庆道院、子城及玄妙观—万寿宫为中心。清以前，苏州城主要借政治塑造中心，子城轴线即城市轴线。而至明末清初，叙述城市神圣性的轴线由儒释道神圣空间共同构成，与权力阶层建构的中心产生分离趋势，最终使苏州城空间形态呈现双轴线模式。其次，城市中心的意义发生了质的改变。清晚期，经济成为苏州城发展的巨大驱动力，苏州城中心从长期以来作为政治的表征，转而被商业取代。中心的神圣性表现从权力转化为城市群体的精神文化，佛道宗教空间从作为地方与国家权力的工具，成为城市与市民的纪念性场所。子城产生之前，苏州城的意象要素以围墙、城门、宗教建筑及水陆并行构成的城市结构等为表征，明清之后，苏州的核心结构以诠释市民生活为主，城市神圣性的人文性特征之上叠加了市民性特征。

中心与轴线的分离及其内容与意义的改变，并没有削弱神圣性对于城市与居民的重要性，而是意味着权力对城市发展绝对控制的消解，市民活

[①] 王贵祥：《东西方的建筑空间——传统中国与中世纪西方建筑的文化阐释》，百花文艺出版社，2006，第29~43页。

[②] （汉）郑玄注《周礼》卷3，四部丛刊明翻宋岳氏本，第49页。

动与生活逐渐成为城市规划的动力，是城市意象的重要因素。总体上看，苏州城神圣性叙事方式和表现形式的变化过程，是权力阶层与一般阶层在文化、心理与行为上的认同、斗争和融合。

表1 苏州古城主要发展时期空间模式与神圣逻辑

	汉至魏晋南北朝	唐宋	明清
模式图示			
	天庆道院为中心	子城为中心 佛道信仰维护中心	玄妙观—万寿宫为中心 卧龙街为主轴
意象要素	围墙、城门、府库	子城、宗教建筑、水陆并行的格局	街、市等诠释市民生活内容的城市景观
建构主体	代表权力的宗教	政治权力	从权力主体转变为市民参与

首先，权力阶层以宗教认同建构了苏州城空间的等级秩序，赋予了空间带宗教性的权力意义。苏州古城的佛道信仰虽为政治所用，但未表现出明显的政治化倾向，主要作为维护政治神圣性的工具；同时，苏州古城的佛道信仰影响了苏州城市形态的建造、维护和重构。李向平认为，中华结构是天命、祖先、君师三重信念所构成的"神圣原型"，在表面上类似宗教，但实质为神圣格局的等级设置，以人格等级作为家国心态的神圣象征形式，最终皈依神圣等级、人格伦理与家国心态。[①] 中国城市形态是文化的形态，因此，其城市结构即为中华结构之物质表征。苏州古城以"天""序""仪"作为空间神圣性叙事的内核，而儒释道的神祇表现，即为权力阶层建构等级秩序的方式，而对城市"中心"的执着，本质上仍是对权力

---

① 李向平：《神圣秩序与等级团结——兼论中华神圣人格等级主义模式》，《华东师范大学学报》（哲学社会科学版）2021年第5期。

等级的建立与强化。中华文化的神圣结构同时建构了社会形态及人与人之间的等级团结,苏州城神圣性叙事的等级性即在城市空间确立了中华文化的伦理性。总体上说,佛道信仰在苏州权力阶层的认同,完善了城市地理与社会神圣格局的等级性与伦理性,在确立权威的同时,凝聚了城市与人的关系,使人与社会形成了具有等级特征的团结。

其次,一般阶层的宗教认同建构了苏州城的集体记忆,苏州城的神圣结构也是一般阶层的心理结构。"吴人多儒学喜信施",唐宋时期苏州就有"民莫不喜蠲财以施僧"的风气,又"吴中风俗自八族四姓沿袭不改"。[1]明仇英《清明上河图》中,一僧侣头顶佛塔模型,一僧侣托钵为建塔化缘,表明了民间供养与佛教的关系一直有所延续,且被吴地居民广泛接受。在苏州繁华的街景中,市坊内经营佛教相关事务的店铺和制作高香的作坊,侧面反映了明代佛教与世俗生活之间的关系密切。"岁首,即会于佛寺,谓之岁忏……二月之望,浮屠氏以为佛涅槃日,诸寺院作佛事,谓之双林会……四月八日,浮屠浴佛遍走闾里。"[2]佛教已然成为市民生活的重要组成部分。同时,从《清嘉录》记载可以看出,至清朝,城内玄妙观、城隍庙、福济观,城外郡厉坛等道教建筑内也常举办周期性民俗活动(见表2),仪式内容开始逐渐脱离唯宗教活动的特性。"烧香答愿""庙台击牲演剧""游人杂闹"等活动表现出较强的世俗性特征。由宗教认同产生的非宗教性表现,既体现了宗教神圣的世俗性特征,也说明宗教之神圣已经转化为居民共同的心理结构,最终以地域文化的身份融入苏州。

佛道信仰的角色从权力阶层维护统治神圣性的工具,在市民阶层的认同中,转变为贮存城市共同记忆的空间,承载了苏州城文化发展的历史。在这一过程中,苏州古城空间的神圣性叙事主体从政治权力转变为市民参与,而城市的神圣性,亦由建城初期宗教及类宗教的神圣性转化为以市民文化为核心的文化表现。

结　语

如今,苏州城仍保留着古老的城市形态,其确立的过程融合了儒释道

---

[1] 道光《苏州府志》卷2《风俗》,第1页。
[2] 乾隆《苏州府志》卷3,第10~11页。

表 2 苏州城主要道教建筑及其周期性仪式

道教建筑	仪式名称	仪式内容
玄妙观	拜牌	祝厘之仪
	新年	士女游玩琳宫梵宇，烧香答愿
	斋天	九日为玉皇诞辰，元妙观僧道皆设道场
城隍庙	烧十庙香	郡县城隍庙及本里土地诸神祠，男妇修行者年初皆往，烧香必经历十庙而止，谓之烧十庙香
	犯人香	郡中市肆悬旌人行，以及聚观，罚视，皆在庙台击作性演剧。香火之盛，什佰于他神祠
福济观	轧神仙	四月十四为仙诞日……士女骈集进香，谓之轧神仙；陆道坚设云水斋，感异人授神方，以疗风疾，至今赖之
	灶君生日	家户具香蜡素羹，以祀天王堂及福济观之灶君殿，进香者络绎终日
郡厉坛	山塘看会	清明日，致祭无祀
	中元节	集山塘看无祀会，一如清明
	十月朝	游人集山塘看无祀会。人无贫富，皆祭其先，多烧冥衣之属

资料来源：根据（清）顾禄《清嘉录》（来新夏复点校，上海古籍出版社，1986）整理。

文化观念，是中国宇宙观与空间观的见证。由于古代江南地区媚神信鬼的社会风俗，佛道信仰分别得到权力阶层与市民阶层的认同，二者共同参与了古城的神圣性叙事。通过对城市形态演变历史的梳理，苏州经历了形塑神圣、神圣整合与神圣重构三个时期。东汉至魏晋南北朝时期，苏州城尚处于建造初期，沿袭了阖闾城的建城逻辑，空间形态不断完善，但仍通过"法天象地"获得神圣性，且城市空间神圣性意义以维护城市安全为主要目的。唐宋时期，儒释道进入吴地，在文化融合之余参与了苏州城市雏形的塑造。首先，"中央—四方"的空间结构反映了苏州城以权力为中心的神圣性内核；其次，佛道因作为子城的守护者进入城市中心，而在城市空间布局中，道教建筑因受贵族阶层重视，占据了靠近城市中心的位置，佛教建筑虽然以突出声景、视觉等方式赋予城市以神圣意境，但多位于城市边缘。元末子城损毁再未重建，"中心—四方"的古城格局瓦解。基于佛道在苏州的悠久历史，权力阶层借道教重塑了城市的中心。由于明清时期宗教政策与文化融合，佛道受到儒家文化的影响，宗教神圣空间的性质表现出儒学化的倾向，而佛道在世俗阶层的认同保持了其作为宗教文化的活力，因此，儒佛道宗教建筑建构了苏州城内的神圣性街道，城市的神圣脉络因此生成，打破了轴线与中心合一的城市空间传统。

"天""序""仪"即为苏州城从汉至明清建立城市神圣性叙事的要旨。在逻辑转变的过程中，"中心"在地理空间和文化空间两个层面的意义被不断建立。清朝末期，城市中心的建造者由权力阶层绝对领导逐渐向市民参与转变；同时，一直叙写苏州城神圣性的"中心"，其内容从宗教或政治转化为经济聚集区，形成了新的城市景观。佛道信仰在不同时期对苏州城的神圣性叙事产生影响，宗教因深度参与市民生活成为城市文化的重要内容，随着城市中心内容的更迭，依附于一般阶层的神圣性认同，佛道信仰融于苏州历史，成为苏州城的文化脉络。苏州古城空间叙事中的神圣性，是中华神圣的模式表现，整合了苏州的城市结构，同时，以政治治理的方式建构了社会结构和自上而下的心态结构，形成了具有等级特征的人人与人地关系。

作者：杨雅茜，苏州大学艺术学院
　　　江　牧，苏州大学艺术学院

（编辑：杨楠）

从"呻吟之苦"到"防疫之政"：近代北京的疾疫灾害与城市应对*

王 娟

内容提要 近代北京受到灾荒、战争等自然与社会多重因素的影响，疾疫以肠道传染病和呼吸道传染病中的霍乱、伤寒、痢疾、喉症及痘疫居多，民国以后疾疫种类及暴发次数呈增长趋势，城区较郊县更为严重。面对带给"一身一家"的"呻吟之苦"，近代中国从卫生防疫的行政管理、法规制定、医疗救治、宣传教育诸方面，尝试仿照西方从社会治理角度构建本土近代化的"防疫之政"，蕴含"全国全种"、保全民族的深层用意。北京因其特殊的地位，成为考察近代中国城市化进程中疾疫灾害与社会治理互动图景的典型城市。疾疫视野下的北京城市史学术探究，促使我们思考推进城市史研究的"社会化转向"。

关键词 近代 北京 疾疫 社会治理

被比作"历史多样性的杂货铺"的城市史，其核心研究内容之一就是城市化。在近代中国城市化进程中，疾疫作为典型的"城市病"，承载着复杂的社会变迁信息。近代中国频繁发生的疾疫，一方面给"一身一家"带来切肤的"呻吟之苦"，[①] 另一方面客观上促进了事关"全国全种"的近代化"防疫之政"的确立与发展，而且对于疾疫的社会应对已然超越了公共卫生问题而成为关乎国家命运与民族情感的重大政治问题。本文参鉴

---

* 本文为北京市社会科学基金一般项目"新中国70年北京地区灾害治理的历史经验研究"（项目编号：19KDB006）的阶段性成果。张艳丽、何北明、李自典对于本文的写作多有启迪和贡献，谨此致谢。

① 《卫生论》，《东方杂志》第2卷第8期，1905年。

学界已有研究成果,① 从区域史角度出发,系统梳理近代北京疾疫灾害的概貌,并着重考察疾疫打击下的城市应对,借此呈现近代中国城市化进程中疾疫灾害与社会治理复杂互动的历史图景,以期为疾疫视野下城市史研究的开展和当前的城市社会建设提供一些启迪。

一 疫情概况:疾疫种类、暴发频次及时空分布

1. 疾疫种类与暴发频次

就北京地区②而言,从清末到民国年间疾疫种类呈现出阶段性特点。

进入清代中后期,除大型瘟疫以外,记载北京地区疾疫的史籍大多仍沿旧称,多为"疫""疫气""疫疠""大疫""瘟病"等,究竟是何类疾疫以及具体病亡情况大多语焉不详。例如,嘉庆六年(1801)夏六月,京师大雨,"延庆大疫";③ 道光四年(1824)自春至秋,平谷"瘟疫大行","死亡甚多,甚至有全家病没,无人埋葬者";④ 道光十三年(1833)春,"昌平州大饥疫,路死者相枕藉"。⑤

晚清以后,记载较前详细,但仍以霍乱、鼠疫、天花这几类对人的生命危害最大的烈性传染病为主。据不完全统计,自嘉庆至清朝灭亡,北京发生较大规模的霍乱 5 次、鼠疫 1 次、天花 1 次、喉症 2 次,此外有不确切疫种暴发至少 15 次。例如,同治元年(1862),北京痘疮流行,"势极猖獗,以致呻吟之声流于户外,路上葬柩络绎不绝"。⑥ 光绪二年(1876),

---

① 主要参见余新忠《清代江南的瘟疫与社会——一项医疗社会史的研究》(修订版),北京师范大学出版社,2014;杨念群《再造"病人"——中西医冲突下的空间政治(1832~1985)》,中国人民大学出版社,2019;张大庆《中国近代疾病社会史(1912~1937)》,山东教育出版社,2006;杜丽红《制度与日常生活:近代北京的公共卫生》,中国社会科学出版社,2015;张艳丽《清末民初北京疾疫应对新变化》,《学理论》2013 年第 18 期;李自典《民国时期北京的卫生防疫工作述论》,《民国研究》2013 年第 2 期;何北明《民国北京地区法定传染病研究》,《扬州大学学报》2010 年第 5 期;等等。
② 本文所言北京地区,主要指北京内外城,并适当兼及周边州县,以示历史面貌之完整。
③ 光绪《延庆州志》卷 12《祥异》,转引自于德源《北京灾害史》(下),同心出版社,2008,第 879 页。
④ 民国《平谷县志》卷 3《灾异》,转引自于德源《北京灾害史》(下),第 906~907 页。
⑤ 光绪《昌平州志》卷 6《大事表》,转引自于德源《北京灾害史》(下),第 915 页。
⑥ 〔日〕服部宇之吉等编《清末北京志资料》,张宗平等译,北京燕山出版社,1994,第 461 页。

京师亢旱风噪，以致喉症瘟疫大作，"死者不能悉数"。[1] 时任坐粮厅监督的谭继洵全家亦未能幸免，先后死亡六人，其子谭嗣同亦被传染。[2] 光绪二十六年（1900），京师暴发霍乱，死者多为庚子事变后涌入城中的各国士兵，尤以天坛和先农坛两地为多。霍乱延至次年，每日病亡者多达百余人。[3] 宣统二年（1910）冬季，东北地区暴发鼠疫，并沿铁路线向北京、山东等地蔓延，导致"外交团大哗"，决定北京使馆界对外断绝交通。[4]

民国以后，疾疫种类在传统类目基础上显著增多。霍乱、赤痢、伤寒、天花、斑疹伤寒、猩红热、白喉、鼠疫、流行性脑膜炎等九种法定传染病，每年都有不同程度的发生。统计数据显示，此时期北京地区暴发疾疫累计超过120次，年均暴发次数为3.3次，比照于清后期道光至宣统年间年均疾疫发生频次0.3次而言为高。尽管统计数据的参照价值具有相对性，仅反映大致规律，但两个历史时期疾疫暴发频次的差异性和增长趋势可窥一斑。

北京作为华北地区一座典型的城市，其疾疫种类及流行情况与城市的自然环境、地理条件及生态空间密切关联。综合而言，从晚清到民国两个历史阶段，北京地区暴发疾疫的种类基本一致，均以肠道疾疫为主，有霍乱、伤寒、痢疾等，此外还有呼吸道疾疫白喉（喉症），以及传统以来易于暴发的天花（痘疫）；民国以后疫种呈现增多趋势，疾疫暴发次数亦显著增加。

2. 疾疫的时空分布

第一种情况是，在本地区发生大规模灾害、灾荒期间，或者周边区域出现大型灾荒或瘟疫期间，受其影响，北京较易出现疾疫的暴发与流行，以下择要胪列。

光绪初年暴发"丁戊奇荒"，山西和河南为重灾区域，京师亦流行疾疫。光绪二年五月，春夏天时亢旱日久，喉症暴发，伤亡者众，"大抵痧疹喉症者居多"。[5] 谭嗣同在《先妣徐夫人逸事状》中不无悲痛地回忆此次

---

[1] 《京师杂闻》，《申报》1876年5月8日，第2版。
[2] 杨廷福：《谭嗣同年谱》，人民出版社，1957，第31页。
[3] 于德源：《北京灾害史》（下），第1005页。
[4] 《专电·电一》，《申报》1911年1月24日，第3版。
[5] 《京师杂闻》，《申报》1876年5月8日，第2版。

疫情,"京师疠疫燸起,暴死喉风者,衡宇相望。城门出丧,或哽噎不时通"。① 宣统二年冬季,东北暴发鼠疫,很快沿铁路线向北京蔓延。自十二月初北京正阳门外打磨厂三星客栈有抵京的奉天锦州人因疫毙命后,开始不断有人染病而死,"每日内、外城死亡人数约30人",② 引发社会恐慌。1925年,京畿大水,顺义、房山、良乡等地受灾,京汉铁路周口店支线轨道被大水冲断。大水泛滥,灌入当时北京设在京东孙河的唯一的自来水厂水池,饮用水源遭到严重污染。居民在自来水中甚至发现菜皮、鸟毛、沙石等污物,经化验检测到大量大肠杆菌。③ 这直接导致当年和次年北京霍乱的流行。1932年夏,北京市内发生霍乱,其烈度"为近年所未有"。此次霍乱始于上海,旋即蔓延到全国,北平、天津等城市亦被波及,④ 为民国时期霍乱流行最广者。⑤ 该年霍乱流行亦与本地灾情密切相关。该年上半年气候干旱,6~7月大雨延绵,各河陡涨漫溢,被水者达45县1300余村;平、津、塘等10余市县遂流行霍乱,暴亡者众。

第二种情况是,在战争期间或战争结束以后,由于人员大量伤亡以及人为地对生存环境造成破坏,瘟疫流行的概率较平常年份大为增加,兹举数例说明。

光绪二十六年,八国联军悍然侵华,随着洋兵入城驻扎,京师发生霍乱。瘟疫来势凶猛,疫气愈炽,且迁延数年,及至光绪二十八年七月间,仍旧死亡无算,"有顷刻死者,有半日死者"。⑥ 北洋政府时期,作为各路军阀连年混战厮杀的主要战场,北京惨遭灾荒肆虐的同时,再遭瘟疫横行的厄运。1920年,京兆区和直隶省自春徂夏雨泽愆期,塘淀干涸,河道断流,加之蝗灾相继,导致麦收歉薄。房山、大兴、宛平、通县、昌平等十余县,忍饥待食者众。山东、河南、直隶灾民四起逃荒,京汉、京奉、京绥各路站及沿线无不麇集饥民,时有冻馁过久而僵毙者。此时,直奉皖军阀交战正恶,致使饥民遍地、道殣相望。7月,京汉线"由保定之琉璃河,

---

① 蔡尚思、方行编《谭嗣同全集》,中华书局,1981,第52页。
② 于德源:《北京灾害史》(下),第1012~1013页。
③ 于德源:《北京灾害史》(下),第1035页。
④ 李文海、林敦奎、程歗、宫明:《近代中国灾荒纪年续编》,湖南教育出版社,1993,第358~359页。
⑤ 陈邦贤:《中国医学史》,河南人民出版社,2017,第369页。
⑥ 李文海、林敦奎、周源、宫明:《近代中国灾荒纪年》,湖南教育出版社,1990,第695页。

从"呻吟之苦"到"防疫之政":近代北京的疾疫灾害与城市应对

沿铁路一带霍乱盛行,死者比比"。① 1926年6月前干旱,至6月上旬,狂风暴雨,多地被淹。此时,直奉"修好",共同对抗国民军,战乱使得北京城外聚集10万以上流困人口。"双方对峙,战线前后方圆数百里,居民均以食粮断绝,饿死自杀,所在皆是。"由于军阀混战,京兆属地沦为战场,"村无完聚,城无完堡"。虽然立夏过后正值农时,然而"野尚驻兵,农无归路……天气蒸热,渐生疫疠",诚可谓"斯民不死于兵,即死于馁。不死于馁,亦死于病"。昌平一带瘟疫尤为严重,"一时传染者甚夥"。②

1943年,日军发动的细菌战致使北京暴发瘟疫,石景山疫情尤为严重。仅7月,石景山制铁所死亡工人即达2000余人。据报道,此次瘟疫流行,是日本帝国主义设在天坛的细菌部队进行细菌实验所致。③ 根据日军战俘的供述和抗日军民的揭发可知,日军曾在华北地区撒放霍乱、伤寒等烈性传染病菌,荼毒抗日军民。其手段包括从飞机上投掷细菌弹、在农村水井中施放细菌、在"扫荡"撤退时有意留下带有细菌的跳蚤或老鼠、派遣特务潜入抗日根据地和军队施放细菌等。华北民众染疫而亡者,仅1938年8月即已多达四五万人。④

从北京近代百余年长时段的角度来看,在大型灾荒或者战争发生的历史时期,多有瘟疫随之暴发,受到社会及政治因素影响的色彩相当明显。若从自然条件来看,北京地区因受常见水旱等自然灾害的影响,疾疫一般多发于冬春之交或春夏时节,秋冬季节风干物燥,也时有疾疫发生。通常而言,春夏季节容易出现肠道疾疫,而春季和秋冬季节较易出现呼吸道疾疫的传播。

晚清时期,疾疫的发生在京师内外城明显多于城外各州县地区。据统计,晚清京师暴发疾疫多达10余次,而各州县合计不到10次,其中以昌平、通州和延庆等为多。至民国时期,关于内外城的相关疾疫记载几乎历年皆有。与北京城频繁的疾疫流行形成鲜明对比的是,各郊县发生的疾疫则相对较少。总之,在空间分布上,近代北京的疾疫灾害多集中于人口稠

---

① 参见李文海、林敦奎、程歗、宫明《近代中国灾荒纪年续编》,第9页。
② 参见李文海、林敦奎、程歗、宫明《近代中国灾荒纪年续编》,第165~166页。
③ 于德源:《北京灾害史》(下),第1060页。
④ 中国第二历史档案馆等编《细菌战与毒气战》,中华书局,1989,第193~194、356~357页。

密、社会经济生活较为活跃的城区，大致呈现出从城区（京师）向各州县（郊县）逐渐递减的规律。① 现代疾疫学研究认为，瘟疫以一定的人口规模存在为前提，多在人口聚集性程度高、人口流动性大的城市区域发生，具有很强的社会属性。近代北京随着城市化进程的加快、新式交通的发展及生产生活方式等的改变，更多人员流入，生存环境和卫生状况进一步恶化，最终导致瘟疫的暴发。

二　清末：近代城市"卫生之法"的初萌

在城市化进程中，疾疫防治是对政府与民众的应急反应及应对能力的巨大考验。本文重点探讨并揭示疾疫引起的卫生观念、医疗制度、法律法规以及公共设施诸方面所发生的变化及其社会意义。为应对疾疫，清末政府在赓续传统做法的基础上，开始仿效日本和西方国家实施公共卫生行政。作为长期的封建王朝统治中心，北京有颇多值得肯定的进步之举，近代"卫生之法"得以初步构建。

1. 设立卫生防疫专职管理机构

清末以前北京并无专门的疾疫应对管理部门。疾疫发生后，通常由顺天府、步军统领衙门、五城御史衙门等承担城市的应急事务。例如，同治元年京师暴发时疫，清廷谕令五城御史"施放药剂，广为救治"，内城则派员会同步军统领衙门负责办理，定期稽查，以防胥役作弊。② 太医院有时也参与京师的防疫管理工作。同治六年（1867）京城时疫流行，清政府饬谕太医院拟方刊刻，并将药饵发给五城随时散放。③ 受西方影响，清末政府开始注重卫生及防疫机构建设，细化管理机构职能。光绪三十一年（1905）设巡警部，下设警政、警法、警保、警学和警务等五司。其中，警保司分设保安、卫生、工筑、营业等四科。④ 后巡警部更名民政部，除原警政司外，改设民治、疆里、营缮、卫生诸司。卫生科升为卫生司，负

---

① 主要根据于德源《北京灾害史》（下），李文海、林敦奎、周源、宫明《近代中国灾荒纪年》，李文海、林敦奎、程歗、宫明《近代中国灾荒纪年续编》粗略汇总。
② 《清穆宗实录》第45册，卷33，同治元年七月上，中华书局，1987，第901页。
③ 《清穆宗实录》第49册，卷196，同治六年二月上，第515页。
④ 李鹏年等编著《清代中央国家机关概述》，紫禁城出版社，1989，第263页。

责"检医防疫,建置病院"等事,设郎中一人、员外郎二人、主事二人。卫生司成为清末中央专门医政机构。光绪三十一年底,内外城工巡总局改名为内外城巡警总厅,设三处十八股。三处即总务处、警务处和卫生处。其中,卫生处办理卫生事务,下设清道、医学、医务、防疫四股,负责清道、防疫、考核医院、稽查工场卫生等事宜,① 卫生处遂成为清末京师地区的专职医政管理机构。

2. 制定防疫法规

清末北京开始通过制定防疫法规条例来对疾疫的预防、诊疗与管理进行明确规定。例如颁布《预防传染病章程》,规定霍乱、瘟疫、痘疹、白喉及容易传的疾病皆属传染病范畴;患传染病亡故者,须当天入殓;患者衣服、被褥及其使用过的物品,非经消毒不能转送他人或随意丢弃;患者吐泻污物,经消毒后要及时掩埋。内外城巡警总厅还拟定《管理种痘规则》,将种痘管理纳入政府行政职责。该规则明确指出,开局种痘者,无论善堂或医生,必须先赴巡警厅呈报地址、号资、日期等项,报批获准后才能施种;每月种完后,须将接种者的姓名、性别、年龄、住址及门牌、种次及户主等申报内外城巡警总厅备案;痘苗必须为新制痘浆;所有种痘场所,必须随时接受巡警部门的相关检查,如违反相关条款,按律拘留或罚款。② 制定并颁布多种防疫法规,无疑是清末京师卫生治理的积极举措,显示出北京应对疾疫的规范化与强制性路径选择与发展趋势。

3. 确立疫情报告制度

宣统三年(1911),京师颁布疫情报告律令,确立疫情报告制度,旨在提高疫情报告的及时性和准确性。以清末鼠疫为例,东三省鼠疫发生后,蔓延至直隶、山东两省。京师仿照日本大阪临时预防鼠疫事务局制度,在内外城分设临时防疫事务总分局四所。③ 规定一旦京师内外城出现患者,立即向临时防疫事务局报告,事务局接到报告后,须立刻派遣医生前往检查。此外,还于永定门外设防疫病室、隔离室、防疫诊所。为及时切断传染源,规定在患者出现病症时,须立即送往防疫病室接受治疗。患

---

① 吴廷燮等纂《北京市志稿(民政志)》卷6,北京燕山出版社,1989,第253页。
② 田涛、郭成伟整理《清末北京城市管理法规》,北京燕山出版社,1996,第97~99页;京师警察厅编《京师警察法令汇纂·卫生类》,京华印书局,1915,第15~16页。
③ 吴廷燮等纂《北京市志稿(民政志)》卷6,第253页。

者居住过的房屋要进行消毒、封闭,断绝附近交通。病亡患者须经医生检查后才能埋葬,如被确诊染上传染病,须实行火葬。旅馆、饭店、茶楼、市场等人员高度密集的公共场所,是疫情高发地,防疫工作极为重要。卫生警察队负责检查,并监督清道夫认真扫除。清廷还加强对外来人口尤其是来自疫区人口的管理。进京人口如来自疫区则不能直接入城,须在关厢住宿,等检验合格后方准进入。清末确立的疫情报告制度体现出较强的科学性,对于京师应对此次鼠疫意义重大。

4. 设立官医院

清末以前,北京地区并无专为普通百姓治病的常设机构。太医院尽管是医疗行政管理机构兼医疗场所,但服务对象主要是皇室成员。京师疾疫流行时期,太医院有时会参与疾疫应对,但均为临时派遣,事毕即行撤回。北京地区最早的近代公立医院于光绪三十四年(1908)奏请设立,分别于东城钱粮胡同、宣武门外梁家园两地成立内外城官医院。两院均分设中医、西医两部。宣统元年二月,医院改归内外城巡警厅管辖,以卫生处佥事兼领院长。《内外城官医院章程》总纲指出,医院"纯属官立性质,所有来院诊治之人概不收费,惟住院诊治者饭食须由本人自备"。服务对象较为广泛,包括普通民众、海陆军军官及兵士、学堂学生、病伤急切者和巡警人员等,体现出近代医疗服务的公平性。内外城官医院在行政设置及就医流程方面都有较为明确的规定。值得一提的是,医院专设传染病室,并与其他病区相隔离。① 京师官医院设中、西医官各五人,中、西司药各三人,② 扩大了西医在疾疫应对方面的影响。疾疫发生后,内外城官医院积极应对。宣统二年,东三省鼠疫蔓延至京师之时,民政部命令内外城官医院添置防疫药品、器具。③ 两所官医院的建立为预防传染病竖起了一道屏障。官医院对患者采取免除医药费之举,有利于普通民众接受正规治疗,扩大了就医患者的范围,这在疾疫应对历史上迈出了重要一步。

5. 颁布清洁规则

城市公共卫生设施的建设和改造是预防疾疫发生的有效举措。为维持户外清洁,1908年民政部颁布《预防时疫清洁规则》,规定:街巷不得堆

---

① 田涛、郭成伟整理《清末北京城市管理法规》,第103、108页。
② 李鹏年等编著《清代国家中央机关概述》,第267页。
③ 吴廷燮等纂《北京市志稿(民政志)》卷6,第254页。

积污秽、煤炭，不得倾倒泔水及一切垃圾；对于固体废物，普通住户应于门外放一个带盖子的污秽物容器，商铺于室内放置，每日由官设土车拉运弃于僻静处所；凡泔水、洗涤器物水及其他污水，均须排泄于沟渠；沟渠不准倾倒灰土粪便及动物皮毛、内脏、骨头及尸体等；沟眼出现臭味及开沟时，须以氯气、灰松脂或石灰进行消毒。关于粪便的处理，厉禁陋习，厕所须每天打扫，不可任意漫溢；装运粪溺容器必须保证坚固，并覆盖密闭；粪车不得停留街市。① 在国家的强制推行下，尽管卫生管理制度建设尚未成体系，但单项清洁规定可谓相当详备。

6. 开办自来水公司

1908年，鉴于"凡各项实业有益于民生日用者……即如京师自来水一事，于卫生、消防关系最要"，农工商部奏请筹办京师自来水公司。随后拟定章程，招商集股，官督商办，一切按照商业规定办理。公司由直隶总督统筹兼顾，每年筹拨官款银十五万两。为降低成本，依照铁路材料免税成案，公司申请购运材料、机器，经过崇文门关时一律免税。1909年，自来水公司调用高等工业学堂化学专业优秀毕业生刘恩延，专司化验事宜。② 从1908年初步筹划，至1910年刊登广告售水，北京地区开始饮用经过净化的自来水。京师自来水公司的创办，强化了水与城市居民健康问题的直接关联，促使城市居民用水观念、饮水卫生意识发生变化，对于预防疾疫具有积极意义，城市的供水与用水逐渐走进公共领域。

长期以来，北京作为封建统治的"首善"之地，应对疾疫的传统做法重点在于被动地"避"和"治"而非主动预防，缺乏积极的制度建设。基于"天象示警""灾异天谴"等传统灾害观念，受封建社会政治制度和实际治理能力等多重因素的影响，国家在制度上对于疾疫救疗无法提供足够的法律依据和实际指导，同时缺乏强大的基层社会组织动员能力，卫生防疫多通过民间化、社会化的方式由民众自行处理，很多时候甚至成为精英势力把控地方空间的个人事务。相较而言，清末北京应对疾疫时在传统做法基础上适时趋变，应肯定其表现出的进步气息。然而，随着国势衰微，京师公共卫生防疫缺乏完备和长效的管理机制，城市卫生基础设施建设薄

---

① 田涛、郭成伟整理《清末北京城市管理法规》，第75~78页。
② 北京市档案馆等编《北京自来水公司档案史料》，北京燕山出版社，1986，第1~2、24页。

弱，重塑居民的卫生观念仅仅始于起步，有效的疾疫治理困难重重，各方面尚未出现革命性突破，北京城仍在疾疫的阴霾下求索。

三 民国时期：为"全国全种"构建近代"防疫之政"

民国以后，西方医学知识及医疗管理制度进一步传入中国，民众的疾疫应对和思想认识有更大进步。在近代中国，帝国主义对中国的侵略和压迫，构成了中华民族长时期的生存经验，因此"民族主义的诉求成为中国人最高的政治律令"，[①] 任何社会空间包括医疗卫生领域都无法消除由此产生的民族情感。民国时期的疾疫应对呈现必然的民族主义指向也是不争的历史事实。

疾疫作为近代城市化进程中的客观存在，在给城市生活带来威胁和破坏的同时，客观上刺激了现代医学的发展及现代医疗卫生体制的建立和发展，引发公众对公共卫生事业及其与社会发展的关系的关注和思考。中国在长期的历史演进中，积累了丰富的疾疫应对经验，"也凝练形成了独特而有生命力的民族精神"。[②] 在近代民族革命的时代背景下，民众的思想认识进一步得到提高。有识之士认识到，卫生建设与国家进步密切相关，疾疫应对由此被赋予强烈的政治意味。《东方杂志》所载文章《卫生论》指出，卫生制度建设与国家进步休戚相关，"其国度愈文明，民族愈贵重，则卫生之法愈益精密；反是者，国必弱，民必劣。……小之一身一家，受疾疫呻吟之苦；大之全国全种，蹈天演销灭之惨"。[③] 在现代民族国家的谱系中，公共卫生是关系人民健康的公共事业。著名疾疫史学者余新忠指出，应将近代疾病防治的历史置于殖民主义和民族国家建构的话语中考察；疾疫及其应对，助推或激励了自强而悲悯和重家爱国等重要的民族精神涵育和发展。[④] 这些都是相当深邃的认识。近代中国社会的卫生防疫观

[①] 张汝伦：《现代中国思想研究》，上海人民出版社，2001，第207~208页。
[②] 余新忠：《疾病应对与中华民族精神的涵育初探》，《历史教学》（下半月刊）2020年第11期。
[③] 《卫生论》，《东方杂志》第2卷第8期，1905年。
[④] 余新忠：《疾病应对与中华民族精神的涵育初探》，《历史教学》（下半月刊）2020年第11期。

念逐渐趋于积极、科学，而且其重要性被抬升至民族发展的高度。从某种程度上可以认为，近代中国人追求西式先进的卫生防疫制度，其原动力与其说是令人胆寒的疾疫本身，莫若说疾疫只是一个契机，真正的压力是来自西方世界的挑战，来自我们民族自身救亡图存的生存压力，因此政治斗争与时代主题带给城市卫生防疫的实际挑战决然不可忽视。

民国成立以后，在北京地区，新的疾病预防和卫生保健制度逐渐建立，预防接种、公共卫生教育、卫生宣传等工作也陆续开展，疾疫的申报、检查、报告等卫生行政体制得以更快发展，呈现出与西方外来卫生防疫体系相衔接和共存的态势。

1. 卫生防疫体系初步确立

建设现代公共卫生体系的核心任务就是通过有组织的管理，保障国民的身体健康。民国初年，北京的地方卫生机关是京师警察厅卫生处，其第二科负责传染病预防及检查、种痘管理。1919年，在北京设立中央防疫处，从事传染病细菌学研究和各种生物制品的生产；[1] 1925年，准许京师警察厅就内左二区设立试办公共卫生事务所，分四科，防疫科负责调查疫病、预防接种；[2] 1928年，设立卫生局；1933年，北平市政府成立卫生处，其第二科掌管防疫事务等；1934年，卫生处扩建为卫生局，下设防疫委员会，第三科下设防疫股。1925年至1936年，北平先后设立四个事务所，专责防疫事务。七七事变后，日军侵入北平，设立卫生局；日本投降后，市政府派员接收了卫生局。1946年，北平市防疫委员会成立，在金鱼胡同、东四、鼓楼东大街、西安门、崇外大街、天桥、南苑、丰台、长辛店、门头沟等地设有20个防疫委员会。至此，随着北京地区卫生组织机构规模逐渐扩大，卫生防疫机构也不断调整，机构设置日渐合理，职责亦日趋明晰，保障城市居民卫生健康的社会功能不断优化升级。

2. 疾疫管理法制化程度不断提高

民国时期，传染病管理走上法制化、规范化建设道路。1916年，北洋政府内务部以传染病危害国民之生命及身体之健康，亟应制定条例，当为预防，特拟定《传染病预防条例》，将天花、鼠疫、霍乱等疾病确定为法

---

[1] 邓铁涛、程之范主编《中国医学通史（近代卷）》，人民卫生出版社，2000，第347页。
[2] 《京师警察厅试办公共卫生事务所概要》，北京市档案馆藏，档案号：J181-18-18179。

定传染病。该条例将疫情报告时间缩短为 24 小时,并规定,病者或死者之家长或家属及其同居人、施舍店肆或舟车之主人或者其管理人、学校、寺院、病院、工场、公司及一切公共处所之监督人或管理人、感化院、养育院、监狱及与此相类处所之监督人或管理人等,皆有义务报告。1928 年,南京国民政府内政部也颁布了《传染病预防条例》。1944 年,国民政府颁布《传染病防治条例》,对疫情报告、检查消毒、患者隔离、交通管制、水源使用及尸体处理等都有较为详细的规定。[①] 此外,政府还厘定种痘人员管理规则,限定曾受新法种痘训练者,始有从业之资格。对于种痘方法、消毒手续及所用痘浆等亦均有规定。1935 年,颁布《管理人民种痘暂行规则》,使民众种痘,[②] 用法律手段预防传染病的流行,是卫生事业迈向现代化的标志之一。

3. 强化疫情应急管理

疫情发生后,应急处理刻不容缓。民国时期,政府采取积极措施,加强疫情应急管理。例如,规定对患者进行隔离;无论患者所接触之人是否已经传染,均应服从医师或检疫防疫官吏之指示施行清洁方法及消毒方法;对于传染病患者尸体,非经许可不得移动,尸体消毒后须于 24 小时内成殓并埋葬,地点应为距离城市及人烟之处三里以外之地,掘土须深至七尺以上,埋葬后非经过三年不得改葬,较重者须实行火化;地方行政长官认为有传染病预防之必要时,得于一定区域内,指示该区域之住民施行清洁方法和消毒方法,对舟车进行检疫,发现患者或疑似患者时,应扣留隔离;隔绝相关市街的交通;凡演剧赛会及一切民众集合之事,得限制或禁止之;禁止附近捕鱼游泳汲水等事,自来水水源及井泉沟渠河道厕所污物及渣滓堆集场,得命其或新设,或改建,或废弃,或停止使用;建筑物因传染病毒之污染,难于施行消毒者,地方行政长官应注意防止疫情的扩散,以期将传染病的损失降到最低点。疫情应急措施的强化显示出疾疫应对管理水平的逐步提高。

4. 加大预防宣传力度

民国时期,开始更多地运用传单、布告、讲演以及更加现代化的报

[①] 刘桂桃:《民国时期三部重要的传染病防治法规》,《档案记忆》2020 年第 3 期。
[②] 吴廷燮等纂《北京市志稿(民政志)》卷 7,第 291 页。

纸、展览、电影、广播等形式对民众进行卫生防疫宣传教育。① 以接种疫苗为例，种痘是预防痘疫传染病的有效方法之一。民国以后，北京在每年春秋两季传染病流行严重之时，政府都免费为市民种痘。1924年起，将接种范围从内外城扩至郊区。但由于人们的防疫意识较为薄弱，观望者居多。为扩大宣传，政府采取派化装宣传队偕乐队乘汽车前往各村流动讲演、散放传单等多种措施，鼓励市民种痘。② 1935年，卫生局特雇耍傀儡戏者，用极浅明的剧情、剧词，以宣传天花传染之烈及种痘之益。此外，政府为加强传染病的预防，对部分市民群体实施强迫种痘，规定所有婴儿满六个月以前均须种痘；所有儿童六七岁时，及所有天花患者之接触者，均须再种痘。不种者强制执行，并科以罚金。此外，一些民间慈善机构也开展施医送药以及防疫宣传等工作。这些预防及宣传措施，较好地配合了卫生应急、疾疫治疗等措施。

5. 设立专门的传染病医院

民国以后，北京先后设立多家专门的传染病医院。京都市政公所鉴于"立国之方首重民命，卫民之术首保健康，是以卫生行政至关重要，虽为端不一，实以传染病之预防尤应急起提倡"，参鉴"各国成规，首都地方类有传染病医院之设，盖以疫疠之发猝不及防，非于平时研究必致临事仓皇"，指出"传染病之发生不易预知，临时防范究非治本之计"。1915年，北京成立第一家传染病医院。医院分设四个科室，负责诊断、预防、检查、消毒，以及接种痘苗、制造血清等事。该传染病医院还设立研究部，罗致医学专家研究传染病学理，制造痘苗及各种血清疫苗。研究部分设三个科室：一为研究检查科，研究细菌血清学及其应用，检查各种病患材料；二为制造科，制造牛痘苗、狂犬病预防苗，及其他各种有效治疗预防剂；三为讲习科，招医师、兽医、牙医为讲习生，教授临床细菌传染病学、热带病学、免疫学等，以期普及传染病学方面知识。办公地点为原天坛神乐署显佑殿改建而成，配建有采血室、采浆室和消毒室。此外，传染病医院还曾设临时防疫处，加强检验防卫工作，推广消毒检查诸事。③

---

① 吴廷燮等纂《北京市志稿（民政志）》卷7，第321~331页。
② 吴廷燮等纂《北京市志稿（民政志）》卷7，第288页。
③ 京都市政公所编纂《京都市政汇览》，京都市政公所，1919，第208、209、213~215、271页。

1935年在天坛设立中央防疫医院，1937年设立第二传染病医院等。这些医院不但负责疫情报告、传染病患者的消毒与救治，而且也是每年种痘的主要推动力量，还承担着种痘人员的培训工作。在医疗技术尚不发达的时期，具有极强传染性的疾疫常常危及四周，令人谈疫色变。而专门的传染病医院或机构的设立，较之临时设局施药有重大进步意义。这些医院秉持近代科学精神，采取专业的诊疗方案和积极的隔离措施，可以有效控制疫情的蔓延，从而有助于缓解城市疫区民众的紧张情绪，增强疾疫应对的实际效果和社会功能。

民国时期，政府在公共卫生行政管理制度、政策及法规制定以及应急管理、信息传播、基础设施建设、基层卫生服务等方面加快探索步伐。上述以北京为中心的考察，说明此时期政府开始拥有更多的卫生防疫资源，持续推进卫生防疫体系的确立和发展，为后世卫生防疫事业的现代化奠定了基础。同时，由于时代条件的限制，这些"卫生之道""防疫之政"不得不选择性落实，这体现了北京卫生防疫事业发展的政治性特征，成为近代中国"卫生政治化"发展轨迹中的一个典型缩影。[①]

余论：对疾疫视野下城市史研究的思考

上文对近代北京疫情概况以及城市卫生防疫体系的确立与发展，进行了粗线条的勾勒与剖析，从中可见以北京城市为中心的疾疫史考察，呈现了城市发展与疾疫应对的交互关系，对疾疫视野下城市史研究的开展和当前的城市社会建设具有启迪意义。

（1）推动城市史研究的"社会化转向"。城市被看作人类社会文明演进的产物和高级形态，因此它应是城市的"物"与"人"交互发展的综合体。由此，城市史研究不应仅仅关注城市的地理形态、环境变迁及城市生态空间的差异性，还应深度考察地理空间架构下城市社会秩序的构建以及城市居民的社会参与、身份认同、观念更迭等，即所谓城市史研究的"社

---

① 高晞：《卫生之道与卫生政治化——20世纪中国西医体系的确立与演变（1900~1949）》，《史林》2014年第5期。

会化"转向问题,① 这也是当今以人为本的新型城市化建设路径的应有之义。近代北京的疾疫史考察以一个独特的视角昭示,面对疾疫,城市的应对显示出社会治理主体的多元化,政府充当主导角色的同时亦在试图唤醒城市民众的卫生观念和卫生防疫参与意识;对于疾疫的应对和治理,从决策层精英集体逐渐延伸到普通民众,共同推动城市卫生领域社会空间、制度建设的逐渐活跃和进步。因此,作为城市史研究的核心内容之一,城市物理空间中的"人"的活动,值得学界继续投入足够的热情去关注和解读其历史价值。

（2）谨慎对待城市史研究的"去政治化"。城市问题繁纷复杂,城市史学术共同体中许多人更为热衷于微观个案,这种"碎片化选择"固然有其合理性和必要性,可以对城市化进程的某些宏观性和规律性的内容进行完善和印证。但是,我们需要小心的是要避免由此造成的对于历史情境中宏大图景的"暂时性失明"。这些宏大图景的"轴心"就是特定历史时期的社会矛盾和时代主题。一旦脱离对这些政治性问题的思考而单一地讨论城市问题本身,则将陷入城市史研究"去政治化"的陷阱当中,从而偏离研究的根本而舍本逐末,追求细枝末节。有学者曾以晚明南京为例,明确指出城市的"地方性叙事"应主动融入国家历史的"宏大叙事"中,加大对城市"政治属性"的关注,以理解国家与城市的共生关系。② 同样的,北京是近代中国政治色彩极其浓郁的一座城市。回望近代北京的疾疫应对,只有在近代民族国家建构、民族主义伸张的宏大框架中,理解其在传统向近代转型时期不断地寻求救亡图存的变革性以及试图维持政治秩序的稳定性,特别是当体味到近代历史赋予北京深厚的民族情结之时,才能准确地找寻和塑造这座城市社会治理和城市化进程的多样性和独特性,并理解其深刻的历史意蕴。

（3）强化城市史研究的"现代化"面向。疾疫的社会应对及公共卫生研究,是一个蕴含着丰富主题且价值显见的研究对象。城市的疾疫史研究为我们认识疾疫与城市的互动关系、分析现代城市的社会治理能力、考察

---

① 陈恒:《关于城市史研究的若干思考》,《华东师范大学学报》（哲学社会科学版）2019年第5期。
② 罗晓翔:《"国都记忆"与晚明南京的地方叙事——兼论明清时期的国家与城市关系》,《江海学刊》2017年第6期。

城市的现代化进程提供了一个良好的观察视角。中国城市史研究的代表人物之一隗瀛涛指出，城市化进程与现代化进程是紧密相连的。[①] 大规模疫情的暴发，往往会给城市带来强大冲击，给城市治理带来极大压力和风险，甚至会暂时性地影响城市化进程。今天，疾疫应对能力仍是衡量一个国家或地区以及一座城市的社会组织程度和现代化管理水平的重要标志。疾疫应对涉及城市产业结构的调整、人口结构的优化、生态系统的维持、社会文明的可持续发展、社会矛盾的妥善解决等。因此，疾疫应对的成功，不仅可以增强城市的整体竞争力，而且本质上它是一种社会关系的重构和治理体系的再造，[②] 是一座城市走向现代化的重要"试金石"。所以，我们应该强调社会学框架内的城市功能，强化城市史研究的"现代化"面向，为城市朝健康、高质量的现代化方向发展而贡献学术力量，助力城市公共治理和社会治理水平的进一步提高。

作者：王娟，北京理工大学马克思主义学院

（编辑：熊亚平）

[①] 参见任吉东、雷家琼《中国城市现代化史研究综述》，朱英主编《近代史学刊》第15辑，社会科学文献出版社，2016。

[②] 赵建：《重大公共卫生事件与中国城市化发展质量：理论框架、演进历程与路径选择》，《宏观质量研究》2021年第6期。

新中国成立初期北京郊区的灾荒与救济（1949~1950）*

郭赛飞

内容提要 新中国成立初期，北京郊区及其周边河北地区发生多种自然灾害，农业歉收，物价上涨，工商业萧条，京郊灾民生活困难。附近河北省灾民为谋生纷纷逃亡至此，导致短期内失业人口剧增，社会治安混乱。政府救灾措施以扶持群众生产自救为主，直接援助为辅。对于当地灾民，郊区工作委员会经过详细调查，给予老弱鳏寡无劳动力者直接救济，组织有劳动力的灾民开展副业生产，通过介绍职业、发放农贷、以工代赈、推广先进技术等方式缓解了灾情。对于外来的灾民，起初是安置与遣返并行，随后受客观条件限制，遣返居多。这一举措在短时间内疏解了城市人口压力，但也导致劳动力短缺，对城市经济发展造成了影响。

关键词 北京郊区 灾荒 灾民救济

1949~1950年的京郊灾荒以水灾为主，受灾耕地约35万亩，受灾人口达12万人。[①] 快速缓解灾荒，维护正常生产生活秩序，是新生政权面临的一大社会问题。学界非常关注新中国成立初期的灾荒史，以往的研究重

---

* 本文系河南省哲学社会科学规划青年项目"新中国成立初期黄河治理资料搜集、整理与研究（1949~1965）"（2021CLS029）、河南省教育厅人文社会科学研究项目"集体化时期黄河下游防汛机制研究（1949~1980）"（2022-ZDJH-00281）的阶段性成果。

① 张志如：《1949~1950年北京市郊区救灾史料介绍》（标题为引者加），《北京档案史料》2008年第4期，第41页。

点多集中在乡村。① 本文拟对大城市郊区的灾荒与救济进行考察，对北京郊区②的个案研究发现，在救灾过程中对当地灾民与外来灾民有不同措施。对于本地灾民，以着重创造与恢复生产条件，扶持灾民生产自救为主，直接援助为辅。对于外来灾民，采用安置与遣返并行的方式，并逐渐转向以遣返居多。尽快恢复生产、维持社会稳定是救灾的主要目的。

一 灾荒及其连锁反应

北京及其周边地区地处海河流域的中下游，地势低洼，常年为大陆性季风气候，夏季降水量过多，极易引发洪涝。1949～1950 年正处于新旧政权交替的特殊时期，严重的自然灾害造成了一系列连锁反应：当地农业歉收，物价上涨，工商业萧条，失业人口增加。周边河北地区的外来灾民短时间涌入京郊，社会秩序十分混乱。

1949 年，华北地区战争与灾荒交织，京郊及其周边河北各县农业生产受到极大影响。其中水灾最为严重，该年的降水量很大，北京市 1949 年年降水量 936.2 毫米，比多年平均值高近 1/3，仅汛期（6～9 月）雨量就有 839.4 毫米，为 40 年代汛期中最大降水量。③ 京津及周边地区地处下游，地势低洼，内涝严重，如安新县，全县 178 个村，172 个被淹。农田积水很多，"水深七八尺至一丈"，④ 由于宣泄不畅，土地长期被淹，无法按时

---

① 学界关于这一问题的研究成果较为丰富，代表性的成果有：贾滕《建国初期乡村政治重建与灾害应对——以河南商水县救灾为例》，《江汉论坛》2008 年第 6 期；葛玲《建国初期自然灾害中的政府与乡村——以 1955 年皖西北临泉县城关区春荒为中心》，《党史研究与教学》2012 年第 4 期；陆洋、李甜《春荒、荒政与新政权的巩固——以 1949～1952 年的浙江海宁县为例》，《中国农史》2015 年第 1 期；李玉峰《新中国成立初期灾荒中的民众与地方政府互动——以 1953 年河南省内乡县春荒为例》，《江西社会科学》2016 年第 5 期；吴斌、夏泉《灾荒、借贷、救助与农业生产——以 1949～1952 年的西北区为例》，《党史研究与教学》2018 年第 6 期。涉及大城市救灾问题的研究主要有：承载《建国初上海赈灾研究》，《史林》1999 年第 3 期；任云兰《1949～1956 年天津城市社会救济政策的制定及实践》，《当代中国史研究》2021 年第 4 期。但是上述研究并未关注本地灾民和外地灾民的身份区分。
② 1949 年 10 月，定北京为首都后，将其划分为 20 个区，其中城区 12 个区，郊区 8 个区。1950 年 4 月，北京市由 20 个区调整为 16 个区，其中城区 9 个区，郊区 7 个区。
③ 北京水利史志编辑委员会编印《北京水利志稿》第 2 卷，1992，第 35 页。
④ 《河北省人民政府关于水灾情况向中央政务院的报告》，《河北政报》1950 年第 11 期，第 28 页。

种麦，农民生计被切断。

除了水灾，还有其他的自然灾害。如旱灾，郊区普遍干旱，麦子减收三至五成；雹灾，6月西南郊区共20142.1亩农田受到影响，这一区域作物多为蔬菜及初生谷物，损失颇重；风灾，9月间西北地区发生风灾，十八区、十九区两区[①]，谷子较往年减收约三成。[②] 灾害造成粮食歉收，京郊245个自然村，35万余亩土地（占全郊区耕地面积的29%，占灾区耕地面积的55%以上）只有一二成或五六成收成，有的甚至完全没有。十三区、十四区两区灾情尤为严重。[③]

城乡关系密切，京郊灾荒导致北京粮食、蔬菜价格上涨，又察北疫情导致东北粮食无法入京加剧了这一情况。京郊南部属于永定河冲积平原，土壤肥沃，农业生产商品化程度较高，除供给北京外，还向天津、保定、张家口输出。主要产品包括南郊的棉花，西郊和南郊的水稻，永定河西岸的花生和白薯，西郊的毛豆、荸荠等。[④] 1949年10月，京绥铁路因鼠疫停运，从10月15日起，禁止东北私商运粮入关，又遇到京郊灾荒，导致首都粮食短缺，继而引发物价上涨。[⑤] "京市东南各地区均系灾区，原来所能供给京市的粮食，亦均因灾区本身需要而减少。"[⑥] 粮价带头上涨，一些主要产品的物价甚至为7月底的2.9倍。[⑦]

内涝导致农业生产无法正常开展，工商业萧条，失业人口增加，外来灾民的流入加剧了这一状况。京郊地区原本就人多地少，"全郊区每人平均1.8亩地；近郊更少，每人平均仅1.2亩地；远郊约达3亩地"。因此，

---

① 十八区、十九区指西南郊与西郊，大致为现在的长辛店一带。
② 《北京市人民政府关于郊区受灾情况及救灾工作致中央人民政府内务部公函（稿）》（1950年1月5日），《北京档案史料》2008年第4期，第52页。
③ 十三区、十四区为东郊和南郊，大致为现在的黄村一带。司徒展：《京郊灾民的生产渡荒》，《光明日报》1950年4月4日，第4版。
④ 《北京市人民政府关于北京郊区土地改革的总结报告》，北京市档案馆、中共北京市委党史研究室编《北京市重要文献选编（1950）》第2卷，中国档案出版社，2001，第490页。
⑤ 《中共北京市委关于物价问题向中央、华北局、中财委的报告》（1949年11月17日），《中国资本主义工商业的社会主义改造（北京卷）》，中共党史出版社，1991，第55页。
⑥ 聂荣臻：《关于物价问题（1949年11月20日）》，北京市档案馆、中共北京市委党史研究室编《北京市重要文献选编（1948.12~1949）》第1卷，中国档案出版社，2001，第825页。
⑦ 《中共北京市委关于物价问题向中央、华北局、中财委的报告》（1949年11月17日），《中国资本主义工商业的社会主义改造（北京卷）》，第56页。

郊区大量非农业人口靠进城从事工商业或出卖劳动力谋生，"最多的是卖青菜的及其他小商贩，各种小手工业工人，三轮车夫及贫民等"。① 1950年3月至5月中旬，对摊贩进行整顿，"商业共歇业1411户，开业654户。歇业为开业的215%，歇业商户的规模一般较开业者为大"。② 工厂效益受到很大影响。自然灾害导致农业歉收，长期战争使得城乡隔绝，由于缺乏原料和销路，工厂纷纷停产，原本灾民可以进入工厂谋生，但工厂停产切断了这一糊口方式。"棉收减少，压花厂停业，南苑镇棉业工人失业很多，朝阳门失业人口也有数千人。"③ 大城市能够提供更多的谋生机会，北京周边的外来农民往往在农闲季节或遭遇灾荒时大量涌入。1949～1950年灾荒期间，因内涝无法种地，河北重灾区的灾民纷纷外逃，"武清、安次、宝坻三县外逃者，已三万人"。④ 北京是主要的灾民流入地。1949～1951年北京的暂住人口迅速增长，1949年为6.08万人，1950年为9.37万人，1951年为13.44万人。⑤ 如何保证京郊地区恢复生产，救济灾民，安置灾民谋生，成为救灾面临的首要任务。

二 灾民与灾情

作为市区与周边农村的缓冲地带，郊区是多方人口聚集之处。由于工商业萧条，加上郊区人口迅速增加，灾民生活异常艰难。

根据1949年12月北京市人民政府的统计，京郊八区受灾人口共119137人，占郊区农业人口的33.58%。⑥ 其中受灾较为严重的是北京南郊南苑区的南宫、马家堡等13个村，"这些村1949年秋收最多有三四成年

---

① 《北京市人民政府关于北京郊区土地改革的总结报告》，《北京市重要文献选编（1950）》第2卷，第488页。
② 《关于北京市工商业情况及措施（1950年5月25日）》，《北京市重要文献选编（1950）》第2卷，第210页。
③ 《中共北京市委郊区工作委员会关于郊区冬季生产救灾工作进行情况的报告》（1950年1月17日），《北京档案史料》2008年第4期，第58页。
④ 《河北省人民政府关于水灾情况向中央政务院的报告》，《河北政报》1950年第11期，第28页。
⑤ 北京市地方志编纂委员会编著《北京志·综合卷·人口志》，北京出版社，2004，第88页。
⑥ 《北京市人民政府关于郊区受灾情况及救灾工作致中央人民政府内务部公函（稿）》（1950年1月5日），《北京档案史料》2008年第4期，第55页。

景，有的全无收成，灾民共 2 万人左右"。"团河村打的粮食一般只能维持个秋饱，有的连秋饱都维持不了。"灾情比较严重的十四区，"灾民有二分之一以上人口打草籽为生，……有的讨要吃喝，卖牲口家具等用这些换粮"。①

京郊本地灾民还包括部分市镇无固定职业的贫民，他们平时有的在春耕秋收时到农村当雇工，有的妇女捡煤核、拾庄稼，但是这种收入十分不稳定。遇到天气不好就没有收入，连基本生活都维持不了。在京郊市镇生活的贫民，人际交往较为简单，借贷十分不易，"平常谁与谁都不过来往，借贷自然不成"，"不予救济就挨饿"。②据1950年7月的调查，3300户极贫户中就有1285户老弱孤寡需救济。③

外来灾民主要是北京周边地区的河北灾民，主要来自保定、河间、任丘、香河、宝坻、通县等地区。"几乎全是因为家乡被涝逃来郊区，灾民多系全家逃来，有的携有县政府介绍信，尚有党团员及村干部。"④在这些外来灾民中，投靠亲属的比较多。"他们大部分谋一冬口食，开春再做归计。"生活上，"吃的是玉米面高粱等，部分人掺豆皮豆渣吃，也有吃白薯干和掺菜吃的"。因无所依靠，其中有一部分人沦为乞丐。⑤

门头沟矿区为外来灾民提供了部分工作机会，但煤矿销路变差，无法容纳大量来京灾民。原本农闲时到门头沟挖煤是北京周边农民的习惯，所以在1949年秋冬，外来灾民多聚集于门头沟矿区及其他关厢⑥市镇工商业地区。门头沟矿区1949年10月至12月流动人口（多数为灾民）由10000余人增至23000多人，石景山外来灾民300余人，丰台东郊灾民也很多。⑦

---

① 《第十四区人民政府生产救灾工作汇报》（1950年3月15日），北京市档案馆藏，档案号：009-001-00090-00163。
② 《第十二区救灾工作总结》，北京市档案馆藏，档案号：009-001-00090-00085。
③ 《北京市人民政府郊区工作委员会1950年工作总结》（1951年2月），北京市档案馆、中共北京市委党史研究室编《北京市重要文献选编（1951）》第3卷，中国档案出版社，2001，第194页。
④ 《北京市政府新闻处曾瑞祥关于外地灾民陆续逃来本市郊区情况报告》（1950年1月12日），北京市档案馆藏，档案号：192-002-193-00133。
⑤ 《关于京郊外来灾民情况调查报告》，北京市档案馆藏，档案号：196-002-00206-00023。
⑥ 关厢，泛指北京城城门外的附近地区。
⑦ 《中共北京市委郊区工作委员会关于郊区冬季生产救灾工作进行情况的报告》（1950年1月17日），《北京档案史料》2008年第4期，第57页。

但因劳力过剩，灾民也很难找到工作。各煤窑因煤的销路发生问题，无法大量安置灾民。根据调查，平均每窑每日就有150名灾民要求做背煤临时工，矿方没有办法，只好每日将木牌当众撒开，抢到的才能得到这份工作。[①]

在生活难以为继的情况下，社会治安问题频发。"有的坐在区政府要饭吃，不给就不走，有的开始偷窃与抢劫。"据调查，11月门头沟发生抢案11起，窃案24起，"最近几天，白天也发生抢案……有的拿起商店的烧饼就往嘴里送，吃了拿不出钱"。[②]

三　救灾举措

1949年的华北春荒推动了救灾政策的出台，这一政策的核心是"生产自救"。因财政困难，1949年2月，华北人民政府提出"节约防灾，生产自救，群众互助，以工代赈"的原则，并提出"救济粮款之发给，目的在于通过生产以达救济目的，为数有限，亦唯有通过生产始能发挥救济效能"。"粮款之发放，首先应采以工代赈方式"；"其次，应有重点，不可平均使用"；"第三，发放对象应为贫苦劳动阶层之人民"；"第四，应尽可能把粮食变成生产资料（农业的及副业的）"。[③] 北京郊区的救灾基本沿用了这一原则。1949年底，政务院要求灾区各级人民政府及人民团体把生产救灾作为工作的中心。[④]

夏秋成灾后到冬春季，大部分灾民储粮耗尽，生活极为困难，这一阶段直接救济与组织发展副业生产是主要的救灾方式。

鉴于国家财粮有限，在城市开展的募捐活动为直接救济提供了一定的物质基础，募捐的宣传语是"城市支援乡村"。"中国解放战争的胜利，居

[①] 《北京市政府新闻处曾瑞祥关于外地灾民陆续逃来本市郊区情况报告》（1950年1月12日），北京市档案馆藏，档案号：192-002-00193-00133。

[②] 《北京市政府新闻处曾瑞祥关于外地灾民陆续逃来本市郊区情况报告》（1950年1月12日），北京市档案馆藏，档案号：192-002-00193-00133。

[③] 《华北人民政府关于预防春荒及救灾工作的指示》（1949年2月22日），中央档案馆编《共和国雏形——华北人民政府》，西苑出版社，2000，第324~325页。

[④] 《中央人民政府政务院关于生产救灾的指示》（1949年12月19日），中央档案馆、中共中央文献研究室编《中共中央文件选集（1949年10月~1966年5月）》第1册，人民出版社，2013，第219页。

新中国成立初期北京郊区的灾荒与救济（1949~1950）

首功的应当是中国的农民。北京解放后，他们又出大批的物资，源源供给城市。使城市的人民安然渡过了难关。这都是今天受苦、挨饿遭受严重灾害的农民，对我们的帮助。今天假若农民因灾害而损害了农具，因饥荒而杀了畜牲，自然会影响以后的生产。农民生产被破坏，购买力再降低，那就会大大地影响到北京工商业的发展。这样就不是农民本身的问题，而是全国整个的经济问题。农民生产降低，缺乏购买力，城市生产不会有销路，便无法发展生产。因此救灾不仅仅是救济农民，而是救全中国。所以救灾就是自救。"① 这一宣传体现了城乡互助的原则，将乡村的灾荒同城市发展乃至全国的经济形势相联系，为动员城市募捐提供了爱国主义的合法性。

城市募捐以各界救灾委员会为指导，在全市分片展开，有计划、有步骤地进行。1949 年 10 月 4 日，北京市人民政府组织成立了各界救灾委员会。委员由各民主党派与各较大社会团体选举产生。各单位按系统设立分会或支会，在全市范围内设立分会 26 个，支会 150 个。募捐以自愿量力为原则，不做强制规定。一般市民表现得很热情，如工人群体，"仅人民印刷厂一个厂子就捐了九十多万元，北京电信局工友们不但拿出衣和钱，而且把自己手上带（戴——引者注）的戒指也捐助了"。商人群体，仅面粉业就有三家捐助小米 5000 斤以上。② 募捐取得了很大成果，"截至十月二十七日止，共募集现款六千七百余万元，粗粮五万三千余斤，白面九袋，衣服五千四百余件"。主要救济对象十分明确，就是河北省和北京市郊区灾民及各地逃来城区的灾民。③

郊区委员会在发放救济粮款时对救济对象的选择十分谨慎，往往经过多次深入调查。"各街村领导来后先进行调查，一般皆进行调查两次，□□街政府则调查三次，一次比一次深入，一次比一次了解具体情况。""最后确定的对象都是重灾户。"救灾物资以促进生产为目的，一般用于生

---

① 北京市各界救灾委员会编印《1949 年开展节约救灾运动宣传手册》，北京市档案馆藏，档案号：196-002-00193-00034。
② 《北京市各界救灾委员会关于结束工作的函》（1949 年 12 月 16 日），《北京档案史料》2008 年第 4 期，第 49 页。
③ 《在北京市二届各界人民代表会议上聂荣臻市长报告全文》，《人民日报》1949 年 11 月 21 日，第 1 版。

产资料，如房屋修建与副业生产的原料等。以第十区为例，共领救济粮米数 25 万斤，开支最多的前两项是修补房屋（共 19791 斤）与补助小商贩（2442 斤），直接补助生活的用粮（610 斤）占第三位。① 充分体现了生产救灾的原则。

在有条件的地区协助灾民从事副业生产或介绍职业，解决了一部分灾民的生活问题。"十四区组织农闲的大车、小车三百四十五辆成立运输组，包运石头、沙子、货物，平均每天每车挣一万余元。""十五区灾民部分介绍到石景山钢铁厂作临时工，十五区介绍女工到西仓库工作，解决了二百人的生活困难。"②

组织没有生产条件的灾民加入合作社，发展副业。其中收效最大的是组织灾民熬硝。京郊群众在农闲时多是出卖劳动力或做小商贩，很少有从事副业生产的经验。但受水灾影响，农业生产无法正常开展，发展副业生产可以在短期内缓解灾情。南苑、西苑地区地多洼碱，土壤含硝很多，存在有利自然条件，区委会决定帮助灾民发展熬硝业以度灾荒。由于受灾人口较多，副业生产存在缺乏资金、生产工具等实际困难。对于没有生产资金的灾民，合作社帮其贷款进行生产。1950 年 1 月，南苑区在合作社扶持下，组织了 1126 人参加，用 92 口锅熬硝，日产 35000 斤，可维持 9000 人的生活。受灾较为严重的团河村从 1949 年 10 月起，全村 709 人中 90% 的村民参加熬硝。"男女老少白天都到村子外扫硝土，晚上熬，昼夜不停。"1949 年秋，该村原本收获的粮食连两个月都维持不了。而到冬季，全村熬出 20 万斤硝，可得 500 石玉米（100 斤硝可换 2.5 斗玉米），能维持 500 余人到年底的生活。合作社除了组织灾民共同生产以外，还积极拓宽销售渠道，使产品能够迅速卖出去。市合作社与天津化学工厂、秦皇岛玻璃工厂订立合同，两厂统一收购 100 万斤，销路得到解决。③ 截至 1950 年 4 月，团河村已换进食粮 1000 余石，不只解决了吃饭问题，还用熬硝的钱缴公粮

---

① 《北京市第十区人民政府救灾工作总结》（1950 年 11 月 27 日），北京市档案馆藏，档案号：009 - 001 - 00090 - 00085。
② 《中共北京市委郊区工作委员会关于郊区冬季生产救灾工作进行情况的报告》（1950 年 1 月 17 日），《北京档案史料》2008 年第 4 期，第 59 页。
③ 《中共北京市委郊区工作委员会关于郊区冬季生产救灾工作进行情况的报告》（1950 年 1 月 17 日），《北京档案史料》2008 年第 4 期，第 58 页。

18000余斤，买锅22口、瓦盆1900个（皆熬硝工具），还买了7头牲口。① 此外，区委会还组织灾民开展了其他的副业生产，如打草绳、纳鞋底与纺毛、编席、制作煤球、扫草籽打油等。② 这些项目成本较低，技术要求不高，灾民能够迅速掌握。另外比较省力，妇女老幼都能做。但副业生产只能应付一时，尤其是熬硝业，战争结束，销路发生困难，硝价下跌，百万多斤硝土作废。③

1950年春夏，围绕春耕，郊区委员会通过发放农贷、兴修水利、传授农业技术等方式组织灾民生产救灾。

第一，直接贷款解决灾民的口粮与种子、农具问题，为恢复生产创造条件。在春耕前，郊区委员会协同合作社、银行共向郊区发放了各种贷款折小米3772292斤，旨在解决部分农民的种子、肥料问题，并增添生产工具，如牲畜、水车、农具等。④ 为灾民恢复与发展生产提供了必要支持。截至1950年1月，播种小麦达33万余亩，是1949年的一倍多。⑤ 在选种上，号召农民多种春麦、大麦、洋玉米、豌豆、大蒜等早熟作物。⑥ 争取尽快收获粮食，缓解灾情。但农贷在使用过程中很难保证全部用于生产，据调查，少数农民得到贷款后用于吃喝浪费。分配的合理性也很难把握，有的地区给了并不缺乏生产资料的地主和富农。如十四区镇国寺村贷给三户地主、一户富农小米92斤。⑦

第二，发展农田水利，组织开展除涝防旱工程。春旱与夏涝对于京郊的生产十分不利，在1950年春季，郊区工作委员会动员群众疏浚护城河、南旱河、北旱河等，并修护河堤，保证西郊9000亩稻田和2万亩旱地免遭

---

① 司徒展：《京郊灾民的生产渡荒》，《光明日报》1950年4月4日，第4版。
② 姚方：《京郊各区受灾村副业生产成绩大》，《人民日报》1950年3月11日，第4版。
③ 《中共北京市郊区工作委员会关于1949年秋至1950年夏郊救灾工作总结（稿）》（1950年7月14日），《北京档案史料》2008年第4期，第65页。
④ 《北京市人民政府郊区工作委员会一九五〇年工作总结》（1951年2月），北京市档案馆编《国民经济恢复时期的北京》，北京出版社，1995，第456页。
⑤ 《北京市人民政府关于郊区受灾情况及救灾工作致中央人民政府内务部公函（稿）》（1950年1月5日），《北京档案史料》2008年第4期，第53页。
⑥ 《实现京郊农业增产计划，准备春季大生产，中共京市郊委召开区书（原文如此，应为区书记——引者注）区长联席会议，柴主任指示工作方针》，《光明日报》1950年2月12日，第4版。
⑦ 《京郊农业贷款工作，部分地区发生偏向，郊委会已注意检查纠正》，《人民日报》1950年4月8日，第4版。

水灾。发放农贷，组织农民凿井，发展水利。共计凿新井679眼，修复旧井180眼，新开渠道9条，疏浚旧渠7条。① 这些农田水利工程的修建使得京郊免遭水淹，改善了灌溉条件，有利于恢复粮食生产。

第三，组织灾民修建公共工程，施行以工代赈。这是传统社会典型的救灾方式，同样被用于这次救济当中。新中国定都北京之后，为了整改首都面貌，市政府布局了大量的市政工程，这些工程的兴建为灾民谋生提供了契机。这一阶段，城区与郊区分别实施了修筑公路、修建公厕、疏浚河渠等公共工程。1950年，北京市民政局发动广大贫苦市民挖"三海"（积水潭、什刹前海、什刹后海）、护城河、筒子河与疏浚郊区主支河流，从2月5日至6月20日，共发实物工资（米）4229350斤，可维持23496人3个月的生活，基本上解决了青黄不接期间贫民的生活困难问题。7月以后，经常参加以工代赈的有2000余人，每人每天平均可得到6斤米的实物工资。② 京郊旧有排水沟渠年久失修，郊委会动员民众疏浚凤河、凉水河、坝河等主要支流，在灌溉方面新开城龙渠支渠、稻地渠支渠等。在兴修水利中结合救灾，由市政府直接发放或借贷小米。春工的疏浚对预防当年的涝灾起到了一定的作用。1950年雨水之大，"为近十年所未有"。据农民讲，"这样大雨按往年水非六七天下不去，庄稼全要泡坏。今年疏河挖沟，雨后两天水便下去了"。③ 可见，春季的河道治理措施对增产防灾有一定成效。

郊区农村生产商品化程度较高，这种经营方式对技术要求很高。推广优良品种与防治病虫害可以提高产量，是救济灾民的有效方式。1950年春，郊区连续发现病害、虫害，其中十五区、十八区的黄疸病、黑疸病较为普遍。有鉴于此，北京农业科学研究所有计划地出贷了优良甜豌豆200斤给十五区和十六区；华农一号等优良谷6000斤给十九区和十四区；华农二号玉米2900斤给十七区和十六区；并将除虫菊幼苗万余株，分配给十五区蔬菜地农民和南苑的棉田农民。④ 这一措施，短期内解决了灾民缺乏粮

---

① 《北京市人民政府关于郊区受灾情况及救灾工作致中央人民政府内务部公函（稿）》（1950年1月5日），《北京档案史料》2008年第4期，第53页。
② 北京市地方志编纂委员会编著《北京志·政务卷·民政志》，北京出版社，2003，第90页。
③ 《1950年上半年京郊农田水利工程简结》（1950年8月18日），北京市档案馆藏，档案号：001-014-00136-00015。
④ 《关于土地改革、农业生产、生产救灾工作的报告》（1950年8月8日），《北京市重要文献选编（1950）》第2卷，第367页。

种的问题，从长远角度看也有利于郊区的增产增收。

值得一提的是，郊区的救灾是与土地改革同时进行的，土改采用"原耕不动"的政策，有利于农业生产的恢复与发展。部分地主、富农害怕秋后土改，郊区委员会及时召开农会委员会、小组会、地富座谈会等，宣传解释政策，解除其顾虑，并贷给麦种和肥料。① 在土改中，只没收了地主的土地、耕畜、农具和多余的房屋、粮食，地主的底财及其他浮财一律未动。对于依靠土地为生的地主，也分给了与农民相同的一份土地。土改后绝大多数地主开始参加农业劳动，并将其财产转向农业生产或工商业活动。对于富农，只征收了出租土地，富农自耕及雇工耕种的土地及其他财产一概未动，坚决保护中农。这些政策鼓励了农民的生产情绪，如双槐树村中农石文元说："富农都不动，我们还顾虑什么？"在黑塔、双槐树两村所调查的69户地主中，除4户地主搬至城内居住外，只有3户未参加农业劳动，其他62户地主有82人开始参加农业劳动。② 这样，更多的劳动力投入农业生产，有利于城市粮食供应以及国家税收增加。

围绕"生产自救"的原则，郊区工作委员会对本地灾民的救助依据农时开展。冬春季节生活最困难，采取直接救济、组织副业生产的方式解决灾民口粮。春夏时分正值播种，依靠发放农贷、兴修水利、传授农业技术知识等尽快使他们恢复生产。相对温和的土改政策又为农村社会的平稳过渡创造了有利条件。而对于外来无地灾民，又是另外一种情况。

四 外来灾民的安置与遣送

北京和平解放后人口大量涌入，为了维护城市正常秩序，维持农村粮食生产，北京市政府开始动员无业者还乡。1949年9月，市政府出台疏散人口办法，"凡在北平市谋生困难，而回籍后又有自力更生，或安置之可能，且有发展前途，因而自愿回籍者，始得疏散回籍"；"凡在北平市谋生困难，而原籍无家可归，或不能安置，因而自愿赴察北等地，从事农垦，

---

① 《中共北京市郊区工作委员会关于1949年秋至1950年夏京郊救灾工作总结（稿）》（1950年7月14日），《北京档案史料》2008年第4期，第64页。
② 《北京市人民政府关于北京郊区土地改革的总结报告》，《北京市重要文献选编（1950）》第2卷，第491页。

长期安家立业者，可组织移民"。① 1950 年以后，这一政策继续用来解决外来灾民的问题。

外来灾民多是因家乡受灾无法谋生来京，秋冬季节无法耕作，遣返政策出台之后，大多数灾民不愿回乡生产。经调查，"他们都是因为家乡有水或地湿无法耕作，同时因为灾区广大也无法讨要糊口"。②"为此他们多坚不回去。并且他们从去年来到郊区几个月的时间生活住处已经渐渐稳定下来。"郊区政府也认识到了这一事实。区、专和镇政府一致认为，"外来灾民所成问题的是生活的问题，是职业的问题，而非回籍路费的问题。灾民就目前说基本上就不愿回籍，事实上回去也不解决问题，有的回去过，又转回来"。③ 给外来灾民提供更多的谋生机会才能解决问题。

认识到外来灾民不愿返乡之后，北京市郊区委员会开始着手给他们介绍职业。在灾民聚集人数最多的门头沟，煤矿因缺乏销路，日产煤 5000 吨，被公私商收购的仅占一半，因此不得不停工。④ 郊区委员会从解决煤矿销路出发，增加煤炭收购量，使更多灾民能够通过挖煤解决生计。自外来灾民增加后，各小窑由每天三班改成四班，以便容纳更多灾民。将已封闭的小窑房屋共 20 余处作为灾民宿舍，可以容纳 3000 人。⑤ 经过努力，由区政府、工会、矿务处、公安局共同组织成立灾民职业介绍所，登记安置，共解决了 565 人的住房问题，介绍了 3462 人做矿工窑工，共 8000 名外来灾民找到职业。⑥

由于所能安置的灾民有限，政府逐渐加大了遣返力度，但是成效不大。1950 年春季，为了不误农时，内务部要求北京市动员灾民回乡生产。对于生活困难、返乡缺少路费的灾民给予每人每天 2 斤小米的补助。1950 年 4 月，内务部发出指示，"在遣送外逃灾民回乡生产时，必须在自愿原

---

① 《北平市疏散人口办法》（1949 年 9 月 29 日），《北京市政报》1950 年第 7 期，第 8 页。
② 《关于十五区外来灾民问题》，北京市档案馆藏，档案号：009-002-00095-00024。
③ 《关于十五区外来灾民问题》，北京市档案馆藏，档案号：009-002-00095-00024。
④ 《中共北京市委郊区工作委员会关于郊区冬季生产救灾工作进行情况的报告》（1950 年 1 月 17 日），《北京档案史料》2008 年第 4 期，第 60 页。
⑤ 《关于门头沟灾民情形》（1950 年 4 月 26 日），北京市档案馆藏，档案号：009-002-00095-00026。
⑥ 《中共北京市郊区工作委员会关于 1949 年秋至 1950 年夏京郊救灾工作总结（稿）》（1950 年 7 月 14 日），《北京档案史料》2008 年第 4 期，第 66 页。

新中国成立初期北京郊区的灾荒与救济（1949~1950）

则下有组织地及时遣送，若原籍积水仍不能从事农业生产者，应输送到有荒可垦地区进行生产或从开展社会互济中予以安置"。① 灾民外移或回乡生产一般准予四成购票乘车，对确无法自筹路费者进行补助。② 此后，北京市实施了集中遣送与自愿返乡给予优惠相结合的方式。5月以后，借助麦子即将成熟的时机，动员外来灾民返回家乡参加生产。市民政局指示，"为安定城市社会秩序，使进入本城灾区农民及时遣送返乡，且现在将近麦熟，再不遣返则必耽搁生产更难帮助谋生"。③ 郊区工作委员会表示，"近日麦收将到，要求回籍在增多，现正抓紧遣送"。④ 遣送的主要对象是河北省各地当年受灾后来京的灾民，对个人生活能够勉强维持，需要政府补助路费的灾民不集中遣送，但可以按照铁路局或运输公司的优待办法优惠乘车。对之后灾民入城，驻守城门的公安部队注意阻止并及时遣送，由当地派出所了解灾情后，介绍到区里予以适当安置。⑤

1950年夏河北省部分地区再次出现洪涝灾害，因此依然有灾民逃往京郊。1950年10月内务部再次发出指示，要求灾民"就地坚持不要逃"，并"在适当地点设立劝阻站"。⑥ 但是收效甚微，灾民数量甚至有不断增加的趋势，主要原因是来京相对容易谋生。据调查，外来灾民"做短工的每人每天平均收入五六千元，可以担负三人生活"，"灾民回家说到北京生活容易而影响到其他灾民"。因此，"动员回籍收效不大"。⑦ 据统计，

---

① 《中央人民政府内务部为注意解决灾民返籍春耕之路费困难致北京市人民政府函》，《北京档案史料》2008年第4期，第63页。
② 《帮助灾民外移和回乡生产内务部发布指示规定乘车优待和补助办法》，《光明日报》1950年4月18日，第1版。
③ 《北京市人民政府民政局关于派员讨论遣送河北灾民还乡生产并从公安分局了解情况制定具体办法的通知》（1950年5月25日），北京市档案馆藏，档案号：196-002-00201-00088。
④ 《北京市人民政府郊区工作委员会关于郊区生产救灾工作的报告》（1950年5月24日），《北京市重要文献选编（1950）》第2卷，第208页。
⑤ 《北京市人民政府民政局关于派员讨论遣送河北灾民还乡生产并从公安分局了解情况制定具体办法的通知》（1950年5月25日），北京市档案馆藏，档案号：196-002-00201-00088。
⑥ 《北京市人民政府抄发中央人民政府内务部关于处理灾民逃荒问题的再次指示的令》（1950年10月12日），北京市档案馆藏，档案号：002-002-00058-00013。
⑦ 《关于京郊外来灾民情况调查报告》，北京市档案馆藏，档案号：196-002-00206-00023。

1950年安置外来灾民15000人,遣送1500人回乡生产。[1]

结 语

  对北京城郊灾荒与救济的考察表明,新中国成立初期,新的生产救灾体制,以农业生产为核心,救灾服从于生产。[2] 在救灾伊始,面对僧多粥少的情况,郊区委员会划分群体,灵活施策,对没有劳动能力的重灾户仍然采用直接赈济的方式,解决了困难群众麦收之前的口粮。直接赈济的作用是减少或避免饿死人的情况发生,帮助群众克服悲观情绪,树立信心。

  对待有劳动力的受灾群体,郊区委员会尽力创造条件,以使他们尽快开展生产实现自救,以增加收入。在救济中注重农业生产的季节性,在1949年冬季,以发展副业为主,解决灾民的口粮问题。1950年春季,利用贷款提供种子和生产工具,以工代赈修水渠,推广良种促进灾区恢复生产。土改中采取"原耕不动"的政策,激发他们的生产积极性。1950年的郊区秋征,超额完成原定任务的34.47%。[3]

  对于外来灾民,由于京郊短期内无法容纳过多劳动力,郊区工作委员会以遣送的方式减缓了这一压力,但在随后的建设中却又出现了劳动力短缺的现象。1951年,郊区工作委员会在京郊春季生产总结报告中提到:"由于城市建设的需要,副业得到发展,吸收了大批劳动力;同时由于改良土地及精耕细作,农业上所需要的劳动力也有增加。因此,就一变初解放时的劳动力过剩而为劳动力不够用。"[4]

作者:郭赛飞,郑州大学历史学院

(编辑:任云兰)

---

[1] 《北京市人民政府郊区工作委员会一九五〇年工作总结》(1951年2月),北京市档案馆编《国民经济恢复时期的北京》,北京出版社,1995,第459页。
[2] 曹佐燕:《中华人民共和国成立第一年生产自救新体制研究》,《当代世界社会主义问题》2019年第2期,第50页。
[3] 《北京市人民政府关于1950年郊区秋征工作总结》(1951年4月2日),《北京市重要文献选编(1951)》第3卷,第298页。
[4] 《北京市人民政府郊区工作委员会关于1951年京郊春季生产总结报告》(1951年7月),《北京市重要文献选编(1951)》第3卷,第434页。

·城市治理·

近代天津"鬼市"述论

毛 曦

内容提要 天津"鬼市"形成于20世纪20年代,其得名主要因为营业时间在后半夜。1936年,市政府要求改为白昼营业,"鬼市"始有"晓市""早市"之称。"鬼市"地点在西广开一带,市场范围有逐渐扩大的过程,所处地域卫生环境极差。"鬼市"货物种类繁多,主要源于收购的废品。"鬼市"卖主多是穷人或小资本者,买主中既有一般买主,也有兼具买主和卖主双重身份者。"鬼市"人员构成复杂,但以穷苦民众为主。"鬼市"交易通常存在欺诈、欺压等现象,但"鬼市"的存在对于城市贫民来说具有一定积极意义。天津"鬼市"与庞大的贫民群体相关联,具有一定的时空特征,是其城市问题的集中显现。"鬼市"是近代中国许多城市中曾经存在的场所,其语义在近代亦有新的扩展,反映出中国近代城市演进的诸多特征。

关键词 近代天津 "鬼市" 城市贫民

所谓"鬼市",从中外史籍来看,是指一种原始的以物易物的交易方式,或为"哑市""哑交易""哑巴式交易""不说话的买卖"等;"鬼市"也专指唐宋时期出现的一种疏于监管的营业时间在后半夜的特殊夜市,宋代孟元老在《东京梦华录》中称其为"鬼市子"。[①] 明清时期,天津的夜市较为发达且富有特点,"天津(卫)府夜市前期沾染军营之气,后期因

---

① 许永璋:《中外史籍的"鬼市"》,《寻根》2002年第6期;刘志远:《雏议唐代"夜市"经济的雏形——鬼市》,《中北大学学报》(社会科学版)2009年第2期。

开埠裹挟外国租界之风"。① 近代以来，随着大量穷苦民众的涌入，在天津城市的边缘地带兴起了一种特殊的夜市——"鬼市"。"鬼市"的形成与延续，是近代天津城市历史的组成部分。通过对天津"鬼市"的研究，可以加深我们对天津城市史，尤其是近代天津城市底层民众的经济社会史、城市空间的扩展过程及城市环境的变迁等问题的认识。然而至今我们对近代天津"鬼市"的研究还较为有限，尚缺乏对其专门的讨论和系统的认知。笔者拟以相关文史资料、报刊资料为中心，尝试对近代天津"鬼市"的历史状况进行较为系统的揭示，并对"鬼市"与近代天津城市的关系进行一定的分析，以期对近代天津城市史研究的深化有所裨益。

一 近代天津"鬼市"的基本状况

20世纪60年代，天津市南开区政协曾组织人力进行专门走访并组织了当事人进行座谈，收集了许多有关近代天津"鬼市"的资料，并经由地方文史工作者加以整理，发表了《"鬼市"旧话》《天津"鬼市"探秘》《天津"鬼市"琐忆》等文章。② 这些关于天津"鬼市"的史料，来源于当年曾长期活动于"鬼市"地区的人们的回忆，因而弥足珍贵。近代报刊尤其是天津地方报刊对于天津的"鬼市"也有一定的报道和描述，梳理和发掘其中的有用信息，可以丰富"鬼市"研究的内容。1902年创办于天津的《大公报》、1915年创办于天津的《益世报》，还有《三六九画报》《新天津画报》等近代天津报刊，对于研究近代天津"鬼市"皆具有重要的价值。综合运用文史资料、报刊资料和其他资料，借以考证辨析，可以大体形成关于近代天津"鬼市"诸多方面更为系统的认识。

1. "鬼市"得名的缘由

关于天津"鬼市"得名的缘由，虽有不同的说法，但仍可看出其中的一致之处。"鬼市的命名的由来，固然是由于它的交易是在早晨举行，可

---

① 王茂华、张金花：《明清城市与市镇夜市探析》，《中国社会经济史研究》2016年第1期。
② 杨迪：《"鬼市"旧话》，《南开春秋（文史丛刊）》总第3辑，1989，第134~138页；胡蕴辉：《天津"鬼市"探秘》，《天津文史资料选辑》1994年第3辑（总第63辑），天津人民出版社，1994，第98~106页；李洁贤、薛寿颐：《天津"鬼市"琐忆》，《天津文史资料选辑》1994年第3辑（总第63辑），第107~111页。

是这'黑货'恐怕也得算一个原因吧。"① 这里所说的"黑货",是指来路不明的盗窃之物;"早晨"应是凌晨,即后半夜。该文认为"鬼市"得名源于其营业时间在凌晨,但同时认为市场上有大量"黑货"交易,也应是得名的缘由之一。而多数人认为,由于营业时间的特殊性,才有了"鬼市"之名。"只因为他们营业的时间在黑夜,所以相沿竟称之为'鬼市'了。"② 之所以称为"鬼市","是因为那里的生意半夜里最热闹,天一亮就渐渐冷下来,中午前就又变成冷清清的一片荒郊了"。③ 1949年以后的文章中,对天津"鬼市"得名也进行了解读。前述《"鬼市"旧话》一文指出,所谓"鬼市",是说在夜间一点钟以后才开始做买卖,卖的东西大都是旧物、杂物,天一亮,便都散开。《天津"鬼市"探秘》一文指出,西广开的市场,开市时间越来越早,凌晨两三点时,市场已经是灯火荧荧了,"鬼市"也由此叫响了。《天津"鬼市"琐忆》指出,由于最早是窃贼将偷来的东西即"小货",夜里在荒坟间与一些胆大妄为者或有来头者进行交易,其市场由此有了"鬼市"之名。

事实上,"鬼市"并非天津所独有,"鬼市"在中国的历史也极为久远。《东京梦华录》卷2"潘楼东街巷"条:"潘楼东去十字街,谓之土市子,又谓之竹竿市。又东十字大街,曰从行裹角茶坊,每五更点灯博易,买卖衣物图画花环领抹之类,至晓即散,谓之鬼市子。"④ 这里的"鬼市子"就是中国早期的"鬼市",其营业时间是五更(凌晨三点)开始到拂晓结束。由此可见,"鬼市"属于夜市的一种,但营业时间不在前半夜,而是在后半夜。关于近代天津"鬼市"的得名虽有多种解读,但从其营业时间的特征来看,同样符合宋代"鬼市子"营业时间特点,其得名应该与该市场后半夜开市至天亮结束的营业时间直接有关,至于"黑货"("小货")或坟地交易等因素与"鬼市"得名的关联,应属于人们的主观解读。

2. "鬼市"形成的时间

天津的"鬼市"究竟形成于何时?早在20世纪40年代,有人就向

---

① 《天津低级生活素描 鬼市和破烂市》,《大公报》(天津版)1933年5月4日,第13版。
② 王世干:《鬼市一瞥 都市黑暗的一角 雇主以劳苦大众为多 货物均破碎零星之件(上)》,《大公报》(天津版)1935年1月31日,第15版。
③ 《人鬼之间——记天津鬼市》,《大公报》(天津版)1947年12月8日,第5版。
④ (宋)孟元老撰,邓之诚注《东京梦华录注》,中华书局,1982,第70页。

"鬼市"上的商贩们提出这个问题。"他们都说：'总不止一百年了吧！'"①由于资料缺乏，要搞清楚天津"鬼市"形成的时间，尚需做进一步的考证。胡蕴辉在《天津"鬼市"探秘》一文中提到，天津"鬼市"最早形成于19世纪末，地点在西关街烈女祠附近，当时俗称"穷汉子市"。后来迁到横街子，再后来迁到西关街老爷庙附近。20世纪20年代初，迁移到西门附近。稍后，迁移至韦陀庙附近，后又迁至西南城角附近。20年代后期，再次迁移到德顺澡堂附近（现南开区三马路北头）。1930年，迁移到西广开的广仁堂附近。1954年，"鬼市"被改造为天明市场。"鬼市"不断迁移的原因在于，该市场并未纳入政府管理（警察不能收取费用），因而不断遭到驱逐。到了西广开以后，市场开始有了一定的管理，加之该区域当时属于坟地、开洼地，故而不再有各方干涉。从经营时间来看，早期的"鬼市"多是从天快亮时开始，几个小时后便结束，类似于早市。迁到天津老城西南的西广开后，开市时间愈发提前，凌晨两三点已熙熙攘攘，"鬼市"之名也更为响亮。②

　　天津"鬼市"可溯源到早期的"穷汉子市"，但在迁移到西广开一带以前，从营业时间来看，更像是一种小规模的早市。而落地西广开以后，随着经营时间的不断提前，才变成了夜市中的"鬼市"。早期的"穷汉子市"可视作"鬼市"的起源，而真正的天津"鬼市"应出现在1930年迁徙到西广开以前。在"穷汉子市"迁徙到西广开以前，这里可能由于大量贫民聚集，就自发形成了一定规模的"鬼市"。

　　1917年，华北遭遇严重水灾，大批难民涌入天津，有不少难民聚集于西广开一带。③ 1920年，华北遭受重大旱灾，灾民再次进入天津，西广开一带的难民数量再次增加。④ 随着难民不断涌入天津，城市贫民数量急剧增加，他们大多只能聚集在城市的边缘地带，艰难地寻求生存空间。西广开一带原为水洼、坟地与荒地，随着灾民在此聚集生活，这里才有了形成市场的可能。1917年以后，尤其是1920年以后，由于贫民在西广开一带

---

① 《人鬼之间——记天津鬼市》，《大公报》（天津版）1947年12月8日，第5版。
② 胡蕴辉：《天津"鬼市"探秘》，《天津文史资料选辑》1994年第3辑（总第63辑），第98~106页。
③ 《关于水灾之种种》，《益世报》（天津版）1917年10月1日，第6版。
④ 《赈灾事宜一束》，《大公报》（天津版）1920年12月27日，第9版。

聚集，这里有可能出现了早期的"鬼市"，而1930年以后，随着旧有市场的迁入，这一带的"鬼市"规模扩大。故而大体说来，天津真正的"鬼市"应出现在20世纪20年代，至30年代"鬼市"已在当地颇具影响。早在1930年9月13日《益世报》中就有关于天津"鬼市"的专门报道，[①] 1933年5月4日《大公报》亦有相关文章报道天津的"鬼市"，由此可以推知"鬼市"出现在1930年以前。

3. "鬼市"的位置、规模与环境

从现有资料可以看出，天津"鬼市"的大体位置已较为清楚。"顺着西南城角再向西南走，那么不久你就可以遇到一个热闹而且包罗万有的市场，那块地方的名字叫广开，那市场呢就是我们所要说的'鬼市'。"[②]"'鬼市'的地址，是在本市的西南隅，广仁堂的后面空地上，从西南隅，经过广仁堂，向西曲曲湾湾〔弯弯〕地走几个小胡同，就到了所谓'鬼市'的广场了！"[③] 从这些表述可知，近代天津的"鬼市"地处西南城外西南方向的西广开地区。西广开的"鬼市"范围曾有逐渐扩大的趋势，20世纪30年代以后，由于到此交易的人数不断增多，交易的货物数量与种类大量增加，交易区域不断扩大，规模最大时从现在的南开公园，往西经西市大街、靶档道，直到墙子河，都有摊位。[④] 关于"鬼市"的人员规模，1947年的《鬼市》一文中描述道："据估计这儿最少有十万人以上靠此生活，这真比一个小县城的市面还热闹得多哪！"[⑤] 这一表述难免有夸大之嫌，但人数众多当属事实。

天津西南城角以外的南面和西南面，曾为大片的水洼和坟地。清光绪时期，在天津西南城角外兴建了广仁堂，因取土而在广仁堂之南形成了一个较大的水塘。1901年，将这一水塘作为城市排水区域加以扩展，形成了面积达100多亩的巨大蓄水池（今南开公园及周边地区），同时取土垫平

[①] 《鬼市藏垢纳污：鸡鸣狗盗昧爽交易，朱贼倒楣人赃并获》，《益世报》（天津版）1930年9月13日，第7版。

[②] 《天津低级生活素描 鬼市和破烂市》，《大公报》（天津版）1933年5月4日，第13版。

[③] 王世干：《鬼市一瞥 都市黑暗的一角 雇主以劳苦大众为多 货物均破碎零星之件》，《大公报》（天津版）1935年1月31日，第15版。

[④] 李洁贤、薛寿颐：《天津"鬼市"琐忆》，《天津文史资料选辑》1994年第3辑（总第63辑），第107~111页。

[⑤] 阿敏：《鬼市》，《老乡》第1卷第3期，1947年，第23~25页。

了附近300多亩的洼地。这一蓄水池充当了当时天津城市的排污池，蓄水池之西及西南即为西广开的"鬼市"所在。因紧邻巨大的排污池，"鬼市"的环境可想而知。城内每天有大量的污水最终排入城外西南臭气熏天的排污池（时人称其为"臭水坑"）。"臭水坑是一块旷阔而凸凹不平的坟地，人们绕着池边建筑起一些低矮的小屋，年代久了，都破烂不堪。在那些破烂的小屋和池塘之间是许多纵横交错的小道"，深夜的"鬼市"即出现在这些狭窄的小路之上。"鬼市"所在地面凹凸不平，也没什么基础设施，加之紧靠巨大的臭水池，臭气熏天，环境极其恶劣。[①] 此外，也有作品描写了"鬼市"极其肮脏的卫生环境和贫困大众的凄惨生活。泥泞的道路，脚下黑灰色的烂泥，小屋、茅棚和垃圾堆，污秽和嘈杂，交织成"鬼市"的灰暗画面。残疾人、醉汉、乞丐、盐场工人、士兵、闲人、卖艺的、拾荒的、妓女、算卦者、流浪狗，构成了"鬼市"的众生画像。[②]

4. "鬼市"的营业时间

近代天津"鬼市"的营业时间一般是后半夜两三点开市，至天亮结束。由于"鬼市"中存在诸多社会问题，地方政府曾经专门介入，试图改变"鬼市"的营业时间。1936年，天津市政府下令将西广开"鬼市"改为白天营业。此前，"鬼市""自午夜起，至次日天明，为营业时间"。"市府近查各摊所售货品，多系盗窃赃物。盗窃〔贼〕昼间潜伏，以避侦缉，入夜则将赃物送至各摊脱售，辗转流入民间，不仅侦缉困难，搜索原赃，亦费周折。"为严厉取缔，下令"改为白昼营业，俾弭社会隐患，而小本商贩，仍得照常谋生云"。[③] 关于"鬼市"改为白天营业的公告发出后半月有余，政府发布了西广开"鬼市"白昼营业的具体时间：每年四月至九月"每日上午六时至十时为营业时间"，十月到次年三月"每日上午七时至十一时为营业时间"。[④] 政府基于"鬼市"中存在的诸多问题，采取了改为白昼营业的办法。从后续的有关资料来看，政府的这一政令对于"鬼

[①]《人鬼之间——记天津鬼市》，《大公报》（天津版）1947年12月8日，第5版。
[②] 青苗：《鬼市》，《大公报》（天津版）1947年6月24日，第6版。
[③]《西广开"鬼市"售品多为贼赃 市府令改白昼营业》，《大公报》（天津版）1936年10月20日，第6版。
[④]《西广开"鬼市"改在白昼营业 自晨六时至十一时》，《大公报》（天津版）1936年11月7日，第6版。

市"后来的营业时间产生了一定的影响。正因为营业时间的推后,天津"鬼市"又有了"晓市""早市"之称。"鬼市""在从前原是夜间交易,后因官方禁止,才将时间提前,并且将名字改称'晓市'"。① "每天上午四点至八点左右为止,有个大多数人不加注意的露天百货大市集,也就是所谓'鬼市',又名'早市',亦名'破烂市'。"② 政府强令"鬼市"白天营业,故而又名"早市""晓市",但"鬼市"与"破烂市"虽有相似之处,却并不等同。

"日本投降后,一些军需物资也上市出售。随着销售物资的繁杂化,某些人开始投机钻营,为了躲避稽查部门,则在夜间从事交易,凌晨二三点钟,买者与卖者互借煤油灯、桅灯或手电筒的微弱光亮进行交易。"③ 1945年抗战胜利以后,天津再次出现了后半夜交易的真正的"鬼市",及至1947年,天津"鬼市"的营业时间在"早晨四点钟方才开始","约莫在十点钟光景,交易是慢慢的稀少了"。④

总之,天津早期"鬼市"的开市时间是在后半夜两三点,"鬼市"名副其实。1936年政府强令调整为白昼营业,"鬼市"实质上变成了"早市"("晓市")。抗战胜利后,天津再次出现"鬼市",开市时间恢复到凌晨两三点。

5. "鬼市"货物的来源与种类

近代天津"鬼市"的货物来源,主要是破旧货物、偷盗之物和败落大户之物。⑤ "货物呢自然也就是这些破东西了,不过,除此而外,还有些出售的物品是小偷们偷了来的'黑货'。"⑥ "鬼市"的货物主要由收破烂者提供,进货方式主要有以新换旧、夹包串门、打鼓买货、蹲筐买货、跑叫卖行和"买狗少(败家子)"等,而在交易过程中,通常会采取一些欺骗

---

① 巴人:《"鬼市"观光记》,《新天津画报》1940年11月17日,第1版。
② 兆奎:《津门的鬼市(未完)》,《三六九画报》第17期,1942年,第19页。
③ 来新夏、郭凤岐主编《天津大辞典》,天津社会科学院出版社,2000,第813页。该书收录有"鬼市"词条,但认为"鬼市"是抗战胜利后才出现的。应该说这一说法是不准确的,1930年天津"鬼市"就已见载于《益世报》,抗战胜利后天津再次出现后半夜进行交易的真正的"鬼市",或者说"早市"时间提前,恢复到了1936年以前的情形。
④ 阿敏:《鬼市》,《老乡》第1卷第3期,1947年,第23~25页。
⑤ 《天津游览志》,中华印书局,1936,第32~35页。
⑥ 《天津低级生活素描 鬼市和破烂市》,《大公报》(天津版)1933年5月4日,第13版。

手段，如在秤上做文章（缺斤短两）、论堆卖等。① 有人通过对摊贩的调查，将"鬼市"的货物来源进行了分类，即大体分为三种：一是通过吆喝收购的物品（"喝破烂"）。这些走街串巷收购的物品，种类繁多，有时还有以极贱的价钱买到破落大家庭的木器字画等。二是"败家子弟的货物"。由于家道中落，物品常被偷偷拿出来变卖，白天卖出觉得"面子"过不去，趁着夜间到"鬼市"出售。三是偷盗和抢劫来的货物（称为"小货"），常常销赃于"鬼市"。② 虽然天津"鬼市"货源较多，但最为主要的应是收购来的破烂旧货，这类货物构成了"鬼市"货物的主体。

"鬼市"货物的种类极为繁杂，有人将其分为三类：日用品类、书籍类和文具类。但这样的分类"似乎勉强些，但因为他太乱，亦就没法子了"。③ 也有人将"鬼市"货物分为家常用品类、木器家具类、衣服类、古玩类、靴鞋类、吃食类及其他类。④ 要对货物做出准确分类并非易事，因为"鬼市"上的货物确实繁多庞杂。"凡是你曾用过的、见过的东西，在这里都有。"⑤ "鬼市"上的货物可谓包罗万象，有古玩字画、珠宝玉器、碑帖拓片、金石古瓷等高贵物品，也有各种衣料和估衣、大小五金、各种工具和电料等普通物品，此外，还有木器家具、家中的陈设和一些破旧东西，最次的如破鞋袜、碎绳废纸等。可以说，"鬼市"商品是无所不有。⑥ "鬼市"货物品类繁杂，从摊贩的货物摆放也可窥其一斑。人们可以在"鬼市"上看见许许多多摆放货物的小圈子，"圈子的中间所摆着的就是货物，货物真是复杂极了。在这里堆着破被、破袄……那里就许摆着江西磁的大瓶；这里摆着的如果是一堆破铁碎铜，旁边的圈子里说不定是摆着多

---

① 胡蕴辉：《天津"鬼市"探秘》，《天津文史资料选辑》1994年第3辑（总第63辑），第98~106页。
② 王世干：《鬼市一瞥　都市黑暗的一角　雇主以劳苦大众为多　货物均破碎零星之件（上）》，《大公报》（天津版）1935年1月31日，第15版。
③ 王世干：《鬼市一瞥　都市黑暗的一角　雇主以劳苦大众为多　货物均破碎零星之件（下）》，《大公报》（天津版）1935年2月1日，第16版。
④ 李嘉禄：《西广开的鬼市（上）》，《益世报》（天津版）1936年3月24日，第12版；李嘉禄：《西广开的鬼市（中）》，《益世报》（天津版）1936年3月25日，第12版；李嘉禄：《西广开的鬼市（下）》，《益世报》（天津版）1936年3月26日，第12版。
⑤ 《人鬼之间——记天津鬼市》，《大公报》（天津版）1947年12月8日，第5版。
⑥ 李洁贤、薛寿颐：《天津"鬼市"琐忆》，《天津文史资料选辑》1994年第3辑（总第63辑），第107~111页。

少册古书；也许在一堆破纸、乱布条里面矗立着一座好体面的外国大座钟。总之，他们的货物是非常不整齐的、复杂的"。[1] "他们并不规定谁非卖什么不可，各人的货物，非常繁杂，一个人卖货物竟不下数十余种……但有时竟可在其中发现不可多得的好东西。"[2] "鬼市"上的货物虽然五花八门，无所不包，但大多具有共同的特征，那就是基本属于破旧之物。

6. "鬼市"上的人员构成

近代天津"鬼市"上的人员构成极其复杂，若从货物出售者来看，"鬼市"上的旧货出售者多是穷人或小资本者，具体来讲主要有三类：一是出售破旧货物的人员，这类人员是"鬼市"里最为主要的群体；二是偷窃者或劫掠者，悄悄出售来路不明的货物，其中以小偷居多，"鬼市"常常是小偷的出没之所，一种是将从别处偷来的东西拿到"鬼市"来卖，一种是在"鬼市"里作案；[3] 三是没落富户中的败家子弟，他们不时将物品拿到"鬼市"出售。

"鬼市"货物的购买群体，大致分为三类：一是包括乞丐在内的穷苦大众，他们希望能从"鬼市"中购买到价格低廉的生活必需品；二是一些小商人，他们从"鬼市"购得价格低廉的货物，再以较高的价格在天津城厢及租界出售，从中牟利；三是普通的购物者，希冀以较低的价格，买一点图书或乐器，满足自己的需要。[4] 应该说，将"鬼市"买主划分为三类，有一定的合理性，只是对第三类人员尚需再做进一步的区别。事实上，和"鬼市"卖主的构成一样，"鬼市"的买主同样是形形色色，各种人等均有，但仍可将其分为两种：一种是真正的买主，买来物品供自己使用；另一种则兼具买主和卖主两种身份，买了再卖，从中牟利，俗称"抓货的"。[5]

---

[1] 《天津低级生活素描　鬼市和破烂市》，《大公报》（天津版）1933年5月4日，第13版。
[2] 王世干：《鬼市一瞥　都市黑暗的一角　雇主以劳苦大众为多　货物均破碎零星之件（下）》，《大公报》（天津版）1935年2月1日，第16版。
[3] 李洁贤、薛寿颐：《天津"鬼市"琐忆》，《天津文史资料选辑》1994年第3辑（总第63辑），第107~111页。
[4] 王世干：《鬼市一瞥　都市黑暗的一角　雇主以劳苦大众为多　货物均破碎零星之件（下）》，《大公报》（天津版）1935年2月1日，第16版。
[5] 李洁贤、薛寿颐：《天津"鬼市"琐忆》，《天津文史资料选辑》1994年第3辑（总第63辑），第107~111页。

1942年《津门的鬼市》一文则较为详尽地分析了"鬼市"人员的构成比例。"鬼市"中的人,大约可以分为买方与卖方,但是买方的上市人群又可以再加分别,因为这里面有十分之五是收货的,十分之二是倒把的,十分之二是自主的,十分之一是闲溜的、凑热闹的;卖方中十分之五是打估的(打鼓卖破烂的),十分之三是摊贩子,十分之一是食物小营商,十分之一是自卖主与其他行业者。①

20世纪40年代后期,天津"鬼市"的卖方成分更趋复杂,甚至一些小厂家也加入了卖方群体。"这儿摆摊子是没有什么捐啊!税啊!也没有什么公会等组织……在现在工商业不景气中,有许多小厂家为了减少点开支,也常常将货物摆到这儿来卖。因此目前鬼市更是特别的繁荣起来。"②

总之,卖主和买主构成了"鬼市"人员的主体部分,与"鬼市"相关的服务行业人员,如餐饮从业者、妓院从业者等也构成卖方群体;乞丐、残疾者、拾荒者、小偷等为求生存,也出没于"鬼市";还有各种地痞流氓横行于"鬼市",以非法手段不断侵吞"鬼市"中人们的财物。当然,也有临时性访客,抱着"淘宝"或其他的心态与目的,出入于"鬼市"当中。简言之,"鬼市"就是一个复杂的底层社会,各色人等出入其中,但以穷苦大众为数最多。

7. "鬼市"的交易与社会问题

近代天津"鬼市"中的货物交易往往没有明确的规则,通常是看人论价。"这里定价是按人而来的,譬如一个丐妇买一双破棉鞋,给大铜元二枚即可;若衣冠稍整者,则非半角或一角,不能购去。"③ 在货物交易中,卖者是"漫天要价",而买者是"就地还钱",双方你来我往,反复讨价还价,最后达成一致,完成交易。购买不同的物品,买者如采取灵活的策略,往往价格会如其所愿。如购买破旧图书,"买时亦可按斤称,若单本

---

① 兆奎:《津门的鬼市(未完)》,《三六九画报》第17期,1942年,第19页;兆奎:《津门的鬼市(续完)》,《三六九画报》第18期,1942年,第19页。
② 阿敏:《鬼市》,《老乡》第1卷第3期,1947年,第25页。
③ 王世干:《鬼市一瞥 都市黑暗的一角 雇主以劳苦大众为多 货物均破碎零星之件(下)》,《大公报》(天津版)1935年2月1日,第16版。

买价钱就非大不行了"。①

"鬼市"中的社会问题极为繁多。在货物交易中，尔虞我诈，无所不为；在交易之外，商贩们同样受到各种势力的欺压。对于"鬼市"消费者而言，上当受骗之事时有发生。摊贩们将收来旧货在"鬼市"出售，其手段五花八门，如好货掺坏货、残货整新、分别看货、趁夜出货、架托卖货、换包卖货、大包卖货、老虎货、床子货和以假乱真等，使普通消费者难以辨别，高价买到次品也就司空见惯了。而那些具有鉴别能力的消费者，只有采取灵活多样的方式，才有可能购买到"物美价廉"的物品。除了商品交易中的丑恶现象之外，"鬼市"中的其他丑恶现象比比皆是，如小偷横行、借故找碴（碰瓷）、伺机路劫和"刺破头的"等，又如"鬼市"中常常可见到盗窃或劫掠的"小货"出售，加大了政府机构打击犯罪的难度。"鬼市"上的旧货出售者同时也是受害者，他们首先受到官警的欺压，如官警对他们指物强买、坎砖指点、逢节摊派等；其次受地痞流氓的欺诈，如"敛地皮钱"等；再者受到帝国主义势力的欺压，如巡捕对途经租界者索要"买路钱"等。②

1947年7月14日，天津"鬼市"发生了震惊一时的无尸人头案。不仅人头发现于"鬼市"区域，且涉案3名人员中有两人为在"鬼市"卖破烂者。③ 随着媒体对案件的持续报道，"鬼市"的负面影响进一步扩大。该案的发生反映出与"鬼市"相关的社会问题，亦显现出天津"鬼市"的治安状况较差。

二 天津"鬼市"的时空特征及社会意义

近代天津"鬼市"的形成和演变与城市的历史息息相关，"鬼市"出现于20世纪20年代具有一定的必然性。1846~1906年，天津城市人口由

---

① 《天津低级生活素描 鬼市和破烂市》，《大公报》（天津版）1933年5月4日，第13版；王世干：《鬼市一瞥 都市黑暗的一角 雇主以劳苦大众为多 货物均破碎零星之件（下）》，《大公报》（天津版）1935年2月1日，第16版。
② 胡蕴辉：《天津"鬼市"探秘》，《天津文史资料选辑》1994年第3辑（总第63辑），第98~106页。
③ 《老道杀人案起诉书》，《大公报》（天津版）1947年8月30日，第5版；李绍林：《天津发生离奇命案 鬼市人头内幕》，《申报》1947年8月6日，第5版。

19.87万人增加到42.45万人,至1928年,城市人口数量已达112.24万人。① 1906~1928年,天津人口的大量增长,一方面是城市经济增长的需求;另一方面是华北自然灾害与战争频发,难民大量涌入城市所致。据学者研究,民国时期华北的自然灾害与灾民涌入天津、城市人口激增具有鲜明的关联性。② 在天津城市快速增长的人口中,贫民占有很大的比重。有资料显示,1928年天津城市的贫民数量达到了35.7万多人,占比很高。③ 至20世纪20年代末期,天津城市已经形成了一个数量庞大的贫民社会阶层,既包括城市自身的失业者和无业者,也包括大量进城的农民、灾民、难民和兵匪,还有少量外籍贫民等。④ 可以说,随着一波又一波的难民不断进入城市,至20世纪20年代后期,天津的贫民数量已达到超饱和状态,贫民阶层业已形成,贫民过多而出现的城市问题更为突出,而"鬼市"的出现正是城市问题的一种表现形式。"鬼市"是近代以来大量灾民不断涌入天津,天津贫困人口大量增加后出现的场所。面对一批批进入城市的贫困人口,城市在解决这些人口的生存与发展问题时,能力有限,很难从根本上彻底解决所有问题。贫苦大众在城市以维持低端需求为底线,以有少量收入为追求,通过市场的买卖,维持生存。一方面,"鬼市"为城市的贫民提供了可能的就业机会;另一方面,"鬼市"中各式各样的破旧物品可以满足贫民对于物品的需求,适应了他们极其有限的购买能力。天津"鬼市"在特定历史时期出现,具有一定的必然性。

  近代天津"鬼市"出现在老城外西南的西广开一带,其空间形成看似偶然,但若从天津城市空间扩展的历史过程与趋势来看,又有一定的必然性。天津城市在发展过程中,城市空间首先是以老城为中心向城外的北部和东部扩展,而向南和向西扩展较慢;1860年天津开埠后租界的设立,使得城市空间的拓展出现了新的情况。1860年以后,尤其是1900年以后,租界逐渐取代老城成为城市的新的中心。与此同时,随着城市贫民数量的大量增加,在租界之外,形成了下层民众聚居的边缘区。新的贫民进入城

---

① 李竞能主编《天津人口史》,南开大学出版社,1990,第287页。
② 刘海岩:《近代华北自然灾害与天津边缘化的贫民阶层》,《天津师范大学学报》2004年第2期。
③ 凤蔚:《贫民与社会》,《社会月刊》第1卷第1期,1929年,第80~82页。
④ 付燕鸿:《近代天津城市贫民阶层的形成及其时代性原因》,《史学月刊》2013年第3期。

市后大多聚居在边缘区，或在城区边缘地带形成新的聚居的边缘区。"除了南市以外，其他边缘区的形成大都与区域自然灾害或战乱有直接关系。"[①] 1900年城墙拆除之后，西广开一带与城区的联系较之前更为便捷。在继地表多为水坑和坟地的西门外成为市区之后，地表环境更为恶劣的西广开在贫民数量急剧增加的情况下，也因紧靠市区而有了成为市区空间的可能。伴随着灾民的不断增多，至20世纪20年代，西广开一带逐渐形成了以灾民为主的新的城市边缘区。1930年，天津的贫民主要集中在当时的公安第一区到第五区，即原来的华界。[②] 据《天津特别市现行区域图（1930年）》，"鬼市"所在的西广开地区属于公安第二区。[③] 西广开的"鬼市"区域属于第二区的贫民区，也是天津城市的边缘区。老城以外的西南地区，地表长期以大量水洼和凹凸不平的坟地为主。加之这一区域后来形成的蓄水池成为城市主要的排污区域，造成这一区域臭气熏天，卫生环境很差，极不适宜居住生活。但新到城市的灾民，生存下来是其第一要务，对于城市空间别无选择，所以天津老城西南的西广开一带，成为新到天津的贫苦大众的聚居之地。"鬼市"在这一区域的兴起，与这一区域贫困人口大量聚集有密切关系。即使"鬼市"的卫生环境很差，也无法阻挡人们在此生存，更无法阻止"鬼市"在此存续。"鬼市"在西广开一带的形成，体现出天津城市空间拓展的趋向。城市空间的拓展受多种因素的影响，天津老城在向外拓展过程中，通常优先选择地貌条件较好的区域改造为城市空间，环境极差的区域往往是其后不得已的艰难选择。蓄水池是排污的臭水坑，其附近坟地、洼淀集中，少人居住，卫生环境极其恶劣；随着难民的涌入，城市贫民在此大量聚集，"鬼市"在此形成，在靠近天津老城的西南区域，逐渐产生了新的城市边缘空间。

近代天津的"鬼市"现象，更多反映出近代天津城市化过程中所遭遇的城市问题。"鬼市"作为城市中的一种特殊的夜市，曾出现过许多社会问题。如出售货物中的"小货"，货物交易中的诸多欺诈，以及出没于"鬼市"中的小偷、地痞等各色人等，使"鬼市"的正面形象大打折扣，

---

① 刘海岩：《近代天津城市边缘区的形成及其结构特征》，《天津师范大学学报》2007年第4期。
② 任云兰：《近代城市贫民阶层及其救济探析——以天津为例》，《史林》2006年第2期。
③ 天津特别市土地局：《天津特别市现行区域图（1930年）》，天津市规划和国土资源局编著《天津城市历史地图集》，天津古籍出版社，2004，第103页。

甚至成为负面形象的代名词。但"鬼市"的出现与延续,有其一定的合理性,"鬼市"的存在,有其积极的社会意义。单就缓解城市人口就业压力和改善贫民的生存状况来说,"鬼市"作为一种非正常方式,具有一定的积极作用。"鬼市"的主体是城市的贫苦大众,他们的商品需求和谋生之道,往往依赖低端市场。"鬼市"的存在需要人们的同情与理解,"这地方充满了欺诈,贫苦的风味,从每个摊贩的状态里,都能使人生出一种怜恤心来。我们应当同情他们,在现在的中国的社会里,到底他们都是能自己找工做的人。虽然,他们都不是很诚实的人,但是为了吃饭问题,他们是不能不这样做。我们当给予特别原谅的。在可能的范围内,笔者很希望当局对于他们能有一种帮助和保障,不致使这地方有什么意外的事情发生才好"。① 曾有记者专门采访过"鬼市"中的摊贩,部分人表示之所以在"鬼市"摆摊谋生,是因为失业找不到工作。"别小看这块破地方,多少人靠它吃饭呢!这儿有从前洋行的经理,有大商店的掌柜,都是因为最近生意倒了,来这里偷生。还有一百多位小学教员每天早晨在上课前,来这里摆个纸烟摊,卖点文具。近来这里人越来越多了,许多难民逃到天津,没法生活,都拥到这里来了。"② 从近代天津的"鬼市"中,可以看到城市贫民的生存状况,正如时人所言:"那里的人才是真正天津苦难的人民,他们的生活也就是今天大多数中国城市人民的生活。"③

　　随着工商业等的持续发展,近代天津对不断扩大的城市人口具有一定的吸纳能力。但庞大的人口尤其是大量的城市贫民人口,与极为有限的就业机会之间差距很大,城市中存在大量的失业和无业人口。对于城市贫民虽然有各种社会救助措施,也制定了相应的管理办法,但收效甚微,与贫民相关的城市问题层出不穷。④"鬼市"的存在既是城市问题的显现,同时又是缓解城市发展困境的非常规途径。"鬼市"满足了城市贫民的需求,也为其提供了一定的就业机会。是否取缔"鬼市",或是将"鬼市"改在

---

① 李嘉禄:《西广开的鬼市(下)》,《益世报》(天津版)1936年3月26日,第12版。
② 《人鬼之间——记天津鬼市(续)》,《大公报》(天津版)1947年12月9日,第5版。
③ 《人鬼之间——记天津鬼市》,《大公报》(天津版)1947年12月8日,第5版。
④ 刘海岩:《近代华北自然灾害与天津边缘化的贫民阶层》,《天津师范大学学报》2004年第2期;付燕鸿:《近代天津城市贫民阶层的形成及其时代性原因》,《史学月刊》2013年第3期。

白昼营业，其出发点应该是顾及城市底层民众微弱的购买能力和极低的就业能力。一座城市发展水平的高低，不仅要看其上端，更取决于其下端。如何解决城市贫困人口的生存与发展问题，长期以来是城市管理中的关键问题之一。"鬼市"所反映出的诸多城市问题，与城市贫困问题密切关联。当然，城市贫困问题的解决，依赖从城乡社会整体出发统筹发展。而这一中国城市化过程中必然遭遇的问题，显然是包括天津在内的近代中国城市所难以根本解决的社会问题。近代天津的"鬼市"具有经济、生活、空间和文化等诸多方面的属性，是城市问题的突出体现，同时也具有一定的时代与地域特色。"鬼市"与特定时期大量贫民流入天津城市相关联，与天津城市贫民生存空间的拓展趋向相一致。

三 近代中国城市"鬼市"异同的初识

"鬼市"并非近代天津所独有，曾存在于近代中国许多城市当中。包括天津在内的诸多城市的"鬼市"，一方面具有一定的城市个性，另一方面表现出极大的共性。西安的"鬼市"在清光绪时期就已形成，20世纪三四十年代，以民乐园为中心，"鬼市"的范围向周边扩展，销售的货物不仅有收购的旧货、来路不明的小货、富贵之家流出的物品，还出现了从平津、河南等地购回货物出售的现象。[1] 北京的"鬼市"早在清代就已出现，近代北京的"鬼市"有三处：最大的是崇文门（哈德门）外以南三里河一带的东"鬼市"；其次是宣武门外校场口以西司家坑的西"鬼市"；最后为德胜门外的北"鬼市"，原在德胜门外，受城门关闭的影响，后移到城内孝友胡同一带。[2] 南京的"鬼市"由来已久，一般认为出现于晚清时期，

---

[1] 环缘：《双藤老屋笔记·长安鬼市》，《大世界》1921年7月3日，第3版；李驰：《鬼市在西安》，《申报》1946年10月2日，第9版；李松龄：《西安的鬼市》，《万里新闻》第4期，1948年；马若非：《大学生"鬼市"受骗记》，《青年世界》第1卷第2期，1948年。

[2] 静厂：《黑市》，《大共和日报》1914年1月1日，第2版；履冰：《记北京之黑市》，《申报》1927年8月25日，第16版；一梦：《谈北京之黑市》，《申报》1927年8月31日，第16版；织锦：《春明鬼市谈》，《世界晨报》1936年1月20日，第4版；汪介夫：《鬼市》，《全家福》第2卷第3期，1940年；《北平的黑市》，《大美周报》1940年1月7日，第25版；《北京的鬼市》，《盛京时报》1942年10月13日，第4版；《北京的鬼市（续）》，《盛京时报》1942年10月15日，第4版。

也有学者通过考证，认为其形成于明洪武至万历时期；清光绪年间南京"鬼市"地点在七家湾、草桥一带，民国初年由草桥伸过红纸廊，一直到头道高井至三道高井一带；1932 年，"鬼市"因故被警厅驱逐至朝天宫后山一带，营业时间由凌晨四点改到早八点；"鬼市"一度为来自山东、河南及苏皖北部等地难民的聚居之所，有"侉子窝"之称，城市中的很多穷苦之人于此谋生；"鬼市"交易形成了独有的切口（黑话），呈现出南京特有的地域文化色彩。① 此外，近代广州、上海、保定、开封等城市中的"鬼市"，亦曾见诸报刊记载。② 包括天津在内的近代中国不同城市的"鬼市"虽然具体情况各有不同，但在城市空间与环境、营业时间、货物及其来源、经营方式、人员构成等更多方面具有极高的相似性，皆是近代城市化进程中城市社会问题的特殊显现。

"鬼市"在近代城市的生存与影响更趋复杂多样，其语义由此也有所扩展。"鬼市"被一些人称为"夜市"或"晓市"，③ 但"鬼市"不能完全等同于"夜市"或"晓市"，"鬼市"是一种特殊的"夜市"或"晓市"，在营业时间、货物情况、人员构成等方面不同于一般的"夜市"或"晓市"。④ 在近代中国，"黑市"在一定情况下等同于"鬼市"，"黑市"也称

---

① 《黑市之死灰复燃》，《时事新报》1912 年 8 月 18 日，第 9 版；冠英：《南京之黑市》，《新闻报》1924 年 7 月 30 日，第 17 版；郑家颐：《记南京黑市》，《申报》1927 年 9 月 6 日，第 12 版；离尘：《再纪南京黑市》，《申报》1927 年 9 月 17 日，第 17 版；《公安消息：取缔黑市，六时后不许营业》，《首都市政公报》第 24 期，1928 年；朱朱：《南京黑市的变迁及其将来》，《申报》1929 年 4 月 15 日，第 11 版；《数十年恶习一朝革除》，《中央日报》1932 年 10 月 14 日，第 7 版；市民：《京市府将取缔黑市》，《晶报》1933 年 3 月 2 日，第 3 版；汪瘦秋：《黑市参观记》，《上海报》1935 年 11 月 8、9 日，第 7 版；瘦秋：《南京的黑市》，《立报》1936 年 1 月 17 日，第 3 版；瘦秋：《南京的黑市》，《申报》1936 年 3 月 24 日，第 4 版；张毓珊：《南京的黑市》，《社会科学研究》第 1 卷第 3 期，1935 年；刘士穆：《南京的黑市》，《人间世》第 24 期，1935 年；静子：《黑市生活散记》，《铁报》1936 年 2 月 8 日，第 3 版；《南京的黑市》，《大言日报》1936 年 5 月 17 日，第 2 版；大鹏：《"黑市"面目全非，已成过去名词》，《世界晨报》1936 年 5 月 17 日，第 3 版；履中：《南京的"黑市"》，《新民报半月刊》第 4 卷第 10 期，1942 年；倚马：《白门的"鬼市"》，《光化日报》1945 年 7 月 14 日，第 4 版。
② 全汉昇：《"鬼市子"与"黑市"》，《食货》第 1 卷第 8 期，1935 年；秋翁：《鬼市》，《沪报》1946 年 10 月 24 日，第 2 版；尚之裔：《"土市子"与"鬼市子"》，《大众夜报》1946 年 10 月 12 日，第 2 版；《公安局查禁黑市》，《社会日报》1929 年 11 月 2 日，第 2 版。
③ 《鬼市》，《海报》1943 年 4 月 29 日，第 4 版。
④ 《北平的黑市》，《大美周报》1940 年 1 月 7 日，第 25 版。

"鬼市","鬼市"亦称"黑市"。清代学者俞樾在《茶香室三钞》卷24《鬼市子》中指出:"按今京师有所谓黑市者,殆即宋时鬼市子乎?"① 全汉昇认为,"鬼市"与"黑市","二者都是四五更时做买卖,到天明便散的,实是同属一类的市"。"其所以在天未明时做买卖及天色一亮便散:一方面,如《旧京琐记》所云,因为可以以假乱真来从中取利;他方面由于在这种市中的商品,来源多不正当(偷来的也有),故在黑夜中匆匆忙忙的来交换买卖,以免被人察觉。前来购买的人,当然因为这里商品的价格便宜。"② "鬼市"与"黑市"相互通用,只是不同地方有不同的用语习惯。如近代的天津、西安多习惯用"鬼市"一词,南京多沿用"黑市"一词,而北京更多的是"鬼市"与"黑市"两词兼用。"黑市"一词后又衍生出新的义项,即指暗中进行非法买卖的市场或活动,不必然具有"夜间"的属性,这一义项在1938年国民政府实行外汇管制以后,使用得更为明确和频繁。③ 而"鬼市"在这一时期也被赋予了新的含义,人们将黄金的黑市称为"鬼市",④ 也有人将股市称为"鬼市"。⑤ "鬼市"语义的扩展,体现出近代中国城市经济的复杂性和新的阶段性特点。

"鬼市"在近代城市的存在,与贫民在城市中的大量聚集具有密切的关联。"鬼市"往往位于城市中环境较差的区域,也往往是贫民聚居的地区。"鬼市"作为低端的市场形式,为城市贫民提供了一种生存空间,但鱼龙混杂,成分复杂,存在大量社会治安乃至犯罪等问题,管理较为困难,集中反映出城市下层的社会经济和生活状况。"鬼市"在中国近代城市的产生和发展,具有某种历史的必然。"鬼市"的存在,反映出近代城市化进程中城市所面临的贫民问题。而大量人口进入城市,同样也促进了近代中国的城市发展。对于近代"鬼市"的研究,不仅需要进行不同城市"鬼市"的单体研究,也需要进行不同城市"鬼市"的比较研究,以及对中国近代"鬼市"的整体与系统研究,包括对"鬼市"与城市其他方面的

---

① (清)俞樾:《茶香室丛钞》,中华书局,1995,第1352页。
② 全汉昇:《"鬼市子"与"黑市"》,《食货》第1卷第8期,1935年。
③ 民:《时代名词汇释:黑市》,《抗战新闻》第1卷第12期,1939年;《问答选抄(三)什么叫做黑市?是怎样形成的?》,《服务月刊》第1期,1939年。
④ 信手:《鬼市》,《铁报》1947年6月28日,第3版。
⑤ 《鬼市》,《龙报》1947年6月21日,第4版;无常:《鬼市动态》,《大风报》1947年6月24日,第4版。

关联性研究。通过对"鬼市"的研究，可以加深我们对于近代城市人口、城市空间、城市环境、城市经济、城市管理、城市社会生活以及城市文化等诸多方面的认识，对于理解近代中国的城市发展道路具有一定的意义，对于当今一些城市问题的解决亦可提供历史的借鉴。

作者：毛曦，天津师范大学历史文化学院

（编辑：任云兰）

南京国民政府时期的城市人口调查与户籍管理

——基于昆明人口档案史料的分析

方 冬

内容提要 本文以昆明的人口调查和户籍管理制度为个案,基于人口档案史料,研究南京国民政府时期的城市人口管理制度。可以看到,城市人口管理机构经历了从警察机关过渡到专门户籍行政部门的历程,反映出这一时期城市户政不断走向专业化、独立化的发展趋势。与此相伴随,人口调查与户籍登记的次数不断增多,统计项目愈来愈繁,相关统计表册愈来愈多,然而人口统计数据的质量却没有明显提升。各级部门誊抄旧表的情况极其普遍,其人口数据的产生过程充满随意性和不规范性。因此,在运用这一时期人口统计资料进行研究时,必须常怀谨慎的史料批判意识。

关键词 南京国民政府时期 昆明 人口调查 户籍管理

民国时期,人口问题一直是社会史、历史人口地理研究领域的热点。人口调查作为国情调查之重要环节,为当时各级政府所重视。因此,无论中央还是地方均留下数量较为可观的人口调查数据。[1] 然而,这一时期的人口史料极不系统,琐碎庞杂,而且往往相互抵牾,令人无从取舍。[2] 与此同时,相关户籍管理制度与法规非常混乱,虽然中央政府有统一的户籍法令,但各地多自行其是,户籍管理制度存在较大差异。因此,民国区域

---

[1] 李文海先生主编的《民国时期社会调查丛编》,其中就收录有相当一部分各省人口调查的统计数据,史料价值颇高。详见李文海主编《民国时期社会调查丛编(二编)·人口卷》,福建教育出版社,2014。

[2] 侯杨方:《民国时期全国人口统计数字的来源》,《历史研究》2000 年第 4 期。

人口史研究，必须建立在相关人口史料的甄别与户籍法规、制度梳理的基础上。

由于北洋政府时期人口史料留存较少，因此民国人口史研究多聚焦于南京国民政府时期。侯杨方对民国人口调查和登记活动的制度背景有概括性叙述，侧重于梳理历次人口调查的执行过程并对统计价值进行了评价，涉及户政管理之处不多。[①] 占钊平、杨琼等对江西、浙江等地的户政管理制度也有探讨。[②] 然而研究范式多是基于现存户籍法规资料对全省情况进行综合考察，无法显示出农村与城市在户籍管理上的差异。此外，既往研究还忽略了一个问题，即健全的户籍法规是否能带来有效的人口管理。以《南京国民政府时期的云南户政》一文为例，作者对云南户政发展历程、相关法令及制度缺陷的研究可谓精细，但几乎没有涉及对实际人口调查（登记）执行效果的讨论。

可以看到，由于研究侧重有异，目前学界尚缺乏对南京国民政府时期城市人口管理的专门研讨。本文拟以昆明市为个案，对这一时期的人口调查与户籍管理制度进行考察，[③] 讨论城市管理职能的近代化历程。南京国民政府时期狭义的昆明即省辖市昆明市，仅包含原省城的核心区域，而广义的昆明则包括昆明市与昆明县。[④] 本文所论昆明实为广义上之省城昆明，特此说明。

一 户政管理机构与制度

民国云南方志典籍中，凡涉及人口调查（登记）的内容多是全省性质

---

① 侯杨方：《中国人口史》第6卷（1910~1953年），复旦大学出版社，2001，第56~96页。
② 占钊平：《南京国民政府时期的江西户政》，硕士学位论文，南昌大学，2007；杨琼：《国民政府时期浙江省户政研究》，硕士学位论文，浙江大学，2007；张金鹏：《南京国民政府时期的云南户政》，硕士学位论文，云南大学，2016；白雪：《民国时期的甘肃户政研究》，硕士学位论文，兰州大学，2020。
③ 人口调查与户籍管理都是户政制度的重要组成部分，但前者侧重于静态人口指标的统计，比如人口数、性别比等，后者则侧重于动态人口指标的登记与管理，典型者如出生、死亡、迁移情况等。详见《内政部关于指定户籍法》（1934年1月1日），云南省档案馆藏，档案号：1011-011-00010-032。
④ 两者的具体行政范围，详见昆明市地方志编纂委员会编《昆明市志》第1分册，人民出版社，2003，第117页。

的综述，并未有专门针对昆明的记载。但从现存档案史料来看，1932年以后，昆明市政府一直有常规人口调查活动与户籍管理制度，可为了解这一时期的户政制度提供参考。

(一) 户政管理机构

云南省政府对户口调查一直十分重视，认为"审查户籍为国家庶政之基础，人民私权之保障，关系国家内务设施，极为重要"。[1] 1942年，国民政府内政部正式设立户政司，统筹全国户籍行政事宜，随后各地相继设立户政机构。"各省政府于其直属机关（如民政厅）逐渐增设户籍科。县市政府逐渐设置户籍室，乡镇公所逐渐增设户籍干事。凡属户政事宜，自中央以至地方业已各有专员，分层负责。"[2] 在地方户籍机构相继设立之前，各地城市户籍调查与管理主要依赖警察机构，昆明亦不例外。在警察制度尚不完善的地方，则以地方基层公务人员为主，负责稽查户口。[3] 实际上，以警察机关为主、民政部门为辅调查"户""口"是北洋时期人口调查的通例，全国皆是如此。为此，北洋政府内务部特于1915年颁布《警察厅户口调查规则》，对警察参与户口调查的权责做出了明确说明。[4]

云南警察机关参与户口调查事，档案所见最早记载在1934年，说明警察机关的户口调查职能到国民政府时期仍在继续。1934年云南省省会公安局在给民政厅的公函中说，警察"对于户口之确数、人民之职业、品行之良莠、行动之是非均须调查登记，明了一切，执行职务始有根据"。对警察机关推行户籍工作的好处，省会公安局认为之前警察办理户籍登记事宜，可做到权责统一、款项有着，从而推行无阻。而与市政府合作则颇多阻碍，省会公安局明言：自前年奉令"将户籍事宜应领经费拨归市府督

---

[1] 《云南省会公安局就报云南省会公安局整理户籍办法规则一案给云南省民政厅的呈》(1934年11月29日)，云南省档案馆藏，档案号：1011-012-00924-025。
[2] 云南环湖市县户籍示范实施委员会编《云南省户籍示范工作报告》，李文海主编《民国时期社会调查丛编（二编）·人口卷》(中)，第358页。
[3] 在户籍管理制度不完善，户政还未发展成为政府常规行政事项时，地方户口调查人员的选择与任用非常灵活。如在1932年云南全省户口调查中，地方户口调查人员除基层公务人员外，小学教员、乡绅等也参与其中。参见龙云《云南行政纪实》第1编《民政户籍》，云南财政厅印刷局，1943，第1~2页。
[4] 与警察机关户口调查相关的法令还有《县治调查户口暨警察厅调查户口书类程式》，详见商务印书馆编译所编辑《中华民国法令大全补编》，商务印书馆，1921，第9~28页。

饬，各区公所呈办警察仅负辅助责任，推行一切诸多□掣。如本年举行年度调查，名义上虽由府局双方合作，实则仍由各警察署负责专办，各区坊关长，自治事繁，不过便中参加而已"。① 可见1932年昆明户籍事宜的办理权曾由公安局移交市政府，但之后户籍管理效果并不理想，彼此互为掣肘。

事实上，双方办理户籍统计各有优势，该函提及静态统计方面（如户口总数）市政府较易完成。"而动态方面，为户籍稽查便利计，尤宜赓续实行人事登记。庶户口遇有变动，亦得考查精确，惟查人事登记照部颁规定事项，种类甚多。除属于自治范围事项外，警察因职务关系上，对于户口必须登记者，如迁入、徙去、出生、死亡……十一种事项，随时均有发生，自应仍由各该管警署认真考察，办理登记。"② 可见，警察机关对于办理户籍变动事项，具有市政府不具备的便利条件。因此，省会公安局要求警署仍进行动态人口登记，还拟定了九条办法，并训练女警办理户籍登记。

即便是在1942年专设户籍管理机构以后，警察仍在日常户籍管理中发挥重要作用。1943年省会警察局和市政府共同制定了昆明市民违背户籍法的八条处理办法，其中多需警察办理。如第三条规定，对违背户籍登记居民的罚金数额，"由各镇镇长兼户籍主任决定，由该管警察人员执行之"。③ 至于缴获的罚金，稽查警察人员可提两成，此举显然是为了调动警察工作的积极性。从此处也隐可窥知，专司机构成立以后，警察的户籍管理职能逐渐从直接参与调查登记，转变为协助监督。

1947年云南省警务处在给各县警察局的训令中，对警察在户籍工作中应承担的职责表述尤为清楚。省警务处要求各地警察局的户籍工作应与户政机关有所区别。"查修正户籍法暨施行细则公布施行后，户籍行政划归户政机关办理。警察调查户口机构与人员名称，应与户政机关有所区别。

---

① 《云南省会公安局就报云南省会公安局整理户籍办法规则一案给云南省民政厅的呈》（1934年11月29日），云南省档案馆藏，档案号：1011-012-00924-025。
② 《云南省会公安局就报云南省会公安局整理户籍办法规则一案给云南省民政厅的呈》（1934年11月29日），云南省档案馆藏，档案号：1011-012-00924-025。
③ 《云南省政府秘书处关于本市居民违背户籍法事的指令》（1934年4月11日），云南省档案馆藏，档案号：1106-001-00227-028。

将原有之户政（籍）科、股或室，一律改称为户口科、股或室。"同时在人员编制上也要求"内勤人员与其他科、股或室之职员，同样称谓外勤工作"。同时注重"加强行政警察之责任，由警员普遍办理，并将专设户籍员生之名称一律取销，以符名实"。① 可见，此时的警察机关虽然仍保留户籍管理职能，但与先前，尤其是 1942 年各级户籍科（室）设立之前相比，其职能范围和参与度可谓天差地别。

综上，警察机关曾在昆明乃至云南省内的户籍管理中发挥巨大作用。然而警察机关的户籍管理职能最终被户政机构取代，以 1942 年各级户籍科（室）设立为分水岭，从机构设置与制度上，户籍科（室）的设立标志着户政发展成为常规行政事项。② 但是，由于在人事异动登记方面，警察机构仍具有明显优势，这个取代过程是比较缓慢的。在相当长的一段时间内，警察仍有人事登记职能（动态调查），而户口登记与调查职能（静态统计）则早已让渡给户政机构。③

实际上，早在 1942 年各级户籍科（室）设立之前，昆明就曾尝试设立专门的户籍事务机关统筹户籍事务。从档案史料记载来看，1934 年昆明县曾尝试设立户籍事务所，此事在当年民政厅与昆明县县长来往的公函中有较为详细的记载。昆明县县长董广布呈报说，户籍事务，纷繁复杂，创办之初，若不规划周详，则很难顺利推行。且民众对于户籍登记多持有偏见，不愿配合。因此，应事先"宣传普遍，使咸知户籍之重要……庶办理时不致发生隐匿浮漏诸弊"。而"宣传工作，非短期所能藏事。且规定七月一日实□□理。而职县奉令又在五月二十日以后，中间为期仅有一月"。

---

① 《云南省警务处关于修正户籍法及实施细则给各县警察局的训令》（1947 年 8 月 14 日），云南省档案馆藏，档案号：1011-003-00181-002。
② 1942 年户籍科（室）成立之前，人口管理多依赖警察机关，而人口调查活动机构的设立、调查人员的抽调，均属临时事项，事毕即撤。参见云南省志编纂委员会办公室编《续云南通志长编》中册《民政三·户口》，云南省志编纂委员会办公室，1986，第 64~88 页。
③ 户籍科（室）成立后，警察机关参与户籍管理的职能及权责变化，在同时期其他省份（如湖南、河南）也有类似情况，由此可见这一趋势在当时具有普遍性。参见郑发展《民国时期河南人口统计调查述论》，《河南社会科学》2008 年第 5 期，第 154~157 页；叶再兴《清末以降中国的户政制度与实践（1909~1953）——以湖南为中心的考察》，博士学位论文，厦门大学，2019，第 124~145 页。

他认为有此种种原因，"职县户籍事务，七月□行，事实上颇难办到"。①经费方面，董也提及："政府体念民瘼之至意……所需费用，从减开支，如何为难。"除了省政府拨发的一百元以外，其余款项，均靠地方自筹。此外，昆明县行政科员数量本就不多，"办理一切县政建设事宜已感困难，实无余力兼顾办理户籍"。②可见，无论是现实社会环境还是经费支出，均无法支持昆明县按省民政厅的要求成立户籍事务所，从中可以看到云南设置户政管理机构的早期尝试。

（二）户籍管理制度与办法

昆明市作为全省核心区域，就户籍管理而言，相关法规的颁行必不在少数。1936年，云南省政府制定《昆明市户籍变动实施办法》。"案查本市户籍，业经遵限办理完竣。今后人民对于变动事项，自应依法声请，以期随时统计详确。惟一般市民，往往扭于固习，虽经职府一再公布，大多漠视而不声请。似此，户籍前途，堪虞实深……兹特根据户籍法各条款之规定，拟就昆明市户籍变动实施办法。"并要求告知市内的党、政、军机关以及所有公务人员，对于户籍变动的所有登记事项，"务须依法以市民资格声请登记，同时令知治安、司法机关按照实施办法严厉执行，纳诸轨范"。③

昆明市户籍变动实施办法

查本市户籍，业经遵照部颁各表，分期办理具报在案，惟对于平时之变动统计，自应由人民遇事自动按照户籍之各项规定，到所在地之户籍公所（即坊公所）声请登记，确实遵行，不遗余力。除呈请省府转饬省会各治安、司法机关严厉执行外，合亟重录前令。仰本市民众，照有关各节而奉行之。

1. 属于户籍登记之声请者：转籍、设籍、除籍、迁徙等四项。

---

① 《云南省民政厅就昆明县暂缓成立户籍事务所给昆明县县长的指令》（1935年6月27日），云南省档案馆藏，档案号：1011-012-00533-012。
② 《云南省民政厅就昆明县暂缓成立户籍事务所给昆明县县长的指令》（1935年6月27日），云南省档案馆藏，档案号：1011-012-00533-012。
③ 《云南省政府关于计发昆明市户籍变动实施办法给云南省建设厅的训令》（1936年11月6日），云南省档案馆藏，档案号：1077-001-02730-031。

2. 属于人事登记之声请者：出生、认领、收养、结婚、离婚、监护、死亡、死亡宣告、继承等九项。

……

A. 迁徙 应依照户籍法第四十五条之规定，在同一县市内之户，欲由一乡镇坊迁徙于他乡镇坊者，应由家长具声请书，载明户籍号数及他乡镇坊之名称，向原来乡镇坊之户籍主任声请之。

B. 结婚……

C. 死亡……

D. 认领、收养、离婚……

E. 此外如出生、转籍、除籍、设籍等四项，应报据户籍法之规定，从事声请登记之。

办法：本市人民，如有出生子女而不登记声请者，查出或被检举时，得报请本府处罚之。至于转籍、除籍、设籍三项，如不登记声请时，得有各户籍主任随时派人调查，报请本府处罚之。凡户籍不确定者，不能取得市籍公民资格。①

综览以上实施办法，可见省政府的初衷是希望民众能够将户籍人事变动自行登记。这是因为相较常规的静态统计——如户口数目的统计，户籍的人事变动难以一一跟踪掌握，人事变动无时无刻不在发生，针对户籍人事变动的动态统计要比户口数目的静态统计难得多，也更耗费政府财力与行政时间。

1936年，省会警察局和昆明市政府又制定居民违背户籍登记事宜的处罚办法，重新制定罚金标准。二者认为从前制定的罚金数额太小，完全不能起到警示惩戒作用。且社会环境已发生变化，尤其是在货币贬值的背景下，"十年前所定罚锾，最低数为法币五角。以物价比例而论，几与现在法币一二分之值相等。为数太觉微小，实不足以示惩儆而戒玩忽"。对于设置罚金的必要性，市政府认为本市居民对户政认识不深，遇有户籍及人事变动登记，多刻意隐匿，不听规劝。政府只能诉诸处罚，以期改善。但"处罚过轻，则宁一茶之资为应付，决不肯实报丁口，以致户籍簿丁口之

---

① 《云南省政府关于计发昆明市户籍变动实施办法给云南省建设厅的训令》（1936年11月6日），云南省档案馆藏，档案号：1077-001-02730-031。

较为可靠者,惟有老弱,其在盛年适龄壮丁,则多已隐匿。遇有征兵征工等要事,茫无适从,影响不浅。职府(局)为严密管理本市户籍及人事起见,除责成各级户籍人员认真办理外,特衡事酌情……拟具处理居民违背户籍法事件暂行办法,就情节之轻重,分别改为处三十元以上、一百元以下之罚锾,冀以硬性之警告,加大推行户政之助力"。① 可见罚金的制定目的,在于震慑民众谨遵法令。

对于拟定之罚金,政府认为数额虽过大,但不失为因时制宜的办法。"且在全国法令统一之下,而制订类似单行法规之办法,亦知有欠妥善。然以本市交通之冲繁,人口流动之速,居民对户政之玩忽漠视,欲求严密管理户籍及人事,专奉成规,恐难有济。此项暂行办法,在因时因事而立制之立场言,当属可行。"② 可知,为了顺利推行户籍行政工作,昆明市政府曾推行较为严厉的处罚措施,这些措施本不在内政部所颁布的《户籍法》规定之中,属昆明市政府的自主行为。为此,市政府和省会警察局还专门制定了处理居民违背户籍法事件暂行办法一份,其中警察的作用尤为突出,担负日常监督与执行处罚的职责。

市政府的做法无可厚非,全面抗战时期大量外省难民涌入云南,尤以省会最多,人口流动十分频繁。这从1941年市政府颁布的户籍登记申请书,统计项目颇为繁杂就可窥知。③ 由于史料阙如,对于全面抗战时期昆明市的人口管理情形很难进一步探讨。但1943年昆明市政府奉文回报单(类似政府行政邮件回执)提及对市内暂居人口进行登记,其中提及"为抄录迁徙人口登记办法及修正暂居户口登记办法一份仰遵照登记",④ 由此可知当时即有专门针对外省迁入人口进行登记管理的规章制度。因此,确如政府所言,加大处罚力度是时势需要。

除了出台相关法规,昆明市的户籍管理举措还包括制定户籍牌制度。

---

① 《云南省政府秘书处关于本市居民违背户籍法事的指令》(1943年4月11日),云南省档案馆藏,档案号:1106-001-00227-028。
② 《云南省政府秘书处关于本市居民违背户籍法事的指令》(1943年4月11日),云南省档案馆藏,档案号:1106-001-00227-028。
③ 《昆明市政府关于户籍登记申请书》(1941年1月1日),云南省档案馆藏,档案号:1142-001-00003-0017。
④ 《昆明市政府奉文回报单(关于迁徙人口及暂居人口登记办法)》(1943年12月1日),云南省档案馆藏,档案号:1011-012-00831-082。

户籍牌的推行，说明政府部门尝试对区域内常住人口以户为单位进行管控。① 对此，1942年云南省民政厅就省城内户籍牌填载不合格一事给昆明市政府的公函中提到，"奉此，遵于九月二十八日上午八时，齐往市府户籍课会同商定。以督促各查验队，依限于九月三十日以前查验完毕为原则，规定戳记位置加盖于户籍牌内九月栏右上角"。"所有不合法定之户籍牌，一律没收，并分配督察区域。""此外尚有换发户籍牌收费至国币陆元者，但仅属偶然之事，极少数不肖份子所为，已告知市府主办人详查纠正。"②

1944年户籍牌制发工作仍在推行，不难窥知，这项行政举措的实施不算成功。1944年省民政厅就昆明市政府擅自发放户籍门牌一事给昆明市长的训令中提及："昆明市政府户籍课，于上周内开始发行户籍门牌一种，每张收费国币拾元。……昆明市政府此次发行户籍门牌，事先并未报经省及本厅核准，擅自发行，不知据何法令。"③ 由此观之，此次发行户籍牌只是市政府的行政举措，并非民政厅出台的法令。

二 昆明市、县的户籍登记

1932年全省户口调查结束之后，省政府"曾通令各属继续办理人民出生、死亡、迁徙、婚嫁、分居等数项异动登记，按季具报"。④ 当然，制度规定和执行到位是两回事，就云南大部分地区而言，在当时按季进行人口调查几乎是不可能的。

(一) 昆明市的按季户籍登记

从留存的人口档案史料来看，昆明作为省城，定期的户籍调查执行得相对较好。1936年，省民政厅发函催促昆明市政府赶办第一、二期户籍统计中的各类登记项目。其中说："限一月内，务将第一、二两期应报户籍

---

① 尹旦萍：《城乡之间：当代中国户口制度的变革历程》，《学习与实践》2015年第4期，第90~96页。
② 《云南省民政厅就昆明市户籍牌填载不合格及镇长怠忽职务一案给昆明市政府的公函》(1942年10月23日)，云南省档案馆藏，档案号：1011-012-00587-045。
③ 《云南省民政厅关于昆明市政府擅发户籍门牌一事给昆明市长的训令》(1944年3月28日)，云南省民政厅，云南省档案馆藏，档案号：1011-009-00188-001。
④ 龙云：《云南行政纪实》第1编《民政户籍》，第10页。

各种统计表,分别办理清楚,连同第三期应报事项一并呈送。以凭核汇等因,一案下府,自应遵照,积极继续赶办。"① 可知至迟在1936年,昆明市政府已开始定期实行户籍登记。

然而即便是省城区域,专门组织人力定期进行户籍登记也难免力不从心,因此省民政厅才会下令催促。1936年8月,省民政厅就办理户籍困难一事给昆明市长的指令很能说明此事。"惟该市为全省首善之区,推行一切政令,亟应树之先声,以为各属楷模。且办理户籍之目的,在使各地方政府于一季终了及一年终了之时,能洞悉其所属区域内户籍及人事之变迁情况,以为措施一切政务之张本。……该市长亟应悉心体察,随时调查汇办,季有季报,年有年报……又该管市区为本省政治中心地方,烟户稠密,五方杂处,其人口动态,自必时有变迁,□于年季应报各表。"② 显然,省民政厅十分重视昆明市的户籍调查。昆明作为全省核心区域,是全省推行户籍工作的试验田与示范区。

从以上情况推知,1936年前后昆明市的按季户籍填报可能还未发展成熟,延期、停办之事常有。但从1942年、1943年有完整的季度户口统计表留存来看,当时按季填报已经成为常制。1942年③、1943年④均有春、夏、秋、冬昆明市本籍和寄籍户口统计报告表,以昆明市下辖的25条街道为统计区域,每份季报表下又包含若干表格。其中不仅有人口总数表,还有户口性别表(侧重于性别)、人口年龄性别表(侧重于人口年龄组分布)、人口职业性别表(侧重于职业构成统计)、男女教育程度表(侧重于教育程度)等。尤为重要的是,全面抗战时期昆明市涌入诸多外省人口,

---

① 《昆明市政府就奉到令催填报第一、二期应报户籍各种统计表一文日期事给云南省民政厅的呈》(1936年3月27日),云南省档案馆藏,档案号:1011-012-00890-021。
② 《云南省民政厅就呈复办理户籍困难情形给昆明市长的指令》(1936年8月8日),云南省档案馆藏,档案号:1011-012-00697-039。
③ 详见《云南省民政厅关于昆明市民国三十一年春(夏、秋、冬)季本籍及寄籍户口统计报告表》(1942年3月31日、1942年6月30日、1942年10月20日、1942年12月31日),云南省档案馆藏,档案号:1011-012-00975-004、1011-012-00975-006、1011-012-00975-006、1011-012-00975-007。
④ 详见《云南省民政厅关于昆明市民国三十二年春(夏、秋、冬)季本籍及寄籍户口统计报告表》(1943年4月15日、1943年7月20日、1943年10月15日、1944年1月15日),云南省档案馆藏,档案号:1011-012-00975-008、1011-012-00975-009、1011-012-00975-010、1011-012-00975-011。

而1942年和1943年的季报表在统计时有意将人口属性划分为本籍、寄籍两类,为了解这一时期的人口迁徙与流动提供了重要参考资料。

表1 1942年春季昆明户口统计报告

单位:户,人

	本籍				寄籍			
	户数	人口数			户数	人口数		
		合计	男	女		合计	男	女
文林	607	2283	1039	1244	535	1526	785	741
青云	513	2084	992	1092	650	1817	1169	648
金碧	384	1424	681	743	1008	2623	1520	1103
威远	696	3252	1559	1693	869	1802	1034	768
龙翔	554	2421	1144	1277	443	2632	2162	470
总计	17673	74084	34970	39114	17332	40802	25666	15136

注:本表仅截取文林等前5条街道的统计数据,后20条街道则省略。
资料来源:《云南省民政厅关于昆明市民国三十一年春季本籍及寄籍户口统计报告表》(1942年3月31日),云南省档案馆藏,档案号:1011-012-00975-004。

昆明市政府的按季户籍填报应维持了相当一段时间,1947年市政府给民政厅的公函就提到当年的户籍登记情况。"本市办理户口调查及户籍登记季报表业经造报,至本年度第一季在案。兹查本年度第二季办理户口调查及户籍登记季报表现已造就,相应检具二份。……附昆明市卅六年第二季办理户口调查及户籍登记季报表二份。"[1]

除了年报、季报以外,市政府还要求进行月报户籍登记。按照常规统计方式,统计年报必然来自季报,季报必然来自月报。市政府在执行统计时也的确是这么规定的,1942年春季户口统计报告表说明中提及,"本表式各级办理事务机关每月应编报一次"。[2] 但从留存人口档案史料的情况来看,昆明户口登记的年报、季报、月报并没有展现出太多连续性和相关

---

[1] 《昆明市政府就填报昆明市民国三十六年第二季度户口调查及户籍登记季报表给云南省民政厅的代电》(1947年9月16日),云南省档案馆藏,档案号:1011-012-00799-017。
[2] 《云南省民政厅关于昆明市民国三十一年春季本籍及寄籍户口统计报告表》(1942年3月31日),云南省档案馆藏,档案号:1011-012-00975-004。

性。其原因在于，逐月进行户籍登记是不切实际的。从人口档案资料来看，其中并没有哪一年存在连续3个月均有户籍登记的情况，遑论连续12个月者。据笔者所见，仅1949年有1月和2月的登记资料留存，① 这说明逐月登记的执行情况并不理想。再者，逐月登记耗时费力，户政部门也不具备这样的执行能力。外加民众本就厌倦户口登记，如此反复，更是各种推托。即便真的有逐月登记的统计表存在，大多也是为了应付差事。其数据大多是推算数或虚估数，而非实际调查数。

这一时期人口统计数据产生的随意性和不规范性，以下两个例子表现得尤为明显。根据1939年昆明市市政统计记载，1936年昆明市有男性71643人、女性70901人，与1935年市政统计中男性71443人、女性70901人的记载相比，女性人数竟一模一样，而男性人数仅百位数有差别，多了200人。② 即便男性人数属调查凑巧，人口有出生有死亡，一年以后的女性人口数又怎能与前一年完全一致。由此可推知，1936年的人口数很可能并非实际调查数，而是统计人员直接将前一年数据略做修改之后上报的数字。在1947年省民政厅与市政府往来的代电中，对人口统计数据的产生过程有更为直观的说明："案查本市户籍统计月报表，业经造报至本年五月份在案。兹查本年六、七、八、九月份户籍统计月报表，现已造就，相应各检具一份，电请贵厅查照汇办为荷。"③ 该电函往来时间在当年5月，先前的户籍统计月报已造报不难理解，但6月、7月、8月、9月都还没到，对应的户籍统计月报却已经编造好了，此等编造数据之举实在令人咂舌。

（二）昆明县的按季户籍登记

昆明县除县治移离省会外，其辖区与清代几乎无异，大体就是今昆明

---

① 《昆明市政府民国三十八年户籍统计月报表》（1949年1月1日），云南省档案馆藏，档案号：1011-012-00994-001；《昆明市政府民国三十八年户籍统计月报表》（1949年2月1日），云南省档案馆藏，档案号：1011-012-00993-016。

② 昆明市政府秘书处编《中华民国二十四年度昆明市市政统计》，昆明市政府秘书处，1936，第19页；昆明市政府编《民国二十八年度昆明市市政统计》，昆明市政府，1941，第30页。

③ 《云南省民政厅就昆明市汇送民国三十六年度一月至九月份户籍统计表给昆明市政府的代电》（1947年5月2日），云南省档案馆藏，档案号：1011-012-00745-020。

市除了五华区以外的范围，县治在今西山区一带。因此，昆明县作为省会的外围区域，其户籍人口的调查统计活动也较省内其他区域更加频繁。从留存档案史料来看，昆明县的户籍统计季报工作与昆明市大致在同期开始进行。1935年昆明县就奉省民政厅指令进行第一期户籍季报登记，但登记在册的全县户口数，与1932年调查数据相比较少。对于人口减少的原因，昆明县政府解释说："其因即县属各区居民，有划入市区者，有由外县迁入居住者，在此数年之中，多有徙回原籍。"①

对于昆明县政府的理由，省民政厅认为："据称因有划入市区及迁徙死亡，以致减少等语。惟查昆明市县界务，于上半年十二月勘明……核定县界址系在本年一月以前，人口减少实在二月以后。该县长认为各区居民因划入市区而减少，殊属错误。乃以迁徙死亡而论，既有徙出，必有迁入，有死亡亦有出生。"可见省民政厅认为昆明县政府所述人口减少的理由完全站不住脚，遂回复说："查报不实，应饬认真复查，务求精确。"②

1936年2月，省民政厅再次催促昆明县补报第一期户籍统计表，可知1935年第一期的统计工作到次年2月仍未完成。省民政厅认为昆明县最新上报的统计表仍存在敷衍现象，"与二十一年户口调查总数比较，计减少九百九十四户，八千九百零三人"。省民政厅要求"除将原表暂存外，仰即遵照详查确数，补报来厅，再凭核办，勿稍敷衍"。③

对于较1932年人口总数减少的原因，昆明县政府的解释是寄籍人口回迁、本地外出谋生人口增加等，总体而言是人口迁移运动中的流出多于迁入。昆明县政府陈述的理由还涉及对1932年全省户口调查的揭底，昆明县政府报告称："据各区长报告，二十一年调查户口时，系由县属各区域小学教员担任调查。每调查一户，发给津贴一角，因之竟有少数调查员希图多领津贴，浮报户数，致使全县户口不确，影响此次户籍调查。"④ 这个说

---

① 《云南省民政厅就昆明县呈报第一期户籍统计季报表案给昆明县县长的指令》（1935年11月18日），云南省档案馆藏，档案号：1011-012-00890-001。
② 《云南省民政厅就昆明县呈报第一期户籍统计季报表案给昆明县县长的指令》（1935年11月18日），云南省档案馆藏，档案号：1011-012-00890-001。
③ 《云南省民政厅就昆明县补报第一期户籍统计表给昆明县县长的指令》（1936年2月20日），云南省档案馆藏，档案号：1011-012-00890-019。
④ 《云南省民政厅就昆明县补报第一期户籍统计表给昆明县县长的指令》（1936年2月20日），云南省档案馆藏，档案号：1011-012-00890-019。

法虽未必全然属实，但从侧面体现出这一时期户口调查执行过程与数据统计的不规范性。

到 1936 年 9 月，昆明县的户籍统计依常规已经进行到第三期，但省民政厅依旧在催促将第一期办理结束，可见昆明县户籍统计工作拖延之严重。省民政厅如是说："此次办理户籍及人事登记限期，业已早逾。从宽准予再限至八月底止，应将第一、二、三期应报各表具报完毕……亟应继续按照印发各种书表……分别统计呈报，不得稍涉敷衍，草率遗漏。"① 至于月度户籍统计，昆明县应和昆明市一样，有零星统计数据存在。昆明市尚且没有进行逐月调查登记，以昆明县之拖延，更无逐月调查登记之可能。②

除了省民政厅规定的常规户籍统计外，昆明县由于有世居民众人口分布，县政府曾对当地世居民众进行统计。"饬遵照各属土著民族人口调查表式逐项详查填报等因，奉此，自应遵办，查职县境内以言语计，有民家、百子、子君、散民等四种土著民族，兹经逐项填列一份。"③ 邮电中的"饬遵照各属土著民族人口调查表式逐项详查填报等因"一句尤其值得注意，这说明边地世居民众的人口调查是省政府下令各属进行的行政命令，④并不是昆明县单独进行的。

表 2 所记人口调查诸事项，与同时期的昆明市人口调查有诸多不同。首先，该表有明确的总人口数、男女人口数及壮丁数统计，唯人口调查中常规的户数统计阙如。其次，该表除人口数统计之外，其他如风俗习惯、宗教信仰等诸端，又不见于这一时期针对普通市民的调查项目中。整体来看，该表虽名为人口调查表，却保有浓厚的民族调查报告特征。如何解释这种"杂糅"现象，笔者认为，南京国民政府时期的昆明城作为全国为数不多的城郊有非汉族人口聚居的城市，政府应有一些有针对性的、与普通

---

① 《云南省民政厅就昆明县呈报第一至三期户籍统计及变动统计各表案给昆明县县长的指令》（1936 年 9 月 9 日），云南省档案馆藏，档案号：1011 - 012 - 00884 - 022。
② 昆明县的户籍统计月报表，笔者所见仅 1949 年 1 月留存一份。详见《昆明县政府民国三十八年户籍统计月报表》（1949 年 1 月 1 日），云南省档案馆藏，档案号：1011 - 012 - 00994 - 002。
③ 《昆明县政府填报土著民族人口调查表给云南省民政厅的呈》（1947 年 12 月 12 日），云南省档案馆藏，档案号：1011 - 012 - 00853 - 047。
④ 有关国民政府时期官方组织的云南边地人口调查，可参考马玉华、万永林《试论国民政府对云南少数民族的调查》，《思想战线》2005 年第 2 期，第 42～47 页。

市民户口统计相异的调查举措。而这也说明，当时昆明的人口调查覆盖面比较广，调查方式也比较多样。

表2　1947年12月云南省昆明县各边地世居民众人口调查

	民家、百子、子君、散民
居住区域	民家、百子住北新、玉案两乡，子君、散民住义金、板桥两乡镇
合计	20805人
男	9950人
女	10855人
壮丁数	1686人
风俗习惯	除语言外，一切风俗习惯均与汉族相同，近经风俗改良委员会积极改良后，多数语言已改说汉话
宗教信仰	信仰佛教
经济生活	98%以上以务农为生，其余于农辄时，以经商为副业
教育程度	全数均受义务教育，未受义务教育年长失学者，均强迫受民众教育
语言文字	仅有语言，向无文字
备注	1. 北新乡计有民家男2419人、女2586人，玉案乡有百子男2292人、女2666人，义金乡有子君计男3274人、女3460人，板桥镇有散民计男1965人、女2143人 2. 甲级壮丁计686人，乙级壮丁计1000人

资料来源：《昆明县政府填报土著民族人口调查表给云南省民政厅的呈》（1947年12月12日），云南省档案馆藏，档案号：1011-012-00853-047。

结　语

综上所论，由于警察机关对人事动态登记有便利条件，南京国民政府早期昆明市的户籍登记工作，主要是由警察负责。1942年户籍科（室）成立以后，警察机关逐渐淡出户籍事务的管理与登记，其职责由具体负责转变为监督惩治。同时可以看到，昆明市政府曾制定诸多户籍管理法规，希望民众配合政府进行户籍登记。但是由于民众抵触情绪颇严重，包括处以罚金、制发户籍牌等举措实际效果有限。

昆明市、县均有按期进行户籍登记的尝试，但实际执行情况不同。抗战全面爆发之前,昆明市已有按季进行户籍登记的相关规定,然而效果并不理想,延期、停办之事常有。全面抗战时期,按季进行户籍登记应已形成常制。与按季户籍登记相比,按月户籍登记则多流于形式,实际上很难付诸实践,弄虚作假、誊抄旧表之事很常见。相比昆明市,昆明县的按时户籍登记更加形同虚设,然而县政府对边地世居民众的人口调查仍颇具意义。

从昆明市、县的人口调查与管理,探析这一时期城市人口的户籍管理情况,可以看到户口统计与管理制度处于不断精细化、科学化的进程中,这与人口学体系和调查方式在近代逐步确立的过程大致同步。[①] 而户籍管理职能从警察机关向户籍科(室)的过渡,从"兼事"变成"专事",则反映出户政发展的专业化与独立化趋向。与这一趋向相伴随,人口调查(登记)的次数不断增多,调查项目越来越繁,相关统计表册也不断增加,然而人口统计数据的质量却没有明显提升。各级部门弄虚作假的现象非常普遍。同时,按期人口登记遭遇的现实阻力,也在一定程度上折射出南京国民政府时期开展城市户籍事务存在的问题。

作者:方冬,南京大学历史学院

(编辑:龚宁)

[①] 关于民国年间人口学体系逐步建立及调查制度的发展演变,参见侯杨方《中国人口史》第6卷(1910~1953年),第56~96页;王皓《民国时期中国学界的人口研究》,硕士学位论文,山西大学,2011。

市政学留美生的海外学术经历与20世纪20年代市政改革运动的兴起

赵 可

内容提要 市政学留美生是20世纪20~30年代市政改革运动的新兴力量群体，市政学专业留学教育经历对其成长为市政专家具有重要的影响。市政学留美生选择专业时多受到留学指南的影响，认为市政学是有助于实现国家现代转型的新兴学科，因而选择进入美国著名高校以及市政研究所学习。形成于1914~1930年的43篇市政学留美生硕士、博士学位论文选题广泛，其中有24篇论文涉及中国城市的建设发展问题。这表明其旨在推动国内的市政改革。留学期间，市政学留美生组建了中华市政协会、中华市政研究会等专业社团，聚集市政改革力量。回国后，拥有专业知识优势的市政学留美生不仅将自己定位为"市政专家"，而且依靠专业活动脱颖而出，成为推动市政改革的专业化力量。

关键词 留学教育 市政改革运动 市政学留美生

20世纪20~30年代的市政改革运动是中国近代城市史的重大事件，它不仅推动了中国近代城市管理和城市建设的历史性变革，而且对中国城市发展走向产生了深远影响。城市史学界对市政改革运动已有相当丰富的研究成果，[1] 民国时期市政改革的新兴力量群体是一批以市政学留美生为主体的海归专家，他们在市政改革运动中发挥了引领作用。而城市史学界对这批留学生群体的研究尚嫌薄弱，一些论文述及市政学归国留学生的留

---

[1] 研究市政改革运动的代表性成果如赵可《市政改革与城市发展》，中国大百科全书出版社，2004；涂文学《城市早期现代化的黄金时代——1930年代汉口的市政改革》，中国社会科学出版社，2009。

学分布、城市观念、专业著述等内容,① 还有一些论文评述孙科、董修甲、张慰慈等代表性市政学留美生的市政思想及改革实践。② 这些研究多偏重于市政学留美生归国后的思想及实践,而对他们为何选择市政学科、经历了怎样的市政学训练、如何组建专业社团等问题涉猎极少,对归国时即将自己定位为"市政专家"的市政学留美生群体何以崛起成为市政改革新兴力量这一问题缺乏充分剖析,也难以揭示市政学留美生群体的留学经历及其留学生身份对归国后从事市政改革实践的重要影响。诚如叶隽在《〈留学史丛书〉总序》中所言:国内留学史研究"往往更多关注留学生归国之后的影响与贡献。这无疑是正确的,但留学生之所以重要,就在于其留学背景,舍却对其留学经验的深入考察,则异质文化碰撞的具体镜像无从呈现。而留学生在现代中国的角色呈现又是如何与其留学背景(兼及学术及整体)产生深层的思想关联,更是值得具体探讨、很可能生发出思想史研究新义的最佳命题之一"。③ 笔者不揣浅陋,依据在美国访学时搜集的相关留学史料,拟以市政学专业留学教育为视角探析以上问题,以期推进对市政学留美生群体以及市政改革运动史的研究。

一　专业选择及学校分布

市政学是研究有关城市组织与管理的学科,其随着20世纪初美国进步主义运动的兴起而产生,当时属于适应城市化发展趋势而形成的新兴学科。国内知识界尤其是与留学有关的教育界人士对于市政学的认知,最早可见商务印书馆1921年7月出版的《留美指南》一书。受到该书的影响,一批在国内接受新式学堂教育的新型知识分子选择市政学作为他们的留学

---

① 赵可:《20世纪20年代新型知识分子城市观念的变迁——以归国留学生为中心的考察》,《社会科学研究》2003年第5期;吴冰清、金铭:《民国时期市政专家群体的产生与市政思想发展轨迹》,《社会科学论坛》2012年第3期。
② 韩文宁:《孙科与二十年代广州的市政革新》,《档案与史学》2003年第2期;邱红梅:《董修甲与近代汉口的市政建设述评》,《信阳师范学院学报》(哲学社会科学版)2007年第5期;王欣:《董修甲的城市规划思想及其学术贡献研究》,硕士学位论文,武汉理工大学,2013;丁敏:《张慰慈市政思想研究》,硕士学位论文,贵州师范大学,2019。
③ 叶隽:《〈留学史丛书〉总序》,〔美〕叶维丽:《为中国寻找现代之路:中国留学生在美国(1900~1927)》,周子平译,北京大学出版社,2012,第3页。

专业，成为市政学留美生。

《留美指南》一书由曾任清华学校教务长、副校长、代理校长的王文显编撰，目的是为中国及其他东方国家学生提供有针对性的留学指导。编者在前言中明确指出，多数清华学校学生在赴美留学时没有或很少进行充分的准备，美国教育机构虽然经常发布一些布告或其他出版物，为中国和其他国家学生提供指导，但这些资讯仅是一般性地适用于国际学生，并不能满足中国学生的留学需求，所以急需一部立足中国观点、适应中国派遣学生赴美留学需求的指南。1920年夏季，王文显护送近80名清华学生赴美留学，他利用两个月时间访问美国顶尖教育机构、搜集教育资料，并向美国著名教育机构和在美学习的清华校友发放调查问卷，在掌握大量第一手材料的基础上编撰了《留美指南》。[①]

在该书"专业选择"部分"政府服务"大类下，列有"城市管理、城市行政和调查"专业，并介绍这是与美国城市政府相关的新专业方向。"直到10~12年前，美国的城市政府几乎无一例外是明显失败的。不过，人们从那时起沿着改善组织和程序的方向做了大量开创性工作。如今市政专业人员的就业领域正在迅速开放和扩大，不需要多少年，市政机构就将基本上全面雇用经过培训的城市行政和管理人员。"[②] 由于市政事务涉及面广泛，指南强调研修这一专业需要在大学阶段重视经济学、政治学、市政工程等方面的训练。[③] 上述专业介绍表明，国内教育界已经注意到市政学是20世纪初期伴随着以救治城市管理腐败、健全城市组织为目标开展的市政改革运动，进而产生的一门新兴综合性学科，以满足今后城市管理专业化、科学化发展对专门人才的需求。

华裔学者叶维丽在研究1900~1927年留美生群体时认为：这批留美学生是第一代以"现代"方式生活的中国人，无论在生活方式还是谋生手段方面，他们都朝着现代模式迈出了决定性步伐。20世纪初，正经历工业化和城市化转型的美国为中国人提供了一个具体的"现代"样本，为留学生对"现代"的理解打上了独特的美国印记。[④] 四川留美学生白敦庸的经历

---

① J. Wong‑Quincey（王文显），*Education Guide to the United States: For Use of Chinese and Other Oriental Students*（《留学指南》），Shanghai: Commercial Press, 1921, pp. 1‑2。

② J. Wong‑Quincey（王文显），*Education Guide to the United States: For Use of Chinese and Other Oriental Students*（《留学指南》），p. 93。

③ J. Wong‑Quincey（王文显），*Education Guide to the United States: For Use of Chinese and Other Oriental Students*（《留学指南》），p. 94。

④ 〔美〕叶维丽：《为中国寻找现代之路：中国留学生在美国（1900~1927）》，第5、8页。

即是典型的例证。白敦庸1919年8月由清华学校官费派遣出国,1921年6月从美国芝加哥大学毕业后获政治经济和市政管理学士学位,后入纽约国立行政讲习院实习,1924年7月回国,著有《市政述要》和《市政举要》两书。[①] 他在《市政举要》自序中讲述了自己转变学业兴趣、转攻市政科学的缘由,"民国八年,敦庸负笈美国,见彼邦城市之治理,迥异中土,市民熙熙攘攘,共享太平,心羡而乐之。……遂变更未出国前之志趣,弃工厂管理之学而攻市政管理。意谓欲为大多数人民谋幸福,莫如致力于市政,因城市为多数人民聚集之所。一城治理,则能享受福利之人自较工厂享受福利之人为多。推而广之,全国城市都能治理,则能享受福利之人自必更多。志学之初,因在大学中所习者以政治经济学为主科,社会学为副科,而于市政工程之学未遑兼顾,故专注意于管理方面"。[②] 王文显编撰的《留学指南》里辑录了白敦庸作为清华在美留学校友填写的一份调查问卷,其中专业栏目注明是"城市改革"(Specializing in City Reforms),在解释选择专业的原因时,他说是1919年夏季受到美国城市改革成就的鼓舞及一门名叫"现代城市"的社会学课程的影响,这使他认识到中国非常需要城市改革,所以放弃出国前的专业选择,立志从事中国城市改革事业。[③]

据统计,清华在留美预备学校时期派出的1290名留美学生中,624人选习人文社会科学,其中有12人攻读市政学。[④] 这表明,对当时尚处于探索阶段的市政学科产生浓厚兴趣,并将其作为求学志向的清华学校留美生绝非白敦庸一人。此外,由于各类留学史料在统计留学专业时,多按大的学科门类,而市政学属于当时的新兴学科,又具有综合性特征,多被划分在政治科学(Political Science)和市政工程(Civil Engineering)等科目中,所以历来缺乏准确统计。但可以肯定的是,所学专业与市政学密切相关的留美生人数远超12人。根据目前掌握的资料,整理出归国后在市政改革运动中较为活跃的36名市政学留美生及其教育情况,见表1。

[①] 梅佳:《回国留学生现在国内服务状况调查表一组》,《北京档案史料》1996年第4期。
[②] 白敦庸:《市政举要》,上海大东书局,1931,自序。
[③] J. Wong‑Quincey(王文显), *Education Guide to the United States: For Use of Chinese and Other Oriental Students*(《留学指南》), p. 408。
[④] 清华大学校史研究室编《清华大学史料选编》第1卷《清华学校时期(1911~1928)》,清华大学出版社,1991,第56~71页。

市政学留美生的海外学术经历与20世纪20年代市政改革运动的兴起

表1 20世纪20年代部分市政学留美生教育背景

姓名	留学国家	留学学校	专业	出国年份	回国年份	学位
董修甲	美国	密歇根大学 加利福尼亚大学	市政经济学 市政学	1918	1921年前	硕士
臧启芳	美国	加利福尼亚大学 伊利诺伊大学	经济学、财政学 经济学	1919（1920）	1923	硕士
桂崇基	美国	卫斯理大学 哥伦比亚大学 纽约美国市政研究所	市政学	1915年后	1926	硕士
赵祖康	美国	康奈大学	道路工程	1930	1931	
何思源	美国 德国 法国	芝加哥大学 柏林大学 巴黎大学	经济学 教育学	1919	1926	硕士
王宠	美国	伊利诺伊大学	政治学	1910年前后	1930年前	硕士
孙科	美国	加利福尼亚大学 哥伦比亚大学	政治学、经济学、理财学、新闻学	1911	1917	硕士
程天固	英国 美国	牛津大学 加利福尼亚大学		1904 1911	1915	硕士
张慰慈	美国	爱荷华大学	政治学	1912	1917	博士
张锐	美国	密歇根大学 哈佛大学 纽约美国市政研究所	市政学 行政学			硕士
叶秋原	美国	印第安纳大学	政治学		1927	硕士

227

续表

姓名	留学国家	留学学校	专业	出国年份	回国年份	学位
严恩棫	美国	哥伦比亚大学				硕士
张金鉴	美国	斯坦福大学	政治学			硕士
乔万选	美国	芝加哥大学 哥伦比亚大学	法学 政治学	1919	1926	博士
卫挺生	日本 美国	密歇根大学 哈佛大学	语言、政治经济、历史学	1905 1911	1905 1920	硕士
江康黎	美国	密歇根大学 西北大学	市政学			硕士
陈祖平	美国	密歇根大学	市政学			
鄢裕坤	美国 英国	华盛顿大学 密歇根大学 伯明翰警官学校	警察行政、警察学		1932年后	硕士
戴志昂	美国	芝加哥大学	都市计划			
张育元	美国	密歇根大学	市政学			
哈雄文	美国	宾夕法尼亚大学	建筑 美术			硕士
陈朗秋	美国	密歇根大学	市政学			
杨克天	美国	哥伦比亚大学				
黄卿云	美国	密歇根大学	市政学			
余立铭	美国	密歇根大学	市政学			

续表

姓名	留学国家	留学学校	专业	出国年份	回国年份	学位
舒伯炆	美国	密歇根大学	市政学			
汪大燧	美国	密歇根大学	市政学			
薛次莘	美国	耶鲁大学				
谢贯一	美国	密歇根大学	市政学	1923	1928	学士
凌均吉	美国	威斯康星大学	市政学			博士
何炳贤	美国	加利福尼亚大学				硕士
白敦庸	美国	芝加哥大学	政治经济、市政管理	1919	1924	学士
关颂声	美国	麻省理工学院 哈佛大学	建筑学 市政管理	1914	1919	学士
董大酉	美国	明尼苏达大学 哥伦比亚大学	建筑学、建筑及城市设计 美术考古学	1922	1928	硕士
顾康乐	美国	康奈尔大学	市政卫生	1923	1925	硕士
林云陔	美国	圣理乔斯大学	法律政治	1912	1919	硕士
陶行知	美国	伊利诺伊大学 哥伦比亚大学	市政学 教育学	1914	1917	硕士

注：由于20世纪初美国市政学研究刚刚起步，学科体系尚未建立，而且市政学与政治学、行政学、经济学、建筑工程学等学科密切相关，无法完全统计，表中所列留美生是20世纪20~30年代市政改革运动中较为活跃的代表，且研习科目均属市政学或与市政学密切相关的科目，但有4名留美生限于资料缺乏，专业不详。

资料来源：徐友春主编《民国人物大辞典》，河北人民出版社，1991；《书报评论》，《大公报·政治副刊》1930年1月21日，第13版；《市政府良否之标准》，《大公报·政治副刊》1930年1月7日，第13版；《中国市政人物介绍》，《市政评论》第5卷第6期，1937年；陆丹林编纂《市政全书》，上海道路月刊社，1928；余子侠编《中国近代思想家文库·陶行知卷》，中国人民大学出版社，2015。

20世纪20年代的中国留美学生在分布上，主要集中在美国东部和中西部学校，西部和南部相对较少。[①] 由表1可知，这些市政学留美生多数有在密歇根大学、加利福尼亚大学、芝加哥大学、康奈尔大学等著名学府学习的经历。密歇根大学是培养中国市政学留学生人数较多的学术机构。根据刘蓉士1956年的博士学位论文《密歇根大学中国毕业生的学术成就（1907～1950）》统计，在此期间共有1077名中国本土学生在密歇根大学留学，其中市政管理专业学生有38人，占总人数的3.5%。这是目前仅见的将市政专业单独列出统计的中国留美生资料。在社会科学类367名中国留学生中，市政管理专业留学生人数仅次于经济学（153人）、政治科学（76人）、教育学（55人），较社会学（17人）、历史学（12人）、心理学（10人）等专业留学生人数多。[②] 从留学时段看，学习市政管理学的中国留学生集中在全面抗战爆发前，1912～1926年仅6人，1927～1936年为32人。[③]

研习市政科学的留学生之所以大多选择密歇根大学，与其学科的社会影响力有关。考查密歇根大学校史，市政学是文理艺术学院（the college of Literature, Science and the Arts）下属的政治科学系。该系于1910年从历史系中将与政府管理相关的课程分离出来而得以重建，并在杰西·里弗斯博士（Dr. Jesse Reeves）的领导下在30年代中期成为享有国际声誉的政治学系。受美国进步主义运动的影响，密歇根大学的学者积极参与了美国的市政改革运动。[④]

---

① 〔美〕叶维丽：《为中国寻找现代之路：中国留学生在美国（1900～1927）》，第10页。
② Yung-Szi Liu（刘蓉士），*The Academic Achievement of Chinese Graduate Students at the University of Michigan, 1907-1950*［《密歇根大学中国毕业生的学术成就（1907～1950）》］, University Microfilms, Ann Arbor, Michigan, 1956, Doctoral Dissertation Series, Publication No. 18620, p. 61。
③ Yung-Szi Liu（刘蓉士），*The Academic Achievement of Chinese Graduate Students at the University of Michigan, 1907-1950*［《密歇根大学中国毕业生的学术成就（1907～1950）》］, pp. 63~64。
④ 政治科学系教授J. A. 费尔利（J. A. Fairlie）作为代表向州选民介绍城市自治运作体系；1917年召开了一场旨在建立合理的政府组织结构的会议，并决定建立调查办公室，此办公室于1918年1月起由政治科学系教授罗伯特·克莱恩（Robert Crane）负责具体业务，此后成为关于密歇根州和城市事务政治社会调查的政府机构。从1917年起，政治科学系在罗伯特·克莱恩的主持下，为市、县和州培养专业人员并授予市政管理硕士学位。见Howard H. Peckham, *The Making of the University of Michigan, 1817-1992*［《密歇根大学的成功之道（1817～1992）》］, Ann Arbor, MI, University of Michigan Bentley Historical Library, 1994, pp. 124, 129, 132, 206；*University of Michigan: Catalogue of Graduates, Non-Graduates, Officers, and Members of the Faculties, 1837-1921*［《密歇根大学：研究生、本科生和教职员工名录（1837～1921）》］, Ann Arbor, MI, Published by the University, 1923, p. 32。

市政学留美生的海外学术经历与20世纪20年代市政改革运动的兴起

密歇根大学的市政学科也伴随着美国市政改革的脚步不断发展壮大，其学术声誉和社会影响力吸引了中国留学生前来学习。市政学留美生群体的代表性人物，如董修甲、张锐均毕业于密歇根大学。此外，表1中还有几位留美生有在纽约美国市政研究所实习的经历。1906年成立的纽约美国市政研究所是一家为纽约市市政管理及改革提供长期技术支持的独立性、专业化机构，由社会科学学者和社会改革家组成，并通过与市政府的横向合作，在推动纽约市城市改革中表现出众，因此也成为中国市政学留美生毕业实习的理想机构。

二 学位论文和研究兴趣

市政学留美生经过国外学术机构的专业训练，多人获得博士学位或硕士学位。他们在求学期间完成的学位论文既体现了各自的研究兴趣，也能反映出一个时期市政学留美生学术活动的共同趋向。

由中美两国教育界知名人士共同创办的民间教育文化社团——华美协进社（China Institute in America）于1926年5月在美国纽约成立后，持续性统计编辑并刊发"中国留美学生硕博士学位论文"（Theses and Dissertations by Chinese Students in America），该目录提供了中国留美学生硕博士学位论文的各项信息，包括姓名、毕业学校、所获学位、论文题目等，为研究20世纪20年代中国留美生的学术活动提供了重要的资料，结合其他留学史料整理出30年代之前留美研究生所撰写的与市政相关的学位论文，见表2。

表2 20世纪30年代之前留美研究生涉及市政问题的学位论文

作者	论文题目	学位	授予院校	年份
Ma, Yin-Ch'u 马寅初	The finances of the city of New York 纽约市的财政	Ph. D.	Columbia 哥伦比亚大学	1914
Ling, Tsoerun Lee 林立	Powers and duties of city school superintendents 城市学校督察的权力与责任	Ph. D.	Iowa 爱荷华大学	1915

续表

作者	论文题目	学位	授予院校	年份
Chang, Tso-Shuen 张祖训（即慰慈）	The home rule charter system 城市自治约章体制	M. A.	Iowa 爱荷华大学	1915
	History and analysis of the commission and city-manager plans of municipal government in the United States 美国城市政府的委员会制和经理制论析	Ph. D.	Iowa 爱荷华大学	1917
Szto, Sit-Iu 司徒尧	The relation of the police power to city planning: a study of public law 关于警察规制权与城市规划的关系：一项公法研究	Ph. D.	Cornell 康奈尔大学	1917
Chang, Ching-Hui 张镜辉	Police administration in New York, Chicago and Philadelphia 纽约、芝加哥和费城的警察行政	Ph. D.	Illinois 伊利诺伊大学	1927
Tien, Chung-Chin 田炯锦	State supervision over municipal finance in England and the United States 英美国家市政财政状况监测	Ph. D.	Illinois 伊利诺伊大学	1930
Liang, Yin-Nien	Unified electric power supply for Peking, China 北京联合电力供应	M. M. E.	Cornell 康奈尔大学	1914
Pei, I. Hsiang	Design of a subway system for Shanghai, China 上海的地铁系统设计	M. C. E.	Cornell 康奈尔大学	1920
Wu, Wei-Yoh	The unification of electrical power supply in the Pittsburgh district 匹兹堡地区电力供应一体化	M. M. E.	Cornell 康奈尔大学	1920
Yeh, Chia-Yuan	Electric railway system and harbor power for the city of Canton, China 广州电气化铁路系统和港口电力	M. M. E.	Cornell 康奈尔大学	1921
Chen, Pao-Cheng	Preliminary design of an electric railway for Foochow, China 福州电气化铁路初步设计	E. E.	Worcester Polytechnic 伍斯特理工学院	1922

市政学留美生的海外学术经历与 20 世纪 20 年代市政改革运动的兴起

续表

作者	论文题目	学位	授予院校	年份
Lou, Kia-Chu	A design of a power plant for Shanghai, China 上海发电厂设计	M. E. E.	Cornell 康奈尔大学	1922
Yu, Chien-Loh	Design of a large electrical power station for the district of Kaiting, China 江苏嘉定大型发电厂设计	M. E. E.	Cornell 康奈尔大学	1922
Sheng, Tsu-Kiang	Design of a telephone exchange for the city of Tsing-Wei-Pu, Kiangsu, China 江苏青浦电话局设计	M. S.	Wisconsin 威斯康星大学	1923
Koh, Yoh-Sai	The design of a steam power plant for Hankow, China 汉口火力发电厂设计	M. M. E.	Cornell 康奈尔大学	1924
Wu, Ching-Yen	The design of a steam power plant for Woosung, China 吴淞火力发电厂设计	M. M. E.	Cornell 康奈尔大学	1924
Chan, Leung-Shi	An investigation of the Ithaca water supply with some remedies for its shortage 关于伊萨卡供水短缺补救的调查	M. C. E.	Cornell 康奈尔大学	1925
Cheng, Pun-Han	Design of a steam power plant for Hangchow, China 杭州火力发电厂设计	M. C. E.	Cornell 康奈尔大学	1925
Chien, Chang-Kan	Design for a gravity water supply for Albany, N. Y. 纽约州奥尔巴尼市重力供水设计	C. E.	Rensselaer 伦斯勒理工学院	1925
Chin, Yuk-Nom	Design for a separate system of sewers and disposal plant consisting of Imhoff tanks and sprinkling filters for West Chester, N. Y., population 15,000 供纽约西彻斯特 15000 人口使用的包含沉淀隐化池和喷淋过滤器的分流制下水道及污水处理厂设计	C. E.	Rensselaer 伦斯勒理工学院	1925

续表

作者	论文题目	学位	授予院校	年份
Lau, Fook - Tai	Notes on the geography, history, social, economic, government and aesthetic factors involved in the planning for the city of Bou Onn, China 与广东宝安城市规划有关的地理、历史、社会、经济、管理及美学因素的笔记	M. S.	Oregon 俄勒冈大学	1925
Lee, Tsin	A study of economics of power generation and distribution for a city steam - electric plant 城市火力发电厂电力生产与分配的经济学研究	M. S.	Wisconsin 威斯康星大学	1925
Niu, Dewar Illiard	Design of a Diesel power plant for Huchow, China 湖州柴油发电厂设计	M. C. E.	Cornell 康奈尔大学	1925
Tsui, Tsung - Hsun	Study of the municipal budget with special application to Palo Alto, California 市政预算研究：适用于加利福尼亚州帕罗奥图	A. M.	Stanford 斯坦福大学	1925
Yuan, Polixenes Leo	Design of a steam power plant for Soochow, China 苏州火力发电厂设计	M. C. E.	Cornell 康奈尔大学	1926
Chang, Yung Hsien	A design of water supply and sewerage works for a small city 小城市给排水工程设计	M. S.	Yale 耶鲁大学	1927
Shen, San To	Plan of an automobile service station for Peking, China 北京汽车服务站规划	M. S.	Purdue 普渡大学	1927
Tien, Chung - Chin	The relation of the city to the state 城市与国家的关系	M. A.	Illinois 伊利诺伊大学	1927

市政学留美生的海外学术经历与20世纪20年代市政改革运动的兴起

续表

作者	论文题目	学位	授予院校	年份
Ho, Shih Ji	Design of river side steam power plant for Wu Sie 无锡江畔火力发电厂设计	M. M. E.	Cornell 康奈尔大学	1928
Huang, Kuo Chang	The port of Shanghai 上海港	M. S.	Chicago 芝加哥大学	1928
Ren, Chia Yu	Design of a steam power plant for Hangchow, China 杭州火力发电厂设计	M. M. E.	Cornell 康奈尔大学	1928
Yaam, Wu	A mayor-council-manager plan for city government 城市政府组织的市长制—市委员会制—市经理制	M. A.	Stanford 斯坦福大学	1928
Whang, Kenyon	Design of a steam power plant for Shanghai, China 上海火力发电厂设计	M. M. E.	Cornell 康奈尔大学	1928
Hon, Yam Tong	A proposed system of public education for the city of Chung-shan, a hypothetical Chinese city 假定的中国城市中山市公立教育建议	M. A.	Stanford 斯坦福大学	1929
Hsu, Marian	A program of study for junior grades of the first high school in Foochow City, China 福州第一高中低年级学习大纲	M. A.	New York 纽约大学	1929
Ku, Yu-Tsuan	A proposed steam power plant for the new capital of China-the city of Nanking 中国新首都南京火力发电厂规划建议	M. M. E.	Cornell 康奈尔大学	1929
Yen, Leepin San	Design of steam power plant for Changsha, China 长沙火力发电厂设计	M. M. E.	Cornell 康奈尔大学	1929

续表

作者	论文题目	学位	授予院校	年份
Chan, Shau-Hong	Public recreation in American cities 美国城市的公共娱乐	M. A.	Stanford 斯坦福大学	1930
Chou, Charles Lun	A study of Hangchow city water supply plans 杭州城供水方案研究	M. C. E.	Cornell 康奈尔大学	1930
Li, Chi-Min	Sources of municipal revenue 市财政收益来源	M. A.	Stanford 斯坦福大学	1930
Liu, Che Ming	Consolidation of local units into metropolitan districts 联合地方单位并入大都市区	M. A.	Wisconsin 威斯康星大学	1930
Shih, Kong Huai	Design of a water front terminal at Shanghai, China 上海水运枢纽设计	M. C. E.	Cornell 康奈尔大学	1930

注：博士学位论文作者依据袁同礼编撰《中国留美同学博士论文目录》，可确认中文姓名，但硕士学位论文作者多用威妥玛式拼音拼写，且夹杂英文名字，难以确定作者的中文姓名，仅张祖训（即慰慈）一人既获硕士学位，又获博士学位，可以确认作者。

资料来源：Tung-li Yuan（袁同礼），*A Guide to Doctoral Dissertations by Chinese Students in America 1905-1960*［《中国留美学生博士论文目录（1905~1960）》］, Published under the auspices of the Sino-American Cultural Society, Inc. Washington D. C., 1961; China Institute in America（华美协进社）, *Theses and Dissertations by Chinese Students in America*（《中国留美学生博硕士学位论文》）, Bulletin 4, New York City, November 1927; China Institute in America（华美协进社）, *Theses and Dissertations by Chinese Students in America*（*Supplementary List*）［《中国留美学生博硕士学位论文（增补条目）》］, Bulletin 7, New York City, December 1928; China Institute in America（华美协进社）, *Theses and Dissertations by Chinese Students in America*（《中国留美学生博硕士学位论文》）, Bulletin 11, New York City, January 1934。

1914~1930年涉及市政问题的留美硕、博士学位论文共43篇，其中博士学位论文6篇，硕士学位论文37篇。按学位的授予院校统计，康奈尔大学20篇，斯坦福大学5篇，伊利诺伊大学3篇，爱荷华大学3篇，威斯康星大学3篇，伦斯勒理工学院2篇，哥伦比亚大学1篇，伍斯特理工学院1篇，俄勒冈大学1篇，耶鲁大学1篇，普渡大学1篇，芝加哥大学1篇，纽约大学1篇。

这些学位论文选题涉猎面广，兼具理论性和实践性，内容包括市自治宪章、市政组织制度、城市警政、城市规划、市财政、市公用、城市电气铁路、水电供应设计、城市教育、城市公共娱乐、城市政府行政人员管理、城市住房问题、美国市政发展实况，以及中美市政比较等。其中部分学位论文还在美国公开发表，如马寅初的博士学位论文《纽约市的财政》（1914 年）发表于《哥伦比亚大学历史、经济学和公共法研究》第 61 卷第 2 号总第 149 号，同年由哥伦比亚大学政治学院出版，列为本科一年级新生教材，历史学家何炳棣称此论文在哥伦比亚大学"一直被认为标准著作"；[1] 张祖训（即慰慈）的博士学位论文《美国城市政府的委员会制和经理制论析》（1918 年）发表于《爱荷华大学社会科学研究》第 1 卷。这些学位论文的选题和学术水准表明，这一批留美学生亲身经历美国进步主义运动时期由工业化和城市化引起的社会变迁，因此对城市化发展趋势和城市发展抱有强烈信念。他们经过专业化训练，已经掌握较为扎实的基础理论，具备广阔的学术视野，并开始探究代表时代发展的各种城市问题。值得注意的是，所辑录的 43 篇论文中有 24 篇选题涉及北京、上海、福州、汉口、南京、杭州、苏州、长沙等中国城市的建设和发展问题，如北京联合电力供应、上海地铁系统设计、汉口火力发电厂设计、北京汽车服务站规划等，研究重点一般为城市公用事业和交通事业。不难看出，这批关注市政问题的留美学生具有运用所学知识，投身中国城市发展建设的积极心态，以及致力推动中国融入世界城市化、工业化潮流的迫切愿望。也正是这些留学生，开创和推动了民国时期的市政改革运动，并成为其中的中坚力量。

三 组织专业性社团

海外留学生在系统学习现代科学知识、获得学士学位或更高学位后，归国成为中国第一代现代化专业人才，其主体和骨干是留美学生。"这些人被视为现代专业人员并不仅仅因为他们所受的教育，更重要的是他们自身的专业身份认同。"[2] 留美生深受当时美国高等教育领域弥漫的专业化文

---

[1] 何炳棣：《读史阅世六十年》，广西师范大学出版社，2005，第 200 页。
[2] 〔美〕叶维丽：《为中国寻找现代之路：中国留学生在美国（1900~1927）》，第 51 页。

化的影响，认为专业化是现代人的重要美德和现代社会的重要原则。学习同一科目的留学生聚集在一起，依据所学专业成立了社团。"他们不但是各专业的创办人，也是日后的领导者。"① 市政学留美生也加入创建专业团体的行列。

随着美国市政改革运动推动市政研究朝专业化方向发展，20世纪初美国开始出现研究市政问题的专门机构，其中1906年成立的纽约美国市政研究所和1911年成立的全美市政人才养成所最具影响力。美国有相当多的学者和政治家热心于市政问题研究，涌现出以 J. A. 费尔利、W. B. 孟洛为代表的学术名家，他们通过组织市政学会、出版市政书报，推广普及市政知识。市政学留美生也逐渐认识到，诸如纽约美国市政研究所及日本东京市政调查会等市政研究机构在推动近代城市发展中的重要作用。张锐从清华学校毕业后，留美攻读市政学专业，师从密歇根大学李得教授、阿卜孙讲师和哈佛大学 W. B. 孟洛教授，② 他曾在纽约美国市政研究所和纽约市政府实习任技师。③ 他以丰富的学术和实践经历指出：纽约美国市政研究所"实美国科学行政之先锋队，近来美国市政府改革之原动力，实非过誉"。而且由于美国市政研究机构成绩卓著，其他国家纷起效法，遂使"此种市政研究运动，不仅限于美国，亦不仅限于欧美，吾侪东邻早已奋起直追。英美比日坎拿大各地均有类似之组织"。④

市政学留美生积极组织探讨中国市政改革问题的研究团体，以促进国内的市政改革。他们在留学期间就自发组织了市政研究团体，目前已知最早成立的中国留学生市政研究组织是中华市政协会。1924年冬，"留美市政学生，咸以我国市政甫兆萌芽，亟应纠合同志，急起直追，提倡进行，矧将来市政建设一切问题，至繁且巨，尤赖共同研究，集思广益"，于是在纽约发起组织中华市政协会，"留学欧美之习政治、经济、教育、工程、医学各科学生，纷纷加入，该会始告成立"，⑤ 并推举在卫斯理大学、哥伦比亚大学、纽约美国市政研究所学习的桂崇基为临时总干事，聘请美国著

---

① 〔美〕叶维丽：《为中国寻找现代之路：中国留学生在美国（1900～1927）》，第65页。
② 时昭瀛：《张锐的比较市政府》，《图书评论》第1卷第2期，1932年。
③ 张锐：《市政府良否之标准》，《道路月刊》第32卷第3期，1931年，编辑按语。
④ 张锐：《促进市政的基本方策》，《中国建设》第2卷第5期，1930年。
⑤ 《国外要闻：留美学生组织中华市政协会》，《申报》1925年5月19日，第4版。

名历史学家、政治学家查尔斯·A. 比尔德博士（Dr. Charles A. Beard）和纽约市政研究局负责人、著名公共管理学家卢瑟·古立克博士（Dr. Luther Gulick）为协会名誉顾问。另一个市政学留美生组织是中华市政研究会。据张锐回忆，他在"就学米西根时，安雅堡市政同人曾有中华市政研究会之草创，旋以会员分散，迄无进展。其时曾有中国标准市政辞典之计划，由赵恩矩、谢贯一及作者（张锐自称——引者注）着手编制，亦未观成"。① 该研究会应是在密歇根大学攻读市政学的留学生成立的市政研究组织，并有出版市政学书籍的设想。中国留美学生联合会编写的《中国留美学生手册》在介绍中国留美学生专业社团时，列出了密歇根大学中国教育俱乐部下属的一个名为 Chinese Municipal League 社团的基本信息。据查，张锐是清华学校旧制丙寅级学生，② 按惯例应于 1926 年毕业留洋，Chinese Municipal League 很有可能是张锐和其他中国市政学留学生在密歇根大学创办的中华市政研究会。该社团于 1926 年成立，共有 16 名成员，其中 3 名在国内，13 名在美国，社团的宗旨是会集有志于研究市政科学、推动国内市政全方位建设的同人。③

20 世纪 20 年代末，随着市政学留美生陆续学成归国，市政学专业团体的重心也逐渐移向国内。1927 年 9 月，已归国的桂崇基"联合欧美回国市政学者，组为扩大的组织，期以促进全国市政之改良"，④ 他们在上海开会议决将中华市政协会改组为中华市政学会。该学会以"联络市政同志、调查市政状况、研究市政学术、促进市政发展"为宗旨，会务暂定为："（一）调查市政实况；（二）研究市政问题；（三）辅助市政发展；（四）编译市政书报；（五）介绍市政专门人才；（六）答复市政问题之咨询；（七）促进其他关于市政及地方自治事项。"邵元冲、张维翰、梁维四、桂崇基、姜琦五人当选为中华市政学会的董事，董修甲当选为总干事。规定"凡具有市政学识或经验，赞同本会宗旨，经会员二人以上之介

---

① 张锐：《促进市政的基本方策》，《中国建设》第 2 卷第 5 期，1930 年。
② 张锐：《丙寅级风》，《清华周刊》增刊第 11 期，1925 年，第 50~55 页。
③ The Chinese Students' Alliance in U. S. A.（中国留美学生联合会），*The Handbook of Chinese Students in U. S. A.*（《中国留美学生手册》），The Chinese Students' Alliance in U. S. A.（中国留美学生联合会），1928, pp. 27~29。
④ 《市政协会改组》，《申报》1927 年 9 月 16 日，第 16 版。

绍，并得会员资格审查委员会通过，得为本会会员"。① 但是该学会似乎并不具有章程所规定的兼容并包性，其成员主要限于留美学生，是研究市政学的留美生归国后的学术研究团体。张锐曾针对其狭隘性指出："窃意中华市政学会之扩大组织，实属刻不容缓。有此组织，研习市政同人始能有集中之势力以谋国内市政之进展。否则一盘散沙，何功可建，何业可立？此项组织不应限于留学生，尤不应限于美国留学生，凡对于中国市政具有改善之热诚者均得加入一致努力。誓尽个人之力集中的发表鼓吹，灌输新市政知识，发挥中国市政之实况以求改进之方法。庶不致使欧美各国独占上风，华胄东邻窃笑于后。"② 目前尚未发现说明中华市政学会成员构成改变的资料。

民国时期相继成立的市政研究专业团体说明，以市政学留美生为主体的市政改革推动力量正由分散走向集中。他们聚集在以改革市政为宗旨的学术研究团体中，规划中国城市发展的前景，为动员市民参与和关注市政改革运动而著译市政书籍，开展启蒙工作，为市政改革运动营造舆论声势。另一方面，市政研究专业团体的成立，对培养市政学留美生的专业意识起了重要作用，促使其回国后主要依靠专业技能树立专业声誉和社会地位，在中国这样长期受官本位观念影响的社会中开辟了一条由专业人士解决社会问题的道路。"在20世纪上半期的中国，选择依靠专业技术谋生而非从事政治革命运动，也意味着留学生们寻求渐进和改良式解决中国问题的政治取向。"③

留学生归国后都面临着生计出路问题，当时的普遍情况是用非所学，无法发挥专业特长。诚如中国科学社的创始人之一任鸿隽所言："况吾留学生囊橐数年之讲章实习以归。归而无学校足供砥砺也，无图书足供参考也，无工场足供实验也，无师友足供切磋也。而又张冠而李戴，削足以就履。数年之后，尚有丝毫学理，储其胸中邪？"④ 市政学是实践性较强的应用性学科。市政学留美生归国时多有饱满的参政热情，希望能跻身市政机

---

① 《中华市政学会章程附本届临时职员》，陆丹林编纂《市政全书》，第37~38页。
② 张锐：《促进市政的基本方策》，《中国建设》第2卷第5期，1930年。
③ 〔美〕叶维丽：《为中国寻找现代之路：中国留学生在美国（1900~1927）》，第14页。
④ 樊洪业、张久春选编《科学救国之梦——任鸿隽文存》，上海科技教育出版社、上海科学技术出版社，2002，第8页。

构一试身手,但是当时国内的社会政治环境不尽如人意。"负责办理市政的,所谓督办、会办、坐办、局长、所长等挂名不做事的大人物,不是官僚,就是绅耆。若聘任市政专家来做政务官和事务官的,实在'寥若晨星'。"市政学留学生既对国内的市政发展极不满意,又对"专门研究市政的返国后,无所事事,用非所学,天天过那粉笔黑板教书生活"的境遇颇有怨言。① 留美市政学者张锐呼吁:"20 世纪良好市政之基石,实专家行政也!"② 市政学留美生董修甲也指出:目前"我国已感觉市政之重要矣,各地创办市政者,已接踵而起,惟今日之市政,为科学的,为专门的,为技术的,断非不学无术不明市政为何物者,所能胜任愉快也"。③ 这种高调宣示,既是向国内传播新近确立的由专门人才执掌市政的专业化原则,也是市政学归国留学生作为首批经过正规训练的专业人才,通过强化自己的专业身份认同树立专业技能权威,借此提高声望和影响,努力占据社会中心地位的积极作为。

20 世纪 20 年代中后期,市政学留美生以其拥有的专业知识优势,在中国城市管理体制迎来重大变动的时代迅速脱颖而出。董修甲是市政学留美生群体的代表人物之一。1921 年回国后,他寓居上海,笔耕不辍,撰写市政学论著。据其自述:"予既许身于市政之提倡,对于征求市政文字者,必本所见以应之,借以唤起国人,促进市政之改善。故数年来,各报所刊之拙文甚多,间有讲演之辞稿,散见报端者。"④ 学界推介新秀时说:董修甲回国后"奔走平沪,以自己的所得,贡献于口头与笔端,从事大学教授及著述的生涯。关于市政专书,著有十数种,由商务、中华各书局出版。市政专家的荣誉,已斐然放国内。因具有这种擅长,当然有相当的收获"。⑤ 同样声名鹊起的市政学者张锐评论说:"国内出版界中近年来对于市政书籍虽加注意而质量二者均欠满意。著述最多者当推董修甲君,学日精进。热心改革市政诸君子均应努力,期质量日有增高,市民对于市政之

---

① 陆丹林编纂《市政全书》,编者自序,第 10~11 页。
② 张锐:《促进市政的基本方策》,《中国建设》第 2 卷第 5 期,1930 年。
③ 董修甲:《市行政学纲要》,上海中华书局,1929,序,第 1 页。
④ 董修甲:《市政研究论文集》,上海青年协会书局,1929,序,第 1 页。
⑤ 包闲:《记董修甲先生》,《中国学生》(上海)第 1 卷第 14 期,1935 年,第 20 页。

兴趣因以提起。"① 市政学留美生是翻译、著述市政学著作的主要力量。董修甲、张锐、张慰慈、臧启芳等人都是通过著述成为当时国内著名的市政学者。

值得注意的是，董修甲、张锐等市政学留美生由于掌握了美国市政改革运动的市政学最新理论知识，有意无意间以市政新锐定位。归国后董修甲出版的第一部市政学著作名曰《市政新论》，张锐最早出版的市政学著作是《市制新论》。"新"字流露出由专业知识优势而产生的心理优势。市政学留美生归国前，国内也有零星的市政学译著，如商务印书馆1916年出版了美国学者埃尔巴德著，由胡尔霖据日文译本转译的《欧洲大陆市政论》。但在董修甲看来，面对日新月异的世界性市政改革潮流，该书的价值已大打折扣，"所论亦皆陈腐不可取法"。他认为即便是长期作为中国城市效法榜样的通商口岸租界市政建设，若以欧美最新式市政理念为标准加以衡量，"虽略具规模，但其缺点，实不胜枚举"，"绝非可以引为模范之市政"。所以，他"以在美所学，著述《市政新论》。凡关于城市设计、城市政制、城市卫生、警察行政、消防行政、市理财法、市教育行政、慈善事业、公共营业，诸问题，详加论述。所引用材料，皆欧美市政最新之事实，期适用于我国也"。② 这部侧重论述城市设计全新理念的著作，被誉为"第一部由中国人写作的关于城市设计的著作"。③ 作者言语中流露出对推动中国市政取得进步及城市发展舍我其谁的强烈自信，表明世界性市政改革运动在国内产生影响，并使一批全新的推动市政改革的力量崭露头角。

20世纪20年代初，"研究市政有年"的归国留美生孙科领导广州市政府率先取得市政改革的实质性突破。孙科"初入政途，以此市政府的创立，实为出身的最好途径，他遂物色一班由外国毕业的专门人才，分掌市政府各部职责"。④ 广州市政改革追随市政发展专门化、科学化的时代潮流，根据美国市委员会制创立了广州新制，成效卓著，一时风行全国。随

---

① 张锐：《促进市政的基本方策》，《中国建设》第2卷第5期，1930年。
② 董修甲：《市政新论》，上海商务印书馆，1924，自序，第1~3页。
③ Toby Lincoln and Xu Tao, eds. , *The Habitable City in China: Urban History in the Twenties Century*（《中国宜居城市：20世纪城市史》），New York: Palgrave Macmillan, 2017, p. 4。
④ 《程天固回忆录》，台北：龙文出版社股份有限公司，1993，第108页。

市政学留美生的海外学术经历与20世纪20年代市政改革运动的兴起

着北伐的顺利推进，市政改革运动也借助社会政治环境的改变向国内各大中城市推广。"1926年后，归国留美学生由于中国民族主义运动的成功，已经占据了政治上的重要职位。他们中的相当多数在工程、医学、工业、商业领域获得成功。"[①] 这一论断同样适用于大多数归国市政学留学生，他们凭借专业知识优势进入国民政府各部门，参与市政改革实践。

结　语

罗志田先生在梳理近代中国思想权势转移的总体趋势时指出，西潮冲击下中国"思想界和整个社会逐渐形成一股尊西崇新的大潮，可以称作'新的崇拜'"。"同时，由于西方文化优越观在中国士人心目中已经确立，'新'也成为西方式现代化的代名词。"[②] 清末民初的中国正由传统社会迈向现代社会，时代潮流推动着站在中西接触最前沿、具有跨文化优势的留学生群体成长为中国现代化事业的一支中坚力量。市政学留美生择定留学专业、着眼国内城市建设发展撰写学位论文、组建专业学术社团，以上留美期间的学习生活经历，奠定了留美学人"以中国的名义寻找现代之路"（seeking modernity in China's name）[③] 的典型样本。市政学留美生对中国市政建设改革的思考，受到尊西崇新趋势影响，带有这一时段美国社会由迅速工业化、城市化所引发的社会政治变迁的时代烙痕。他们在成长为现代化专业市政人才的同时，也在为日后推动国内市政改革积蓄着理论和组织力量。同时也是尊西崇新趋势以及中国城市早期现代化发展的需要，使掌握了代表世界市政发展潮流的美国最新市政专业理论的市政学留美生群体迅速成为市政改革的新兴力量。

1932～1933年度的《中国基督教年鉴》指出："没有归国留学生的技术和知识，中国的现代化是不可能的。中国如此广袤，进步如此迅速，需

---

① Yi‐Chi Mei（梅贻琦）and Chi‐Pao Cheng（程其保），*A Survey of Chinese Students in American Universities and Colleges in the Past One Hundred Years*（《百年来中国留美学生调查录》），New York: Under the Joint Sponsorship of National Tsing Hua University Research Fellowship Fund and China Institute in America（清华大学研究奖励基金和华美协进社联合资助），1954，p. 6。
② 罗志田：《权势转移：近代中国的思想、社会与学术》，湖北人民出版社，1999，第63页。
③ 〔美〕叶维丽：《为中国寻找现代之路：中国留学生在美国（1900～1927）》，第6页。

要一支专业队伍以适应交通、工业、教育、城市规划等领域的发展。"[1] 市政学归国留学生即是20世纪20~30年代活跃在中国市政改革和城市发展领域的专业化新兴力量。他们在实现市政体制的历史性创新、提升城市政府的专门化程度及科学化管理水平等方面，发挥了20世纪初年传统绅商阶层难以企及的重要作用，使民国时期的中国城市发展融入世界城市发展潮流之中，与世界城市发展动向形成紧密的联动关系。

作者：赵可，国防科技大学军政基础教育学院

（编辑：龚宁）

---

[1] 转引自 The American University Club of Shanghai（美国大学校友上海俱乐部）, *American University Men in China*（《在华美国大学校友》）, Shanghai: The Comcrib Press, 1936, p. 18。

·城市文化·

中国古代都城位移与画家来源地区位分布关系研究

朱军献

内容提要 中国古代画家来源地的区位分布，在元代以前与历代都城区位所在密切相关，因秦至北宋各统一王朝都城西安、洛阳、开封皆位于中国北方地区的地理空间结构横线上，画家来源地区位分布就南北大区域而言北重南轻，画家来源地集中区也只在都城附近形成，同样分布于西安至开封地理空间结构横线带上，分布重心随着政治中心的东迁而东移。当南北分裂被视为华夏正朔的汉族王朝迁都南方（东晋南朝、南宋）或南方政治权重增加时（五代），南方地区画家的数量亦随之超过北方，画家来源地集中区也在新的都城南京与杭州或政治权重较大的城市（成都）附近形成。元朝及其以后尽管都城重回北方地区，但画家来源地区位分布的南北大区域格局依然是南重北轻，全国性画家来源地集中区也位于政治权重较小的苏州、松江以及徽州地区，与都城区位所在并无正相关关系。

关键词 古代都城区位 画家来源地 区位分布

在中国古代画史文本中，以全国范围内画家为记述对象的画史著作，自晚唐张彦远《历代名画记》记述三皇五帝下至唐大中年间开始，此后相序而成者则有北宋郭若虚《图画见闻志》、邓椿《画继》《宣和画谱》《南宋院画录》等记述晚唐、五代与两宋画家；元末明初夏文彦《图绘宝鉴》一书记录了元代画家；明代韩昂《图绘宝鉴续编》，清代蓝应等编著《图绘宝鉴续纂》与姜绍书《无声诗史》、徐沁《明画录》、周亮工《读画录》等专记明代画家；清代张庚《国朝画征录》记述清初至乾隆时的画家，冯金伯《国朝画识》记述清初至乾隆末的画家，胡敬《国朝院画录》记述清初至嘉庆时的画院画家，盛大士《溪山卧游录》、钱泳《履园画学》记述清嘉庆时的画家。除这些断代性画史文本外，还有元代夏文彦《图绘宝鉴》（先秦至元）、明代朱谋垔《画史会要》（先秦至明）、清代王毓贤《绘画备考》（先秦至清初）等通史性画史文本。尽管这些画史文本所收录的先秦至清嘉庆时的画家数量，远远少于实际存在过的画家数量，但能够突破地域限制而进入以全国范围内画家为记述对象的画史文本的画家，即基本上影响相对较大的画家，大致都收录在内。① 因这些画史文本都仿照《史记》中的传记体例，其内容一般包含画家的来源地、绘画风格、作品以及相互交游、师承关系等多方面信息，并且从历史顺序上也能前后相序而成，不存在时代间断，不仅可以为个体画家的微观考证提供重要依据，而且也可为所有影响较大的画家进行地理分布、身份变迁等宏观研究提供量化分析的数据。

在当代学术研究中，费省、赵振宇等人运用计量史学，借助对部分画史文本的整理，对部分朝代画家来源地的区位分布做了一定的研究。② 民国时期著名的美术史家郑午昌先生则从长时段的角度，对中国古代画家来源地区位分布变迁的规律进行了宏观和总体的论述："盖在专制时代，一切政教文艺，要皆与其首都所在，有密切之关系。汉都长安，其时绘画之都会，即在长安，考诸当时画家之产生地，皆在今陕西河南间，为黄河流域附近地。……虽曰我国文明，当时实在黄河流域为盛，故画家辈出于其间，亦因近身辇（毂），成学易成名亦易，所谓近水楼台先得月也。"③

郑先生所言自然是关于中国古代画家来源地区位分布变迁的一种规律性认知，但其对于中国古代画家来源地是否以都城所在区位为依归并没有做更为深入的实证研究。本文将结合对前面所述历代画史文本中各位画家来源地资料的整理，参照中国历代都城区位的位置变迁，对中国古代画家

---

① 朱和平、郭孟良主编《中国书画史会要》，中州古籍出版社，2009，前言，第3页。
② 费省：《唐代艺术家籍贯的地理分布》，史念海主编《唐史论丛》第4辑，三秦出版社，1988，第109页；赵振宇：《试析唐绘画创作的地理分布》，《美术观察》2010年第1期，第97页；赵振宇：《北宋画家之地理分布》，《艺术工作》2016年第8期，第64页；赵振宇：《明代画家之地理分布》，《荣宝斋》2016年第5期，第140页。
③ 郑午昌：《中国画学全史》，上海古籍出版社，2008，第29~30页。

来源地区位分布变迁的规律及其与都城区位变迁的关系进行考察。

本文将具体研究时段设定自秦朝开始,一方面"图画之妙,爰自秦汉,可得而记",[①] 同时自民国以来学术界一般也把中国自秦至清的历史时期确定为郑午昌所言的"专制时代"。[②] 研究时段的下限则止于中国被动开始近代化进程之前的嘉庆时期,即完全限定于未受西方现代文明强烈冲击的中国传统历史时期。

一 中国古代都城分布的三大地理空间区位选择

所谓都城,并不是一般意义上的城市,而是国家的政治中心城市。一般而言,一个国家只建立一个都城,中国从商周至今历经多个王朝,但具有较大影响并被广泛认可的都城,在20世纪20年代有"五大古都",即西安(包含西周的丰镐,秦朝咸阳,西汉、隋唐长安)、洛阳、北京、南京、开封;30年代又将杭州列入,为"六大古都";到1981年安阳(包含邺城)加入,为"七大古都"。[③] 2004年郑州又被中国古都学会确定为第八大古都,并得到广泛认可。[④]

除这八大古都之外,尽管还有少部分城市也曾短暂地作为都城,如东汉晚期的许昌等,但基本上从商周至清末各个历史阶段的都城并未超出这八大古都之外。因本文主要研究秦朝以后的情况,所以除去商都安阳、郑州之外,考察分析的对象则只剩下西安、洛阳、开封、南京、杭州、北京这六大古都,以政权统治地域大小、年代长久与否为标准,按其重要性可分为三等:西安、北京、洛阳为第一等,南京、开封为第二等,杭州属于第三等。[⑤]

[①] (唐)张彦远:《历代名画记》卷1《叙画之兴废》,于安澜编著《画史丛书》(1),河南大学出版社,2015,第10页。

[②] 《毛泽东选集》第2卷,人民出版社,1991,第624页;王亚南:《中国官僚政治研究》,中国社会科学出版社,1981,第21~25页;阎步克:《政体类型学视角中的"中国专制主义"问题》,《北京大学学报》(哲学社会科学版)2012年第6期。

[③] 邹逸麟主编《中国历史人文地理》,科学出版社,2001,第99~100页。

[④] 王星光、马伟华:《从二里岗遗址到第八大古都——郑州成为第八大古都的发展历程》,《档案管理》2006年第1期。

[⑤] 谭其骧:《〈中国七大古都〉序》,《中国历史地理论丛》1989年第2期。

对这六大古都的区位分布规律进行研究则会发现，在秦朝至元朝，秦、西汉、东汉、西晋、隋、唐、北宋这些大一统王朝，虽然具体疆域范围历代都有所不同，但秦以咸阳为都、西汉以西安为都、东汉以洛阳为都，隋唐二朝西安、洛阳二都并重，北宋则以开封为都，都城全部分布在西安至开封这一北方地区极为重要的地理空间结构横线上（今陇海铁路所在），[①] 有所变动者，乃是从秦至北宋，中国的政治中心在这条空间结构横线上逐渐东移而已。而在元朝以前，当全国性的统一王朝瓦解，南北大区域分裂时，南方地区的政治权重会有较大增加，被视为华夏正朝的汉族政权往往会选择在江南地区的东南部建都，其中东晋南朝时期以南京为都，南宋时期以杭州为都。五代十国时期虽有所不同，但也仍是南方政治权重相对较大的时期（对于此点，后文会详细分析）。其后元明清三大统一王朝，除明初南京曾短暂为都外，中国的都城区位重回北方地区，但并不在西安至开封这一重要的地理空间结构横线上，而另有其地理空间选择，位移至华北平原的北端。

依据郑午昌先生所言，都城的地理空间区位选择会影响到画家来源地区位分布，下文则对上述中国都城区位三种选择及其位移变动影响下画家来源地区位分布及其变迁状况进行分析。

二 西安、洛阳、开封横线带各王朝画家来源地区位分布

在秦及秦以后的历代相对统一的王朝当中，秦以离西安不远的咸阳为都，西汉以西安为都，东汉、西晋以洛阳为都，隋唐二朝西安、洛阳二都并重，北宋以开封为都，这些都城都分布在西安至开封这一北方地区极为重要的地理空间结构横线上，都城所在地对画家来源地均具有重要的影响。

秦与两汉共四百余年，画史所载者一共15位，人数之少固然说明中国

---

① 因为中国北方地区的山川形胜特点，在从今天的西安到东部的开封、商丘等地，形成一条极为重要的连接中国北方地区东西方向的交通区位线，一般而言，南北为"纵"，东西为"横"，因此笔者把这条连接中国北方东西地区的交通区位线称为"地理空间结构横线"。关于其详细论述及下文所言的"西安、洛阳、开封横线带"，均可参阅拙著《因革之变：中原区域中心城市的近代变迁》（山西人民出版社，2013）第一章"空间之'力'"第一节"中原地区的地理空间结构"。

绘画早期发展尚不发达，但也与早期画家身份相关，因在这 15 位画家中，除东汉时的汉明帝、刘褒、赵岐、蔡邕、张衡，或贵为皇帝，或为汉室宗亲及官僚士大夫外，其余秦时烈裔，西汉毛延寿、陈敞、刘白、龚宽、阳望、樊育、公玉带，东汉的刘旦、杨鲁，这 10 人均为宫廷画工出身，尚可借助为皇室服务之机会留名后世，但对于一般民间画工而言，"其非士大夫而能画者，则如所谓工匠者流，其姓名不著于记载，卒无从考见之"，所以能为世知名者就很少了。秦、西汉如此，东汉以后随着官僚士大夫画家的出现，"若名为画家者"，则"惟有士夫而已，其为画工，名概不得而著焉"。① 此后至宋时，"画者，文之极也"，② 绘画被提至极高的文化高度，民间画工地位更趋低下而难为画史文本著录所重，所以，本文所研究的为历代画史所载的画家也基本以官僚士大夫为主体。

这 15 位画家来源地区位分布，除秦时烈裔与东汉杨鲁无从查考外，其他画家从南北大区域而言，全部分布于秦岭淮河以北地区，即政治都会所在的北方地区。

东汉之后的三国时期属于分裂时期，吴蜀二国建都南方，无疑增加了南方地区的政治权重，但基本上全国性的政治中心仍在北方地区，且重新统一全国的西晋也仍然以洛阳为都，因此三国西晋基本上仍为北方政治权重较大的王朝，因其统治时间较短，且战乱较多，故传世画家数量也不多，一共只有 13 人，其中北方 8 人，南方 4 人，来源地未记载者 1 人，政治权重较大的北方画家数量是南方地区的 2 倍。

历经魏晋南北朝长期战乱之后建立的隋唐王朝重新统一天下，建都北方，关洛地区重新成为全国性的政治中心，在魏晋南北朝中国绘画艺术高度发展的基础上，文化也繁荣的隋唐画家数量相对较多，共 311 位，但来源地有记载者则比较少，只有 118 位，其中北方 84 位，南方 34 位，北方是南方的近 2.5 倍。

北宋王朝存世 167 年，是隋唐二代年限的近一半，但因北宋王朝推崇绘画艺术，不仅承续五代继续设立画院，而且对画家开科取士设官分职，

---

① 郑午昌：《中国画学全史》，第 29、72 页。
② （宋）邓椿：《画继》卷 9《杂说论远》，于安澜编著《画史丛书》（2），第 431 页。

大力提高了画家的政治地位,[①] 进入画院者亦被视为入仕。如:"高怀宝,怀节之弟。……与兄怀节同时入仕,为图画院祗候";[②] "李希成……初入图画院,能自晦以防忌嫉。比已补官,始出所长,众虽睥睨,无及矣"。[③] 不仅如此,北宋时尚有部分画家因通晓作画而能突破身份限制为地方官者,如"能仁甫……本画院出身,官至县令";"张希颜……累进所画花,得旨粗似可采,特补将仕郎、画学谕。……得蜀州推官以归";"宣亨,京师人,久在画院。承平时入蜀,终普州兵官"。[④] 画家地位较高再加上其他原因,促使北宋之时"作家如云,蔚为全盛"。[⑤] 各画史文本整理的画家一共498人,其中北方241人,南方176人,未记载者81人,北方仍然是南方的近1.5倍。

从以上分析来看,在北方地区拥有绝对政治权重的秦汉、三国西晋、隋唐、北宋诸王朝,南北大区域画家来源地区位分布也以北方地区为重,二者高度契合。不仅如此,在数量较多的北方大区域内部,也只在都城附近形成画家来源地的集中区。

在秦与两汉时期,唯今陕西(9人)、河南(3人)、山东(1人)三省拥有传世画家。因关洛地区为中国政治中心所在,在所有来源地可考的画家当中,来自咸阳、西安、洛阳者即有11位,其余3位则分别为济南公玉带、南阳张衡与陈留蔡邕。三国西晋时期,长期的战乱对关洛都城地区造成巨大破坏,因此这一时期,都城洛阳及其附近地区所出画家仅河南温县司马绍、禹州荀勖、山西夏县卫协、陕西华阴杨修4位,数量不多,基本位于西安、洛阳都城带区域内,其他4位则距离洛阳相对较远。

隋唐时期的画家,数量较多的北方省份有陕西43人、河南13人、山西13人、河北9人,南方有四川16人、江苏9人、浙江7人。画家来源地集中区,仅西安一地即产生了近40位画家,若再加上西安、洛阳周边地

[①] (宋)邓椿:《画继》卷1《圣艺》、卷10《杂说论近》,于安澜编著《画史丛书》(2),第346、438页。
[②] (宋)郭若虚:《图画见闻志》卷4《纪艺下》,于安澜编著《画史丛书》(1),第274页。
[③] (宋)邓椿:《画继》卷6《山水林石》,于安澜编著《画史丛书》(2),第409页。
[④] (宋)邓椿:《画继》卷6《山水林石》,于安澜编著《画史丛书》(2),第411、412页。
[⑤] 于安澜编著《画史丛书》(1),序言,第3页。

区则一共50余位，占北方全部画家数量的60%以上。南方三省中，四川因安史之乱，"唐二帝播越及诸侯作镇之秋，是时画艺之杰者，游从而来，故其标格模楷，无处不有"，不仅造成"益都多名画，富视他郡"，① 更重要的是培养了很多西蜀本土画家，如《宣和画谱》卷九《宋永锡传》记："大抵两蜀丹青之学尤盛，而工人物道释者为多。自刁光处士入蜀，而始以其学授黄筌，而花竹禽鸟学者因以专门，然终不能望筌之兼能也。"② 唐代中晚期四川即产生诸多有名画家，数量在全国位居第二，在南方诸省中位居第一，并在四川首府成都附近形成画家集中地。除此之外，江苏苏州亦产生7位画家。

北宋以开封为都，政治中心东移也造成画家集中东移，在北方地区241位画家中，仅今河南一省即150余人，其他省份陕西37人、山西22人、山东12人、河北11人，仅开封一地加上宗室便产生了103位画家，若再加上隋唐时期都城西安（12人）、洛阳（14人）及三者周边邻近地区，在这一地带产生的画家有近170位，约占北方地区画家总人数的70%。南方画家较多的省份为四川75人、江苏30人、浙江21人、江西11人，四川较多的原因除唐中晚期影响之外，五代时期前蜀后蜀诸帝对绘画都比较喜爱，而政局也相对稳定，所以到北宋时成都平原仍然是南方地区最重要的画家来源地集中区（共50余位）。江苏境内的画家则集中在南唐都城南京（10余位）及苏州附近（近10位），浙江则集中在杭嘉湖平原地区（近20位）。

从上文对秦至清所有画家来源地区位分布研究发现，元朝以前王朝都城区位所在地与画家来源地区位分布之间存在明显的正相关关系。在以西安为都的西汉王朝，以洛阳为都的东汉、西晋王朝，以西安、洛阳为都的隋唐王朝，以开封为都的北宋王朝，就画家来源地南北大区域分布规律来看，拥有绝对政治权重的北方地区占据绝对优势。同时，在画家数量较多的北方大区域内部，也只在都城附近形成画家来源地的相对集中区，都城区位对画家来源地区位有着重要影响。

---

① （宋）黄休复：《益州名画录·序》，于安澜编著《画史丛书》（5），第1739页。
② 《宣和画谱》卷9，于安澜编著《画史丛书》（2），第585页。

三 南北分裂、南方政治权重增加与画家来源地区位分布变动

以上我们分析了元朝以前国家政治中心位于西安、洛阳、开封这一地理空间结构横线带上的各统一王朝时期画家来源地的区位分布状况，而在统一时期还夹着三个南北分裂阶段，即东晋及南北朝时期、五代十国时期、南宋与金对立时期。在这三个分裂时期，被视为华夏正朝的东晋、南朝诸王朝以及南宋王朝均定都江南地区，南方地区政治权重自然增加。而五代十国时段内，梁、唐、晋、汉、周五代虽被视为正统，但唯"梁为较久"，其余四代皆更易匆匆，尚不及十国中立国较久者，如西蜀、南唐，所以尽管全国性的都会并未移于南方，但南方政治权重有较大增加。

因为都城所在地对画家的来源地具有巨大影响，都城的南移与南方地区政治权重的增加也必然造成画家来源地向南变动，故"晋室东迁后，文明俱南之迹，益可显见。前代图画之都会，在黄河流域，时则转移于长江流域。而画家之赫赫享大名者，亦皆产生于长江流域"。[1] 依据张彦远《历代名画记》所载，东晋及南北朝时期共103位画家，其中未记载来源地者51人，胡人5人，剩下属于北方地区的画家有28人，属于南方地区的有19人，但因为魏晋南北朝世家大族对"郡望"的看重及其影响，这并不能反映南北地区实际产生画家的数量，因为很多祖籍为北方的画家实际往往出生并终生生活于南方地区，其中如祖籍安徽濉溪的戴逵、戴勃、戴颙，祖籍河南太康的谢稚、谢庄、谢惠连、谢约、袁昂，祖籍河南镇平的宗炳、宗测10人实际均生活在南方地区，因此来源地属于南方地区的画家数量多于北方地区。

而南方地区因政治权重的增加，"故如吴南唐前蜀后蜀吴越等国，关于图画之史实，皆有足述者，而南唐前蜀后蜀尤盛"。[2] 尤其是西蜀地区，上承唐末影响，五代时期再加上前蜀、后蜀诸帝亦雅好丹青，且政治又相对稳定，因此所产画家数量自然较多，在五代一共116人中，未记载来源

---

[1] 郑午昌：《中国画学全史》，第37页。
[2] 郑午昌：《中国画学全史》，第129、131页。

地者35人，有来源地记载者81人，其中北方地区21人，南方地区60人，南方画家的数量远远超过北方，仅四川一地便有39人。相对于其他朝代而言，北宋王朝历代皇帝对绘事之喜好、对画家之礼遇更为突出，因此在两宋更替之际，便有更多的画家追随宋王室辗转南下至江南地区，[①] 造成南宋之时南方绘画的迅猛发展，有来源地记载者南方地区共有画家152人，北方共73人，南方地区为北方的两倍以上。

政治中心位移至南方地区与南方地区政治权重的增加，不仅造成南北大区域画家来源地区位分布结构关系的改变，而且画家来源地集中区也同样发生位置变动，但依然是只有都城附近方能形成画家集中区。

在东晋南朝诸王朝时南京画家数量占南方地区的三分之一。中晚唐时期，成都受安史之乱后玄宗入蜀的影响产生的画家占南方地区的三分之一；五代时期因前蜀、后蜀定都于此，画家数量更几乎占到一半；甚至到北宋时期，成都一地仍产生了25位画家，若再加上周边广汉、眉山等地则有40余位，仍占南方地区的四分之一，"蜀虽僻远，而画手独多于四方。李方叔载德隅斋画，而蜀笔居半"。[②] 在北方地区，五代时期西安则因隋唐时期的影响，画家数量仍然占北方地区的一半。南宋时期，南方画家来源地最为集中的地区为都城杭州地区，所产画家57位，占南方的近40%；北方的开封则因为北宋影响的持续，仍然产出画家22位，占北方地区的30%。但西安与成都在历经唐末五代与北宋王朝的兴盛后，其影响至南宋时期终趋消沉，再也没有较大数量画家产生。

四　全国性政治中心区位与画家来源地集中区的相对分离

以上我们分析了政治中心区位与画家来源地区位相契合的情况，但从元朝开始，这种情况发生了本质性改变。元明清三朝，共641年，其间除了明初曾短期定都南京外，其余时段均以北京为都，北京是唯一的全国性政治都会，南京则在明成祖把都城迁往北京后，成为明朝余下220余年的留都。也就是说，随着元朝的建立，中国的政治中心基本上又重归北方地

[①] 画家较多，不一一列出，具体可参阅夏文彦《图绘宝鉴》卷4《宋南渡后》，于安澜编著《画史丛书》(3)，第965～968页。

[②] （宋）邓椿：《画继》卷9《杂说论远》，于安澜编著《画史丛书》(2)，第435页。

区，北方地区具有绝对的政治权重。但画家的来源地区位分布却并没有像东晋与南宋时期一样，随政治中心的位移而发生改变，南北大区域分布格局承续南宋时期的状况延续下来，并且南北差距更趋扩大。

元朝一共统计到画家 197 人，其中南方地区 96 人，北方 51 人，未记载者 50 人，南方为北方的近两倍；明朝一共统计到画家 1099 人，北方地区 69 人，南方 877 人，未记载者 153 人，南方为北方的 12.7 倍；清初至嘉庆时，一共统计到画家 1294 人，其中北方 114 人，南方 948 人，未记载者 232 人，南方为北方的 8.3 倍。由此可见，并非政治中心的南方地区一直具有绝对优势。

而画家来源地集中区同样也没有在都城附近形成。

元朝时期北方画家数量稍多的省份有今河北（22 人）、山东（9 人）、河南（6 人）、山西（5 人）四省，都城北京的优势地位并不突出，并未产生大量的画家而形成画家来源地集中区。相反，画家的集中地仍在画家数量最多的浙江省（60 位）形成，仅杭州一地就有 19 位，若再加上周边距离不远的湖州、绍兴等地，画家数量占到南方地区的一半。南方其他地区画家较多者唯今江苏（23 位）一省，但江苏境内画家并不在政治重要性较高的南京附近集中，而是在苏州、松江一带。

明代北方地区产出画家较多的省份，为河北（包括宗室共 35 人）、山东（11 人）、河南（10 人）三省，北京及其附近的通州、涿州共 32 人，占北方地区的近乎一半，都城优势渐趋增强。南方地区产生 30 人以上的省份即有今江苏（469 人）、浙江（250 人）、福建（50 人）、安徽（38 人）、江西（33 人）五省，除此之外，南方画家稍多的省份还有广东（12 人）。因此，从整体地域范围来看，画家来源地集中区位于中国东南部地区，而在东南部地区内部，也并没有集中在政治地位最高、政治权重最大的南京，而是在政治权重远远小于南京、杭州的苏州、松江一带，仅苏州一地便产生了 170 位画家，如再加上太湖以东苏州附近的无锡、常熟、松江、昆山等地，则达 300 余位，南京及其附近的扬州、镇江、丹徒、仪征、丹阳等地则一共产生了 130 余位画家，杭州及其北边的湖州、嘉兴两地，东边的绍兴、宁波两地共产生了 200 余位画家。此外，福建、江西两省尽管也产生了不少画家，但均呈分散分布状态，而未发生明显的地理区位上的集中，不过有所例外者是在今安徽境内政治优势更不突出的徽州、歙县、休宁地区产生了近30位画家。

清代北方地区画家人数在10人以上者只有河北（41人）、山东（20人）河南（19人）三省，其次稍多者唯山西7人、陕西6人，画家来源地区位较为集中的只有北京周边20余人，加上天津及其周边共30余人。南方地区，画家人数在10人以上者有江苏534人、浙江382人、安徽91人、福建33人、湖北26人、江西24人、广东18人，画家来源地区位分布最重要的集中区仍在太湖以东的苏州、无锡、常熟、昆山、青浦、松江、嘉定等地，共产生了400余位画家，其中仅苏州一地就有159位，松江89位；其次则为以杭州（147人）、绍兴、宁波为中心的杭绍平原，共产生233位画家；再次以嘉兴为中心的嘉善、平湖、桐乡、海宁等产生120余位画家；复次南京、扬州、镇江等地共产生了111位画家；而安徽境内的徽州、歙县、休宁地区则延续明代的发展势头仍集中产生了44位画家，仅此一地就超过北方的北京、天津地区出产的画家数量。

综上，除明初短暂以南京为都之外，在均以北京为都的元明清三朝的漫长时段内，全国性政治中心区位与画家来源地集中区呈现一种相对分离的态势，都城区位与画家来源地集中区并没有形成正相关关系，其对画家来源地的区位分布并没有像南宋以前那样产生较大影响。

五　中国古代画家来源地区位分布规律及影响因素

从上文分析可以看出，就中国古代画家来源地区位分布的总体规律而言，在元代以前，与历代王朝都城的区位所在地密切相关，因秦、西汉、东汉、西晋、隋唐、北宋各统一王朝的都城西安、洛阳与开封都位于中国北方地区中部最重要的地理空间结构横线上，画家来源地区位分布就南北大区域而言北重南轻，北方产生的画家数量占优势地位，在北方地区的内部，画家来源地集中区也在都城附近形成，即基本上同样分布于西安至开封这条地理空间结构横线带上，分布重心伴随着政治中心的东移而发生东移。而当南北分裂被视为华夏正朔的汉族王朝迁都南方（东晋南朝、南宋）或南方政治权重增加（五代）时，画家来源地的区位分布亦随之发生变动，南方地区产生的画家数量超过北方，同时新的画家来源地集中区也在新的都城附近形成，东晋南朝诸王朝在南京附近，南宋则在杭州附近。

此外，因为成都在中唐五代政治权重增加的特殊情况，唐末、五代十国以及北宋时期则在成都附近形成画家来源地集中区。同时北方地区则因为旧的都城区位的影响，画家较多的地区仍然集中在西安至开封一线。元朝以后则发生本质性改变，当全国性的政治都会重归北方地区之后，画家来源地区位分布的南北大区域格局依然是南重北轻，并且元明清三朝这种趋势持续加强，北方地区并未因为具有绝对的政治权重而像元朝以前那样产出更多的画家。同时尽管明清时期北京及其附近的画家相对北方其他地区较多一些，但全国性的画家来源地集中区却并非像以往那样在都城北京附近形成，而是集中在远离北京的江南地区，即使在江南地区内部，也并非完全分布在政治权重较大的城市，政治权重远小于南京、杭州的苏州、松江地区一直处于中心地位，同时，安徽的徽州地区政治权重也不大，但明显也是一个集中区域，说明元明清时期的画家分布地与政治中心都会的影响并无必然联系。

这样，也许可以把南方地区绘画的繁盛归因于经济发展，繁荣的经济社会为文化人才的产生奠定了基础，或者归因于文化中心自身的影响。本文并不否定在传统社会阶段，政治、经济、文化因素对画家来源地集中区的形成所起的作用，但"凡是人类生活的地方，不论何处，他们的生活方式中，总是包含着他们和地域基础之间一种必然的关系"，① 而且"地理能够帮助人们重新找到最缓慢的结构性的真实事物，并且帮助人们根据最长时段的流逝路线展望未来"。② 在漫长的历史时段内，大量画家只在少数几个地理空间区域中方能大量产生的背后，地理因素起到潜在的，更为重要的作用。

著名的历史地理学家谭其骧认为选择都城主要是从经济（富饶的腹地）、军事（便于攻防的战略形胜）、地理位置（国土中心，交通便利）三方面的条件来考虑，③ 邹逸麟则认为选择都城主要是根据经济（富饶的腹地）、军事（便于攻防的战略形胜）、地理位置（国土中心，交通便利）、统治集团的地域背景四方面的条件来考虑，④ 朱耀廷认为中国古代定都的原则为险（便于攻防的战略形胜）、富（富饶的腹地）、便（国土中

---

① 〔法〕阿·德芒戎：《人文地理学问题》，葛以德译，商务印书馆，1993，第 9~10 页。
② 〔法〕费尔南·布罗代尔：《菲利普二世时代的地中海和地中海世界》上卷，唐家龙、曾培耿等译，商务印书馆，1998，第 19 页。
③ 谭其骧：《〈中国七大古都〉序》，《中国历史地理论丛》1989 年第 2 期。
④ 邹逸麟主编《中国历史人文地理》，第 104~105 页。

心，交通便利）、美（山川秀丽，人文荟萃）。① 综合三人所言，在选择都城的原则中，除了邹逸麟所言的第四条与朱耀廷所言的第四条涉及人的因素之外，其他三条全取决于自然地理条件，尤其是与军事攻防相关的空间区位、山川形胜与战略腹地三条，正如明末清初著名的军事历史地理学家顾祖禹先生言："天下之形势，视乎山川；山川之包络，关乎都邑。"② 中国历代都城的区位选择也无不首先考量军事地缘因素。正是军事地缘因素的作用，使得中国历代适合作为全国性都城或南北分裂时南北大区域都城选择的地理区位一直限定在少数几个地方，这样，我们从宋以前画家来源地区位分布变动的轨迹来看，都城区位所在地具有强大影响，虽然其他方面的社会因素或多或少也曾发生作用，但在其他地方的社会经济和文化没有得到较大发展的情况下，都城所在地所具有的政治、经济和文化优势，无疑为画家的产生提供了关键的优势资源，在只有都城才具备的各种优势资源的作用下，南宋以前的画家来源地多集中在都城及其周边地区。

而对于受都城区位影响较小的画家来源地集中区的形成而言，地理因素不是从军事地缘的角度发挥作用，而是从经济发展与艺术灵感两个方面影响画家的产生，发达的区域经济为绘画人才的产生提供物质前提，灵秀的山川风貌则很大程度上刺激了人的绘画艺术灵感，这构成太湖以东以及杭绍平原地区绘画人才不断产生的主因，唐代张彦远便把江南地区绘画的繁盛归因于江南地区灵秀的山水风貌："江南地润无尘，人多精艺。三吴之迹，八绝之名，逸少右军，长康散骑，书画之能，其来尚矣。"③ 明代的王穉登说："吴中绘事，自曹、顾、僧繇以来，郁乎云兴，萧疏秀妙，将无海峤精灵之气偏于东土耶？"④ 江南地区内部地方性的常熟画派也同样认为山水灵秀之气是画家高超画技灵感之源："吾邑山水之秀，甲于中吴，灵气所钟，蔚生人材。仕为名臣者无论矣，其硕隐鸣高，寄闲情于绘事，虽不过英华外见之余，而技臻独绝，要有不可没者。"⑤ 杭绍平原地区的画

---

① 朱耀廷：《定都与迁都——中国七大古都比较研究之一》，《北京联合大学学报》（人文社会科学版）2003年第1期。
② （清）顾祖禹：《读史方舆纪要》，中华书局，2005，凡例，第6页。
③ （唐）张彦远：《历代名画记》卷2《论画体工用拓写》，于安澜编著《画史丛书》（1），第35~36页。
④ （明）王穉登：《丹青志·序》，于安澜编著《画史丛书》（5），第1817页。
⑤ （清）鱼翼：《海虞画苑略·序》，于安澜编著《画史丛书》（5），第1841页。

家也同样把其地发达的绘画事业与美丽的山川风貌联结在一起:"吾越千岩万壑,赏重长康,虽不及终南、太华之奇,而苍秀幽深,实钟灵于造化,宜生长是邦者,画自殊于凡近也。"① 而安徽徽州自古即非高级别的政治中心,但"域中的黄山、白岳苍秀雄美,屏列耸峙,新安江蜿蜒曲折,清澈晶莹,无不使人心耽于景,景与神会,进而发而为诗歌,为图画",② 再借助明清时期徽商经济的推动,即产生了以黄山及其周边地区山水为绘画对象的具有明显地域风格的"新安画派""黄山画派",不仅画家数量众多,而且名家辈出,影响巨大。秀丽山川对画家的产生所具有的影响亦可由此见之。

结 语

在北宋以前,历代都城区位对画家来源地区位分布影响较大,因秦至北宋各统一王朝都城西安、洛阳、开封皆位于中国北方地区的地理空间结构横线上,画家来源地区位分布就南北大区域而言北重南轻,画家来源地集中区也只在都城附近形成,同样分布于西安至开封地理空间结构横线带上,分布重心随着政治中心的东迁而东移。当南北分裂被视为华夏正朔的汉族王朝迁都南方(东晋南朝、南宋)或南方政治权重增加(五代)时,南方地区画家的数量亦随之超过北方,画家来源地集中区也在新的都城南京与杭州或政治权重较大的城市(成都)及其附近形成。但有趣的是,元朝及以后的明清尽管都城重归北方地区,画家来源地区位分布的南北大区域格局却依然是南重北轻,全国性画家来源地集中区也位于政治权重较小的苏州、松江以及徽州地区,与都城区位所在并无正相关关系,都城区位对画家来源地分布区位影响较小,其中原因尚需深入探讨。

作者:朱军献,南宁师范大学美术与设计学院

(编辑:王丽)

---

① (清)陶元藻:《越画见闻·序》,于安澜编著《画史丛书》(5),第 1915 页。
② 关德军:《试析新安画派之盛衰及对"后黄山画派"之影响》,《黄山学院学报》2006 年第 1 期。

全面抗战时期《大公报》迁移与其文艺副刊的演变

杨秀玲

内容提要 1937年7月7日，全面抗日战争爆发，《大公报》进入了办报最艰难的时期。其间，不得不撤离天津，辗转上海、汉口、重庆、香港、桂林五地建立分馆。《大公报》原有的副刊基本上陆续停办，能够坚持下来的只有《文艺》副刊以及配合抗战宣传需要而创刊的《战线》。即便如此，《大公报》文艺副刊始终坚守文艺阵地，开展了轰轰烈烈的抗日宣传。

关键词 全面抗战时期 《大公报》 《文艺》 《战线》

《大公报》1902年6月17日由英敛之创刊于天津，至今仍在香港出版发行。2022年6月《大公报》迎来出版120周年纪念日。《大公报》是唯一获得美国密苏里新闻荣誉奖章的中文报纸，1980年，入选联合国推选的全球最具代表性的三份中文报纸之一。作为中国出版史上出版时间最长的报纸，《大公报》经历最动荡的岁月是全面抗战时期。其间，《大公报》撤离天津，辗转上海、汉口、重庆、香港、桂林五地出版，始终坚守文艺阵地，开展了轰轰烈烈的抗日宣传，在中国文学、电影、戏剧史上均留下了光辉的一页。本文以1937年7月至1945年8月为时间节点，探讨全面抗战时期《大公报》的生存状况及其文艺副刊的演变过程。

一 《大公报》文艺副刊的创办

晚清至中华人民共和国成立，正是中国时局动荡，社会转型非常剧烈的时期,同时,也是中华民族不屈不挠争取民族独立与解放的年代。天津由于近京畿,临渤海,有租界外国势力的庇护,因此在历史上就成为舆论重镇和中国近代报业发展的重地。清末维新变法时期著名的《国闻报》,1902年发行的《大公报》,1915年发行的《益世报》都是影响巨大的报纸。

《大公报》在津创刊不久即声名远扬,迅速成为以敢言、严肃、热心公益等著称的大报,影响力遍及整个华北地区。创办者英敛之是天主教教徒,在津居住期间受紫竹林天主教总管柴天宠邀请,集资开办报馆,并主持其事。经过一年多的辛勤筹划,1902年6月17日,《大公报》终于面世。英敛之在《大公报序》中阐明办报宗旨"在开风气,牖民智",[1] 主张应多登"有益于国是民依、有裨于人心学术"的文章和评论。《大公报》自创刊起,在"开风气,牖民智"方面,传播了不少进步思想,比如在文化领域提倡"白话文",在戏剧领域倡导"旧剧改良"和"新剧运动"。在呼吁救亡图存的同时,还积极传播西方先进文化,宣传科学知识,反对封建迷信;提倡办新式学堂,反对科举制度;主张多立报馆,反对思想专制。该报创刊不久,用三天时间连载严复的一篇长文《主客平议》,[2] 这篇文章申述了他对中西学的观点。

《大公报》作为一家民营性质的综合性报纸,创刊初期不设副刊,只有一些副刊性栏目,不定期出现,如"笑林""游戏""滑稽谈""小说"等。1916年9月,王郅隆接管《大公报》后才开辟固定的副刊,设有一些专栏,基本上是小说、诗歌、散文、戏剧等内容,如"文艺丛录""剧谈(坛)""剧评""文苑""杂俎"等。在"剧谈"和"杂俎"栏目,陆续出现连载文章,如1916年11月10日至25日,分4期连载京剧演员梅兰芳的传记文章《梅兰芳》。[3] 1920年开始陆续连载中外戏剧文学剧本《樱桃园》、《红拂记》(又名《三义图》《风尘侠》)、《二孤女》、《万恶环境》等。1922年以后,副刊有所改观,栏目增多,且图文并茂,以1922年10

---

[1] 英敛之:《大公报序》,《大公报》(天津版)1902年6月17日,第1版。
[2] 《主客平议》,《大公报》(天津版)1902年6月26日、27日、28日,第1版。1904年4月,"以海内外索此稿者甚众,但余报存已不多,不能应命",又于4月4日、5日、6日、7日、8日,将全文重新登载,以飨读者。
[3] 《梅兰芳》,《大公报》(天津版)1916年11月10日、11日、12日、25日,第10版。

月4日出版的副刊为例,设有"文苑""小言""剧谈(坛)""谈荟""杂俎""琐话""杂话(谭)"7个栏目。这一时期《大公报》副刊还算不上真正意义的副刊,更像是专门性质的专栏,栏目标名不固定,或以"馆"命名,或以"场所"命名,如"眠琴馆剧谈""剧场琐话""戏场琐话""顾曲丛谈"等。其中最引人关注的是副刊《余载》和《四野丛刊》,《余载》自1922年3月1日始,至1925年11月止,历时近4年。《余载》属旧文学副刊,设"剧谈"栏目,每日一期,用传统的琐话、剧话、曲话形式谈论戏曲。这些文章评法虽旧,但由于多为作者的亲身感受,故能做到实话实说,如1923年从1月开始在"剧场琐话"栏目中每期都介绍剧场和演员的演出情况,相关文章包括《津门戏园之缺点》《天福舞台及广和楼之办法比较》《观剧者之恶习宜亟改之》《伶人之思想陈腐》等。有些栏目文章凸显新旧文学和戏剧之争,颇有史料价值,如1923年5月1日"眠琴馆剧谈"连载署名"瞭"的文章《中国旧剧对外之曙光》。[1]《四野丛刊》属周刊,是"四野文学会"的青年社团组织,隶属于宣化省立第十六中学,1924年4月6日创刊,每周日发行,[2] 为新文学副刊,设"顾曲丛谈""剧谈"专栏,大谈新剧,偶尔刊发话剧剧本。1924年10月开始,"剧谈"成为副刊主角,几乎每天刊登戏剧内容。据不完全统计,仅1924年10月1日至1925年10月31日,刊载和连载文章约240篇,其中不乏名人名篇,如著名剧评人徐凌霄曾以笔名"凌霄汉阁""霄"发表《〈除三害〉之说明与批评》《剧中人物之表现》等文。为捧梅兰芳而成"梅党"中坚人物的张厚载以笔名"聊止"发表《唱功之需要讲究字音》。

1926年9月1日,《大公报》开启了一个崭新的时代——"新记时代"。新记《大公报》由吴鼎昌、胡政之、张季鸾三人主持,并提出了"不党、不卖、不私、不盲"的"四不主义"。[3] 续刊第一天,便在第8版创设综合性文艺副刊《艺林》,由何心冷主编。1927年2月15日,《电影》专刊创刊;3月,综合性副刊《铜锣》创刊。1928年元旦,颇负盛名的《小公园》创立,转天《文学副刊》创立。1930年3月1日,《游艺消息》创刊。1931年,《本市附刊》创刊。1933年9月23日,《文艺副刊》创

---

[1] 瞭:《中国旧剧对外之曙光》,《大公报》(天津版)1923年5月1日、2日,第7版。
[2] 《四野丛刊》,第29期、30期、31期周一发行,第32期周二发行。
[3] 《本社同人之志趣》,《大公报》1926年9月1日,第1版。

刊。难能可贵的是，新记《大公报》不仅创办综合性副刊，而且从1927年元旦开始创办专门性文艺副刊，涉及戏剧方面的副刊有《戏剧周刊》《剧坛》《戏剧与电影》等。何心冷即是《大公报》综合性文艺副刊的创始人，同时还是专刊副刊的开拓者，从一开始何心冷就强调文艺副刊的办刊宗旨，即"体裁不论新旧，趣味务求浓郁"，[①] 而"趣味"是其要领。

《大公报》文艺副刊涉及两大类：一类是综合性副刊，如《铜锣》《文艺副刊》《小公园》《艺林》等，主要刊登文艺评论、文学作品、见闻趣事和知识性文章；另一类是专题性副刊，如《戏剧周刊》《文学副刊》等，主要针对喜欢戏剧和文学的读者。以《小公园》和《文艺副刊》为例，二者都属于综合性文艺副刊。《小公园》是新记《大公报》连续出版时间最长、在读者中影响最大的一个综合性文艺副刊，以普通市民为主要读者对象，文章体裁不论新旧，既讲文采，又讲趣味。1928年元旦创刊，1935年8月31日终刊，历时7年零8个月。作为《小公园》副刊的首任主编，何心冷几乎把所有的精力和心血都投入副刊园地的耕耘中，成就了他天津名人的美誉。《小公园》开辟的小品文栏目非常有意思，栏目名称也非常有趣，如"仙人掌""马后炮""吗啡针""冷话""闲话""发牢骚"等，这些栏目，每天一则小品文，短短几句俏皮话，言有尽而意无穷，给人留下深刻的印象。何心冷去世后，徐冽在悼念文章中写道："说来我与何君是未见过面的朋友，可是在精神上我早已认为他是我的最亲爱的朋友了，这不消说因为他的'马后炮'放得震天的响，'吗啡针'扎得疼人，'冷话'说得俏皮……这是近几年来读过《小公园》的人当有同样的感触。"[②] 1935年，萧乾接管《小公园》后，使面貌完全改观，成为一个纯文学副刊，不到两个月就成为京派文学的重要阵地。

《文艺副刊》由沈从文创办于1933年9月23日，止于1935年8月25日，历时近两年，共出166期。逢星期三、星期六出版，从第133期开始，改为周刊，星期日出版。体裁涉及小说、诗歌、散文、戏剧、书信，以及少量的建筑和绘画，其中翻译的文学作品和文学理论占比很大。沈从文主

---

① 参见方汉奇等《〈大公报〉百年史（1902-06-17~2002-06-17）》，中国人民大学出版社，2004，第207页。
② 徐冽：《永远不能会面了！——悼何君心冷》，《大公报》（天津版）1933年10月31日，第12版。

持《文艺副刊》后，给《大公报》副刊带来"一系列变化"。[1] 一是一扫之前《文艺副刊》的沉闷氛围，呈现出生动活泼、百花齐放的景象。例如周作人曾以"岂明""知堂"为笔名发表文章，内容多是古书钩沉、图书介绍和"闲文"，如第1期《猪鹿狸》，系日本乡土文学研究社丛书之一第70期闲文《和尚与小僧》。二是聚集了一大批风格各异、实力雄厚的作者。这些作者包含了"五四""文学研究会""新月""现代评论派""新感觉派"的文人，[2] 如胡适、冰心、朱自清、沈从文、梁思成、林徽因等。陆续刊发了胡适的争论文章《大众语在哪儿》、冰心的小说《我们太太的客厅》、朱自清的散文《谈抽烟》、林徽因的文章《闲谈关于古代建筑的一点消息》等。沈从文非常注重提携后进，培养文学青年。

专刊中的《戏剧》和《戏剧周刊》，是民国时期以戏剧为主要内容的报纸专刊之一，由著名剧评家徐凌霄主编，同时他还是该刊记者。《戏剧》属不定期专刊，1927年9月13日出刊，共出6期，以旧剧为主，内容涉及剧讯、戏班史料、评伶等，后被定期出版的《戏剧周刊》所取代。《戏剧周刊》曾改名《大公戏剧》，从创刊到停刊，共出151期。《戏剧周刊》第一期发表《述旨》，说明了周刊的内容范围有新剧、乐剧两大部分。对于新剧，并无具体明确的要求，而只是说要"努力于艺术之动人"，"引起社会上普遍之观念"。乐剧的内容则分得很细，包括剧本、剧艺、戏班、剧史、剧场、伶艺、剧记，每类皆有说明。虽然近百年过去了，但这些文章即使今日阅之，其思路、视角、论证仍新颖精辟，经得起时间的推敲和检验。

《大公报》文艺副刊相继约请社外专家学者参与编辑，继何心冷之后，沈从文、吴砚农、冯叔鸾、萧乾等人都曾担任过《大公报》文艺副刊和专刊的主编，胡适、梁实秋、丰子恺、林语堂、曹禺、冰心、茅盾、巴金、老舍等众多中国现代文学史上的大家巨匠，均曾是文艺副刊的作者。《大公报》文艺副刊的创办为其在北方乃至全国站稳脚跟起了重要作用，从而由地方性报纸发展成全国性大报。

---

[1] 姚克波：《沈从文与天津〈大公报·文艺副刊〉》，《新闻界》2006年第5期。
[2] 杨阳：《〈大公报〉文艺副刊与艺术周刊述要》，《名作欣赏》2021年第33期。

二 全面抗战时期《大公报》迁移与文艺副刊相继停刊

从1927年至1937年天津沦陷前,《大公报》先后创办的专门性副刊多达三十余个,另外还有数十个不定期出版的专刊、特刊,仅文艺副刊和专刊就有十多个。1937年,随着抗日战争全面爆发,这些副刊和专刊相继停办,只保留了《文艺》和后来新创刊的《战线》。津版《大公报》也随之走上迁移之路。

1935年,华北形势日益紧张,总编辑张季鸾有意把报纸的重心南移,提出创办上海版《大公报》,但遭到总经理胡政之的反对,他认为《大公报》想挤进上海滩,跟当地老牌的《申报》《新闻报》等抢码头,困难重重,很难立足,此事要从长计议。吴鼎昌则认为二人意见均有道理,暂不宜采取行动。8月,新记《大公报》三大巨头吴鼎昌、张季鸾、胡政之就创办沪馆一事再次进行磋商,最终统一了意见:"开设上海大公报馆。"1936年4月1日,刊发新记公司启事:"本报自今日起,在上海、天津两地同时刊行,敬希各界注意!"[1]

《大公报》之所以创设沪馆,根本上是由日军侵华所致。1937年7月28日,日寇大举进攻华北,阻断了《大公报》对市外发行的通道。7月30日,沪版《大公报》发表题为《天津本报发行转移之声明》的社评,说明天津以外订户的报纸改寄上海版,同时提出三点声明,第二点为:"天津本报决与中华民国在津之合法的统治同其命运,义不受非法统治之干涉。"[2] 也就是这一天,天津沦陷。《大公报》在津苦苦挣扎四天之后,于8月4日正式停刊,当天登出《暂行停刊》启事,当日共出刊8版内容,所有副刊全部停刊。就在此前的7月25日,《大公报》第13版还刊发《文艺》副刊,这期的"诗歌特刊"包括诗歌、诗评、诗论等内容,刊发诗歌有何其芳《云》、曹葆华《初夏作三章》。

(一)上海版《大公报》

上海与天津一样也是中国近代报业发展的重地。七七事变后,随着华

---

[1] 《大公报新记公司启事》,《大公报》(天津版)1936年4月1日,第2版。
[2] 张季鸾:《天津本报发行转移之声明》,《大公报》(上海版)1937年7月30日,第2版。

北局势的发展，吴鼎昌、胡政之、张季鸾意识到《大公报》南迁上海是首选。其原因在于《何梅协定》签订后，整个华北名存实亡，要在天津租界苟安，维持一张独立的民间报纸，已不可能。而迁馆上海，还有一个原因是吴鼎昌已被蒋介石定为"人才内阁"人选，对《大公报》南迁或许是件好事。1936年4月1日，沪版《大公报》在上海创刊。全盘工作由胡政之、张季鸾指挥，李子宽负责经营。当天，津沪两地出版的《大公报》均刊发张季鸾的社评《今后之大公报》一文，该文明确指出："此次本报津沪同刊之计划，既非扩张事业，亦非避北就南，徒迫于时势急切之需要……"①文章最后申述了天津续刊时宣布的办报宗旨，及对内对外的基本方针与立场。

沪版《大公报》大致经历了两个阶段：第一阶段是1936年4月1日至1937年12月14日；第二阶段是1945年11月1日至1949年12月31日。日本占领天津后，野心不减，旋即又谋霸上海。沪馆办刊也不顺利，因淞沪战事爆发，其间多次中断。1937年12月13日，沪版《大公报》接到日方要检查新闻小样的"通告"，14日当即决定停刊，并发表两篇社评，一篇是《不投降论》，另一篇是《暂别上海读者》。此时，胡政之、张季鸾敏锐地感到"上海非可久守"。②1937年8月17日，张季鸾率少数人员转移到武汉，立即创办《大公报》汉馆，以此从事抗日救国的宣传。

在沪版《大公报》创刊的同时，津版《大公报》继续出刊，直至1937年8月4日停刊。虽然同时出刊，但津、沪两馆在版面和栏目内容上各有偏重。沪版偏重长江以南地区，津版偏重长江以北地区。以1936年4月1日为例，沪版是20个版面，津版是18个版面，有的内容互为交叉，有的各具特色，如沪版《大公报·游艺》登载《鼓王刘宝全将在大中华登台》《上海流行戏年份一览》，津版《大公报·本市附刊》则登载《皇会声中灵慈感旧记》《皇会期间之中原公司分销处》。沪版设《游艺》《本市汇闻》，津版设《本市附刊》，具有趣味性、知识性、学术性的文学、艺术类内容多体现在这三个副刊中。津版《本市附刊》和沪版《游艺》相当于一个综合性的"文艺副刊"，刊登了不少文艺界的消息和剧评文章。

① 张季鸾：《今后之大公报》，《大公报》（津沪版）1936年4月1日，第2版。
② 参见方汉奇等《〈大公报〉百年史（1902-06-17~2002-06-17）》，第231页。

(二) 武汉版《大公报》

1921年，胡政之创办了国闻通讯社，该社是中国近现代真正意义上的通讯社。总社设在上海，北京、汉口、天津、奉天、广州设有分社。日军侵占华北后，随即开始对华中、华南进行侵略。淞沪会战爆发后，胡政之和张季鸾意识到上海也非久守之地，为给《大公报》留有后路，他们决定沿长江西去，创办武汉《大公报》。

汉版《大公报》于1937年9月18日创刊，1938年10月17日停刊，历时一年零一个月，是五地办刊时间最短的。汉版《大公报》存在时期是中国抗战最激烈的时期，也是《大公报》和社会、国家联系最紧密的时期。不仅新闻报道及时，评论有力，业务开展得有声有色，而且积极参与社会活动，为前方战士募集善款，起到了宣传抗日、拥护抗日、支援抗日的积极作用。9月初，先期到达的曹谷冰等人筹建《大公报》汉馆基本就绪，18日，汉口版《大公报》正式出刊。汉馆由张季鸾主持，许萱伯任经理。张季鸾在当日社评《本报在汉出版的声明》中说："此次平津沦陷，我们在天津停版了，接着上海战起，上海本报也邮递困难。……因此我们决定一面维持沪报，一面在汉口出版……"[①]

汉版《大公报》虽然办刊时间较短，却获得了极大的成功，在没有盈利的情况下，坚持出报，还经常印号外，鼓舞人心。特别值得一提的是，1937年9月18日汉馆推出《战线》副刊，当天发表了编者按《我们的倡念和态度》，刊登了多篇与九一八事变内容相关的文章，如《新的"九一八"》《做一名哨兵》《"九一八"在洗刷中》，诗歌《老家》等。而同一天出版的沪版《大公报》只有4版，头版只刊登了一篇纪念九一八事变的社评《六年了》。《战线》是新记《大公报》中办得比较有生气的一个文艺副刊，由陈纪滢主编，至1943年10月31日停刊。6年多的时间里，共出版996期。

此外，在进步剧作家和电影导演的倡导下，汉馆同人还与抗战旅行团一起组织演出了抗日救国戏剧《中国万岁》。曹谷冰和金诚夫撰写的《大公报八年来的社难》一文中言道："汉版发行之始，人员极少，社评仅季

---

① 张季鸾：《本报在汉出版的声明》，《大公报》（武汉版）1937年9月18日，第1版。

鸾先生一人执笔。……是年夏，又主办《中国万岁》话剧之公演，售票所入，全部拨作救济受伤将士之需。"①

（三）重庆版《大公报》

随着《大公报》津馆、沪馆的相继关闭，汉馆成为该报在全国唯一的大本营，然而1937年中秋节后，日军逼近武汉。早在1937年初，《大公报》就已定撤离方案，并选址重庆，筹备渝馆。全面抗战期间重庆报业异常兴盛，有23家报纸同时出版，其中就包括《大公报》。1937年10月30日，国民政府决定迁都重庆，随即下令在汉报刊立刻撤离。1938年9月9日，重庆先行刊发航空版。10月17日，汉版《大公报》出版最后一号，宣布该报将于次日停刊，迁往重庆。

1938年12月1日，渝版《大公报》创刊，编号继汉版。当天发表题为《本报在渝出版》的社评："我们的报，在津在沪，经多年经营，有相当基础；但自暴敌进攻，我们的事业财产，已大抵随国权以俱沦。……我们这一群人，这几枝笔，这一张纸，谨在抗战大纛之下，努力到底，以尽言论界一兵卒之任务。"② 渝版《大公报》创刊不久，1939年5月3日至4日，便遭遇日机对重庆实施的两次大轰炸，当地报业损失十之有九。5月5日《大公报》停刊，8月13日复刊。1940年至1941年，重庆又遭受日机三次大的空袭，全体职员利用简陋的设备，在防空洞中坚持出报。

全面抗战时期，渝版《大公报》成为大后方一面耀眼的舆论旗帜，在重庆发行量一直处于领先地位。当时重庆作为战时首都，政治、经济、文化中心，大型报纸有十多种，如《时事新报》《新华日报》《大公报》《中央日报》等，但因《大公报》享有国内外特派员通信、社评、星期论文三大特色，故此在国内外久负盛名，备受朝野的关注。其特派员萧乾发表了不少二战欧洲战地通讯，社评每日一篇。1939年9月起，《大公报》还开辟了思想论战和文艺论战阵地，尤其倡导"国家中心"论，提出高举"一心抗敌"旗帜、抨击"卖国投降"言行等一系列深入人心的主张，扩大了《大公报》的社会影响。例如1938年9月18日，渝版《大公报》发表社

---

① 曹谷冰、金诚夫：《大公报八年来的社难》，《大公报》（上海版）1946年7月7日，第11版。
② 胡政之：《本报在渝出版》，《大公报》（重庆版）1938年12月1日，第2版。

评《"九一八"八周年——更要坚定我们的信念》《东北人民的痛苦与期望》，19日发表《声讨汪逆　否认一切汉奸组织》。1941年8月19日，在日军大规模轰炸重庆的艰难时刻，《大公报》发表张季鸾写的社评《我们在割稻子》，而此时他已重病缠身。文中说："食足了，兵也足，有了粮食，就能战斗，就能战斗到敌寇彻底失败的那一天。"①"我们在割稻子"是一句双关语，代表了中国人民的坚毅精神，也代表了中国知识分子不屈不挠的气节。1949年8月15日，渝版《大公报》被国民党重庆当局查封，9月17日，被当局"劫收"，非法出版，12月1日才重新回到人民手中，在军管会的领导下继续出版。1952年8月4日，渝版《大公报》停刊。

渝版《大公报》最突出的文艺副刊是《战线》，该刊延续了汉版《战线》的办刊宗旨，内容涉及散文、诗歌、文艺评论等，如1939年9月5日刊登了穆木天《抗战文艺的题材》，9月30日诗歌专栏刊登了臧克家《跨过平汉路》、丘琴《向北方》、戈茅《她着上了戎装》等。这一时期，《战线》最大特色是抗战文学作品的出现，尤其在新体诗方面，涌现出高兰、戈茅等一大批抗战诗人，他们以朗诵的方式，推动了诗歌向革命化、民族化、大众化发展。

（四）香港版《大公报》

香港是世界上报业最发达的地区之一，在中国乃至全球华文出版史上扮演着重要角色。1937年11月上海沦为"孤岛"，12月14日沪版《大公报》停刊，转战武汉建馆，但武汉亦非久守之地，报馆再度搬迁在所难免。胡政之、张季鸾不得不重新考虑将《大公报》重心再度南移，在香港建第四家报馆。1937年底，胡、张二人相继飞港，进行实地考察，并对在港办报的可能性予以论证，斟酌再三，二人决定在香港创建《大公报》新的基业，具体事宜由张蓬舟负责。

1938年8月13日，即淞沪抗战一周年纪念日，港版《大公报》终于与港粤人士见面。《大公报》在当天的创刊号上发表两篇社评，一篇题为《八一三一周年》；另一篇是胡政之撰写的《本报发行香港版的声明》，言道："我们是天津报。……自今天起，我们兼发行香港版……纯因广东地

---

① 张季鸾：《我们在割稻子》，《大公报》（重庆版）1941年8月19日，第2版。

位，异常重要，中国民族解放的艰难大业，今后需要南华同胞努力者，更非常迫切。……做一点言论工作。"① 港馆初创，筚路蓝缕，尽管如此，胡政之创设港版《大公报》仍不失为英明之举，甚至对于整个中国报业都具有重大的意义。首先，在港馆的创设过程中，组建了一支可靠的队伍，培养了一批杰出的报人，如李侠文、杨刚、马廷栋、徐铸成等。其中，杨刚，原名杨季微，历任香港《大公报·文艺》主编、《大公报》特派驻美记者等，她不仅是一名出色的编辑、记者，还是一位才华横溢的诗人，一名坚定的共产党员。其次，港馆的创设扩大了《大公报》在海外的影响，当时泰国、越南等国都是港版的订户，日销量达5万多份。全面抗战时期，港版《大公报》经历两个阶段：第一阶段是1938年8月13日至1941年12月2日；第二阶段是1946年12月2日至1949年10月1日。其间也是断断续续出版，据统计，出版时间为1938年8～12月、1946年12月、1947年1～4月、1948年4～12月。出版年月不全的为1938年8月，只出版13～14日、17～19日；1946年12月，只出版1～3日。

港版《大公报》最大亮点是全面抗战时期对《文艺》副刊的守护。1935年8月，《小公园》与《文艺副刊》合并成又一综合性副刊《文艺》。从1935年创刊至1939年停刊，历任津、沪、港版《文艺》主编的萧乾应该说功不可没，他身兼三职：作家、记者、编辑。《文艺》副刊从创刊直至全面抗战开始，培养了一批青年作家，发表了大量的文学作品。萧乾任职期间，为纪念新记《大公报》复刊十周年，于1937年5月设立"文艺奖金"，芦焚的短篇小说《谷》、曹禺的剧本《日出》及何其芳的散文集《画梦录》获得首届《大公报》文艺奖，② 在当时文坛上产生了很大影响，曹禺、芦焚、何其芳也因该奖被读者熟知。这种以报纸评选文艺作品奖的做法，在中国首开先河，颇有新意。

(五) 桂林版《大公报》

广西桂林亦是百年报业之城，全面抗战期间，桂林已经有数家比较著名的报馆，还有一大批著名文人和报人，如郭沫若、茅盾、巴金、夏衍、

---

① 胡政之：《本报发行香港版的声明》，《大公报》(香港版) 1938年8月13日，第2版。
② 《本报文艺奖金的获得人——曹禺·芦焚·何其芳》，《大公报》(天津版) 1937年5月15日，第3版。

艾青、柳亚子、田汉、欧阳予倩、邵荃麟、范长江等，相继云集桂林，为全面抗战时期桂林的报业发展做出重大贡献。

1941年3月15日，《大公报》桂林版创刊，与渝版、港版同时出报，这实际上是胡政之为《大公报》港馆一旦有事被迫内撤准备的退路。当天创刊号发表社评《敬告读者》说："……环顾国内，惟桂省绾毂东南西南，交通利便，政治安定，且苏浙湘赣闽粤各省，向为本报普遍行销之地……今若分设桂林，正可就近服务，便利各方。缘是种种，因决发刊本报。"① 桂林版《大公报》创刊后，销路甚佳。1941年12月7日，太平洋战争爆发，港版《大公报》发表社评《暂别香港读者》，并宣布停刊，大批职工先后撤退到桂林，其间《文艺》副刊由杨刚女士任主编。田汉、熊佛西、侯外庐等作家经常为其撰稿，熊佛西的长篇小说《铁苗》就在此刊连续刊载。由于日寇入侵，桂林陷落，《大公报》于1944年9月12日发表了《敬告读者》一文，宣告停刊，历时四年有余。

三 全面抗战时期《文艺》《战线》副刊的办刊特色

1937年7月7日全面抗战爆发之前，《大公报》原有的文艺副刊、专刊均已陆续停办，能够坚持下来的只有《文艺》副刊，还有配合抗日宣传需要而新创刊的《战线》。

（一）萧乾把《文艺》引上战场

1937年7月，萧乾于燕京大学毕业后入职天津大公报馆，接编副刊《小公园》。他一上任便对《小公园》进行改版，使其性质发生了变化，由一个综合性副刊变为一个纯文艺性副刊，与之前沈从文、杨振声编辑的《文艺副刊》几乎没有什么区别。9月1日起，《文艺副刊》和改版后的《小公园》合并为《文艺》副刊，由萧乾主编。《文艺》周一、周三、周五出版，一般刊登一些短小的作品，开设各种专栏，保持原《小公园》的风貌，周日出版的《文艺》多为"特刊"。以9月4日第3期《文艺》副刊为例，刊登有李广田的《银狐》、南星的《岸》两篇文学作品。周日出

---

① 胡政之：《敬告读者》，《大公报》（桂林版）1941年3月15日，第2版。

版的《文艺》则主要刊登名人佳作，如9月15日第9期《文艺》"星期特刊"，刊登闻一多《卷耳》、法国柯贝作《一个剧本的本事》、沈从文《废邮存底》。此外"星期特刊"还设有专栏，如"诗歌特刊""艺术特刊""翻译特刊"等，基本保持原《文艺副刊》的特色。

《文艺》副刊的出版，不仅是《大公报》史上的一件大事，也是当时文艺界一件值得纪念的事。在萧乾的主持下，《文艺》副刊完全改变了原《小公园》略显老气的面貌，而被赋予较强的时代气息。一方面他不断开辟新栏目来充实版面；另一方面创新版面内容，报道各地开展的文艺活动。例如他最早开辟的栏目是"读者与编者"，他强调办这个栏目目的是不要使其成为编者的独白，要激励读者，尤其是年轻读者踊跃投稿。之后他又创办了"书评""文艺新闻"专栏，老舍《离婚》、曹禺《日出》、孙毓棠《宝马》出版后，都曾上"书评"栏目进行点评或在《文艺》副刊展开"集体讨论"。但是时间不长，上海"八一三"战起，《文艺》副刊停办，直到1937年10月3日，《文艺》在汉版《大公报》恢复出刊，并改为周刊。1938年3月6日，《文艺》副刊再次停办；8月，萧乾到《大公报》香港馆任职；13日，港版《大公报》创刊，《文艺》也随之复刊。

这一时期，《文艺》进入了一个崭新的发展阶段，表现出鲜明的进步性和战斗性，并加入全国文艺抗战的行列。比如1938年10月12日，港版《大公报·文艺》副刊"作家行踪"栏目刊登了一封陕北来信，写信人是严文井，信中主要介绍了延安鲁迅艺术学院的情况。该信刊出后，各地作家诸如姚雪垠、吴伯箫、丁玲、刘白羽等纷纷来信，一时盛况空前。不仅如此，"作家行踪"栏目还陆续介绍了抗战时期各地作家的近况与作品，其中以延安作家居多，如沙汀的《贺龙将军》、丁玲的《我是怎样来陕北的》、野火的《抗大生活》、刘白羽的《蓝河上》、黑丁的《我怀念吕梁山》和欧利文的《延安的月色》等，为今后《文艺》副刊展示新的面貌创造了有利条件。

(二) 陈纪滢提倡《战线》要有时代感

由于战事频仍，汉版《大公报》篇幅较津版和沪版大为减少，原来津版上的专门性文艺副刊基本全部停办。1937年9月18日，由陈纪滢主编的汉馆《战线》文艺副刊推出。陈纪滢认为副刊是读者灵魂寄托的所在，"应该有一种文艺副刊……并且为了希望多刊载一些具有战斗性的文章和吸引大部份青年作家起见，特把本刊取名《战线》"。① 他主张文艺副刊上的稿件要具有深度，要具有时代意义。号召《战线》的作者以笔为刀枪，写出富有时代感的文艺作品。他在《战线》创刊号发表了《我们的信念和态度》一文，对稿件取材标准做出明确规定："我们需要前方关于战争的报告文学、散文、诗歌、速写、木刻、戏剧等作品。……希望在后方的非战争员而实际已担起救亡任务的人们，每天把所接触的可歌可泣的事情，能用各种不同的体裁写来。"②

　　《战线》的时代感表现在以下几方面。首先，它所发表的各种形式的文艺作品全是以抗战为题材，起到为抗战"打气"的作用。其次，发表的报告文学、小说、散文、诗歌、戏剧等无不达到语言通俗化的要求。为了强调文艺副刊引领时代文化运动的信念和使命，1939 年 1 月，陈纪滢邀请《大公报》香港版《文艺》副刊的部分作者以及文艺界其他朋友到《战线》做客，围绕"目前文艺工作者努力的方向"问题各抒己见。并约请著名作家撰文，陆续发表了李建章、罗四维的诗歌《抗战歌谣》，高兰的《向八百壮士致敬礼》，布德的报告文学《第三百零三个》，马彦祥的文艺评论《抗战戏剧发展的检讨》，林冰的《再论现阶段通俗文艺的缺陷及其克服》，老舍的《不成问题的问题》，潘子农的《检讨过去一年间的抗战电影》，李长之的《论曹禺及其新作〈北京人〉》等。在陈纪滢的努力下，《战线》集结了一大批爱国文艺工作者，如沈从文、沙汀、臧克家、刘念渠、姚雪垠、刘白羽、阳翰笙、马彦祥等，使《大公报》成为中国全面抗战时期的一条重要"战线"，为动员全民族救亡图存发挥了重要作用。最后，《大公报》办刊宗旨直接影响着《战线》对文体的选择。《大公报》坚守为抗战服务的精神始终渗透于《战线》，以"朗诵诗"为例，其自始至终配合抗战宣传，与此同时，为真实反映战地生活，相继推出了纪行诗、战地小诗、报告长诗等诗歌文体。

---

　　① 陈纪滢：《迎春　并答读者作者》，《大公报》（重庆版）1940 年 1 月 3 日，第 4 版。
　　② 陈纪滢：《我们的信念和态度》，《大公报》（武汉版）1937 年 9 月 18 日，第 4 版。

四　全面抗战时期《大公报》与文艺副刊的坚守

（一）《大公报》根基在天津

全面抗战时期，《大公报》在上海、武汉、重庆、香港、桂林等地辗转，这五地均是中国报业发展较早和兴盛的地区，也是抗日救亡文化运动的中心。在严峻的政治局势下，《大公报》被迫放弃了沪、汉、港、桂四个分馆，作为报社主要负责人的胡政之、张季鸾非常清楚，无论是从全民族利益出发，还是从安身立命的个人需要出发，《大公报》都需要坚守和创建新的基业。尽管如此，他们始终没有忘记《大公报》的根基在天津。所以每到一地，在创刊号社评中都不忘提醒读者"我们是天津报"。1945年8月15日，日本宣布无条件投降，《大公报》迎来新生。同年11月13日，沪版《大公报》复刊；12月1日，津版《大公报》回归故里。其间，上海为报社总管理处，负责上海、天津、重庆三馆的业务。12月1日，津版《大公报》复刊号发表了题为《重见北方父老》的社评和长篇社论《由抗战到胜利八年来之本报》。[①] 在《重见北方父老》一文中，言道："一别八载余，今天重与北方父老相见，我们真有说不尽的欣慰与感慨。……八年多的抗战，是一部心酸史，也是一部坚贞史，中国人以壮烈牺牲赢得胜利，中国人以沉毅奋斗赢得胜利，中国人更以坚贞志节赢得国族的人格。"[②] 1949年1月15日天津解放，津版《大公报》迎来了改组期。

（二）《大公报》论政而不参政

《大公报》以论政而不参政的独特原则赢得了政府和社会信任。张季鸾这样评价新记《大公报》合伙人吴鼎昌："达铨于新闻事业，见解独卓，兴趣亦厚。"[③] 作为当时财政两界风云人物，吴鼎昌独卓的办报思想内涵就

---

① 《重见北方父老》《由抗战到胜利八年来之本报》，《大公报》（天津版）1945年12月1日，第2版。
② 《重见北方父老》，《大公报》（天津版）1945年12月1日，第2版。
③ 张季鸾：《国闻周报十周年纪念感言》，《国闻周报》1934年12月10日。

是报纸要办成功,首要条件是要有独立的资本,有了独立的资本,才有可能"集中人才,全力以赴";再就是不拉政治关系,这样可以保证办报宗旨的明确,不受外力干扰。所以新记《大公报》创办初始就以"言论报国"作为报业人工作的宗旨,更以其艰苦卓绝的奋斗精神和坚定不移的爱国立场为中国报纸在世界上争得了地位。1944年6月4日,吴鼎昌在重庆对工作人员说:"我们不是为了某种利益而办报,更不是为了某一派别而办报,也绝不为某一个人而办报,我们是为了人民全体的利益而办报。"① 可以说吴鼎昌的"资本独立""不拉政治关系""做人民的喉舌"等思想是新记《大公报》续刊并获得成功的基础。另外,在抗战最关键的时刻,《大公报》能够勇敢地站出来,真正做到了"做人民的喉舌"。1937年12月14日,沪版《大公报》为了抗议日方检查新闻小样,决定宁可停版,决不接受检查。并由王芸生撰写社评《不投降论》,表达大公报人对国家的诚挚情感:"我们是报人,生平深怀文章报国之志,在平时,我们对国家无所赞襄,对同胞少所贡献,深感惭愧。到今天,我们所能自勉兼为同胞勉者,惟有这三个字——不投降。"②

(三) 文艺副刊与时代同呼吸共患难

《大公报》文艺副刊具有浓厚的学术色彩,其学术性专刊数量也很多,构成了综合性副刊与专刊妙趣横生、互相映衬的局面。不仅如此,抗战时期文艺副刊还做到与国家和人民同呼吸共患难。《文艺》和《战线》是这一时期知名度很高的文艺副刊,充分满足了不同层次读者的需求。文艺副刊在全面抗战爆发前就已存在,全面抗战爆发后,其扮演的角色发生了变化,由纯粹文艺性质转变成战时"革命性质"。③ 萧乾坚持办刊的进步立场,利用《文艺》这块阵地宣传抗日,在战时文艺界扮演着冲锋号手的角色。这段时期,《文艺》刊登了许多关于抗战的有分量的文章,如沈从文的名作《湘西》、巴金的《在轰炸中过的日子》、靳以的《八一三》等。这类抗战文学作品与现实息息相关,作家们以强烈的使命感和忧患意识,谱写了中华民族不屈不挠的战斗史诗,记录了中国人民的生活面貌,有力

---

① 《大公报历史人物》,香港大公报社,2002,第64页。
② 《不投降论》,《大公报》(上海版)1937年12月14日,第1版。
③ 方勤:《萧乾与〈大公报〉的〈文艺〉副刊》,《新闻大学》2002年第2期。

推进了抗战文化的发展。《战线》也是如此,诞生于战火之中,起到了星星之火可以燎原的作用。

作者:杨秀玲,天津市艺术研究所

(编辑:杨楠)

近代城市小报与政治权力的抗衡和博弈[*]

——以天津《华北新闻》为例

王建明　叶国平

内容提要　《华北新闻》是20世纪二三十年代天津一份著名的中小型报纸,在中国报刊史上占有一定的地位,是近代天津传播思想、启迪民智的重要媒体。在军阀混战、社会动荡、思想新旧杂糅的时代背景下,报人与官方当局的抗衡与博弈,媒介权力的生产和媒介空间的重组交织,官方的操纵、精英的参与、民意的起伏、租界的存在与市场的推动等诸多因素交集,使《华北新闻》形成具有独特发展逻辑的历史记忆。该报反映了近代天津媒介传播的政治化表征、公共舆论空间的重构博弈、报刊与当局冲突抗争背后的权力之影,以及城市报人生存发展的环境。

关键词　《华北新闻》　周拂尘　地方军阀　天津

20世纪二三十年代,报纸成为天津最重要的传播媒介,版式和内容日益丰富,涵盖政治新闻、社会信息和文学作品,并开始出现较为成熟的商业广告。当时天津除《大公报》《益世报》《庸报》《商报》四大报纸外,还有数十种中小型报纸,在传播思想、启迪民智,推动近代社会进步发展方面发挥了重要作用。其中创办于1921年4月的《华北新闻》,办报风格具有鲜明特点,在近代天津报刊史上占有重要地位。该报尽管处于各种政治力量的夹缝中,深受时局的影响,屡遭政府干涉,却利用身处法租界的特殊条件,在与各方政治势力的抗衡与博弈之中,积极建构反帝爱国公共

---

[*] 本文系天津社会科学院重点课题"中国特色舆情研究的知识体系和话语权构建"(项目编号:22YZD-06)的阶段性成果。

舆论空间，反抗政治权威，重构社会文化，推动社会进步，是我们了解20世纪二三十年代天津城市历史发展的一扇窗口。

一 近代天津城市小报媒介传播的政治化特征

自晚清我国近代报刊发行以来，特别是随着近代城市经济社会发展与市民阶层的壮大，报刊成为近代中国最重要的大众媒介。以天津《华北新闻》为代表的近代城市小报大量出现，其内容日益丰富，版面涵盖政治新闻、社会资讯、文学作品等，政治性也成为近代报刊的显著特征。媒介传播的政治化，凸显中国政局的深刻变化及其在政治变革和社会变迁中的重要作用，对培养中国民众形成"民族—国家"意识发挥了一定作用。

1. 具有强烈的政治色彩

近代中国的报社及通讯社，大多以"民众喉舌"自居，以"为新闻而新闻"来标榜，但实际上从各报纸的发展情况来看，许多具有浓厚的政治色彩，把为政治服务作为本职工作也是其重要特点。近代天津是北方著名的工商业城市，同时具有特殊的政治环境，距政治中心北京仅120公里，深受京派知识分子精英文化的影响，又有租界特殊地理位置的加持，因而成为当时具有论政情怀文人理想的办报之地。1927年，国民政府迁都南京后，天津与北京成了全国舆论的中心。天津各大报社"力谋鼎新，评论之严正，以敢言著，在全国中最有生气者也"。[1] 1921年4月1日，《华北新闻》在天津由北洋政府财政总长张弧出资，上海报坛耆宿钱芥尘、包天笔等人创办，地址在天津东马路三多街4号。[2] 报纸创立之初就具有强烈的政治色彩，是为政治人物的政治宣传服务的，特别是张弧在钱芥尘怂恿下进行政治宣传，之后又为梁士诒内阁发行的"九六公债"做宣传。报纸版面中政治成分的内容往往占较大篇幅，经常发表进步言论，进行爱国宣传，详细报道政治事件、政治人物的政治活动，发表时政社论文章。如从1928年1月发表的《民生聊生》《对国际废除进出口限禁之意见》《法美新约与世界和平》《美国之海军热》等社论，就可以清楚地看到它与政治

---

[1] 黄天鹏：《中国新闻事业》，上海联合书店，1930，第137页。
[2] 周拂尘：《我和〈华北新闻〉》，《天津文史资料选辑》第33辑，天津人民出版社，1983，第55页。

关系密切。

此外，时任安国军政府教育总长张煊还在《华北新闻》主持创办了《微明》和《小日报》两个副刊，旨在建立一个公开的学术讨论的阵地，认为"报纸原是宣传文化的利器，改革社会的先锋。'新文化'三个字，并非几句白话诗、几篇抄来的哲学学说所能包括的。凡是现社会的各种革新问题，多属于'新文化'的范围。所以关于改良社会或政治的言论，可为新中国做先驱的，也是本栏所预备采登的"。[①] 张煊先后在副刊上发表了《中华民国究竟相宜用单一国体呢？还是相宜采用联省制？》《旧国会议员还可以拿国会议员名义行使他的职权吗？》《中华民国能够组成单一国吗？》《为什么要联省？》《联省自治的要义》等多篇政论文章，痛击时弊，抨击朝政。

2. 深受政治因素影响又高度介入政治过程

中国近代报纸这一新兴媒介，既受政府规制管理，又深受各种政治因素制约和影响，在实际运营过程中，往往高度介入政治活动，为特定政府与政治活动服务，充当政治宣传的工具，其信息选择明显表现出服务于特定政治的倾向性。20世纪二三十年代，中国社会动荡、思想新旧杂糅，军阀混战、民族矛盾尖锐，《华北新闻》作为一种民间的大众传播媒介，经济地位低下，生存环境艰苦，经常面临政府与租界罚款禁邮、封报馆、捕记者，不得不在各种政治利益集团的夹缝中谋求生存。

1924年10月，《华北新闻》新出版的晚报《四点钟》率先发表冯玉祥发动"北京政变"的报道。天津镇守使李荣殿，以消息不实、造谣惑众、危害治安等罪名，撕毁报纸海报，砸坏报社门窗，取缔该报，并逮捕报社负责人周拂尘。[②] 此后，《华北新闻》多次正面报道西北军及冯玉祥的新闻，积极拥护其主张，因而得到冯玉祥等西北军将领的大量资助。1925年，冯玉祥通过直隶督办兼省长孙岳送给报社1000元，并将没收的河北日报社全部印刷设备赠予华北新闻报社。国民军第一军驻津代表常小川还送来300元补助款，冯玉祥的驻津代表丁春膏送来1480多元。1928年，周拂尘应冯玉祥邀请赴河南参观访问，临别前还接受了其赠送的2万多元，

---

① 张煊：《我编辑〈微明〉的主张》，《华北新闻·微明》1921年8月20日，第2版。
② 涂培元：《不平常的报人周拂尘》，《近代天津十二大报人》，天津人民出版社，2000，第183页。

作为报社清偿债务和增添设备的专款。之后，《华北新闻》还接受西北银行连续 3 个月每月 1000 元的经费补助。① 由于《华北新闻》经常对西北军及冯玉祥进行大力宣传，当时许多读者都知道该报与冯玉祥及西北军关系甚密。

3. 救亡图存公共舆论的重要引导者

近代中国严重的民族危机，使救亡图存逐渐成为当时中国政治精英所追求的价值导向，也是 19 世纪末 20 世纪前半期中国政治走向的中心议题。②《华北新闻》不仅及时反映天津民众救亡图存的重大呼声，营造救亡图存公共舆论氛围，而且还通过对公共事件的选择性传播以及鲜明的爱国进步立场，成为救亡图存公共舆论的重要引导者。1922 年 8 月，周拂尘接办《华北新闻》之后，沿用五四运动的口号，发表社论对国是提出七项主张："1. 反对军阀内战；2. 南北统一，召开国民大会；3. 打倒帝国主义；4. 保护爱国运动；5. 集会、结社、出版自由；6. 打倒封建礼教，男女平等；7. 推动新文化运动继续发展。"③ 同年 11 月 9 日，《华北新闻》刊登《安源矿工人俱乐部支援开滦罢工的呼吁电》一文，支持开滦五矿同盟反对外国资本家剥削蹂躏，支持改善生活及待遇的主张，"希望全国的工友都应该知道同阶级的利害关系，拿出同阶级的同情心来援助他们"。④ 1926 年 3 月，段祺瑞制造了"三一八惨案"，《华北新闻》以《段政府之屈服》为题发表社论，抗议八国公使干涉中国内政，呼吁废除不平等条约。⑤

第一次国共合作期间，中国共产党利用《华北新闻》进行统一战线宣传，在副刊上刊载直隶省执委主办的《绿林周报》指导农民运动。1925 年冬，于方舟等人组织召开反帝大同盟成立大会，当时京津两地各大报刊都没有报道这个消息，而《华北新闻》却对大会召开的意义及其经过情况做了详细报道，并向天津各报发了新闻通讯稿，进行革命鼓动工作。后来，天津《华北新闻》还成为地下党进行秘密活动的重要据点。⑥

---

① 周拂尘：《我和〈华北新闻〉》，《天津文史资料选辑》第 33 辑，第 75、76 页。
② 王建明：《我国近代舆情概念的使用及其思想内涵的历史嬗变》，《天津师范大学学报》2019 年第 6 期。
③ 涂培元：《不平常的报人周拂尘》，《近代天津十二大报人》，第 179 页。
④ 《安源矿工人俱乐部支援开滦罢工的呼吁电》，《华北新闻》1922 年 11 月 9 日，第 2 版。
⑤ 《段政府之屈服》，《华北新闻》1926 年 3 月 19 日，第 2 版。
⑥ 罗澍伟主编《沽上春秋》，天津教育出版社，1994，第 219 页。

二 积极建构反帝爱国公共舆论话语空间

随着近代城市化的不断推进,报刊作为大众传播媒体的属性开始凸显,传播新知、广开民智、拯救民族国家的现实需求也开始显现。《华北新闻》作为近代天津的一份民间报刊,围绕社会热点话题与时局变化,展开大规模的新闻报道与讨论,探索形成反帝爱国、追求进步、反对军阀黑暗统治的公共舆论空间,获得了强烈的社会反响。

1. 围绕热点话题建构公共舆论空间

公共空间作为民主政治的基本条件,是市民自由讨论公共事务、参与政治活动的空间。公共舆论的公共性主要体现在:通过公共传媒形成,所讨论的议题以公共利益为考量,公共议程以大众为预设读者。[1] 近代报刊既是信息传播的物质载体,也是促使传播者与受众得以交流的中介和纽带,更是形成、扩散和放大社会舆论的社会工具。

1921年9月,《华北新闻》联合市政研究会、天津县教育会和《大公报》等20个团体,连续多日发表《天津各界诸君注意太平洋会议之问题》,呼吁天津各界关注在美国召开的太平洋会议,认为"美国发起太平洋会议之问题,关系我国之存亡、世界之治乱……集本津各团体,讨论对于本问题国民应具之态度,当经众公决遣派国民代表张君仲述(即为张彭春)参加该会议,一方面辅助我国专使之耳目及代表国民监督专使之行动;一方面表示我国民意之所在"。[2] 1922年12月,天津女权请愿团成立时,向国会请愿,争取男女平等的权利,邀请天津男性名人作为名誉发起人,周拂尘作为天津新闻记者界代表受邀为发起人顾问。[3] 1924年,孙中山北上天津,周拂尘随各界代表赴码头欢迎。不久,他还跟随宋则久、马千里、江著元、于方舟等天津社会名流赴张园谒见孙中山。之后,《华北新闻》遵照孙中山的嘱告,多次发表打倒军阀、反帝救国、拥护孙中山的民主革命的文章,连续刊载孙中山的《建国大纲》和《建国方

---

[1] 唐小兵:《现代中国的公共舆论——以〈大公报〉"星期论文"和〈申报〉"自由谈"为例》,社会科学文献出版社,2012,第4页。
[2] 《天津各界诸君注意太平洋会议之问题》,《华北新闻》1921年9月4日,第2版。
[3] 《女权请愿团函请顾问》,《大公报》1922年12月4日,第10版。

略》,并设有"三民主义"的专栏,广泛宣传唤醒民众的爱国热情。1927年3月,英美两国派出军舰炮轰南京,程潜率领的第六军官兵奋起反抗,摧毁了南京的一些外国领事馆。为此,《华北新闻》邀请近代著名报人王芸生发表社论,抗议帝国主义的暴行,声援第六军官兵的爱国行为。

2. 发表宣传和传播马克思主义文章

《华北新闻》积极建构反帝爱国公共舆论话语空间的一个重要表现就是发表了大量宣传和传播马克思主义的文章。《华北新闻》的副刊《微明》在开办期间,刊载了大量共产党人宣传进步思想的文章,在社会上引起很大反响。这些文章一是介绍和传播马克思主义。1921年9月,该报刊载施存统(署名为光亮)《马克斯主义底特色》一文,"马克斯〔思〕主义底特色,一言以蔽之,就在于有唯物史论。唯物史论底特色,即在于注重物质的条件"。[①] 1922年3月6日至10日,连载李大钊(署名为李守常)的《马克思经济学说》,这是李大钊1922年2月19日在北京大学马克思学说研究会演讲会的讲稿,主要讲解马克思《资本论》的剩余价值理论。3月,刊载日本马克思主义者河上肇的《近世经济思想史论》,该文比较系统地介绍了马克思主义政治经济学说。9月,刊载李达(署名为李立)翻译的列宁的《劳农会之建设》。二是宣传社会主义和共产主义学说和思想。1921年9月13日,刊载施存统的《唯物史观在中国底应用》,该文指出只有遵循唯物史论、实行社会主义,才能救中国。还有进步人士高一涵写的《共产主义历史的变迁》,这是他在北京政治研究会上的演讲稿,其中讲道:"现在的共产主义比较的进步……是社会公共的生产,大家平均的分用,这是最简单的定义……现在的共产主义者,以为政治的不平等是由于经济的不平等,经济问题是政治的先决问题。"[②] 三是介绍劳工运动的文章,如张申府的《劳工运动之现状》、李达的《劳动立法运动》,以及对香港海员罢工、铁路工人运动的报道等。四是主张妇女解放,刊发了杨之华的《离婚问题的我见》、陈望道的《自由离婚底考察》、夏丏尊的《男子对于女子的自由离婚》、日本山川菊荣的《社会主义底妇女观》等文章。

[①] 光亮:《马克斯主义底特色》,《华北新闻·微明》1921年9月27日,第2版。
[②] 高一涵:《共产主义历史的变迁》,《华北新闻·微明》1921年11月20日,第2版。

五是宣传中国共产党的政治主张。刊载了李汉俊的《中国底乱源及其归宿》和《我们如何使中国底混乱赶快终止》两篇文章,陈潭秋的《私有制度下的教育运动》,陈独秀的《对于现在中国政治问题的我见》和回复张东荪的《联省自治与国家社会主义》等宣传爱国进步思想的文章。

3. 通过舆论监督提升话语影响力

近代随着西方新闻思想的传入,国人对报刊等大众传播工具的舆论监督功能有了初步的认识,近代报刊逐渐发展成为一支来自国家权力系统之外的重要舆论监督力量。①《华北新闻》通过积极关注民生时事,围绕热点话题展开讨论,发文议政针砭时弊,监督国家权力机构运行,获得了显著社会影响力。同时又以其特有的讽刺戏谑风格,对天津政界、军界的腐败行为进行揭露批判,对当时黑暗的社会现象进行抨击讽刺,较好地发挥了城市小报的公共舆论监督和社会政治批判作用,进一步提升了公共舆论话语的传播力与影响力。

1923年,鲁嗣香以天津佛教会代表名义混入天津团体代表会中,鼓吹中日亲善。《华北新闻》率先揭露鲁嗣香的卖国敛财行为,并向上海的《申报》《新闻报》《时报》发专电揭露和抨击鲁嗣香卖国渔利行为。②1925年,直隶军务督办兼省长奉系军阀李景林,成立兵灾善后清理处、盐款清理处,以筹措军饷为名,大肆搜刮,横征暴敛,引发天津民怨沸腾。面对这种情况,周拂尘领导《华北新闻》,组织马千里、李仲吟等天津各界社会名流,撰写社论批判并揭露其贪腐罪行。1925年5月,"五卅"惨案发生后,天津开展罢课罢工罢市的爱国运动。李景林一方面大肆逮捕爱国学生、工人,严酷镇压学生、工人的爱国运动;另一方面邀集天津社会知名人士开会,企图调解与工人、学生的矛盾,麻痹工人、学生的斗志。《华北新闻》随即发表了马千里的社论《李景林急来抱佛脚》,揭露李景林的缓兵之计,鼓励工人群众继续进行斗争,起到了较好的舆论监督与引导作用。

三 报刊与租界、天津军阀当局的政治博弈与抗衡

租界作为一种特殊的政治势力活动的场所,是民族报业与地方当局之

---

① 刘兴豪:《报刊舆论与中国近代化进程》,光明日报出版社,2016,第218页。
② 周拂尘:《我和〈华北新闻〉》,《天津文史资料选辑》第33辑,第60、61页。

间的"缓冲"或"隔离"带,是平衡近代民族报业与政治关系的因素,地方当局、租界与民族报业三者之间形成了复杂的三角平衡关系。[①] 各方围绕媒介传播的不同诉求进行多方博弈,形成天津军阀当局与《华北新闻》之间的钳制与抗争关系、天津租界当局与《华北新闻》之间的所谓"庇护"和"防范"关系、外国租界当局与天津军阀当局之间的矛盾和冲突关系。

1. 深受时局影响屡遭当局与租界的干涉处罚

民国初年,军阀混战,政局动荡,对当时的新闻舆论影响甚大。在这特殊的社会环境下,一些报人受反动军阀的利诱成为为其摇旗呐喊的舆论工具,也有许多进步报人,传播西方资产阶级民主自由思想,积极捍卫言论自由,坚守独立不羁的新闻立场。《华北新闻》在周拂尘等人的主持下,以笔为旗严厉批判李景林、褚玉璞、阎锡山等军阀的倒行逆施和胡作非为。由于报纸言论触及军阀当局和租界当局的利益,多次遭受军阀和租界的干涉与打压,罚款、停邮、查封、停刊等处罚不计其数,最终在政治和经济压力下于1933年5月彻底停刊。

一是报社负责人多次受到逮捕起诉。1923年,《华北新闻》批驳鲁嗣香的卖国投机言行,被其以"公然侮辱"的罪名向天津地方审判厅提出控诉。次年,《华北新闻》率先报道冯玉祥发动"北京政变"的消息,报社负责人周拂尘被李荣殿、杨以德以造谣惑众、危害治安等罪名逮捕。二是经常遭受各种处罚甚至多次查封取缔。1925年,李景林多次以《华北新闻》"宣传赤化""混淆是非"的罪名,查禁该报并禁止该报进行对外邮寄发行,并照会法国驻津领事,要求逮捕并引渡周拂尘,查封该报社。1926年,法国驻津领事以《华北新闻》发表社论《段政府之屈服》进行反帝宣传为由,传唤周拂尘并处200元罚款。不久,又以该报社论提到"铲除帝国主义在中国的特权",宣传赤化为由,再次对其处以200元罚款。[②] 1929年10月16日,《华北新闻》被天津市整委会以"言论荒谬、造谣惑众、意图混淆听闻、破坏治安,应由本会函请交涉署转函法领事勒

---

① 喻平阶、张畅:《缓冲、平衡与利用:租界与中国近代民族报业发展》,《江汉论坛》2021年第3期。

② 周拂尘:《我和〈华北新闻〉》,《天津文史资料选辑》第33辑,第73页。

令停版案、(决议)通过"。① 三是报社工作人员遭受毒打,报社遭到炸弹袭击。为剿灭革命思想,督办兼省长褚玉璞实行思想管制,将《三民主义》等图书列为禁书。1926年4月,褚玉璞指控周拂尘在报纸上刊载孙中山的《三民主义》《建国方略》《建国大纲》为"宣传赤化",密令进行缉捕。他们先抓捕报社人员周寤生,严刑拷打致死,又逮捕该报记者周芹如。1927年7月28日,褚玉璞派人向报社印刷车间投掷炸弹,造成重大损失。"忽有匪人在本馆楼下机器房后窗掷入炸弹一枚,轰然爆炸……始经调查,后窗玻璃损坏廿余块,洋灰地毁一大洞,楼板穿一窟窿,机器墨台损坏……工头刘守忠正值酣睡,突被巨声惊醒,当被炸伤肩部腿部二处。"② 次日,《华北新闻》发表了《本馆答谢各界启事》:"昨晚本馆突然发现炸弹,损失虽巨,幸未伤及人命,辱承各界光降及函电慰问,感荷良深,除赶速修理机器、照常出版外,谨此鸣谢。"③ 此事也引发《大公报》和《益世报》等报愤怒情绪,并在第一时间报道此事。"该馆发生炸弹时,工头刘守忠……被炸伤腿部两处。……楼上下玻璃窗户震破二十一块,机器房洋灰地毁一大洞,机器墨台炸毁一架,电滚皮带之一部亦被炸断。"④

2. 各方政治势力围绕报刊媒介传播进行多方博弈

近代报纸作为新兴的大众传播媒介,既能通过新闻报道、消息发布、社会评论等形成公众舆论,还可当作政治工具参政议政,宣传意识形态思想和政治人物的施政纲领,发挥舆论引导作用,因而受到各方政治势力的重视。当时天津各种相互竞争的团体或组织,都试图利用媒介广告和公共关系活动,形成有利于自身发展的舆论环境,以获取更大的经济收益和政治活动筹码。这为近代天津报纸的生存发展营造了独特的政治空间,与天津军阀当局和租界当局之间建立了某种特殊的关系。

天津军阀当局非常关注报纸,希望利用报刊媒介为自己歌功颂德,而对那些触犯其利益的言论常常以言代法,直接采用查禁报馆、禁止邮寄报刊发行、禁止购买阅读、焚烧报馆、逮捕甚至残害主笔记者等方式进行残酷打压,以此来控制新闻来源,掩盖事实真相。因而,军阀当局一方面对

---

① 《市整委会廿二次例会通过重要议案五件》,《大公报》1929年10月16日,第12版。
② 《昨夜本馆突发现炸弹》,《华北新闻》1927年7月29日,第2版。
③ 《本馆答谢各界启事》,《华北新闻》1927年7月30日,第2版。
④ 《华北新闻炸弹案二》,《大公报》1927年7月30日,第7版。

《华北新闻》采取各种方式进行打压和查封，对报社人员进行殴打和逮捕；另一方面又希望利用金钱收买报刊来为自己服务。如褚玉璞为换取《华北新闻》的支持，提出释放被捕报人，对该报进行津贴补贴。《华北新闻》利用身处法租界的有利地位，发表了许多批评天津军阀当局倒行逆施和军阀个人胡作非为的文章。1925年2月，为躲避军阀迫害，《华北新闻》被迫迁入法租界33号路，后又迁至法租界4号路。该报利用其身处租界的有利条件，仍向租界以外的市区订户秘密投送，外地报纸订户由报社职工利用其他报纸作封面，或夹入其他邮件秘密邮寄。甚至以不惜多费邮资的方式，将整批报纸化整为零分散邮寄，以打破当局禁止邮寄的禁令。1926年，由于《华北新闻》和《华北晚报》早晚两报均被褚玉璞下令查禁，不能向租界外邮寄和发行，且报社被炸、报人被捕，周拂尘被迫向军阀当局妥协。作为一个天津城市小报，《华北新闻》的艰难生存与发展，是各方利益均衡与妥协的结果，同时作为一种批判的力量得以存在，又是各方利益抗争与博弈的结果。

3. 租界自由与管制并存的独特复杂性

租界、驻津领事及其背后的列强势力，是当时能够抗衡乃至压制天津军阀当局的主要政治力量。为应对军阀当局的打压，《华北新闻》被迫搬入法租界。租界由于一般有一定程度的言论自由和办报自由法则，天津军阀当局无法干涉，因而成为《华北新闻》的庇护所，为其发展提供了相对宽松的舆论空间。

一方面，租界具有相对宽松的舆论环境和特殊位置，只要报刊言论不危害租界当局的统治，不损害他们在华的利益，不触犯法律，报刊可享有一定的报道自由和言论自由。[①] 租界在无形之中为周拂尘及《华北新闻》增设了一道屏障，可抵挡军阀专制统治对报刊的冲击。因而，对于《华北新闻》发表针对李景林、褚玉璞等不以法国为后台的军阀的抨击报道，驻津法国领事都是睁一只眼闭一只眼，有时甚至假装公平正义暗助一臂之力。如褚玉璞几次要求驻津法国领事引渡周拂尘，均被其直接驳回。另一方面，在租界办报虽然能避免天津军阀当局的直接迫害，但其所享有的言论自由也是极其有限的，为本国政府、商民利益服务决定了租界当局的根

[①] 王薇：《租界报刊与近代天津的新闻事业》，《新闻爱好者》2011年第17期。

本出发点是维护自身利益最大化，因而租界报刊也会受到租界当局各种严厉的检查干涉与管制。天津法租界对《华北新闻》用尽了呵斥、讽刺、罚款、借故传讯和无理检查等高压手段，对该报进行严格管制。当时驻津法国领事令工部局翻译田蕴川长期监视《华北新闻》，对新闻评论均加以严密检查，只要查出"帝国主义""反帝"等词句，或触犯法国当局庇护的军阀的言论，都给予警告罚款等处分。①

当然，军阀当局和租界当局的关系并非一成不变，两者之间既相互对立，又相互妥协。当其相互妥协勾结时，国人的报刊就成为其博弈的牺牲品，查封报刊、逮捕报人难以避免。1923年6月27日，《华北新闻》与《益世报》等送报人在日租界分送报纸时，被日本租界警察以日租界不准售卖中国报纸为由抓至日本租界警署。② 1928年，《华北新闻》和《华北晚报》发表痛斥阎锡山与张宗昌、褚玉璞，密订直鲁联军退军协定的消息之后，阎锡山照会法国领事，要求以造谣生事诋毁政府为名，将《华北新闻》和《华北晚报》一并查封。驻津法国领事畏惧阎锡山的权势，不容周拂尘的正义辩护，强令其停刊两周。③ 天津军阀当局对报社经常采取禁止向租界外地区邮寄、禁止在租界外发行、勾结驻津领事逮捕报人、罚款等手段，对租界报刊进行打击，控制其流通与传播。《华北新闻》自由与管制并存，博弈与抗衡同在，体现了租界报业复杂、特殊的生存环境。

四 城市报人生存发展的社会文化探析

《华北新闻》激烈争夺传播话语权引导舆论，发动"文人论战"，力图实现政治变革理想，进行报人的公共交往扩大城市空间范围，推动城市空间生产，建构城市空间结构，塑造城市空间形态。近代城市小报是城市空间中一个具有多维度、多层次的结构体系，它不仅是城市现代化发展的产物，也是一个由传统迈向城市近代化与社会转型的载体，更对整个早期城市化的进程起了积极作用。

---

① 涂培元：《不平常的报人周拂尘》，《近代天津十二大报人》，第196页。
② 《日租界不准进中国报纸》，《益世报》1923年6月28日，第6版。
③ 周拂尘：《我和〈华北新闻〉》，《天津文史资料选辑》第33辑，第78页。

1. 激烈争夺传播话语权

由于先进的印刷技术和电报、电话等在近代报业的广泛运用，报纸在传播内容和传播方式上发生重大改变，报人不再被时间和距离所困扰，新闻时效性增强。报业办报理念已由充当朝政的传声筒，向报道新闻信息为主的大众传播媒介转变。借助报纸传播新观念、建构新话语来引导、控制舆论，也是以《华北新闻》为代表的近代天津中小报纸的重要特征。各报业之间开始重视经营和广告收入，为争夺更多传播资源，获取更多传播话语权，在舆论议程设置、舆论信息的解读和引导舆论导向等方面展开了激烈的竞争。

《华北新闻》先后在1924年与《新天津报》刘髯公、1927年与《大公报》张季鸾展开报业论战，是舆论议程设置的重要表现。《华北新闻》与《新天津报》刘髯公展开论战，发生于1924年冯玉祥发动"北京政变"之后，主要是对冯玉祥和吴佩孚二人的评价问题。《华北新闻》与《大公报》张季鸾的论战，主要是争论1927年北伐军进入南京之后，引发英美军舰炮击制造了南京惨案的问题。《大公报》发表题为《躬自厚》的社论，提出："躬自厚而薄责于人……苟其咎在我者，我应自责之，所谓躬自厚也，而为外人者。亦应自省其过去或现在之咎责。"[①]《华北新闻》邀请王芸生撰写社论《中国国民革命之根本观》进行驳斥，指出："中国自鸦片战争以来，即沦为帝国主义侵略下的半殖民地，被侵略者对侵略者无所谓'躬自厚'的问题。中国国民革命的根本任务，不仅对内要打倒军阀，对外还要取消一切不平等条约，把帝国主义的特权铲除净尽！"[②]

在公共空间的建构中，《华北新闻》参与了城市文化空间的建构，积极参与公共事务讨论，参与国家决策、介入社会事务。同时，对政治腐败和官场黑暗进行批判，对爱国学生运动予以支持，对新的市民文化大力宣传，发挥了大众传播媒介的新闻舆论批评作用，其公共舆论功能与作用更为凸显。

2. "文人论政"与复杂的报人情结

以周拂尘、张煊为代表的近代报人，大多深受五四新文化运动的影

---

① 《躬自厚》，《大公报》1927年4月1日，第1版。
② 王芸生：《中国国民革命之根本观》，《华北新闻》1927年4月2日，第2版。

响,具有"文人论政"的胸襟和视野,又怀有代表普通民众反映他们的利益诉求的抱负,具有服务社会大众的情怀。他们对国家民族有强烈的责任感,抱有"天下兴亡,匹夫有责"的志向,又据以理性建言,也是中国传统书生议政的薪传。他们办报的思路是通过文人论政干预社会,表达自己的政见,批评社会弊端,反映民众的疾苦和呼声。他们继承"家事国事天下事,事事关心"的议政传统,利用报刊传播新思想新文化,以言论报国,期望通过办报作用于舆论,实现政治变革的理想。

张煊在创办《华北新闻》副刊《微明》和《小日报》时,多次痛击时弊、抨击朝政,还多次邀约鲁迅、胡适、李大钊等著名人士为《微明》撰稿发文。继张煊之后的周拂尘,也经常邀约马千里、宋则久、时子周等天津社会名流为该报撰稿发文。20世纪二三十年代,日本侵华加剧,民族矛盾日益尖锐,并成为这一时期新闻舆论最关注的问题。天津新闻记者曾对日本水手杀死华工一案、日租界日本兵殴打中国人力车夫的事件进行多次报道。1924年7月3日,周拂尘、王墨林等人代表天津新闻记者开会商讨应对办法,并发出声明通电全国声援被害者严惩肇事者。[①] 7月6日,周拂尘等再次在《华北新闻》及《益世报》上发表了《新闻界对于交涉案之表示》,"通电全国同胞,报告两案详情,请为一致声援,上呈省长及交涉公署,请予严重交涉,以保国权"。[②] 7月21日,天津新闻界代表成立了"新闻界塘沽交涉后援会"调查此事,声援受害华工,周拂尘被推选为天津新闻界塘沽交涉后援会主席。[③] 1927年,北伐军围攻徐州时,《华北新闻》以《徐州四面有战事》为题,暗示褚玉璞已深陷重围,并以《褚督办袒臂上火线亲自指挥》为副标题,透露其已到穷途末路的境地。

3. 报人的公共交往扩大城市公共空间

近代报纸是城市发展的产物,同时报纸又为市民展现出一幅城市生活的画卷。近代报刊产生后,城市中人与人的交往方式发生了显著变化,开始出现以报刊为中心的公共交往,这种交往方式包括以报刊团体、学会刊

---

① 《讨论交涉案会议之发起 对待日人殴杀华人案》,《益世报》1924年7月3日,第6版。
② 《新闻界对于交涉案之表示》,《益世报》1924年7月7日,第2版。
③ 《塘沽交涉后援会之近讯》,《大公报》1924年7月23日,第6版。

物为中心的职业交往,也包括报刊文人之间的友谊往来。① 张煊在主持《华北新闻》的副刊《微明》和《小日报》时,借助其在北京《晨报》的关系,邀约当时各界名流为《微明》写稿,如鲁迅、胡适、梁启超、蔡元培、陶行知、李大钊、施存统、高一涵等人,都在该报发表过文章。周拂尘具有较强的政治活动能力,早在五四运动时期,就是新闻界三代表之一,与天津学联的谌志笃、马骏、于方舟、时子周,女界爱国同志会的刘清扬、李毅韬、王贞儒等接触频繁,关系较好。他亲聆孙中山的教诲,得到冯玉祥的信任与资助,由江著元和于方舟两位共产党人介绍在国共合作时期加入国民党,多次参与营救被捕的革命同志,还约请国民党天津市党部宣传部长、共产党员、著名报人王芸生为《华北新闻》撰写社论。1932年,周拂尘作为天津新闻界代表与南开大学校长张伯苓及卞白眉、茅以升、熊希龄等80多人,通过上海全国商会联合会、商会银行公会、钱业公会,并转各界同鉴,致电上海废止内战大同盟,呼吁国共双方停止内战。②

报人的人际交往一方面是职业交往,表现在报刊同人联合起来维护报业团体的利益。如1923年4月,《华北新闻》与《大公报》《河北日报》等报刊以"联络同业感情共谋进步起见拟组织天津报界公会"的名义发起成立了天津报界公会。③ 该会成立的主要目的,在于联络天津报界同人反对北洋军阀政府对报刊舆论摧残,反对查封民治通讯社和《京津晚报》的举动,主张争取新闻言论出版自由。④ 报人交往另一方面是私人交往,是志同道合的报人围绕共同事业结成私人友谊,如周拂尘与马千里、宋则久、于方舟等人的日常交往。近代报人知识分子的公共交往,是他们办报活动的重要组成部分,这对他们积累社会资源、建构城市公共空间、形塑身份认同产生了积极作用,曾经的新闻也在他们当时的公共交往之中形成。

总之,20世纪二三十年代,以《华北新闻》为代表的天津中小报刊,在中国社会动荡、思想新旧杂糅的时代背景下,通过报刊与军阀当局、租

---

① 汪苑菁:《发现"城市":重构近代报刊史之城市与报刊关系》,《国际新闻界》2013年第5期。
② 《天津各界响应废战通电》,《大公报》1932年6月3日,第3版。
③ 《筹备天津报界公会启事》,《华北新闻》1923年4月20日,第2版。
④ 《报界公会援助被封报社》,《大公报》1923年8月6日,第6版。

界当局以及众多社会力量的抗衡与博弈，通过媒介空间的重组和媒介权力的再生产，从而成为具有独特发展逻辑的媒介。透过《华北新闻》及其报人与政治权力的关系，可以看到抗衡与博弈背后的权力之争，看到中国传统文人论政的身影，可以看到媒介与政治的紧密关联，看到近代媒介的政治化特征、公共舆论空间的构建历程，以及超越报刊视角的城市社会人文生活景观。

作者：王建明，天津社会科学院舆情研究所
　　　叶国平，天津社会科学院舆情研究所

（编辑：杨楠）

近代天津鼓曲艺人群体生存状态探析

杨 楠

内容提要 20世纪二三十年代，天津成为闻名全国的曲艺之乡，但艺人们要在当时的天津曲坛立足与成名则非常不易。他们不仅遭受约角人、经励科的盘剥，被曲霸侮辱欺凌，一些女艺人还被养父母剥削压榨。与其他社会群体相比，近代天津的鼓曲艺人群体具有艺人群体出身的相似性、艺人群体生活分布的地域性、艺人群体结构的稳定性、艺人群体命运的悲剧性等特征。鼓曲艺人的生存状态、群体特征以及艺人之间的职业分层等，在一定程度上反映了鼓曲艺人群体在近代天津社会中的生存逻辑。

关键词 鼓曲 艺人群体 近代天津

以往的艺术史研究比较注重艺术本体与艺术名家研究，对于艺人群体则鲜有涉及，因此，这些传统的研究方法既不能反映艺术史的全貌，也难以揭示艺术发展的本质与规律。随着20世纪末艺术社会史研究的兴起，出现了两个比较明显的趋势：一是开始关注特定的社会群体；二是注重群体与社会之间的互动。近代天津是中国曲艺发源地和北方交通码头，对在该地艰难求生存的鼓曲艺人进行群体研究，具有非常重要的意义和历史文化价值。

以郑振铎为代表的中国近代"俗文学派"，开启了鼓曲艺术研究的端绪，至今已有近百年历史，产生了以《中国俗文学史》[1]为代表的重要研究成果。"俗文学派"主要集中于曲本的搜集与整理，对各曲种源流、派别、技巧等也有较深入的研究，但对艺人群体的整体研究关注不够。与郑

---

[1] 郑振铎：《中国俗文学史》，商务印书馆，1938。

振铎同时代的潘光旦,则开辟了艺人群体研究的先河。① 他虽没有使用"群体"这个词,但他把伶人作为自己中国"人才"研究的起点,运用遗传学、优生学、生物学、文化社会学、艺术人类学等学科知识,来梳理中国优伶群体的历史源流、籍贯、家族、地理分布、血缘脉络、阶级构成,并与西方伶人群体进行比较研究。特别是他关于伶人的"隔离"与"内群婚配"以及近代北京地区伶人世家的研究成果,奠定了我国伶人群体研究的重要基础。

改革开放以后,薛宝琨的《骆玉笙和她的京韵大鼓》成为鼓曲艺人群体个案研究的典范。② 项阳则对山西地区的乐户群体进行源流考证,指出从北魏一直到清朝雍正年间,乐籍制度在中国存在了一千多年,乐户、丐户、堕民等都是对这个"专业贱民"群体的区域性代表称谓。由于官方乐籍制度的存在,战俘、被查抄的官员、乐伎等世世代代都背负着"贱籍"的身份,无法跳出这一固化性身份和阶层的限制。雍正朝虽然废除了"贱籍"身份,但这些"被解放"的艺人仍难以摆脱已被历史固化成隐性"贱籍"的束缚。③

进入 21 世纪,随着文化社会学、艺术人类学、艺术社会史等人文学科研究方法的普及,运用交叉学科的多重视角进行综合研究成为曲艺研究者的必然选择。马春莲等运用艺术社会史的方法对河洛大鼓进行专题性研究,④ 尤其是马春莲的系列论文,将鼓曲艺人群体研究推到一个新高度,但只限于河洛大鼓这一个曲种。岳永逸以 20 世纪上半叶张次溪对北京天桥艺人的整体性研究为基础,结合自己两年田野调查访谈的口述材料与相关文献,对从清朝同光年间到 1949 年北京天桥街头艺人中的说书艺人、相声艺人、杂技艺人进行深入研究,总结出天桥街头艺人群体身份的重塑、获得的过程和"大家庭"式的师承关系、与主体社会同一性中所呈现出的异质性。⑤

综观鼓曲艺人群体研究,还存在以下不足。一是缺乏鼓曲艺人群体的

---

① 潘光旦:《中国伶人血缘之研究》,商务印书馆,1941。
② 薛宝琨:《骆玉笙和她的京韵大鼓》,黑龙江人民出版社,1984。
③ 项阳:《山西乐户研究》,文物出版社,2001。
④ 马春莲、林达:《河洛大鼓艺人社会行为的初步分析》,《中国音乐学》2007 年第 3 期。
⑤ 岳永逸:《空间、自我与社会——天桥街头艺人的生成与系谱》,中央编译出版社,2007。

专题研究。在中国知网以"鼓曲艺人群体"为关键词，没有发现相关研究成果；以"大鼓艺人群体"为关键词，研究成果有10条；以"天津鼓曲艺人"为关键词，研究成果仅有1条。由此可见，鼓曲艺人群体研究目前还没有引起学界足够的重视。二是研究成果的地域性差异突出。以上海、苏州、扬州为中心的评弹、评话艺人群体研究成果丰富，而北方的鼓曲艺人群体研究欠缺。三是对京韵大鼓、河洛大鼓艺人群体关注较多，而对其他鼓曲艺人群体关注不够。四是对鼓曲艺人的研究，以往只关注刘宝全、骆玉笙等名家名派，而忽略了整体性研究。五是鼓曲艺人口述史虽然已经取得了开拓性的成果，但目前仅停留在抢救性发掘层面，还未能进行全面的整理和归纳，这不利于鼓曲艺人群体的整体性研究，由此可见对近代天津鼓曲艺人群体进行研究的必要性。

一 天津鼓曲艺人立足与成名之难

20世纪二三十年代，天津书场林立，艺人名家辈出，既是鼓曲艺人的镀金与成名之地，也是闻名全国的曲艺之乡。在"艺人中，曾流传着'到天津去镀金'这样的话，就是说艺人只有得到天津观众的承认，才能在杂耍界站稳了脚跟，故此，天津这场宝地就被艺人们视为'龙门'"。① 既是"龙门"，要在此立足与成名自然难之又难。如老舍在《鼓书艺人》一书总结的那样："一辈子作艺，三辈子遭罪。"② 即使是已有名气的艺人也会遭到来自书馆、茶园、约角人、经励科、流氓恶霸等的盘剥和压迫，处境非常艰难。

京韵大鼓演员骆玉笙的遭遇就是天津鼓曲艺人的写照。1936年，22岁的骆玉笙来到向往已久的天津，但处境艰难。好在师父韩永禄为她寻得了一个好机遇：这一年鼓王刘宝全南下上海演出，天津的京韵大鼓艺人最有名的就只有林红玉一人，而林红玉之前就认识骆玉笙，对她非常随和。骆玉笙十分珍惜这次机会："第二天，我就带着妹妹彩云到'天晴'书场去找林红玉，她在那里攒底，书场不大，但气氛很火炽。天津人管台上演出的节目叫'玩艺儿'，不论穷的富的，老的少的，男的女的，白天晚上，

---

① 骆玉笙（小彩舞）口述，孟然整理《檀板弦歌七十秋》，新华出版社，1993，第46页。
② 老舍：《鼓书艺人》，人民文学出版社，2018。

茶余饭后,看'杂耍'听'玩艺儿'是他们最大的艺术享受,也是最好的娱乐消遣。"①

师父韩永禄为了给骆玉笙争取去中原游艺场试演的机会,还特意给青帮头子陈友发送了厚礼。当时凡外地来津的曲艺艺人只要头三天一炮打响,得到天津人的认可,就算站稳了脚跟。根据师父的建议,骆玉笙第一天唱《击鼓骂曹》,后面两天唱《大西厢》和《七星灯》,三天下来,骆玉笙赢得了天津观众的掌声和好评。三个月以后,骆玉笙就在天津小梨园挑了大梁,成为头牌。成名后的骆玉笙既体会到了成功的喜悦,生活也获得了极大改善,"几乎每天都有送花篮的","还有送霓红灯的","每月包银由一二百元增加到四五百元,成了天津第一流的曲艺演员"。②

曲艺艺人成名后收入虽有明显提高,但并不意味着他们的社会地位随之提高,骆玉笙在当时的社会地位仍非常低下。有一次,骆玉笙给人演唱,由于上午演出节目较长,影响了下午的进场时间,迟到的骆玉笙遭到对方一顿谩骂,不得已在寒冷的冬天唱了二十多段曲子。

由于社会地位低下,天津曲艺艺人遭到多方面的剥削和欺压。首先,从骆玉笙的成名过程来看,天津曲艺艺人遭到书馆、茶园的约角人和经励科的盘剥,这属于20世纪初中国旧职场习俗所造成的职业性不公平。骆玉笙回忆当时的情况说:"当时艺人进书场有前后台老板层层克扣,后台老板多为熟习业务的约角人,当时有王真禄、桑振奎、陈竹轩、崇子佑等。还有一个王十二(王新槐),此人手眼通天,凡京津有名演员必由其接洽,资方与艺人对他都不敢惹,他在商谈包银与场次时两头克扣,从中渔利。"③

其次,天津的曲艺艺人还受到天津梨园行业流氓恶霸的侮辱与欺凌。当时天津梨园行被大流氓袁文会把持,袁文会臭名昭著,天津很多杂耍馆都是他的势力范围,男女艺人都被他欺压。京韵大鼓女艺人章翠凤得罪了他,被赶出天津,处境悲惨。

再次,天津曲艺艺人中一部分出身贫苦,他们有一些是没有父母的孤儿,被梨园行领班收养,从此便与收养者形成一种不平等的占有、剥削与

---

① 骆玉笙(小彩舞)口述,孟然整理《檀板弦歌七十秋》,第46~47页。
② 骆玉笙(小彩舞)口述,孟然整理《檀板弦歌七十秋》,第52页。
③ 骆玉笙(小彩舞)口述,孟然整理《檀板弦歌七十秋》,第58页。

压榨的关系。其中梅花歌后花四宝（张淑文）的经历最具代表性。

花四宝一直是养母家里的经济支柱，她成为"梅花歌后"以后，养母就把她当成摇钱树，希望她日后嫁给有钱人。但花四宝喜欢一文姓青年，后遭到养母反对，她因此离家出走。为此她一纸诉状把养母告到天津法院，要求与养母脱离母女关系："窃淑文自幼被张庞氏收为养女。后习大鼓，充当歌女。逐渐成名，收入颇丰。被告视为奇货可居，限制自由，平日收入稍有不佳，即遭白眼冷言讥讽，精神上所受之痛苦，较之打骂尤甚。依淑文一人之能力，养活家中毫无相干者十余人……行动既不能自由，婚配又不能自主。……被告只顾牺牲淑文之色相歌喉，唯金钱是图，不予婚配。淑文生何不幸为歌女，更何不幸为被告之养女。……被迫无奈，惟有泣恳钧院，传案调解。俯念深处苦海中之无告歌女，维持人道，拯孤女于水火，谕知被告准予脱离养女关系，解除二十余年之羁绊，恢复自由，则感大德无涯矣！谨状天津地方法院。"①

花四宝状告养母一事，天津大街小巷议论纷纷，报纸争相报道，人们都同情她的遭遇。经过多次调解，法院判定花四宝与养母脱离母女关系，她支付给养母一笔赡养费。花四宝的这次诉讼影响很大，代表着长期被压迫的鼓曲艺人对人身压迫的抗争。但好景不长，花四宝结婚不久文姓青年就失踪，后生死不明。花四宝无奈又回到杂耍场，再度卖唱。后来，花四宝再一次给人做妾，她无比绝望，加上大烟瘾的折磨，去世时年仅26岁。在花四宝举丧期间，天津很多杂耍场都上演了《黛玉葬花》，"艺人们唱的是林黛玉，哭的是花四宝，想的是自己。悲怆凄凉，泪湿鼓板"。② 送葬时，天津"不下千人执绋"，人山人海。尽管花四宝一直在反抗艺人被亵玩的命运，但最终以悲剧收场。

最后，天津近代鼓曲艺人中还有一大部分是跑码头、在街头广场撂地卖艺的普通艺人，他们的生活更加不易，社会地位也更低。此外，还有部分妓女唱手，"窑主们为了填满自己的腰包，千方百计从这些过着非人生活的'妓女'身上榨取横财，逼着她们'接客'赚钱还不够，还迫使他〔她〕们登场卖唱以招徕嫖客。像当时南市附近的'同庆'茶园，南市内

---

① 花五宝著，王永良整理《梅花歌后》，百花文艺出版社，1995，第94页。
② 花五宝著，王永良整理《梅花歌后》，第145页。

的'聚华''庆云''中华'等茶园都是这些妓女登台演唱之地"。①

近代天津的鼓曲艺人群体,既承受中国旧职场习俗所造成的职业性不公平,又直接遭受天津梨园行流氓恶霸的侮辱与欺凌,加上鼓曲艺人本身与收养者之间存在不平等的占有与剥削关系,外加撂地卖艺的鼓曲艺人和妓女唱手处于社会底层,这些促使天津的鼓曲艺人群体成为当时中国社会进步的呐喊者和社会改革的践行者。

二 近代天津鼓曲艺人群体特征

近代天津鼓曲艺人除了各自的多舛命运以外,还具有一些群体特征,譬如都出身贫苦,居住集中,群体结构稳定,命运悲惨,重义气,存在"鄙视链"等。

(一) 鼓曲艺人群体出身的相似性

鼓曲艺人大多来自社会底层,都是贫苦出身,被生活所迫才学艺、卖艺。其中,女性艺人群体出身具有高度的相似性,如骆玉笙、花四宝、花五宝等,她们多是养女,被养父母逼着进入曲坛。

骆玉笙回忆说:"我并不知道我真正姓什么,不知道我究竟是哪里人,不知道我的生身父母是谁。直到十几岁,才从养父口里知道,我只是他们的养女,我的生身父母在哪儿,他不肯多说,我也问不出来。那时,我没有能力也没有可能去查访。……1914年我被卖到骆家时,才刚刚出生六个月。养父骆彩武,河北省安次县人,生于1890年,是以变戏法演双簧为生的江湖艺人。养母骆冷氏,镇江冷小村人。她原本也是贫苦出身,幼年曾给人家当过童养媳,后被人贩子拐卖给人做了姨太太,不久又被人卖入娼门,后来她自赎自身在上海跟了我养父。……我可能是距离上海不远江南某个地方穷苦人的孩子。""养父对我还好,他很少打我。养母就不同了。她是从自身的遭际中理所当然地指望我——她花钱买下的养女——成长为她的摇钱树。在旧社会,很多女艺人都是从既为人贩子又是养母这个渠

---

① 骆玉笙(小彩舞)口述,孟然整理《檀板弦歌七十秋》,第67页。

道，进入这个可悲的行列的。"①

骆玉笙的身世经历并不是个案，而是中国古代至近代承袭了几千年世世代代艺人的缩影，很多女艺人都跟她有着相似的出身。梅花大鼓艺人花五宝回忆，她的姐姐花四宝是她们的养母从一个逃荒来津的女人手中买来的，而花五宝自己，是养母弟弟的女儿，本应叫养母姑姑，"在四宝姐十三岁的时候，我也过继给姑母，来到了张家。那时我五岁。那时候，穷苦人养不活自己的儿女，将孩子送给人，卖给人的事并不鲜见。我到姑母家也是因为我们家穷"。② 花四宝跟随邱玉山学唱梅花调，她天分高，悟性好，学艺刻苦，12岁登台演唱后一炮而红，开始养家。

"富人家收养穷人的女孩，很少是出于同情心自尽抚养义务的，大多有所图。或是卖到妓院，或是留做'童养媳'，或是教她学艺；学艺后一旦成名，那就是一棵摇钱树。"③

曲坛泰斗马三立曾谈过曲艺行业内"养父母"与"养女"的关系问题："从旧社会过来的老艺人，许多人说不清自己的身世，甚至也不知道自己的生身父母是谁，真正的籍贯、姓名也都全然不知不晓。他们有的是自幼跟养父母长大学艺的，有的是被拐骗落入江湖的，也有的是艺人收养的孤儿孤女，你叫他们如何说得清自己的身世呢？我能够说出曾祖、祖父、父母是干什么的，能够知道自己原籍是甘肃永昌，从这一点说来，我比前辈、平辈的许多老艺人幸运。但是，在漫长的卖艺生涯中，我们依然都是苦海中的同命人啊！"④

（二）鼓曲艺人群体居住的集聚性

近代天津的曲艺艺人主要来自本埠、北京以及河北、河南、山东等地，他们在天津往往集中地居住生活。在中国古代，关于艺人的居住场所、居住环境等情况，不仅官方史书中没有记载，文人笔记中也鲜少提及。到了近代，我们则可以从一些零散的文献资料里对艺人的住所有所了解。

---

① 骆玉笙（小彩舞）口述，孟然整理《檀板弦歌七十秋》，第11~12页。
② 花五宝著，王永良整理《梅花歌后》，第15页。
③ 花五宝著，王永良整理《梅花歌后》，第17~18页。
④ 马三立：《艺海飘萍录》，《天津文史资料选辑》第23辑，天津人民出版社，1983，第203页。

1. 相窑栖身

相窑是那些未出名的曲艺艺人跑码头时居住的客栈，即专门接待江湖艺人的旅店。相窑又叫生意下处，旧时天津的相窑多开在西门外等地。相窑表面上和其他旅店客栈并无区别，字号也是××老店，大门两旁也有"仕宦行台，安寓客商"八个大字。但相窑一般很简陋，只招待艺人，投宿者若非江湖艺人，店家会以没有空房等理由婉拒。江湖艺人投宿时，即使没有空房或铺位，店家也得接待，一般会跟已住下的艺人商量，请他们匀个地方。

相窑里的禁忌有很多，无论开店的还是住店的，都须遵守。如不准偷看别人分钱，别人授徒时必须离开等。另外，相窑里客人的食物伙计可以随便吃，客人的茶叶伙计也可以随便喝。相窑的掌柜、账房先生与伺候客人的伙计，都了解江湖内幕，通晓各行行规，艺人也以住过的相窑多、跑过的码头多为荣。[1]

2. 大杂院聚居

本地艺人或外地艺人定居天津后，往往会"扎堆儿"在大杂院聚居。如花五宝提及她小时候住过的大杂院，"坐落在现在的河南路，这是一个不大的院落，七间平房，住着四户人家。这里阴暗污秽"。花家三个女人住正房，东侧住着唱文明戏的金家，住着祖孙三代：金大娘、其女儿和外孙女。西侧住着袁家和李家。"姓袁的四十岁左右，他的女人三十多岁。两口子的作派不地道，看着叫人害怕，他家有个小女孩，叫小玉，也就十一二岁，听说是买来的。""姓李的夫妻俩都三十多岁。他家有两个女孩，据说也是买来的。一个叫小福子，一个叫小红，年龄都跟小玉差不多。……小玉在袁家受尽了折磨。不知为什么，小玉总是挨打。""后来，我长大了，才知道姓袁的和姓李的是两家暗娼。他们逼着买来的女孩去操皮肉生涯，为他们赚那不正当的钱财。"[2]

根据花五宝的描述可见，旧社会的艺人一般会聚居，如她家与唱文明戏的金家。此外，大杂院中还有两家暗娼。古时所说的"倡优"，是娼妓与优伶的合称，平民一般不会跟他们同处。

---

[1] 中国曲艺志全国编辑委员会、《中国曲艺志·天津卷》编辑委员会：《中国曲艺志·天津卷》，中国ISBN中心，2009，第797~798页。
[2] 花五宝著，王永良整理《梅花歌后》，第33~35页。

汉益里也是一处天津艺人的聚居地。花五宝说："不知什么原因，我们……举家搬到了明石街汉益里。汉益里住着不少演员。进胡同往里面走，在我们家的后楼住的是巩玉屏、巩玉荣姐俩儿。这姐俩儿是唱河南坠子的。出胡同口住的是唱靠山调的赵小福。与我们家相隔两个门的就是花小宝家。花小宝原名史文秀……她后来也唱上了梅花大鼓，学的也是花派，取艺名为花小宝。"① 此外，演唱西河大鼓的艺人在天津大多也集中居住。

（三）鼓曲艺人群体结构的稳定性

1. 鼓曲艺人群体艺术专长的独特性与社会职业结构的特殊性

鼓曲艺人群体艺术专长的独特性与社会职业结构的特殊性，决定了鼓曲艺人群体结构的稳定性。

山西乐户群体曾由"贱籍"所赋予的这种群体稳定性，从北魏一直持续到了清朝雍正年间，存在了上千年；在"贱籍"制度废除后，这些"被解放"的乐户群体仍以被历史固化成为隐性的"贱籍"，而继续保持着这种群体结构的稳定性。②

天津近代鼓曲艺人群体，与山西乐户群体的稳定性不同：一是天津鼓曲艺人主要是将其显性的职业艺术专长，与他们隐性的社会底层身份有机地结合起来，以一种求生存、谋发展的姿态在天津的社会底层讨生活；二是天津的鼓曲艺人往往会以他们对职业艺术专长的倾心之爱与全力以赴的投入，最后成为一个个名震华北乃至全国的鼓曲名家，从而使天津成为中国近代著名的曲艺之乡。这样，在天津的社会职业选择过程中，一些被生活所迫的年轻人就会将曲艺行业作为他们的人生选择，也意味着鼓曲艺人群体结构具有相对的稳定性。

天津鼓曲艺术职业选择的稳定性，同山西乐户群体的职业选择殊途同归，最后都呈现出一种家族式传承的局面，这是中国近代社会宗法性的本质使然。

2. 艺人群体的"隔离"和"内群婚配"

潘光旦曾用"隔离"和"内群婚配"来分析伶人群体结构的稳定性：

---

① 花五宝著，王永良整理《梅花歌后》，第76页。
② 项阳：《山西乐户研究》，文物出版社，2001。

"因为隔离的缘故，伶界的人物，便不能不在自己团体以内找寻配偶，终于造成一种所谓'阶级的内群婚配'（class endogamy）的现象与习惯。内群婚配的结果，当然是把许多所以构成伶才的品性逐渐集中起来，使不至于向团体以外消散。有时候因缘凑合，并且可以产生出一两个极有创造能力的戏剧'天才'来。"①

潘光旦所说的"隔离"和"内群婚配"这种中国式艺术人类学现象，准确而犀利地概括出在中国存在了几千年的优伶群体内的婚配"潜规则"。他认为，伶人群体"内群婚配"造成的"生殖隔离"同"社会隔离"相比，利多害少。因为优生学、遗传学的因素，会产生戏曲艺术行业的"天才"。

但笔者认为，无论是"内群婚配"还是"生殖隔离"，都使中国的伶人群体背负了几千年的"贱民阶层"的枷锁。对于近代中国伶人群体而言，内部的"生殖隔离"与外部的"社会隔离"，已经内化为他们的"集体无意识"，他们自觉自愿地从事这一行。因此，鼓曲艺人群体结构的稳定性，主要来自这种长期以来所形成的已经无意识化的社会职业选择趋向。

（四）艺人群体命运的悲剧性

鼓曲艺人学成以后，一般十几岁就登台卖艺，养活全家。这条卖艺之路往往比学艺时期的打骂更为悲惨，有的艺人甚至赔上了性命。

骆玉笙如此回忆她年少时在南京夫子庙茶楼卖艺的情景："到了年节，花样更多，捧场的点戏，点什么就得唱什么，散场后演员还得到这些贵客面前道谢，然后就是陪酒，伴宴……旧社会，女演员就是这样低声下气、忍受欺凌、噙着眼泪打发日子的。"②

随着年龄的增长，骆玉笙越发痛苦，她看重且引以为傲的"艺"，无论在养母还是"贵客"眼中，终究只是"色"的加持："在短短的几年中，我亲眼看到身边的姐妹有的被买走作'小'，有的像商品一样被人卖来卖去，有的被金屋藏娇从此销声匿迹，有的被逼无奈远走他乡，还有被逼疯、逼死的。随着年龄的日增月长，有时捧角的就到家来，大小官僚恶

---

① 潘光旦：《中国伶人血缘之研究　明清两代嘉兴的望族》，商务印书馆，2015，第11页。
② 骆玉笙（小彩舞）口述，孟然整理《檀板弦歌七十秋》，第29页。

棍们，或躺在烟榻上，或打起麻将来。养母喜笑颜开，低三下四，她觉得这才是生财之道。对这种艺不艺，娼不娼的生活，我只有咽着辛酸的眼泪，把一腔郁闷和羞辱深深地埋在心底，把生活里的喜怒哀乐都寄托在唱腔里。……但我有个天真的想法，认为有了艺就有了一切。所以，我贪婪地吸收多方面的艺术营养，而不在意老板和那些'贵客'对我投来的不太满意的眼色。"①

刘宝全、白云鹏、白凤鸣、白凤岩等京韵大鼓的前辈虽属京韵大鼓的不同派别，但其技艺却对骆玉笙启发很大，在他们的影响和劝说下，她决定改习京韵大鼓，做一个曲艺人。她认为"曲艺演员在艺术上是有所追求的，而不像清唱二黄的班社那样地位卑下，鱼龙混杂，能有几人是为追求艺术而演唱的"。②

改习京韵大鼓的骆玉笙在南京拜韩永禄为师，师徒二人来到济南卖艺。据骆玉笙记述，济南"韩复榘手下的什么'剿匪司令'叫刘耀亭的，就是一个凶神恶煞。……有时半夜三更找上门来，胁迫女演员陪这帮土匪打牌、喝酒；不喝，硬拿酒往脸上泼，不抽烟（鸦片烟），硬拿烟膏子往嘴上抹；稍不如他们的意，说骂就骂，想打就打。南京的一切，这里也毫不例外地重演着。由于我痛恨当时社会的污浊，因而自己在台上就常常借着演唱的人物哀叹自己遭遇和命运，如当唱到'断梗飘蓬哪是家'时，我就会声咽泪下，也分不清哪是剧中人，哪是自己了"。③骆玉笙是天津鼓曲艺人的代表，她在解放前的悲惨命运也是众多鼓曲艺人的写照，有的甚至比她还凄惨、还不幸。

（五）艺人群体的"穷帮穷"

从古代至近代，艺人从事的职业一直属于贱业，社会地位极为低下。但艺人们比较重视江湖义气，他们讲究"穷帮穷"。特别是抗战期间，物价飞涨，民不聊生，天津各大杂耍馆的生意不景气，连续几个月不发包银，艺人们的生活更为艰难，只得靠群体间的互相帮衬渡过难关。

素有"悲调大王"之称的天津时调艺人高五姑，幼年跟随父母逃荒来

---

① 骆玉笙（小彩舞）口述，孟然整理《檀板弦歌七十秋》，第29~30页。
② 骆玉笙（小彩舞）口述，孟然整理《檀板弦歌七十秋》，第34页。
③ 骆玉笙（小彩舞）口述，孟然整理《檀板弦歌七十秋》，第40~41页。

到天津，父母双亡后生活无以为继，她学唱时调，20岁已享誉津城。但她却沾染上抽鸦片恶习，后以乞讨为生，1943年冬倒毙于南市街头。最后还是一些曲艺界的姐妹集资才将尸体拉到乱葬岗掩埋。

马三立在抗战时期被曲霸层层盘剥，重压之下累倒生病，艺人纷纷慷慨解囊："撂地卖艺人的收入，刮风减半，下雨全无，卧病不起，那就分文无有。……我一病三个月，多亏我的师兄弟、伙伴刘桂田、高桂清、赵佩茹、刘宝瑞、焦少海等人的接济。……无论刮风下雨，他们几位天天往我家送煤、送粮，从他们微薄的收入中，抽出一部分，送到我家，以保我的妻儿不致饿死。这种艺人中的江湖义气，实在是难能可贵得很。"①

（六）艺人群体之间的职业分层

在各个艺术门类之间一直存在"高低贵贱"的差别，并由此形成了一条条行业的"鄙视链"。比如，戏曲行当与曲艺行当之间的"鄙视链"。一般来说，戏曲艺人的地位要高于曲艺艺人，而曲艺这一行中，京韵大鼓艺人的地位又要高于其他曲种艺人。

梅花大鼓艺人史文秀曾说过这个问题："家里的人和梨园行的邻居，都觉得我是学戏的坯子，有好嗓子，也有可人的相貌，还有一点点学生象生，学旦象旦的小才气。可是，真的要学京戏，且不说登台演出要'头面''行头'，要戏箱，就是拜师，请人拉胡琴、吊嗓子，都得花不少钱。如果学唱大鼓、时调、单弦，入曲艺这个门类，花的钱就能少得多。说来也巧，当我家迁在旧旭街的时候，与花四宝和唱时调的赵小福做了邻居。花四宝的梅花调《王二姐思夫》：'八月里秋风儿一刮，人人都嚷凉'，那个好听，真把我引入了魔，背着小书包，站在她家门口，就挪不开步。她在墙里唱，我在墙外学，美得不行。""我自幼辍学从师学梅花大鼓，还不仅是个人的爱好，同时也是为了分担家庭生活的重担。我还不到及笄之年就登场鬻艺。"②

马三立也从自身的家世印证了这条"鄙视链"的存在："我的母亲恩萃卿，习唱京韵大鼓，为生活所迫随父撂地卖唱。旗人家的闺女，落魄到

---

① 马三立：《艺海飘萍录》，《天津文史资料选辑》第23辑，第210页。
② 史文秀：《从艺四十年漫记》，《天津文史资料选辑》第36辑，天津人民出版社，1986，第187、189页。

卖唱，自己觉得实在寒碜，所以非常忌讳说自己是旗人。而我们也象她忌讳说自己是旗人那样，忌讳说母亲是唱大鼓的。正由于这种忌讳，'马三立的妈是干什么的？'从我的嘴里没有说过，母亲的职业是'保密'的。在旧社会里，说相声、唱大鼓比唱戏更被轻贱，所以我的祖父、外祖父和父母虽然都是颇有点名气的艺人，而且各自怀有一身技艺，可是吃'开口饭'的屈辱，'下九流'的帽子，压了几辈子，就恨不得脱离这个行当，把更换门楣的希望寄托在我们哥儿俩的身上。"①

这条"鄙视链"不仅说明了各行当经济实力的差距，也显示了其职业的分层。

三　鼓曲艺人群体与近代天津社会

（一）鼓曲艺术与近代天津演出市场

曲艺，在近代天津被叫作"拾样杂耍"，包括说、学、逗、唱、耍、变、练、弹奏，另外，南北地方小曲、鼓书、杂技、戏法等也包括在内。解放后，"曲艺"这一名称才被正式确立和固定下来，其范畴也进一步明确，曲艺与杂技分家，不再是最初的"拾样杂耍"。

近代天津地区流行的曲种有凤阳花鼓、子弟书、岔曲、什不闲、太平歌词、联珠快书、西城板、单弦、莲花落、数来宝、竹板书、河南坠子、山东快书、时调、快板书等几十种。其中，鼓曲主要有京韵大鼓、梅花大鼓、梨花大鼓、铁片大鼓、北板大鼓、乐亭大鼓、京东大鼓、西河大鼓、辽宁大鼓、唐山大鼓、滑稽大鼓、二黄大鼓、含灯大鼓等。

作为曲艺之乡，从清朝初年到民国时期，天津还产生了不少新曲种，一些旧有曲种在天津也发展出了新唱腔、新流派，异彩纷呈。天津涌现出许多曲艺名家，其中不乏里程碑式的代表人物。比如骆玉笙，她的"骆派京韵大鼓"，汲取了"刘派"、"白派"及"少白派"之所长，继"鼓王"刘宝全之后，使京韵大鼓稳坐鼓曲类首席地位。又如津门著名弦师卢成科，他继承并发展了京师的梅花调，让其有了"津派梅花"之称，他所教

---

① 马三立：《艺海飘萍录》，《天津文史资料选辑》第23辑，第200页。

授的花四宝、花五宝、花小宝（史文秀）等，更让梅花大鼓有了"有梅皆宝，无腔不卢"之说。

近代天津的鼓曲艺术在全国范围内独树一帜，天津的演出市场也非常红火。1936年，骆玉笙从南方初入津门。"30年代后期，专供说唱演出的场地就有三十多处，有的叫茶楼，有的叫书馆，但统称为'杂耍园子'。"[1] 据不完全统计，近代天津的曲艺演出场所，先后有几百处，主要分布在市区，种类有明地、书馆、杂耍馆、落子馆、小班、广播电台、堂会等。这些曲艺演出场所，鼎盛时可一百多家同时演出，比如东兴市场就有二十几家曲艺场馆。场所的容量，大的可接纳一千余位观众，小的也可容纳几十人。

这些演出场所，清代时主要集中在北门外与侯家后，清末逐渐向南迁移，形成了民国初年以南市为中心的格局，后又向法租界和日租界转移，形成了一个全新的曲艺演出场所群。由于战乱和商业中心的南移，艺人纷纷进入租界，新式杂耍馆应运而生。随着劝业场、天祥市场、中原公司等大型商场的建成，今和平路至滨江道一带迅速发展成为天津最繁华的商业区，休闲娱乐场所成为居住在租界的遗老遗少、军阀政要以及商人、律师、报人、职员消闲的主要去处。这些群体有固定的收入，又有较高的文化水平和欣赏能力，喜好的曲艺节目较文雅，为适应他们的需求，新型曲艺演出场所无论在设施、服务、经营、表演方面都与旧时的杂耍馆有很大区别。新型场所座位舒适，还装有电扇、电梯，当时天津著名的曲艺演员，都长期在这些场所演出。当时法租界天祥市场三楼设有新世界杂耍馆，四楼有瑞园茶社，五楼屋顶夏季专演杂耍；日租界的德庆商场，三楼会英茶园专演杂耍；泰康商场三楼开设了歌舞楼杂耍馆，后改名为小梨园；中原公司的中原游艺场，六楼表演杂耍；劝业场四楼的天会轩也表演杂耍。

新型演出场所群的出现，一定程度上规范并美化了天津曲艺的表演形式与内容，艺人们纷纷化俗为雅，唱腔也逐步由质朴趋向华丽。新型曲艺演出场所群的形成，是近代天津鼓曲艺术演出高峰时期的标志。

---

[1] 骆玉笙（小彩舞）口述，孟然整理《檀板弦歌七十秋》，第45~46页。

(二) 鼓曲艺人群体与近代天津社会

清人有诗云"柳生冻饿王郎死，话到勾阑亦怆情"。"柳生"，说的是柳敬亭，他是明末清初评书、评话的祖师，是曲艺界的传奇人物。① "王郎"，即王紫稼，是与柳敬亭同时代的昆曲名家。柳敬亭、王紫稼两人是中国古代优伶群体的代表，前者八十多岁还在书馆说书，贫病交加，冻饿而死；后者则被官府杖杀。两人悲惨的命运，是中国古代千千万万艺人的缩影。

曾对鼓曲艺术进行大刀阔斧改革——引入四弦伴奏、改地方音为京音、引入京剧唱腔与身段，从而使京韵大鼓稳坐鼓界头把交椅的"鼓界大王"刘宝全，在天津和上海被曲霸流氓袁文会、戴步洋欺压，郁郁而终。梅花"鼓王"金万昌晚景也十分凄凉，为了养家，年老体弱的他只能在台上扮丑、起高腔。著名八角鼓和岔曲艺人程宝庆、"金嗓鼓王"骆玉笙，他们都有着痛苦而辛酸的经历。骆玉笙说过："不管我怎样唱出了名，霓虹灯管上'小彩舞'三个字闪烁着高照于夜空，但丝毫改变不了我受侮辱、被损害的现实。旧社会里，我们女艺人，不论成名、不成名，都毫无地位，不受尊重。区别只在于没有名气的生活更艰难。"②

近代天津开埠以后，经济发展的同时，城市社会阶层分化日益严重，既有资产丰厚、生活优裕的商人、买办、官僚、军政人物等，也有靠专业技能生存的教师、医生、律师、报人、政府职员，还有靠手艺养家糊口的城市平民，更有靠官民慈善救济机构活命的社会底层民众。鼓曲艺人群体从本质上讲，游离于以上社会各阶层之外，属于"下九流"，地位甚至比娼妓还低，他们背负着"贱民"的枷锁，在近代天津艰难度日。尽管生存艰难，惨遭蹂躏，鼓曲艺人仍在困境中艰难求生存，继承并发展着天津曲艺文化，天津鼓曲所代表的曲艺文化是近代天津城市文化的重要组成部分。

历经苦难的天津鼓曲艺人，都知晓鼓曲只是个"玩艺儿"，但他们仍

---

① 关于柳敬亭，见拙作《柳敬亭的"应酬作品"之争》，《中国社会科学报》2022年7月6日。
② 骆玉笙：《舞台生活六十年》，《天津文史资料选辑》第14辑，天津人民出版社，1981，第187页。

小心翼翼地守护着这门艺术，因为他们知道自己守护的不只是一门小众的曲艺形式，还代表着中华民族艺术的文脉，更是那个战火纷飞、动乱年代的民族风骨。他们虽然不一定是那个年代的英雄，但他们却让我们的民族文化传统得以延续。他们的人格精神与理想追求，是城市文化永续发展的动力。

作者：杨楠，天津社会科学院历史研究所

（编辑：熊亚平）

·城乡关系·

高阳织布业的乡村工业化实践研究
（1929～1937）[*]

张智超 邓 红

内容提要 民国以降，高阳织布业的发展经历了两次发展高潮。1929年世界经济大危机波及，紧接着日本侵华并进行走私贸易，织布业陷入泥潭，市场运销江河日下。面对困局，知识精英、各级政府、绅商各界、织布从业者为布业振兴探求解决之道，积极开展救济实践。在多重合力的作用下，织布业重现往日景象。高阳织布业的乡村工业化实践，构建了一种兼具生长活力、发展潜力与强势竞争力的乡土路径，为打破传统观念的拘牵、摆脱乡村危机追赶现代化提供了范例。依城乡关系而言，高阳式的"经济革命"有效弥合了横亘在城乡间的区隔，深刻诠释了在现代化进程中，城市与乡村实现优势互补、互惠共赢的可能进路。

关键词 高阳织布业 乡村工业化 城乡区隔

基于历史与现实的双重逻辑，乡村工业化实践和理论探索一直是人文社会科学研究的重要论题。高阳织布业从兴起到发展壮大的历程，是逐步实现由传统向现代转型的重要阶段。在这一历史洪流中，高阳纺织工业区成长为华北乡村工业发展的翘楚，吸引几代中外学者将目光聚焦

---

[*] 本文系2018年度教育部人文社会科学重点研究基地重大项目"传统向现代的转型：中国近现代日常生活研究"（项目编号：18JJD770001）的阶段性成果。

于此，以解锁高阳乡村工业化绵延百年的生长密码。在近代织布发展史上，高阳织布业曾经历多次迅猛发展的短暂"春天"，亦屡次遭遇发展停滞，甚至衰退。20世纪初，通过"撒机制"的方法，高阳的纱布商号不仅加大了对农村织布家庭的控制，也进一步加强了对周边集市的渗透，逐渐形成了以高阳县城为核心的织布区域。1915~1920年，随着民族资本主义黄金时代的来临，高阳织布技术改进，质量提高，织布业迎来了初次兴盛。高阳织布业的第二次兴盛是在1926~1929年，由于国内经济形势好转，人民购买力提高，高阳布销量得以恢复和增加，尤其是人造丝织物的产销量有显著的增长，产品种类的多样化使织布区得到了进一步发展。[1]但好景不长，世界经济大危机的波及，紧接着日本侵华并进行走私贸易，使布业经济陷入困局。在多重力量的齐心努力下，高阳织布业重现往日盛景，形成了历史上的第三次发展高潮。在多重不利条件下，高阳织布业承受住了前所未有的冲击，得以持续发展，甚至敢于和以现代化标榜的大工厂一较高下。这引起了南开大学经济研究所学者的高度重视。在美国太平洋国际学会及资源调查委员会的大力资助下，经济研究所学人以"知中国，服务中国"为理念，以"学术中国化"为调查旨归，在祖国的大江南北广泛开展社会调查。高阳织布业就是其进行华北乡村工业调查的重点之一。在经济学家方显廷指导下，1933年4月派出以吴知为代表的经济学者进行实地调查。社会调查成果丰富翔实，蜚声中外。[2] 20世纪30年代，高阳织布业盛衰的深层致因、前途出路等论题成为经济学界研究热潮。改革开放后，随着多学科交叉研究的开展，学术界关于高阳织布业的研究成果逐渐丰硕。日本学者顾琳、森时彦，国内学者冯小红、赵志龙等系统爬梳了高阳织布业发展的百年历史嬗变，具体阐释了织布业发展的复杂面相、发展模式、乡村工业化、制度设计等诸多议题，研究无论在广度抑或深度上，皆取得了实质性的

---

[1] 刘佛丁、陈争平：《高阳织布业的历史和现状》，《河北学刊》1984年第6期。
[2] 主要成果包括：吴知《乡村织布工业的一个研究》，商务印书馆，1936；吴知《从一般工厂制度的演进观察高阳的织布工业》，《政治经济学报》第3卷第1期，1934年；吴知《高阳土布工业的组织现状和改革的建议》，《大公报·经济周刊》第48期，1934年；方显廷《华北乡村织布工业与商人雇主制度》，南开大学经济研究所，1935；等等。

进展。① 相较而言，1929年世界经济大危机至全面抗战前夕的织布业发展实况、兴衰致因、因应举措等方面尚有进一步探研的空间。本文拟对该时期织布业发展进行分析与解读，探研高阳织布业的乡村工业化实践，以加深对近代中国现代化进程中城乡关系的认识。

一 高阳织布业困顿的图景

高阳织布区以高阳县为中心，西至清苑县东南的石桥大庄，东至任丘县的西部，北至安新县南乡的陶口王岳，南至肃宁蠡县的北部地区，东西七八十里，南北四五十里，均为高阳布的生产区域。② "高阳为家庭织布工业发达之区，所产布匹，织造均匀，技术精巧，堪与各大工厂用品抗衡，其能行销全国，良有以也。"③ 经济大危机之前，织布业"每年消费棉纱多至七八万包，少亦二三万包，人造丝多至二万箱以上，少亦三四千箱。每年出产布匹，运销全国，多至三百万匹以上，少亦一二百万匹，价值不下二三千万元之巨"。④ 高阳织布业在1926~1929年经历了第二次发展高潮。从高阳普通百姓的歌谣中，可以体会到时人生活的艰辛，但也更多流露出经营织布业给家庭带来的实惠和获得感：

> 我家住在高阳县，城东十里有家园。爹爹一生多勤俭，治来十亩

---

① 专著方面有：〔日〕顾琳《中国的经济革命：20世纪的乡村工业》，王玉茹、张玮、李进霞译，江苏人民出版社，2009；冯小红《高阳纺织业发展百年历程与乡村社会变迁》，中国社会科学出版社，2019；肖红松、刘菊青主编《高阳纺织业史料集成》，北京燕山出版社，2019。专题论文有：〔日〕森时彦《两次世界大战之间中国的日资纱厂与高阳织布业》，《近代史研究》2011年第4期；彭南生《论近代中国乡村"半工业化"的兴衰——以华北乡村手工织布业为例》，《华中师范大学学报》（人文社科版）2003年第5期；赵志龙《高阳纺织业的变迁（1880~2005）——对家庭工业的一个研究》，博士学位论文，中国社会科学院经济研究所，2006；李小东《高阳商会与近代高阳织布业研究（1906~1937）》，硕士学位论文，华中师范大学，2013；张智超《大萧条时期高阳布业的困顿实态探析——以民国报纸期刊为中心的考察》，魏明孔、戴建兵主编《中国经济史评论》2019年第2期（总第10期），社会科学文献出版社，2020；等等。系统的高阳织布业学术动态梳理，参见张智超《改革开放以来高阳纺织业研究回眸与前瞻》，《河北广播电视大学学报》2020年第2期。
② 《高阳之布业》，《中外经济周刊》第195期，1926年，第6页。
③ 《高阳布受内战影响销路日衰落》，《大公报》（天津版）1929年3月25日，第8版。
④ 《高阳绵市之交易情形》，《大公报》（天津版）1934年4月11日，第11版。

好良田。只因赋税年年重,打的粮食不够捐。我自幼儿多伶俐,上过学堂几十天。家中贫困难供给,半途而废回家园。单靠种地难糊口,乃学织布不耕田。那时才只十四岁,辛辛勤勤五六年。学织布,学纺棉,忙碌终日不得闲。染法织法都学会,六年出师能赚钱。只因雇工遭剥削,租架布机自己干。布机运到我家后,自耕自织乐团圆。一天能织三丈布,每日能赚五角钱。一月就是十五块,全年将近二百元。这个收入数非少,胜过十亩好良田。三年之后不愁吃,五年之后不愁穿。一家大小多欢乐,前途希望大无边。①

高阳坊间流传的民谣再现了织户的日常生活图景、从事织布业的缘由以及创获前景。织户日子过得艰难,但是依靠织布业心中有盼头,生活过得踏实,幸福感倍增。乡村工业化的逐步深入,一定程度上提高了织户的生活质量。这一时期织布盛景的出现得益于国内经济局势的向好和人造丝浆经法技术的引进与推广。② 但好景不长,织布业即进入衰落期。织布业衰落的景象从原料、产品、织机数、工资等数项指标,可大体窥探。

原料方面,棉纱、麻丝、人造丝是纺纱织布的主要原料。织布业在世界经济大危机初期已呈衰落趋势,1929 年棉纱输入不下 10 万包,其中转输至邻县的不下 2 万包,"故在高阳实销不过八万包,但同时因麻布兴盛,麻丝输入不下二万箱之巨"。1930 年后,输入量急转直下,到 1932 年高阳购入棉纱仅 2.5 万包,"只抵民五棉纱输入量的四分之一,麻丝约四千箱,只抵民十八时麻丝输入量的五分之一"。1933 年全年进口棉纱更少,仅 21600 余包。麻丝虽无确数可计,但据估计,至多不超过 2000 箱。③ 在 1926~1929 年高阳织布业的第二个发展高潮中,高阳从天津购入的人造丝数量依次为 7282 担、19318 担、24253 担、58354 担。此后由于经济大危机、日本侵华等不利因素,人造丝输入量剧减,1930~1933 年依次降为 29410 担、22354 担、8143 担、1296 担。④ 其运销量下降如此之快,高阳织布业的衰落之象,已无可否认。

---

① 许警众:《谈谈高阳县的织布业》,《河北棉产汇报》第 27 期,1937 年,第 11~12 页。
② 《高阳布商拟合组银行》,《中东经济月刊》第 6 卷第 4、5 号,1930 年,第 27 页。
③ 吴知:《乡村织布工业的一个研究》,第 259~261 页。
④ 方显廷:《华北乡村织布工业与商人雇主制度》,第 10 页。

产品方面，1929年麻布兴盛时期，估算全年产棉布320万匹，麻布60万匹。但商会布捐册资料显示，1930年"一落而为一百数十万匹……只抵民十八年产布额的三分之一强"。① 1931年情势略有好转，"连二十一年一月共计为二百万匹，至民二十一年又复降为一百三十余万匹，即连匿报漏捐等一并计入，总数当亦不过一百五十万匹，与十九年情形相仿"。② 1932年"出产布匹不到一百四十万匹，其中棉布约占十分之八，麻丝布占十分之二"。③ 整体来看，布匹产出量和销量剧减。

开工织机方面，1929年高阳织区共有提花机4300余架，为提花机最多的一年。平面机仍有2.48万余架，与提花机合计2.91万余架。1926~1929年，平面机、提花机合计始终在2.9万架左右。从1930年开始，高阳织布区处于开工状态的织机数量逐年下降，平面机、提花机更是同时减少，合计2.6万余架。1931年合计降为2.2万余架，1932年合计1.7万余架。到1933年春，平面机与提花机合计开工可用的仅7000余架。④ 高阳专造人造丝花机亦逐渐减少，1929年为4324架，1930年为3089架，1931年为2355架，1932年为1118架，至1933年4月仅余209架。⑤ 总的来说，织机数量下降十分显著。

经营方面，布庄染厂倒闭歇业相继不绝，共计大小百余家。"其勉为支持者每匹布净赔十分之三，为高阳布之空前大厄运时期。民国二十一年元气未复，继续赔累。"⑥ 此类衰落之象比比皆是，从业者叫苦连天。高阳通讯报道商业十分疲惫，各大布线庄均告赔惫。蚨丰、庆丰义、天保恒等大资本营业"动亏数十万元，小资本因赔累倒闭者竟有二十七八家，商务之不景气，可概见矣"。⑦ 土布走私活动猖獗，使土布价格下降，真可谓"屋漏偏逢连阴雨，船破又遇顶头风"。洋布的倾销更使土布到了日暮途穷的境地。织户生活苦不堪言，1937年高阳民谣再现了此情此景：

---

① 吴知：《乡村织布工业的一个研究》，第260页。
② 吴知：《乡村织布工业的一个研究》，第260页。
③ 《高阳布业调查记（二）》，《天津棉鉴》第4卷第7期，1934年，第112~114页。
④ 《高阳商业不振》，《大公报》（天津版）1933年2月11日，第5版。
⑤ 《高阳宝坻棉织业的衰落》，《汗血月刊》第8卷第6期，1936年，第26页。
⑥ 《高阳布业调查记（二）》，《天津棉鉴》第4卷第7期，1934年，第112~120页。
⑦ 《高阳商业不振》，《大公报》（天津版）1933年2月11日，第5版。

大户人家卖房产,小户人家卖庄田。货款借债强支持,希望渡过这一关。谁知私货如泉涌,倾销区域日益宽。我们一般织布者,越是支持越赔钱。大家逼得无计奈,只有一齐把门关。如今私货更加多,可怜民生受摧残。我家大小整六口,全靠织布度长年。如今抛了织布机,他乡作客苦流连。国未亡,家先破,徒呼苍苍奈何天。呼同胞,速猛醒,勿买私货把贱贪!①

土地是百姓生存之本,织布业的衰败竟使织户以卖田地、货款借贷来周转维持,足见织布业之举步维艰。布匹为农家生计所系,销路日隘。织户饱受着生活的无奈、挣扎与困苦。

二 高阳织布业困顿的缘由

历史合力论是解释事物发展规律的锁钥。高阳织布业陷入困境也是多重因素叠加的结果。从内部看,织布业自身经营面临着多重困境。在生产方面,高阳的土布织造漫无标准,没有一定的尺寸、重量和商标,且偷工减料、假冒牌号,"要知道货品不标准化,……那末它的销路也一定不会发达,以欺骗主顾为赚钱的手段,虽然可以求售于一时,究竟不是长久之计"。② 假冒伪劣行径无异于"自毁长城",导致高阳土布的口碑逐渐下降。销售方面,高阳布商缺乏对市场商情的调查,推销布匹更是各自为谋,甚至不惜互相残杀。"何处布匹有销路则趋之若鹜,纷纷设庄出售,而供求的情势如何,不遑计及,以致货品充斥,价格低落,又复暗中竞争,不惜偷工减料,或给顾主以特殊的优待,以谋推广,至于将来的信誉就不顾了,高阳布匹之销路之日蹙,又何足怪。"③ 商品经营缺失专业化的向度,盲目竞利,土布业必然元气大伤,经营惨淡。笔者认为高阳织布业自身的衰落并不是主要因素。因为高阳织布区的织布技术、市场广度、花色品

---

① 许警众:《谈谈高阳县的织布业》,《河北棉产汇报》第27期,1937年,第12页。
② 吴知:《高阳土布工业的组织现状和改革的建议(四)》,《纺织时报》第1060期,1934年,第2975页。
③ 吴知:《高阳土布工业的组织现状和改革的建议(四)》,《纺织时报》第1060期,1934年,第2975页。

类、口碑在当时明显优于国内其他织布产区，织户一直使用先进的铁轮机和提花机，生产的布匹样式丰富，基本可以满足国内市场的需求。吴知也认为，"高阳现在所出的各种布匹，名目过多，实举不胜举，且花纹颜色，日新月异"。[1] 纵览全国的织布业中心区，高阳、潍县、宝坻等织布区无一例外，皆处于衰败之中。如山东潍县生产的花色布、山西平遥县产出的白粗布及三河武清一带生产的本色布日益发达，使高阳布的销路颇受影响。然而，高阳布业自有其特长，尚不易动摇。[2] 由此，高阳织布业的技术、品质等内部因素并非这时陷入困境的主因。

外部力量的侵袭才是此阶段的主要因素。从外部来看，世界经济大危机从1929年开始一直持续到1933年，织布业受经济大危机的波及，市场萎缩，布品销量下滑，并逐渐成为一种发展中的常态。除此之外，日本侵华、洋布大规模倾销、日本进行对华走私活动是布业经济困顿的主要外因。

（一）日本侵华和倾销行为对布业经济的冲击

1931年，九一八事变爆发，日本占据东北，致使农村经济衰退，布业销路也一蹶不振。"近热河战事又作，时局不安，高阳织布业有相继停工之虞，因之北帮棉纱销路大见减退也"。[3] 后日本又觊觎华北，1933年直入山海关，长城防线地区战火纷飞，织布业市场极大萎缩。东三省是高阳布最有希望的市场，沈阳、哈尔滨皆有高阳布商的销售分庄，销量逐年增加。日本侵略东北，导致高阳布业的东北市场丧失并引发连锁反应，使其他区域的棉纱落价。高阳织布业发展的一个重要因素即是以区域外市场为依托，东北市场丧失后，新的市场又无法开拓，因此织布工业所受之打击立现。

日纱的倾销导致布匹价格大跌。九一八事变后，国人掀起抵制日货的风潮，日本纱厂将所存棉纱一股脑地投向市场，纱价狂跌。因此，高阳布线商受到重大打击。依据吴知的调查，以高阳最普通的32支蓝虎牌和彩球牌棉纱为例：

---

[1] 吴知：《乡村织布工业的一个研究》，第221页。
[2] 《高阳之布业》，《中外经济周刊》第195期，1926年，第18~19页。
[3] 《河北高阳手织业衰落》，《纺织时报》第971期，1933年，第2222页。

二十一年阴历正月在高阳线市的市价，蓝虎牌平均每包为＄351.89，比华纱十全牌的＄349.00 为高，二月即跌为平均每包337.42，比十全牌的342.38 反低，嗣后市场几完全为日纱所垄断。三月蓝虎牌更跌而为＄311.43，三个月之时间，纱价每包竟跌去四十元之巨。以后各月，仍猛跌不已，四月已跌入三百元大关以内，为二百八十余元，七月更跌至二百六十余元（蓝虎、彩球平均），价格最低月为十月，是月彩球牌每包平均价为＄253.90，较之年初之三百五十余元者，约跌去百元矣。①

由此可见日纱的倾销使织布业衰落之猛烈！棉纱落价，布匹自然也持续落价。总之，不仅织卖货的农户以小本经营而赔累不堪，就是大的布线商也惊心动魄，多持观望态度，不敢进货，稍有不慎就有覆亡之虞。② 高阳"爱国布"因受日货充斥，大受影响。"如日货世乐鸟及双龙珠二排号之市布，前每匹售洋十元余，今竟跌至八元，国布亦必随之下跌，白布每元可购一丈，今则能买一丈五尺，花格布每元一丈二尺，今则每元一丈八尺，各布商莫不□累叫苦云。"③ 1932 年，日本大肆倾销棉纱，纱价猛跌，年初与年尾每包相差达百元之巨，甚至一月之间价格相差亦可有数十元之巨，"风浪之大使高阳布线商人经营上颇为棘手"。④ 因为布线庄自买棉纱散活至收布连销得款，其间至少需要三个月之久。⑤ 棉纱价格的跌势竟如此猛烈。直到1934 年元气渐复，"营业得法者略有小赚，但年终关闭者仍有十余家"。⑥ 高阳布业的赔累与日纱的倾销关系甚大。

笔者依据南开经济学人的布业调查资料绘制了经济大危机时期高阳织布业织卖货及织手工布机情况统计表，以直观形象地再现织布业衰落实态（见表1、表2）。

---

① 吴知：《乡村织布工业的一个研究》，第265 页。
② 吴知：《乡村织布工业的一个研究》，第266 页。
③ 《高阳国布大跌》，《大公报》（天津版）1932 年7 月15 日，第5 版。
④ 吴知：《高阳土布工业的组织现状和改革的建议（四）》，《纺织时报》第1060 期，1934 年，第2975 页。
⑤ 吴知：《高阳土布工业的组织现状和改革的建议（四）》，《纺织时报》第1060 期，1934 年，第2975 页。
⑥ 《高阳布业调查记（二）》，《纺织周刊》第22 期，1935 年，第571～576 页。

高阳织布业的乡村工业化实践研究（1929~1937）

表1 1929~1932年高阳织布业平面机织卖货及织手工机数

单位：架

年份	织卖货机数	织手工机数	合计
1929	3232	21668	24900
1930	3011	20457	23468
1931	2150	18302	20452
1932	1525	14318	15843

注：凡织工而兼卖货者，一律并入织手工一项。
资料来源：吴知《从一般工业制度的演进观察高阳的织布工业》，《政治经济学报》第3卷第1期，1934年，第63页。

表2 1929~1932年高阳织布业提花机织卖货及织手工机数

单位：架

年份	织卖货机数	织手工机数	合计
1929	2795	1529	4324
1930	2005	1084	3089
1931	1580	775	2355
1932	627	491	1118

注：凡织工而兼卖货者，一律并入织手工一项。
资料来源：吴知《从一般工业制度的演进观察高阳的织布工业》，《政治经济学报》第3卷第1期，1934年，第63页。

由表1、表2足以窥见，高阳织布业无论是平面机还是提花机，织卖货还是织手工，机数都在不断减少，织布业生产陷入困境。1931年后麻布销路已大不如前，得利微薄，工厂收缩甚至倒闭。而到1932年下半年麻布销路一蹶不振的时期为止，无论城市抑或乡村，上述织麻布的小工厂已寥寥无几。就是一般织卖货的农户，赔钱的也占十之八九，因而卖地卖房更是常事。有些农民不得不忍受着低工资的剥削替商人织手工，所以在1931年和1932年提花机数陡减之后（1931年为2355架，1932年骤减至1118架），织卖货的提花机占比从1931年的67.09%降为1932年的56.08%，其降速比织手工更快。[1]

---

[1] 吴知：《从一般工业制度的演进观察高阳的织布工业》，《政治经济学报》第3卷第1期，1934年，第63页。

（二）华北走私活动对布业的侵扰

日本侵占东北后，随即对华北虎视眈眈，开始侵略的实际行动。走私贸易随着华北分裂政策的实施而展开，也是日本妄图削弱中国财力、人力的软式战争武器。[1] 走私行为随着日本侵华的步伐加快，逐步走向公开化。人造丝[2]即是日本对华走私的重要商品之一。人造丝是20世纪初兴起的一种重要的纺织原料，伴随着近代化学工业的起步而出现。1921年高阳开始将人造丝作为织布原料，生产与棉纱交织的混合织品。1926年人造丝浆经法的发明，使完全使用人造丝生产纺织品得以实现，人造丝由此得到大规模运用。人造丝走私价格大为降低。人造丝进口以箱为单位，每箱20小包，每包10磅，最贵时每箱在津售价为540元，入口时即须缴纳关税220元。而因冀东走私问题，仅需向冀东当局纳税40元，同时因存货囤积，人造丝价格大跌，在津售价仅160元。[3] 因此，人造丝走私日益泛滥，1934年各埠人造丝存货中，"合法进口者，仅二万五千箱，私运则达二万五千箱以上"。[4] 据津海关估计，1935年8月至1936年4月，由冀东运赴天津的人造丝400余万公斤。满铁经济调查会曾经调查得知，1936年3~5月在冀东走私贸易中，估算织物的走私数量有12575233码，以天津牌价论，相当于2515047元。[5] 1936年5月5~12日的一周间，走私尤为严重，由冀东私运天津的人造丝计130万公斤。[6] 1936年，北方各口岸（天津、青岛、烟台、威海卫、龙口、秦皇岛）人造丝进口数量仅为184488公斤，而该年自冀东经由铁路抵达津埠的走私人造丝则约为3994200公斤。[7] 走私之猖獗，足以窥见。日韩浪人、商人更是费尽心机藏匿走私品，其中人造丝的藏匿方式与手段极其隐蔽。海关总税务司从缉获的走私案件中，对

---

[1] 肖红松：《1933~1937年间华北白银走私与中国各方应对探析》，《江苏师范大学学报》（哲学社会科学版）2018年第6期。
[2] 人造丝（Artificial silk），又名练绒，也被称为人工丝、假丝，是以天然纤维素（cellulose）为原料，经化学方法加工处理制成的一种丝质人造纤维。
[3] 《津市提花工厂麻织品被禁出境》，《大公报》1936年7月3日，第2张第6版。
[4] 《去年度中海关方面漏税百余万元》，《经济评论》第2卷第1期，1935年，第69页。
[5] 满铁经济调查会第四部调查班：《冀东特殊贸易实状》，1936，第3页。
[6] 《华北走私的严重性》，《关声》第4卷第11期，1936年，第77~78页。
[7] 中国第二历史档案馆、中国海关总署办公厅编《中国旧海关史料（1859~1948）》第120册，京华出版社，2001，第92、97页。

人造丝绸布料的藏匿方式与手段有这样的描述:"置于约39.6平方厘米的包装内,被伪装成用稻草覆盖的小树根。在包装箱底部本应是树根的位置用草绳牢牢固定的草垫,每个包装箱的中间均巧妙地插入青翠的树枝,使其整体上看上去像一棵棵小树。"其他纺织品的走私手段与藏匿方式五花八门,如放到板材、废纸、包装箱、饼干筒中,甚至将棉轴线藏匿于取出果肉的柚子当中。[1]

津海关稽查力度甚大,使走私的人造丝一时难以运抵高阳织布区。于是出现天津本地提花织工厂购买人造丝私货作为原料织造麻布,在天津及华北各地销售的情况。这样便挤压了高阳的布业市场,使土布滞销。《大公报》报道:崔尚五经营的缘公记商行,主要以运输走私物品为业,1936年12月10日,该商行运输绸布750匹,价值6000元,运往高阳县内交货,于当日夜间在津郊小西营门处被查获。[2] 海关及公安部门在瑞蚨祥绸缎庄货栈查出白布1600匹,在敦庆隆货栈查出人造丝11包、白布130匹,两个货栈查出的私货价值3万元。[3] 个案尚且如此,走私贸易的频繁和侦破的繁难,可见一斑。

综上所论,人造丝走私,对国家而言,不仅使本土丝织品的对外输出受阻,而且抢占了大量市场份额,使国内织布业日趋疲敝;对高阳织布业来说,无疑也是沉重的打击,高阳织布业的人造丝完全依赖外部供给,人造丝供给量的剧减对织布工厂影响巨大。

三 多重力量振兴高阳织布业的因应之策

面对高阳织布业的惨淡境况,知识精英、政府部门、绅商各界、织布从业者积极筹划救济良方,探求解决之道。

面对高阳织布业的衰落景象,知识界人士积极响应,为重振织布业出谋划策。著名经济学者林分认为,"振兴之端,关系甚繁,绝非单方面所能奏效。必须民政双方合作始能成功",其核心良策是民政合作。他建议

---

[1] 海关总税务司署统计科:《Ingenious Methods of Smuggling》(1934年10月),天津市档案馆藏,档案号:401206800-W0001-1-011249。
[2] 《津市小西营门截获私货一起》,《大公报》1936年12月12日,第4版。
[3] 《敦庆隆、瑞蚨祥大宗货物被抄》,《大公报》1937年3月18日,第6版。

高阳工商界自身须切实联合起来，在经营、技术、资本方面展开合作，"谋高阳布业前途上之发展"，创高阳布的金字招牌；此外，政府与银行应给予支持。① 历史学者王逢辛侧重从布业自身技术和产品的角度谋求救济之法。如提倡机织土布、改良印染花色、增加阔幅土布、降低土布的售价。②

英国经济学者亚胥培提出，"发达乡村工业的主要问题，在于生产的技术和商业的组织"。③ 吴知受此启发提出四点措施。第一，从金融和组织信用合作社着手，希望银行家到高阳投资，开设银行并兼营仓库，同时策动乡间织工，组织信用合作社。第二，组织信用合作社联合会，同时"由合作社批购社员生产上所必需的原料或机械之类而转卖于社员为目的之合作"。第三，兼营利用合作。"即由合作社设备机器、工具、土地、建筑物、舟车、动力或其他生产要具及技师，供社员利用而收取相当之利用费为目的。"第四，"着手于运销合作之组织，此为织工完成其自己生产自己贩卖之最后步骤，使生产利益，全部归之于织工"。④ 吴知从金融、革新技术、建立合作制度等视角为织布业发展贡献智慧，希冀高阳织布业走出低谷，接续往日的辉煌。方显廷为高阳织布业设计的改革方案是用合作制度代替"商人雇主制度"。⑤

高阳商务分会自光绪三十三年（1907）建立以后，在技术改良、土布营销、市场服务等方面发挥关键作用。高阳商会成员多数为地方绅商，他们既是高阳织布业发展的积极推动者，同时亦是最大的受益者。绝大多数地方绅商拥有自己经营的商号、店铺，振兴高阳织布业与他们的利益息息相关。此外，儒教伦理等价值观念也促使绅商以家乡兴旺为荣，将振兴实

---

① 林分：《河北省高阳县布业衰落及挽救方策》，《众志月刊》第 2 卷第 4 期，1935 年，第 89~95 页。
② 王逢辛：《土布业之衰落及其救济》，《钱业月报》第 13 卷第 11 期，1933 年，第 36 页。
③ 参见吴知《高阳土布工业的组织现状和改革的建议（五）》，《纺织时报》第 1061 期，1934 年，第 2981 页。
④ 吴知：《高阳土布工业的组织现状和改革的建议（六）》，《纺织时报》第 1062 期，1934 年，第 2992~2993 页。
⑤ "商人雇主制"这一概念由方显廷独创，是对高阳织布工业区盛行的"撒机制"的一种高度的理论提炼。用合作制度代替商人雇主制的观点，见方显廷《华北乡村织布工业与商人雇主制度》。

业作为责无旁贷之重任。① 因此，绅商依托于商会，在棉种改良、染织技术、土布营销、宣传推广、扩充商学、减税等方面，积极施策，对高阳织布业贡献颇多。

  织布业衰败，经营者异常困难，他们既受困于大环境，又面临资金短缺危机。面对布业发展的实际情况，高阳布商认为最大的原因，"由各地之战云密布，而受汇水②之影响亦复不小，即以由山西汇洋一千元至高阳论，汇水竟高至三百六十元之多，其余各处亦可概见一般矣"。③ 高阳县城内各商号布匹的买卖交换，多使用拨兑条而非现洋支付，再凭借拨兑条到票号汇兑成现洋。但是使用拨兑条的惯例流行已久，弊窦丛生，一般商人大受其累。此种情况下，汇水越高，高阳布商损失越多。绅商多数为高阳商会的成员，因此绅商各界依托于商会实施救济方案。张造卿、李书良、李仲良、常翔华等数十位商会会员，"为免去汇水的损失计，及整理高阳紊乱的拨兑条计，拟合资组织一布业银行，资本约为三十万元，每股定为一千元"。④ 高阳商人自此或可免去昂贵的汇水所带来的一部分损失以及拨兑条的负担。

  高阳绅商采取的挽救之法是谋求在外地建厂，植入高阳织布业的发展模式。如当地绅商将1932年高阳织布业的衰败归咎于抵制日纱的不彻底："有地方固然是抵制了，有些地方并没有抵制，因此抵制的地方，用价昂的华纱，不能和不抵制的地方去竞争。"⑤ 因此，高阳绅商颇有向山东潍县谋寻发展的趋向。九一八事变后，潍县并未抵制日纱，且因靠近青岛，运输便利，织布成本相比高阳较低，所以绅商一直有向潍县发展的打算，纷纷派人到潍县考察收货，再转销外埠以谋利。高阳绅商派人长期驻潍县收货不下10家。其他还有在潍县设厂制造，"如丰记布线庄，二十二年携带了几十工人到潍县，与当地人合办了一个织布工厂，因为潍县出品，至今大部分还是白布，条格布极少，且工人技术不精，故不得不求之于高阳"。

---

① 李小东：《夹缝中求发展：高阳商会与土布运销》，《近代史学刊》2017年第1期。
② 汇水即汇费，一般只收取所收银两的百分之一，即一两银子收取一厘，类似近代银行汇款服务收取的手续费。
③ 《高阳布商拟合组银行》，《中东经济月刊》第6卷第4、5合号，1930年，第27页。
④ 《高阳布商拟合组银行》，《中东经济月刊》第6卷第4、5合号，1930年，第27页。
⑤ 吴知：《乡村织布工业的一个研究》，第29页。

又如 1933 年同和工厂在潍县东关开设一个分厂,在当地撒机收布,布匹在潍县销售或运往外庄。① 在外设厂这一举措对高阳织布业来说,有着重要的意义。但从长期看,织布业能否振兴仍取决于高阳本地织布业的发展状况。

当高阳布业身处困境之时,高阳籍经商或做官的旅外精英,时刻关注着高阳织布业,为布业走出阴霾寻找出路。1932 年,著名教育家、国民党元老李石曾力邀同和工厂的总经理苏秉章、私立职业学校校长李福田到苏州、南通、镇江、嘉兴等江南纺织工业发达的地区参观考察。李福田、苏秉章考察后获益匪浅,大开眼界,撰写了《江南实业参观记》一书,对复兴高阳织布业提出了种种愿景:用现代管理知识经营工厂,大力引进人才,实施大机器规模化生产,建造大型发电厂,完善基础设施等。② 高阳绅商在布业面临灭顶之灾的危急关头,锐意革新,群策群力,在市场开拓、呈请赋税减免、维护业者利益、技术改进等方面竭尽所能,践行着改变传统乡村工业命运的历史使命。

政府部门在减免税、维护市场秩序等方面发挥了重要作用。如高阳绅商与各地商人联合请求河北省政府减税、停征部分税种,向政府提出请愿倡议:

> 今棉商既感外棉之充斥,复受重税之压迫,货品在当地求售,犹苦赔累,欲其再开拓国际市场与列强争,讵不夏夏乎其难耶。综之,华北棉业之衰疲,即因税率关系,倘再重捐叠税,何异作茧自缚,自启漏卮。商等于无可申诉之中,不得不尽情呼唤,伏祈钧座俯念商艰,电敕河北省政府及财政特派员,将此种消费类似厘金之机关,迅予停征,俾棉商于金融恐慌、百货停滞之时,感戴鸿施无涯矣。③

面对织布业的衰颓,政府在各方的呼吁下,基本满足了绅商的减税诉求。绅商既有外货充斥的压力,又深受国内重税的影响。于是他们积极奔走呼号,向政府申诉,希望在这金融恐慌、百货停滞之时,将特种消费税

---

① 吴知:《乡村织布工业的一个研究》,第 30~31 页。
② 苏秉章、李福田:《江南实业参观记》,河北省高阳县档案馆藏,全和机器织染工厂,1936 年油印本,第 3 页。
③ 《六省市棉商请停征特种消费税》,《益世报》1931 年 4 月 12 日,第 6 版。

停征。此外，高阳等各县镇绅商还联名呈请铁路管理局减税，政府管理局"以高阳布确系手织土布，恳请仍照五等核收运费等情。查该项布匹，既系手织，且近年来营业复甚凋敝，为维护农村经济起见，应准予订定特价，按五等收费，并定于二十四年一月一日起各路一律实行"。① 各地也向省政府提出免征部分税种，如赵县、晋县、深泽、无极等县，对于高阳所织国产土布，均已实行免予征收营业税。辛集镇商会主席张任夫"恳请将高阳国产土布，归于划一，可否免征营业税，赐示祗遵"。② 政府在多方力量的呼吁下，顺应民意，体察民情，予以减税。面对织布业的衰颓，负责进出口管理的海关积极因应。如棉纱商、织布商一再呈请财政部统税署予以减除关税，海关随即发布土布免征的通告："概自六月一日新税例施行之日起，同时免予征收，借以推广国外贸易，及奖进国产工业，以杜漏卮云。"③ 日本对华走私的恶劣行径，严重威胁高阳织布业的发展，对此，津海关积极开展缉私行动。鉴于天津各提花织工厂觅购走私人造丝的情况，津海关专门制定了《各工厂用人造丝或掺用人造丝织成土货匹头之稽查及清理办法》，以法律手段惩处走私行径。如在津海关雷霆禁私的威势下，织染业公会下属的织布工厂大量使用的走私的人造丝被查禁。天津商会织染业公会应各华商会员所请，不断与海关交涉磋商，提出并践行"私货全面登记和补税"办法。整体来看，政府部门在各方的呼吁下，为织布业经济的恢复减免税，减轻了织布业的经营负担。其他与纺织业相关联的部门，也立足本职贡献各自的力量。

面对土布业呈现的一片衰落景象，织布经营者积极自救。各织布工厂首先开展自救，如"同和工厂曾首先购置电力络经机三架，整经机两架，纬线机一架，电力提花铁木机一架……电力条纹铁木机二架"，④ 各机试验成绩大有可观。织布业发展所用棉纱多由天津循津保公路及大清河输入，但九一八事变后，因运输困难，交通不畅，乃相继停工，决定将工厂迁往

---

① 《高阳布订定特价按五等收费》，《京沪沪杭甬铁路日刊》第1147期，1934年，第44页。
② 《训令束鹿区税务征收局据辛集商会请免征高阳土布营业税一案令仰依照中央颁发新标准五项确实审查办理具报文（八月三十一日）》，《河北财政公报》第59期，1934年，第38~39页。
③ 《土布免征关税已定于六月一日起实行》，《益世报》1931年5月20日，第6版。
④ 吴知：《乡村织布工业的一个研究》，第30页。

保定。"去冬以来，一般小工厂鉴于保市环境最适经营，故争相迁移，兼之保定经济复兴委员会贷款救济小本工商，是以保市小规模工厂，颇呈活跃，于地方经济之繁荣不无小补云。"① 迁保不仅能开拓市场，且可获得贷款支持。连年战事导致高阳至北平交通不畅，"运平不易致销路日减，王乃筹备巨款拟办平高长途汽车货车运输，以补助火车运输之不足"。② 1932年起，高阳织布业逐渐陷入山穷水尽的境地。织布工厂在出品方面，力求新颖改良，以吸引顾主。1931年以前，"麻布以明华葛为大宗，但因人造细丝及软丝的输入，于是春绸、纺绸、亮绸、宫丝缎、雁翎绸、印花绸、双丝葛、国华绨等布，新样造出。即棉布方面，如中山呢、人字呢、阴阳格、西服格、床单、线毯等各种花色布匹，亦层出不穷，并且销路亦有蒸蒸日上之势"。③ 可以说出品方面，布业工厂在积极改进，但是由于缺乏科学技术的指导，发展依然缓慢。总体来看，织布业在大萧条时期面临资金紧缺、交通不畅、设备落后、管理不善等诸多难题。高阳布业工厂积极施策，挽救危局。绅商各界积极运筹，为织布业提供力所能及的帮助，使织布业再次恢复往日盛况。1935年后，布业开始逐渐复兴，农民购买力不断提高，在七七事变前夕迎来了布业发展的高潮，高阳织布业自此重获新生。

四 高阳织布业的重振

从实际看，高阳织布业从1934年逐渐恢复元气，到1937年七七事变前夕，迎来了发展史上的第三个高潮，"不但以前所停之织布机都活动起来，并有增添"。④

在世界经济大危机、日本侵华、战乱等不利因素影响下，织布业不仅承受住了压力，而且在布匹质量和花样品种上积极开拓新路，获得复兴的转机。

---

① 《高阳棉织业迁保营业》，《华北棉业汇报》第2期，1939年，第32~33页。
② 《平市商人筹设平高汽车运输》，《大公报》（天津版）1930年11月18日，第5版。
③ 吴知：《乡村织布工业的一个研究》，第29页。
④ 彭泽益主编《中国近代手工业史资料（1840~1949）》第3卷，中华书局，1961，第453页。

高阳织布业的乡村工业化实践研究（1929~1937）

技术方面，高阳织布业实现了大幅度的革新，高阳织布区成为一个集布匹织造与染轧深加工专业化、产供销一体化的商品布生产区域，迎来了一场"技术革命"。据同和工厂会计曹健全、同和驻天津外庄掌柜苏连堂以及苏家后人回忆，1934年以来同和工厂扩建北厂，新建南厂，盖厂房百余间，添购提花机80多张。又相继增添了锅炉、染槽、精炼釜、轧光机、拉宽机、干燥机、丰田电动织布机等全套机器织染设备。此时，同和的从业人员增至400余人。[1] 鸿记工厂由保定庆祥茂布线庄投资二三十万元在全面抗战爆发前兴建，有发动机、轧光机、喷布机、上浆机、干燥机、漂白机、染布机等，还有40多张织机、1000多张撒定机。由于织染业的发达，布线庄经营欣欣向荣。其他如正大、酉记、新彰、有为等工厂也是在这一时期开设。如大丰号在1934年以前还是一个银号，见织布业有厚利可图，于1935年将银号转为布线庄。蚨丰、合记、元新、庆丰义、鸿记、汇吕、荣泉、天庆丰等数十家织染业工厂整体技术水平不断提高。这一时期的整理业远远超过了前两次兴盛时期。机器染色整理工厂相继建立，而且争相增添设备，研制新的染色技术。不仅县城大小染整工厂增多，而且农村的染线厂、手工染坊也纷纷建立，多达30余家。[2]

产品质量、花色与价格方面，高阳色布、麻布各色布种类丰富。以蚨丰号布线庄为例，该布线庄经营的布品有各种型号的粗、细白布，各种花色的条格布，青、蓝、红、漂白、真假阴丹士林等各种色布，还有明华葛、国华绨、锦地绉、印花麻布、素纺、闪光格等各种人造丝织品，以及人字呢、核桃呢、哔叽等各种色织产品等。[3] 可见，布品的丰富程度是空前的。

市场销路与企业获利方面，高阳织布区的范围持续扩大，市场空间进一步拓展。高阳周边的肃宁县、河间县部分区域被纳入高阳织布区，高阳布线商号的分店遍布除东三省以外的各地。这一时期由于布匹销路畅旺，各地外庄纷纷函电高阳总号催货，有的织布工厂甚至一天接到两次加急电报。布匹的畅销，使各布线庄在这一时期的经营，均获得了相当丰厚的利

---

[1] 河北大学地方史研究室、政协高阳县委员会编著《高阳织布业简史》，中国人民政治协商会议河北省委员会文史资料研究委员会编《河北文史资料》第19辑，1987，第7页。
[2] 《高阳织布业简史》，《河北文史资料》第19辑，第7页。
[3] 《高阳织布业简史》，《河北文史资料》第19辑，第72页。

润。大丰号布线庄1935年仅开业一年，就获利24万元，其他布线庄获利也相当可观。① 本生和布线庄于1931年设立，"头三年（1931～1934年）赚钱不多，六年头上（1936年）赚钱不少，赚了12万多元"。② 乡村织户和手工染坊的生产规模也有所扩大，如于留佐村织户合作组织的小工厂发展到33个，每厂平均有5张织机；③ 手工染坊发展到16个，每个染坊带动的织机平均达到600张；雇用外来工人1000余名。④ 于留佐村因织染业发达，有"小天津卫"之美誉。当时不论是布线庄的经营者，还是普通织布户，面对织布业的繁荣兴旺，个个心气极高，争着连续经营。据老商人回忆："那时高阳货敞开地走，到哪儿都受欢迎。"⑤ 市场经营范围上，高阳布的销售市场除原有区域外，又扩展至西南诸省，湖南、湖北、贵州、四川等南方区域销售麻纺织成品或棉麻合织成品。"因为这些地区群众习尚华丽，高阳布也就根据需要日趋华丽。"⑥ 高阳布业也能抓住市场契机，随机应变。蚨丰号在库伦销售上等麻布哔噜，在高阳每匹成本30元左右，在库伦每匹则可卖120元，除去运费，每匹可赚七八十元。⑦ 织布市场规模进一步扩大，不但销售数量多，而且获利丰厚。

织机数量和布匹产量上，到全面抗战爆发前夕，高阳织布区有织机将近3万台，其中提花机5000台。1935年和1936年，织布区布匹每年产出约400万匹，其发展已逼近顶峰时期的水准。⑧ 据调查员吴知的调查研究，1912年高阳织布区织卖货机数占织机总数的65.5%，织手工机数占34.5%，在平面织机中织卖货的织机占比持续下降，截至1933年5月，仅占织机总数的10.94%，而织手工机数占比高达89.06%。⑨

---

① 《高阳织布业简史》，《河北文史资料》第19辑，第8页。
② 政协高阳县委员会编《本生和布线庄掌柜王佐良口述史料》，河北省高阳县档案馆藏，1983，第5页。
③ 冯小红：《高阳纺织业发展百年历程与乡村社会变迁》，第24～26页。
④ 《中共高阳县委关于农村资本主义发展导致阶级分化的一组报告》（1952年6月12日），河北省高阳县档案馆藏，档案号：1-5-19、1-5-20、1-5-21。
⑤ 丁世洵：《一九三四至一九四九年的高阳布业》，《南开学报》1981年第1期。
⑥ 冯小红：《高阳纺织业发展百年历程与乡村社会变迁》，第26页。
⑦ 《高阳织布业简史》，《河北文史资料》第19辑，第73页。
⑧ 《高阳织布业简史》，《河北文史资料》第19辑，第1～4页。
⑨ 吴知：《从一般工业制度的演进观察高阳的织布工业》，《政治经济学报》第3卷第1期，1934年，第63页。

高阳织布业的乡村工业化实践研究（1929~1937）

高阳织布业何以形成第三次发展高潮，重现往日盛景，学界众说纷纭。从内部看，织布业自身进行了多重改革：货品实行标准化，打击假冒伪劣行为；加强了市场商情调查，充分了解供求；改进织布技术，创造新品类新样式；引进新的技术设备；树立品牌意识，提高产品知名度；等等。这些举措为织布业参与市场竞争奠定了坚实基础。从外部看，学界一个共识性观点是，高阳织布工业的复兴得益于天津提供的资金、技术、原料、机器设备等多方面的支持。如高阳商务分会首任总理韩伟卿所言："天津为直省之口岸，商家交通之总汇，高阳土布振兴非由天津畅行，销路广开，不足以敌外货而挽利权。"[1] 原料方面，从天津采购的机制棉纱和人造丝促成了高阳织布业的"原料革命"，克服了织布业发展的原料制约；技术方面，新式铁轮机、宽面布织布工艺、提花机与人造丝浆经法引入高阳织布工厂，形成了"技术下乡"的格局；资金方面，在津的商号、银号是高阳维持资金周转的重要支撑，逐渐形成了以天津为轴心、连通高阳与销售外埠三地间的资金周转体系；人才方面，在津求学的具有先进织布技术和管理能力的工商人才，逐步成长为高阳工商界的顶梁柱；市场方面，天津成为高阳布的重要销售市场，同时通过天津辐射整个国内市场。这些因素合力助推高阳的乡村工业化发展，造就了一场高阳式的"经济革命"。天津对高阳织布工业的支持和引领显而易见。天津为高阳织布业提供了发展契机，如果没有天津这样一个通商大埠为依托，高阳织布业恐怕不会如此顺利而迅速地踏上工业化道路。[2] 综上所论，高阳织布业的复兴是多种因素合力作用的结果。

高阳织布业在织布区域、技术改良、市场拓展等方面都显示出了良好的发展前景，倘若能继续发展，假以时日，按照现代工业化的发展路径与前景，其乡村工业化将实现新的飞跃，为乡村的现代化发展提供更多殷鉴。然而，1937年七七事变爆发，高阳织布业持续发展的通路被切断，织布业几乎濒临绝境。从织布发展史观之，自清末高阳织布业兴起到1937年七七事变前夕，高阳织布工业经历多个起落回合，实际上存在一定的周期

---

[1] 《为疏通土布出口销路事致天津商务总会的牒呈》，天津市档案馆藏，档案号：J0128-2-002261-036。

[2] 冯小红：《高阳模式：中国近代乡村工业化的模式之一》，《中国经济史研究》2005年第4期。

性，盛景和衰落基本以 4~6 年为一个周期，既不会获得长久的持续的发展，也不会跌入衰亡不兴的泥潭。它拥有顽强的生命力和系统科学的发展逻辑，这吸引了近代以来几代学者对中国乡村工业化生存基因孜孜以求。

结　语

高阳织布业作为华北乡村工业发展的典范，在追求乡村工业化之路上几经起落。20 世纪 30 年代，织布业经济何以趋于式微，深陷困境？从历史合力论视角俯瞰，从内部言之，织布业自身经营面临着多重困境，织布技术落后、品类单一、样式落伍……不一而足。内部积弊是高阳布在"土洋之争"的激烈角逐中处于劣势，无法与洋布分庭抗礼的重要缘由。从外部管窥，世界经济大危机的波及，终结了高阳织布业的第二个发展高潮。随着危机持续性蔓延，市场需求急转直下。紧接着日本侵占东北并进行商品倾销，织布业雪上加霜，市场一片狼藉。走私贸易随着日本侵华步伐加快而日益猖獗。正如地方民谣所唱："接着就是大走私，货物堆积似丘山。又贱双多大倾销，经济侵略压迫咱。我们一尺本一毛，他们只卖五分钱。"[1] 概言之，高阳织布业陷入困境的主要因素在于外部力量的侵袭，各因素环环相扣，相互叠加，如大萧条、日本侵华和猖獗的走私贸易。高阳织布业的内部机制，包括它自身的不利因素都不足以造成乡村工业的全面衰退。[2] 凡此种种，使土布价格遽跌，工厂规模萎缩，织户生活苦不堪言，加剧了华北乡村社会的危机。

面对困局，民国知识精英从金融、资本、技术革新、建立合作制度等多重视角为织布业发展出谋划策；商会积极展开救济实践，在技术改良、土布营销、市场服务等方面发挥着关键性作用；绅商、地方能人锐意革新，提出在外设厂，植入高阳发展模式等举措；各级政府为织布业复兴减税，海关积极因应，查禁走私贸易；布业工厂改善经营方式、引进设备；织布从业者更新布匹种类样式、改进织布技艺以适应市场需求。在多重力量的齐心努力下，高阳织布业重现往日盛景，形成了历史上第三次发展高

---

[1] 许警众：《谈谈高阳县的织布业》，《河北棉产汇报》第 27 期，1937 年，第 12 页。
[2] 史建云：《论近代中国农村手工业的兴衰问题》，《近代史研究》1996 年第 3 期。

潮。遗憾的是，1937年七七事变爆发，高阳织布业随即陷入绝境。若非不可抗力的阻断，织布业或将继续保持平稳的发展势头。从全球范围来看，大萧条席卷了整个资本主义世界，发达的城市大工业更是遭受灭顶之灾，在困顿中一蹶不振。反观近代中国的乡村工业，虽同处绝境，却能力挽狂澜、绝处逢生，展现了极强的生命活力。高阳织布工业区成为乡村工业发展的范例，也为城市工业化发展带来了诸多可资借鉴的发展思路。

在追求工业化的进程中，乡村是城市得以产生与发展的母体，乡村的社会变迁始终是中国历史嬗替的核心主题。但是，随着近代城市发展的历史性重构，乡村社会却急剧衰退。"城乡背离化"趋向隐然发生，城乡差别像一条不可逾越的鸿沟，横亘在城市与乡村之间。[①] 面对城市的日益繁荣，"普遍贫困化"的乡村该如何打破传统观念的拘牵，摆脱危机，追赶现代化？高阳织布业的乡村工业化实践提供了一个极具价值的经典范例。专家学者先后用"高阳模式"[②]、"半工业化"[③]、工业区理论[④]来诠释高阳织布工业的渊源流变与复杂面相。从城乡关系的视角检视，天津与高阳之间实现了互动互融、互补互赢。天津提供诸多便利条件，助推高阳的乡村工业化，造就了一场高阳式的"经济革命"。天津在促进高阳织布业向现代转型的同时，高阳织布业的繁盛也带动了天津相关行业的发展，实现了两地间双向的良性互动。城市依靠强烈的现代因素为乡村提供全方位的支持，乡村走向现代化之路后反哺城市；乡村的传统产业则依靠自身的资源禀赋，努力摄取城市的现代养料，以实现对传统的赓续与革新，顺势实现乡村工业化。在此进程中，城乡之间的依存度与互动性增强，彼此互为表里，互补共赢。

高阳织布业在中国近代乡村工业化发展中独具特色。依城乡关系而言，近代许多城镇依靠自身的优势谋求与核心城市互通，如优越的自然条件、丰富的资源、毗邻经济腹地、发达的交通网络，而高阳却只是依靠一种产业——织布业。而且高阳并无多少资源禀赋，织布原料基本依赖外部

---

① 王先明：《现代化进程与近代中国的乡村危机述略》，《福建论坛》（人文社会科学版）2013年第9期。
② 冯小红：《高阳模式：中国近代乡村工业化的模式之一》，《中国经济史研究》2005年第4期。
③ 彭南生：《半工业化：近代中国乡村手工业的发展与社会变迁》，中华书局，2007。
④ 〔日〕顾琳：《中国的经济革命：20世纪的乡村工业》，第6页。

供给，制度设计上实行独特的"商人雇主制"；其地理区位也不优越，又是异于位处江南的工业化模式。理性分析多重的不利条件后，织布业的前景并不被看好。然而，高阳织布业的乡村工业化实践，却通过实现域内经济的开放性，构建了一种兼具生长活力、发展潜力与强势竞争力的乡土路径。高阳织布业的现代化图景持续百年，高阳是中国极为少见的进行乡村工业化实践的地区，希望它能为农业农村现代化提供些许借鉴。

作者：张智超，南开大学马克思主义学院
邓　红，南开大学马克思主义学院

（编辑：熊亚平）

土产贸易与城乡关系：新中国成立初期的"私商下乡"政策及其实践

张江波

内容提要 中华人民共和国成立伊始，私商在城乡贸易领域活动萎缩，农村土产面临滞销的窘境。为打开不利局面，中央政府鼓励私商下乡收购土产，各地则放宽行政管理，采取与国营贸易机构及合作社联营等方式，从而在活跃城乡贸易、扩大内需的基础上，提升了国家经济管控和资源汲取的能力。"私商下乡"政策延续了既往城乡贸易的实践，保存了尊重市场机制的内核，体现出政权初创时期政策选择的路径依赖。与此同时，在行政力量支持下，国营贸易与合作社贸易两大经济要素快速发展并始终居于领导地位，又反映出政策制定的超越性面相，为其后的制度转型埋下了伏笔。私商在城乡土产贸易领域的起伏，折射出中央政府对私商政策的探索与调适。

关键词 "私商下乡"政策 土产贸易 新中国成立初期

1949年3月，随着战争形势的胜利推进，中国共产党的工作重心开始由乡村转向城市，"城乡必须兼顾"成为中共处理城乡关系的新选择。[1] 在城乡关系的诸要素中，商品流动的地位举足轻重，[2] 而扩大城乡物资交流亦成为新政权处理城乡政策的重要关切。既往研究虽多有关注新中国成立初期的城乡问题，但尚缺乏对城乡土产贸易领域私商政策的细致考察。[3] 因此，本

---

① 《毛泽东选集》第4卷，人民出版社，1991，第1426~1427页。
② 陈方：《城乡关系：一个国外文献综述》，《中国农村观察》2013年第6期，第82页。
③ 相关成果可参看王为衡《"活跃中国经济的关键"——新中国成立初期城乡物资交流相关文献解读》，《党的文献》2012年第6期；付志刚《旧瓶新酒：庙会与新中国成立初期的城乡互动》，张利民主编《城市史研究》第37辑，社会科学文献出版社，2017；付志刚《新中国成立前后中国共产党对城乡关系的认识与定位》，《四川大学学报》（哲学社会科学版）2018年第3期；等等。

文拟以"私商下乡"政策及其实践为切入点,对私商在土产[1]贸易领域的活动与境遇做大致梳理,以期勾勒出新政权在私商政策上的选择与调适。

一 土产滞销与私商政策的初调

对大多数乡村地区而言,余粮及土产销售所得,构成了农家收入的主要来源,这是小农经济的突出特点。其中,土产在农村经济生活中地位颇高。如1950年土产收入在农民总收入中的占比,中南区即达30%多,西南区为30%~40%,东北区为26.2%,西北区则为30%左右。[2] 以山东为例,据报章资料所载,该省若能全部销出一百多种土产,1950年春"即可解决三百至四百万人的生活问题"。[3] 而1950年华北全区土特产收入总量为70余亿斤粮食,约等于华北粮食总产量的1/4。[4]

新中国成立后,随着农村土产产量的恢复与增加,农民的销售需求亦日益突出。中国土产公司便认识到,帮助农民推销土产并换回生产生活资料,为"最迫切的任务",亦为"振兴全国经济的中心环节"。[5] 因为土产销路之阻滞,不仅影响农民生活质量,亦将影响到城市工商业的恢复和发展。

然而,新中国成立初期,诸多地区面临着土产滞销的窘境。1950年7月,华北局即向毛泽东反映,该地区农村有大批农副产品找不到销路。当地农民埋怨:"你们让我们生产,生产下来了又卖不出去,你们又不想办法。"[6] 在西南区,虽然解放以后的土产收购有所发展,但在西南内销及出

---

[1] 据中国土产公司定义,广义上的"土产"是指"所有农村产品";狭义上则主要指"农村副业生产和农业的副产品,包括农村副业、手工艺品、作坊产品、山货、药材、果品、水产,小的零星土法开采之矿产"。时人多取狭义用法,和今日基本一致。不过,史料中的称呼较杂乱,土产、特产、农副产品及土特产并用的情况比比皆是,可见时人对土产的概念界定并不明晰。为尊重史料,行文中将不做更改。可参阅中国土产公司编印《中国土产综览》上册,1951,"前言"。

[2] 《中国土产综览》上册,"前言"。

[3] 《扶持农村副业山东推销土产》,《人民日报》1949年12月24日,第2版。

[4] 张庆中:《把华北土产特产的产销工作推进一步》,《人民日报》1951年11月14日,第2版。

[5] 《中国土产综览》上册,"前言"。

[6] 《华北局关于农村生产情况与劳动互助问题向毛主席的报告》(1950年7月27日),中华人民共和国国家农业委员会办公厅编《农业集体化重要文件汇编(1949~1957)》上册,中共中央党校出版社,1981,第15页。

土产贸易与城乡关系：新中国成立初期的"私商下乡"政策及其实践

口无利的物品仍未打开销路，"贵州大批桐油、菜油、烟叶弃之于地，四川丝绸、夏布滞销"，由此导致数百万民众生活无着，并引发灾荒，造成严重的社会问题。①

农村土产销路不畅，有多方面的复杂因素。从外部看，一些以外销为导向的土产品，由于西方国家的封锁禁运，出口严重受阻。② 从内部看，多年战争导致铁路、公路等运输线路受损，传统商路中断等，都给土产销售带来困难。③ 此外，土产滞销还同地方政府在商业政策上的收紧有关。虽然《中国人民政治协商会议共同纲领》规定，新中国经济建设的根本方针为"公私兼顾、劳资两利、城乡互助、内外交流"，鼓励与扶助私营经济发展，但党内仍存在一种过激思想，认为应乘胜击垮资产阶级，以早日走向社会主义。④ 因此，很多地方便出现了限制私商下乡贸易的"一刀切"现象。

如新中国成立前，察哈尔的商都、天镇等地即已开始对私商严加管制，察南柴沟堡甚至不准私商下乡开展贸易。⑤ 1950年9月，东北地方报纸则披露说，该地阻碍城乡交流的现象相当严重。如在宝清，政府部门不给私商发行商证，对非统购品实行统购，有的甚至将私商驱逐出村，或夜间不提供住宿，或低价强收私商购销的货品。⑥ 山西省人民政府主席赖若愚在总结该省1950年的物资交流工作时亦坦陈，全省排斥私商的现象仍普遍存在。如在荣河，有些村在私商下乡后，地方干部竟打锣喊叫："中间

---

① 刘岱峰：《关于西南区财经工作的报告》（1950年7月31日），中国社会科学院、中央档案馆编《1949~1952中华人民共和国经济档案资料选编（商业卷）》，中国物资出版社，1995，第420~421页。

② 《中财委报告敌封锁我海航后之航务情况》（1949年10月30日），中国社会科学院、中央档案馆编《1949~1952中华人民共和国经济档案资料选编（综合卷）》，中国城市经济社会出版社，1990，第153~154页。

③ 《一九四九年中国经济简报》，中国人民解放军国防大学党史党建政工教研室编《中共党史教学参考资料》第19册，1986，第35~41页。

④ 《中国人民政治协商会议共同纲领》，中共中央文献研究室编《建国以来重要文献选编》第1册，中央文献出版社，2011，第6~8页；范守信：《中华人民共和国国民经济恢复史（1949~1952）》，求实出版社，1988，第46页。

⑤ 吕光明：《察哈尔省的物资交流》，《人民日报》1949年7月26日，第1版。

⑥ 《克服人为障碍 畅通城乡物资交流》，《新华月报》第2卷第6期，1950年10月15日，第1348~1349页。

剥削来啦!"让民众提防。① 上述事例或许并不普遍,却也在一定程度上反映出一些地方对私商限制之严苛。

除此之外,私商还面临着国营贸易机构及合作社的激烈竞争。新中国成立初期,国营贸易与合作社贸易在相关政策支持下得到较快发展。② 然而,这两类贸易机构盲目扩大,严重挤压了私商的生存空间。如1950年5月,华北局在提交给毛泽东和中央的报告中指出,该地工商业不景气的原因之一,便在于"国营贸易财大气粗,过火垄断"。如在经营范围上,公营比重过高,在粮食、棉花、食盐等重要商品方面,国营贸易机构与合作社经营范围平均达80%,有些物资在一些城市甚至完全由国营贸易机构掌控。即便是日常必需品,国营贸易机构亦广泛经营,普设零售店,通过摆摊子、上集赶会、游乡入户来推销货品,由此,私商营生之路甚窄。国营贸易机构还垄断价格等。③

吊诡的是,虽然国营贸易机构与合作社在城乡贸易中的管理范围逐渐扩大,但从数量上讲,新中国成立初期的国营经济尚未占据绝对优势,合作社亦在逐步建立中,仍无法满足城乡贸易所需。1949年12月,《人民日报》即刊文说,合作社和专业公司尚未普遍建立且不健全,仅依靠二者组织城乡物资交流,困难尚多。④ 1951年2月,中南区贸易部长曾传六在报告中也说,中南区的合作社机构"既未普遍又不健全",国营经济大约只占10%。⑤

其实,私商下乡收购土产受阻只是新中国成立初期工商业政策收紧的一个表现。对于工商业领域的大多数行业而言,私人经济活动受限相当普遍,以致众多工商业者严重受挫,经济恢复进程亦深受影响。⑥ 因此,为解决新中国成立以来商业发展面临的突出问题,中央政府对工商业进行了

---

① 赖若愚:《努力做好今年的物资交流工作》(1951年2月6日),中共山西省委党史办公室编《赖若愚纪念文集》(上),中共党史出版社,2012,第292页。
② 《一九四九年中国经济简报》,《中共党史教学参考资料》第19册,第42、47页。
③ 《华北局关于调整工商业和改善公私关系的政策问题向毛主席并中央的报告》(1950年5月31日),《中共党史教学参考资料》第19册,第134~136页。
④ 古维进:《加强城乡物资交流应解决四项问题》,《人民日报》1949年12月7日,第2版。
⑤ 《在中南区贸易会议上的总结报告》(1951年2月),《1949~1952中华人民共和国经济档案资料选编(商业卷)》,第45页。
⑥ 庞松:《一九四九~一九五二:工商业政策的收放与工商界的境况》,《中共党史研究》2009年第8期,第45页。

第一轮调整。

1950年6月下旬，贸易部召开了各大区贸易部长及华北五省二市商业厅长和局长联席会。7月5日，贸易部就土产经营问题指出，国家完全或大部经营数量巨大的土产殊无可能，今后各地"只应经营主要土产和大部出口品"，从而"让出广大市场给私商经营"。[①] 7月6日，陈云等联名向毛泽东及中共中央报告关于调整公私关系的若干方针，认为在国家经营土产力有未逮的情况下，需要"组织游资下乡，收购土产"，中央局与各分局亦应提醒下级党委注意扭转思想。[②] 7月21日，贸易部将会议决议正式下发地方，指出应尽量鼓励私人经营除棉花以外的其他农副产品，并在购销差价、税额征收、运输费用、银行贷款及行政手续办理上给予方便。[③]

其实，早在这次会议之前，有些地方已认识到要发挥私商在土产购销中的作用。如山东为解决灾荒问题，大力支持农村副业发展，省政府于1949年底专门商讨土产推销问题，"鼓励和组织私商下乡收集土产"。[④] 湖南省政府亦提出"鼓励私商下乡"的政策，要求各地严格扫清城乡物资交流障碍，取消不合理的检查制度与烦琐手续。[⑤] 北京市贸易指导委员会为帮助私商解决困难，曾与各地工商部门联系，帮助私商采购和推销。[⑥] 而正是这些先行者，积累了政策经验。

城乡土产贸易工作由是受到广泛重视，私商的作用亦被充分关注。1950年11月，陈云明确指出，扩大农副产品的购销工作是"中国目前经济中的头等大事"，也是"活跃中国经济的关键"。[⑦] 新华社亦刊文指出，1950年财政经济工作的最重要经验之一，就是认识到"组织土产的畅流是

---

① 《中共中央财经委员会关于土产经营问题的指示》（1950年7月5日），《中国资本主义工商业的社会主义改造（中央卷）》上册，中共党史出版社，1992，第152~153页。
② 《关于调整商业公私关系的若干方针》（1950年7月6日），中共中央文献研究室编《陈云文集》第2卷，中央文献出版社，2005，第149~150页。
③ 《中央人民政府贸易部传达各大行政区贸易部长会议的决议（节录）》（1950年7月21日），国家工商行政管理局个体经济司编《个体工商业政策法规汇编（1948~1956年）》（1），经济科学出版社，1987，第27~28页。
④ 《扶持农村副业　山东推销土产》，《人民日报》1949年12月24日，第2版。
⑤ 王首道：《湖南省人民政府工作报告》，《人民日报》1950年8月6日，第3版。
⑥ 王敬：《北京市一年来的城乡贸易》，《人民日报》1950年1月28日，第4版。
⑦ 《抗美援朝开始后财经工作的方针》（1950年11月27日），《陈云文选》第2卷，人民出版社，1995，第118~119页。

目前振兴全国经济工作的中心环节"。① 在安排1951年政府财经工作时，陈云更是再次强调"城乡交流是一件大事，要动员全党的力量去做"。② 鼓励并支持私商下乡收购土产的政策导向逐渐明确起来。

二 "私商下乡"政策的实践与成效

中央调整工商业政策的指示下达地方后，各地根据中央要求，结合具体情况，因地制宜地制定了具体措施，从而实现了政策落地。

在商业行政管理方面，为减少私商行政负担，很多地方给予了优待。中南区取消了路条、通行证、采购证明书等制度。③ 山东则适当放宽了管理尺度与限制，如"取消了纱布、粮食按月或按日购售上的审批制度，简化了手续"，"并将交易手续费由千分之五减至为千分之三至千分之一"。④ 南昌市工商部门则普遍给下乡小组写介绍信，以便获得区乡政府的帮助。⑤

与此同时，为统一领导并提高行政效率，各地还成立了新的管理机构。如武汉成立了城乡联络委员会，大同设立了城乡经济委员会，南昌组建了城乡生产购销委员会。⑥ 在湖南衡阳，1951年4月前该市工商领域各单位联系松散，问题颇多。如有的商人运土产到广州或上海出售，缺乏组织，导致货道拥挤、价格下跌，无利可图。后来该市组织国营专业公司、工商联合会、行商联合会及摊贩联合会等机构成立了城乡物资交流辅导委员会，以负责整体管理，调查各地土特产情况并辅导购销，逐渐消除过去的盲目现象。⑦

此外，为鼓励私商下乡收购土产，国贸公司、运输公司、国家银行、

---

① 《组织土产畅流是财经工作中心环节》，《新华月报》第3卷第4期，1951年2月15日，第833页。
② 《一九五一年财经工作要点》（1951年4月4日），《陈云文选》第2卷，第128页。
③ 邓子恢：《中南一年回顾》，《人民日报》1950年10月1日，第5版。
④ 《一年来私营工商业发展情况和行政管理工作》（1950年12月），《中国资本主义工商业的社会主义改造（山东卷）》，中共党史出版社，1992，第52~53页。
⑤ 杨方勋：《大力组织物资交流平稳物价》，《人民日报》1951年1月18日，第2版。
⑥ 《交换工农业产品活跃国内市场 各地大力开展物资交流》，《人民日报》1951年1月28日，第2版。
⑦ 《湖南衡阳组织私商下乡贸易的成绩》，十月出版社编《怎样扩大土产交流》，十月出版社，1951，第144~145页。

土产贸易与城乡关系：新中国成立初期的"私商下乡"政策及其实践

合作社等均给予照顾，为私商生存拓展了空间。"如人民银行扩大押汇网，对私商采购予以资金扶助。国营土产公司与私商在同一地区收购时，尽先让私商采购；合作社也把上选的货卖给私商；运输公司也主动为私商配车。"① 其中，国营贸易机构更多采取与私商联营的方式，组织新的合作机构，以充分发挥各自所长。如湖北襄阳、樊城等地，国营公司与私商联合组织了土产购销委员会，通过联购联销统一解决各种困难。江西萍乡等县国营公司为推销陶瓷、棉布等土产，与私商联合成立土产运销股份有限公司，私商占股达60%。② 而江西省土产公司更在九江成立了土产运销公司，以吸引私商资金。③

根据华北的经验，与私商联营是"组织私商下乡经营的有效方式"。经营方式包括联购联销、联购分销等多种，其优点在于集中资金、节省人力、扩大业务；联合方式则包括公私联营与私私联营两种，但二者均不能脱离国营经济的组织与领导，而多数商人更倾向于和公家联营，以克服资金及信用不足等困难。④ 在广东，盐业公司组织私商调整了地区差价，土产公司则组织起顺德生丝销商并使后者的生产得以维持。⑤ 联营过程中往往采用签订合同的形式，以保证双方密切合作。

在推动私商下乡过程中，各地不仅促使私商收购农村土产及余粮，还鼓励他们携带工业品下乡销售。如在衡阳，为百货公司推销日用品的私商和土产公司签订收购合同，私商在乡下把货推销完后就为土产公司收购土产。如此一来，就把私商下乡的推销与收购结合了起来。⑥ 又如河北邢台与石家庄提出"土产商带工业品下乡"，既实现了物资交流，又增加了商业利润，可谓一举两得。⑦

政策的落实离不开对私商的宣传动员，但对私商而言，由于过去被限

---

① 杨方勋：《九月份物价金融概述》，《人民日报》1950年10月16日，第2版。
② 《全国组织土产购销的成绩》，《新华月报》第2卷第6期，1950年10月15日，第1345页。
③ 《各大行政区经营土产的成绩和经验》，《新华月报》第3卷第5期，1951年3月25日，第1118页。
④ 力平：《华北地区的物资交流工作》，《人民日报》1951年1月11日，第2版。
⑤ 李一清：《关于中南财政经济委员会工作的报告》（1951年4月10日），《1949～1952中华人民共和国经济档案资料选编（商业卷）》，第459页。
⑥ 《湖南衡阳组织私商下乡贸易的成绩》，《怎样扩大土产交流》，第141页。
⑦ 力平：《华北地区的物资交流工作》，《人民日报》1951年1月11日，第2版。

制的经历，他们难免会有所顾虑。中央财政经济委员会委员管大同曾刊文指出，私商们的顾虑包括："（一）对人民政府政策不了解。（二）对业务经营方面有疑问：做土产有无前途？会不会赔本？搞那〔哪〕一项好？（三）怕与公家合作私人会吃亏。（四）有些与政府合作过的，则又有'以公养私'单纯依赖公家的思想。"① 如在河南南阳，有人说私商下乡"有地盘费、戏钱、打更费、镇会费、落地税等"，有摊贩认为这是"政府的手段好摸底要税"，亦有人传言私商下乡其实是为了"挤地富"。②

因此，消除私商疑虑成为各地认真思考的问题。其中，开各种动员会成为调动私商积极性的主要方式之一。如南京商业局为动员私商集资经营土产，于1950年9月8日召开了土产商座谈会，号召私商根据需要组织联营，集资前往产区采购。③ 湖南衡阳自1951年1月至4月中旬，摊贩联合会即召开了12次代表会、1次组长会、5次有关行业组长的代表会，然后由组长和代表将会议精神向摊贩传达。行商联合会则举行了6次组长会、2次委员大会。会上由干部及相关负责人反复解释开展城乡物资交流的重要意义，鼓励已下乡行商和摊贩报告自身经历及获益情况，以消除私商的思想顾虑。④ 衡阳在四个多月里开了26场会，大概5天就有一场，可见会议之密。这也折射出地方对推动私商下乡的重视程度。

而为了充分了解市场供需情况，多地亦组织了调查团或访问团，以做到心中有数。如天津、北京、山西等地先后组织工商业考察团赴西北、华北及中南各地考察土产产销情况，努力使购销工作有的放矢。⑤ 察哈尔宣化市以工商联合会和市人民政府工商科为主，组织私营工商业界贸易访问团奔赴各地，并和绥远、包头、龙关等地有关企业签订了业务合同，解决了部分购销问题。⑥

---

① 管大同：《大力组织私商，扩大土产交流》，《人民日报》1951年4月24日，第2版。
② 中共南阳地委：《南阳地委关于目前城镇工作几个问题的报告》（1951年4月17日），中共南阳市委党史研究室编《治宛大考：南阳城镇接管与改造史录》，中共党史出版社，1998，第329页。
③ 《全国组织土产购销的成绩》，《新华月报》第2卷第6期，1950年10月15日，第1346页。
④ 《湖南衡阳组织私商下乡贸易的成绩》，《怎样扩大土产交流》，第139~140页。
⑤ 《交换工农业产品活跃国内市场 各地大力开展物资交流》，《人民日报》1951年1月28日，第2版。
⑥ 力平：《华北地区的物资交流工作》，《人民日报》1951年1月11日，第2版。

土产贸易与城乡关系：新中国成立初期的"私商下乡"政策及其实践

此外，各地也很重视整修道路，恢复交通，完善基础设施建设。如至 1951 年 1 月，察哈尔动员 10 万民工，修整公路长达 1 万公里；河北则建成全省范围内的水路运输网，并在沿途设置客货栈；① 山西则广泛开展了修桥补路运动，并在重要道路旁增设客店、货栈，以便利客商；绥远归绥则组织 3000 匹骆驼，分三批前往该省各县、内蒙古及甘肃等地，以布匹、纸烟、砖茶等工业品，换购牲畜、皮毛、粮食等土产。②

总之，在国家政策的引导下，从 1950 年年中开始，各地普遍放宽私商政策，采取各种鼓励措施，引导私商下乡收购土产。政策执行较好的地方，土产销售打开了局面，城乡沟通日益频繁。

最能体现"私商下乡"政策成效的，便是各地颇为突出的联营成绩。在山西武乡，合作社与商人联营的 50 天时间里，共输出粮食 13 万余斤、鸡蛋、羊毛、油、梨、党参等 10 亿余元（旧币，下同），换回棉花 8 万余斤、食盐 11 万余斤、洋布近 600 匹，其中私商经营份额在一半以上。③ 在中南区，1950 年 4 月至 7 月，各地土产公司收购土产达 2000 亿元，而这还不包括各专业公司经营的大宗特产。④ 在浙江杭州，自 1950 年 9 月召开土特产商会议后的一年时间内，通过联营集中的土产有柏籽 7 万担，秋茧 38819 担，皮棉 17322 担，食糖 240 包，毛猪白肉 14012 只，总的下乡资金为 645 亿元。⑤

私商下乡收购土产，亦使人民币经私商进入市场流通，从而加快了人民币下乡的步伐，推动了金融体系改革的顺利进行。⑥ 据报章所载，人民币之所以能深入乡村，除了通货基本稳定外，还和城乡贸易逐渐畅通密不可分。因为凡有特产或出口物资的地方，如皖南之茶叶、浙江之丝茧，商品经济发达，国营贸易公司、合作社与私商下乡收购，由此带动了人民币

---

① 《交换工农业产品活跃国内市场　各地大力开展物资交流》，《人民日报》1951 年 1 月 28 日，第 2 版。
② 《适应丰收后各地农民需要　华北内蒙间大力开展物资交流　换购赊购办法受到农民欢迎》，《人民日报》1950 年 12 月 13 日，第 2 版。
③ 力平：《华北地区的物资交流工作》，《人民日报》1951 年 1 月 11 日，第 2 版。
④ 邓子恢：《中南一年回顾》，《人民日报》1950 年 10 月 1 日，第 5 版。
⑤ 《杭州市人民政府 1950 年度施政报告》，金延锋、李金美主编《城市的接管与社会改造·浙江（杭州）卷》，当代中国出版社，1996，第 134 页。
⑥ 关于"人民币下乡"政策的新近研究，可参看徐鹏《沟通城乡与统一财经——新中国成立初期的"人民币下乡"》，《兰州学刊》2021 年第 4 期。

下乡。① 在中南区,由于土产交易旺盛,各地开始有大量人民币流向农村,一向沉寂的农村市场逐渐活跃起来。②

农村土产销路顺畅,对调节物价亦起到了积极作用。在湖北沙市,1950年4月棉花价格下跌到每斤只能换3斤大米,每天只有10担左右上市。但自国营公司开始收购后,每斤棉花即逐步提升到换8斤大米的合理比价,市场成交量亦增加到每天300担以上,且大部系私商收购。③ 此外,私商收购土产时携带工业品下乡销售,也便利了农民日常生活。如湖南衡阳一名农民在土产调查会议上就说:"过去农民到城里来买东西,往往要花一天时间。农忙时间真觉得太可惜。现在政府号召私商下乡,便利了我们许多。"④

当然,有些地方政策执行得较好,有些地方则并不尽如人意。如有的地方干部仍通过抬高收购价格等方式,为私商交易设置障碍。以河北为例,1950年12月中旬,该地红枣在上海每斤售价1800元,绥远1400元,而在当地的收购价则高达1480元。购销价格相差无几,售价甚至还低于收价,商人无利可图,自然不愿经营。⑤ 1951年3月,贸易部长叶季壮在全国贸易行政工作会上也明确指出,"有些地方土产公司、一揽子公司、合作社看见私商下乡收购,就高提土产价,使私商不能收购而空回"。⑥ 不过,上述现象并不普遍,鼓励私商下乡收购土产整体而言还是收到了较好的效果。

结　语

综上所述,新中国成立初期,城乡贸易领域有诸多矛盾亟待解决。土

---

① 《物价稳定城乡交流逐渐畅通人民币流通地区日益扩大几十年一直使用银元的地区　现在也已愿用人民币》,《人民日报》1950年9月19日,第2版。
② 《全国组织土产购销的成绩》,《新华月报》第2卷第6期,1950年10月15日,第1345页。
③ 《全国组织土产购销的成绩》,《新华月报》第2卷第6期,1950年10月15日,第1345页。
④ 《湖南衡阳组织私商下乡贸易的成绩》,《怎样扩大土产交流》,第142页。
⑤ 河北省商业厅:《关于推销土产的经验》(1951年5月31日),《1949~1952中华人民共和国经济档案资料选(商业卷)》,第422~423页。
⑥ 《叶季壮部长在全国贸易行政工作会议上的总结报告》,商业部商管局编《私营商业社会主义改造文件选编(1948.2~1981.11)》上册,中国商业出版社,1982,第224页。

产在农家经济中占比颇高,却面临着销路不畅的难题。国营贸易与合作社贸易在政策扶持下虽有所发展,却无法包办一切,而发动私商下乡收购土产正能弥补这一不足。私商下乡政策的实施,对于推动城乡物资交流、活跃城乡经济,助力尤多。从一定程度而言,该政策延续了既往城乡贸易政策的实践,保存了尊重市场机制的内核,体现出政策选择上的路径依赖。不过,私商下乡政策又具有超越性的一面。在相关政策支持下,国营贸易与合作社贸易快速发展且始终居于领导地位,为随后的制度转型埋下了伏笔。私商在城乡贸易领域的发展情况,反映出新中国成立初期政府对私商政策的探索与调适。

作者:张江波,安徽大学历史学院

(编辑:熊亚平)

· 会议综述 ·

"城市与区域社会暨中国城市史教材编写"学术研讨会综述

喻满意

由苏州科技大学社会发展与公共管理学院、中国史学会城市史专业委员会、《城市史研究》编辑部联合主办,四川大学城市研究所、江汉大学城市研究所、天津社会科学院历史研究所协办的"城市与区域社会暨中国城市史教材编写"学术研讨会于2023年4月15日在苏州顺利召开。城市史与区域社会史的深入对话以及城市史教学经验分享与教材建设研讨,是本次会议的两大亮点。

一 城市史研究理论探讨引起热烈反响

上海社会科学院熊月之研究员一方面在大会做了《江南文化的差异性和共通性》的主题报告,提出在江南文化演变的历史进程以及江南文化的地域特点中把握江南文化的共通性与差异性,丰富和细化了对江南文化内涵的认识,为推进江南文化建设提供了重要的历史借鉴;另一方面,他在圆桌会议上对城市史的研究内容加以提炼,认为应从城市研究的对象、城市的禀赋、城市发展的动力、城市管理、城市的内涵与外延等多个层面建构城市史研究体系,并指出建构城市史学、城市哲学对于城市史学科发展的重要意义。

中山大学刘志伟教授的主题报告《漫谈"省港澳"——大湾区城市格局的历史视角》从省港澳与粤港澳两个地名组合的微妙差异入手,以小见大,探讨了城市史研究中的基本概念"城市群"的界定标准,提出应从人员构成、经济结构、日常生活、民俗文化等视角去认识区域城市关系。

北京大学赵世瑜教授做了题为《作为城市研究的城市史》的主题报告，回顾了城市研究对城市地理学、城市社会学的关怀以及城市研究的两大热点——古都研究与城市现代化，强调了跨学科研究框架在城市史研究中的突出作用，在此基础上对城市史研究方向和方法提出了独到的见解，认为应用人对城市的体验，如对城墙（景观）、户籍（身份）等的感受，来定义城市。他对当下城市史研究中聚焦空间研究的趋势提出了不同见解，认为城市史研究更应关注时间性，要注重探讨"共时性如何在历时性中体现"，即不同人群为何聚集在城市中，不同历史时期人们在城市中有怎样的生活经验，城市发展具有哪些多样化的可能性。

四川大学何一民教授在主题报告《人类文明史视阈下的中国城市史研究》中指出，研究中国城市史不仅要对中国城市的发展演变进行系统的认识，探寻其发展演变规律，而且还需要站在世界历史的高度来考察世界城市的同一性，探索世界城市发展的共同规律，同时深入把握人类文明的地域差异性，从根本上深化城市史研究。

江汉大学涂文学教授在主题报告《近代中国城市化的独特路径》中提出，近代中国城市化进程是在外部示范与内部仿效、国家主导与民间参与、城市拉力与乡村推力的双向互动等多重途径下，开启和形成的独特道路与发展模式。

天津社会科学院张利民研究员在主题报告《经济分析在近代城市史教学与研究的重要作用》中探讨了经济分析方法在城市史研究中的地位和作用，认为城市经济研究有助于分析城市成分多种变量之间的内在关系，探索城市的经济结构和城市定位，考量城乡关系和经济的二元结构，寻找经济发展与社会变迁之间的相互关系。他建议在生产关系研究已有较大进展的基础上加强生产力研究，并介绍了在大数据时代背景下利用大数据从事经济史研究的示范性成果。

在圆桌会议上，城市史研究的理论和方法问题引起了与会学者的关注和热烈讨论。大家提出将科学技术史、法制史的内容，将地理信息系统、图像学、田野调查、比较研究的方法，将全球史的视野引入城市史研究中，强调城市史与其他学科的融合，并就中国城市史研究如何为中国式现代化做出应有贡献进行了探讨和展望。

二 城市史研究最新成果得以充分展示

本次会议提交的论文基本涵盖了当前城市史研究中的五大转向，即传记转向、社会转向、文化转向、全球转向和比较转向，[①] 充分体现了城市史研究成果的前沿性。

城市社会史是近年来城市史的重点研究方向，秉持以人为中心的研究取向，聚焦于城市社会群体研究。上海大学王敏教授的《城市群众性运动与多元的利益诉求：五卅运动中的工人救济金研究》从城市结构的视角出发，分析了五卅运动草草收场的深层次原因在于依托上海独特的城市结构所形成的多元利益诉求无法维持平衡。明清以降，商人成为推动城市发展的主体力量。上海社会科学院王健研究员的论文《嘉道间船商与上海城市社会》论述了上海船商的崛起以及对上海城市公共事务的参与情况，分析了上海船商的社会网络和身份意识，描摹了上海城市中绅商共治格局的形成，从社会史的角度弥补了船业研究侧重于经济史研究的不足。会馆等商人聚集活动的主要场所和平台在城市景观的建构中扮演了重要角色。江汉大学王耀助理研究员的论文《景观与组织：清前中期汉江沿岸城市商业会馆考论》提出，汉江沿岸城市的商业会馆不仅成为城市重要的地标性景观，而且还影响到民众对城市的印象，进而成为城市记忆之所。与此同时，城市下层社会也逐渐受到重视。天津社会科学院任吉东研究员的论文《近代苦力行业视域下的社会变迁——以水行与人力车行为例》从在维系城市生活中发挥关键作用的两大群体——水夫和人力车夫入手，探讨了这两个群体的生活与生意，以及这两个行业的运营规则，无论是水行"家族式"运营，还是人力车夫的近代公司形式，都在近代遭到了科技带来的行业危机，面临新陈代谢的时代潮流。天津社会科学院历史研究所张弛助理研究员的论文《警察办教育：天津贫民半日学社初探（1915~1937）》对1915年天津警察厅创办的慈善性质的社会教育机构天津贫民半日学社进行了考察，探讨了城市警察在中国近代社会教育发展中扮演的角色。

[①] 陈恒：《关于城市史研究的若干思考》，《华东师范大学学报》（哲学社会科学版）2019年第5期。

"城市与区域社会暨中国城市史教材编写"学术研讨会综述

城市治理一向是城市史研究的重要领域。近年来方兴未艾的环境史研究进一步拓宽了城市治理研究的视域。天津社会科学院任云兰研究员的《环境史视域下的城市坟茔墓地研究——以近代天津为中心的考察》梳理了天津墓地从家族墓地、义地义冢到公墓的发展历程，论述了城市公墓建设在近代化过程中由儒家仁政实践转换为事关市政建设、环境卫生以及土地利用的城市治理行为，是城市环境治理从无意识保护环境到有意识维护公共卫生这一近代化进程的重要体现。文章既发掘了城市治理行为中的政治、社会、文化因素，也深化了城市环境史研究。法律是城市治理的重要依据。江汉大学李卫东教授的《中国城市发展史中的法、法制与法治》对中国城市中的法、中国城市法的体系进行了梳理和分类，并对中国城市的法制与法治进行了阐释和比较。江汉大学刘舟祺助理研究员的《论1930年代区域性自然灾害中的治安应急法制——以1931年武汉水灾为中心》对治安应急机制在武汉特大水灾中发挥的稳定社会秩序的效能进行了考察。

城市文化研究是近年来的热门话题。苏州科技大学张笑川教授的《章太炎苏州讲学的文化意蕴》一文阐发了章太炎在苏州的讲学活动对塑造苏州城市文化和城市形象的重要意义。苏州科技大学周扬波教授的《况钟形象的历史变迁》一文提出，青天况钟是在历史真人的基础上，由历代大传统和小传统合力塑造而成的理想官员典范。在对历史人物进行评价时，应拒绝抽离历史条件而无限拔高，警惕清官情结的负面效应。民间文化研究从另一个侧面对城市文化进行了考察和阐释。苏州科技大学张梦妍讲师的《清代扬州"焰口施食"信仰管窥——以天宁寺经幢如来名号的考察为中心》在梳理"焰口施食"文本脉络的基础上，以扬州天宁寺保存的施食经幢为出发点，考察作为仪式核心环节的如来名号问题，探讨其文本依据与科仪传统。物质文化史作为新兴研究视角，正在逐渐渗透到各个研究领域，其中也包括城市文化史研究，从日常生活史的角度推进了城市史研究的深入和细化。中国海洋大学马树华教授的《海带：科学技术、日常生活与艺术想象》通过梳理近代中国对海带的科学认知与早期海带养殖探索的历史过程，探讨了海带如何改变人们的日常生活与审美体验，解读了海洋空间的新纹理与变化模式。

禀赋是城市发展的重要基础之一。自然地理条件是城市禀赋的重要内容之一。苏州科技大学赵琪讲师《元至明初的刘家港与海上丝绸之路》对刘家港在元至明初的海上丝绸之路中发挥的重要作用进行了考察。基础建设可以在一定程度上提升城市禀赋的内涵。四川大学鲍成志教授的论文《成渝铁路开通与区域城市发展格局的转变》提出，成渝铁路不仅有效刺激了沿线城市对可达性的渴求，带动了城市人流物流增加、基础设施建设和城市工业规模化发展以及区域城市体系构建，同时还进一步扩大了城市的影响力，使城市文化变得更为进取、开放和多元。江汉大学王肇磊教授的论文《新中国水电开发对城市发展的影响》提出水电的开发不仅为城市发展提供了能源支持，更极大地促进了中国城市工业化和城市民生实业的进步，推进了水电新城的形成，有力地促进了新中国城市及一体化的发展。

城市地理是城市史研究的传统领域，在青年学人的开拓下焕发出新的生机。天津社会科学院龚宁副研究员的《局部空间统一：天津日租界规划和建设研究（1898～1936）》一文借助租界档案和地图，回溯天津日租界划定、规划和建设的历史过程，解析其形成局部空间统一的原因。苏州科技大学姜建国讲师的《明代云贵地区城池的职能与时空分布》对明代云贵地区城池的大量相关史料进行了系统扎实的梳理，发现其地理分布特征与云贵地区的气候、地形地貌、交通路线分布，以及明廷的经营策略息息相关。

全球史视野既反映在研究对象的选择上，也体现在比较研究的视野和研究方法的整合上。杭州师范大学张卫良教授除了在提交的论文《杭州城市空间发展与区域社会的变迁》中讨论了杭州的城市空间与区域社会变化的问题，为杭州城市发展"立传"，还在圆桌会议上分享了自己多年来世界城市史研究中的有趣个案。

三　课程与教材建设研讨取得重要进展

教材建设是城市史课程建设的重要基石，是城市史研究成果得以汇总并推动学科传承与发展的重要载体，因此也是本次会议的主要议题。多名具有一线教学经验的中国城市史课程主讲教师进行了深入的探讨和坦诚的分享。

长年致力于区域城市史与经济史交叉研究的张利民研究员指出，城市经济部分的缺失是当前城市史著作和教材中存在的主要问题之一。

天津师范大学罗艳春副教授的《博物馆的历史实践教学：以天津义和团纪念馆为例》介绍了如何带领学生对遗址性博物馆开展城市田野调查，分享了初步的调查成果和研究成果。在此基础上提炼了三点经验：其一为在地，在关注博物馆的展品的同时强调将博物馆本身作为考察的对象，追溯其前史，梳理其后史；其二为层累，即强调在实践教学过程中将所有看到的现象进行考证与编年，不仅要注意史料的文本内容，还要甄别史料的生成过程；其三为田野，即强调往返博物馆路途中所见自然景观与人文景观，与博物馆内的陈列同样重要。

杭州师范大学胡悦晗副教授与傅培恩讲师的《回到马克思：经典研读与〈中国城市史〉课程思政教学改革探析》分享了主讲中国城市史课程的切身体验，包括经典论著在城市史课程思政建设中的引领作用，介绍了选择教材的思路，以及利用学生课堂评价的内容和数据等资料对教学过程的反思和总结，并对未来的教材编纂思路提出了颇具专业价值和现实意义的建议。

城市是区域社会的重要节点。区域社会为城市发展提供了腹地保障。城市与区域社会关系研究有望成为未来城市史研究的焦点。本次学术会议经过充分研讨和深入交流，进一步明确了城市史的研究范畴，拓展了城市史的研究方法，开阔了城市史的研究视野，推动全球史视野、大数据使用等最新学术动向的广泛认同，有效地助力提升城市史研究水平。

作者：喻满意，苏州市职业大学教育与人文学院

（编辑：任云兰）

"中华文明视域下江河城市文明的发展与变迁"学术研讨会综述

赵昕宇　胡子姬　杨雨飞

2023年6月17~18日，中国史学会城市史专业委员会、四川大学城市研究所、中共成都市委党校，在四川成都共同主办了中国史学会城市史专业委员会2023年年会、第六届城市史学术研讨会暨四川大学城市史学术研讨会。本次学术研讨会的主题为"中华文明视阈下江河城市文明的发展与变迁"。来自复旦大学、四川大学、武汉大学、中国海洋大学、上海大学、上海师范大学、江汉大学、浙江师范大学、广州大学、上海社会科学院、天津社会科学院等高校及科研单位的70余位专家学者，围绕江河文明与城市文明的互动、江河流域演变与城市兴衰、水域治理与城市发展、江河流域的文化传承与中国式现代化等系统性问题展开了深入讨论。

大江大河是中华文明孕育发展的重要地理基础与历史载体，也是决定城市兴衰命运最重要的因素之一。江河文明与城市文明同生共息，相辅相成，共同塑造了悠久灿烂的中华文明。在会议的主旨发言中，各位专家紧扣议题，从宏观、中观、微观等多重视角解读江河与城市发展的内在关系。四川大学城市研究所何一民教授的讲述由古及今，以城市选址的规律、河流经营与城市发展等问题切入，宏论河流与城市的文明互动过程。江汉大学李卫东教授通过中西比较辨析了中国城市治理中的法、法制与法治概念。上海社会科学院熊月之教授分析了长三角一体多元文化格局的形成与传承过程，讨论了当前长三角区域城市发展的现代化进程与特点。江汉大学涂文学教授综合考古资料与文献记载，从农业文明、城市形态及社会结构等方面，解析并评价了长江中游地区在中国城市起源史中的独特地位。天津社会科学院张利民教授、上海师范大学苏智良教授分别从天津与

"中华文明视域下江河城市文明的发展与变迁"学术研讨会综述

上海的个案角度讨论了近代港口城市与区域腹地间的发展关系。复旦大学吴松弟教授认为，在政府与民间的共同推动下，宋代温州平原的治水活动重塑了当地的河流网络。浙江师范大学陈国灿教授也认为官方与民间的合力促使宋代城市的医疗救助与疾疫防治产生一定转型，但仍有很大局限。

小组讨论分别围绕江河文明与古代城市发展、区域与社会视角下的古代城市、江海联动——近代上海与汉口、水陆交通与近代区域城市、新中国城市研究、城市史的理论与实践等议题展开。既有实证研究，也有理论探讨；既有单体个案，也有区域类别；既有政治经济，亦有社会文化。专家学者各辟蹊径，纵论古今，展现了中华文明视域下精彩纷呈的城市万象。总体而言，与会论文呈现出如下两方面的研究旨趣与学术共识：

其一，河流及与之关联的水陆交通孕育了早期城市，形塑了城市的空间肌理，左右着城市文明史的发展脉络。

李小波关注黄河中游的渭河流域，梳理了秦都迁徙、秦始皇西巡、立畤祭祀、重序天下名山的历史轨迹，从更大的时空格局阐释秦都咸阳的规划思想。王明德则认为黄河下游丘墟的分化和大型丘墟聚落的形成直接推动了城市的兴起，在黄河城市文明起源中发挥了独特作用。

毛曦从军事防卫的角度比对了明清时期天津与淮安的临河城市形态，认为天津"赛淮安城"的得名源于天津与淮安都有着"临河无池"的格局。范瑛以清代四川地方城市空间建设的实践过程为例，分析中国古代城市在自然模式与方形礼制模式之间存在的对立统一、复杂共生关系。王耀剖析流域内的城市社会，以整体相似性与区域差异性分析了清代前中期汉江沿岸城市社会风俗所呈现出的奢靡化趋向。

上海、汉口、天津等近代开埠城市，历来是中国城市史的重点研究对象。开埠城市沟通江海，见证了近代中国城市发展重心由江河文明转向海洋文明的历史轨迹。水陆交通对开埠城市经济与空间格局有着重要意义。吴俊范以20世纪前半期上海周边市镇为研究对象，认为在大都市中心的吸引与辐射下，这些市镇发生了明显的结构重组和功能演替。刁莉利用1889～1911年武汉地区旧海关的贸易数据，展现了武汉在铁路引进前后的贸易变迁状况。罗翠芳通过对近代汉口房地产主要交易活动的考察，指出近代汉口房地产市场基本是自由放任的。

在经济与空间格局为之一新的情况下，开埠城市社会也在逐步迈向近代化。任吉东、李沛霖深入分析了天津、上海近代公共交通系统的工人群体与行会、党团等政治组织的复杂纠葛。方秋梅从市政研究方向切入，认为近代上海、汉口的市政互鉴，以及和长江流域内不同城市间的市政互动，促进了近代长江流域的市政现代化在空间上的加快拓展和城市文明在内涵方面的丰富与深化。李灿则从中外关系史的角度，重新解读了20世纪30年代上海中外度量衡交涉的史实。杨巍巍分析城市政治文明中的近代化因素，细致梳理了抗战胜利后汉口区长的选举过程。

此外，在开埠城市的带动下，全国各流域城市也在交通更新的基础上开展近代化实践，荆蕙兰、孟令宏论述了东北松花江流域与内蒙古河套地区的航运对近代城市发展的促进作用。

其二，从河流与文明史的角度开展城市史研究，应当注重多元史料的利用，主动吸纳多种学科方法及理论，并将之广泛运用于当代江河城市建设的实践之中。

历史地理学与城市史在研究内容和研究视野上有着诸多共通之处，历史地理学的空间复原方法及数字人文的技术手段，也可以有效拓展城市史研究的纵深。武亨伟的研究展现了北魏时期汾河流域内郡县治所城市群体"废弃—增置"的空间演化过程。何斯薇通过旧海关史料解析了近代广西左江流域交通发展与龙州关兴衰之间的关系。王哲运用地理信息系统（GIS）软件对1936年全国邮政舆图做了数字化处理，重建了邮政地理网络和OD时间成本矩阵，以可视化的手段对比了江河城市与其他类型城市的空间态势及信息可达性。

进行学术史梳理与理论深化可以更为全面地认识江河与城市之间的关系。王敏总结几部近代英文上海城市史著作的共同观点，是对上海城市史的学术史及理论的深度梳理。汤锐综述近年来岷江水文化国内外研究现状，并展望了岷江水文化的概念、整体性研究及创新性路径。王天航分析敦煌莫高窟壁画与唐代的洛阳空间景观形象之间的对应关系，在图像史和城市史的交叉研究上做了有益探索。王刚则以近代苏州、杭州、成都等城市的菜场改革，反思现代性理论与实践之间的张力。

学者们也利用多种学科方法回顾了新中国成立以来江河城市的建设进程。涂成林、敖以深、郭雪飞、刘杨、艾智科对珠江流域、乌江流域、沱江流域、凉山地区等区域的城镇化、空间建设及生态环境保护等现实问题分别展开讨论。马树华、马丽敏为山东半岛及浙西南地区的文化遗产保护与城市建设提出了规划性建议。訾夏威认为新中国成立初期杭州利用其优美的山水风景逐步改造为休闲疗养城市，开辟了城市改造的新道路。

在黄河流域生态保护和高质量发展、长江经济带建设成为国家战略的时代背景下，本次学术研讨会把握江河与城市发展的时代命题，在中华文明史视野下展开城市文明史画卷，立足学术前沿，学术视野开阔。讨论时段从先秦延续到当代，纵贯古今；研究区域以江河为轴线，由内陆延伸至沿海地区。与会的学术前辈们提纲挈领，总结江河城市发展的历史规律；中青年学者们多从微观视角推陈出新，利用多种学科方法解读区域与单体江河城市的空间、社会等问题。站在中华文明史的高度开展城市史研究，不仅是构建中国城市史学术、学科、话语体系的题中应有之义，也可为建设中华民族现代文明提供历史镜鉴。期待以本次学术研讨会为契机，城市史专业委员会倡导的江河与城市、城市与文明的多元互动研究，能够为中国城市史研究的持续深化开拓全新领域，提供全新动力。

作者：赵昕宇，四川大学历史文化学院
胡子姬，四川大学历史文化学院
杨雨飞，四川大学历史文化学院

（编辑：任吉东）

稿 约

《城市史研究》创刊于1988年,是目前国内最早的城市史研究专业刊物,由天津社会科学院历史研究所主办,现为中国城市史研究会会刊,一年两期,由社会科学文献出版社出版发行。

一、本刊欢迎具有学术性、前沿性、思想性的有关中外城市史研究的稿件,涉及的内容包括城市政治、经济、社会、文化、环境及与之相关的地理、建筑、规划等多学科和跨学科研究成果。对选题独特、视角新颖、有创见的文稿尤为重视。

二、文章字数一般应控制在15000字,优秀稿件可放宽至3万字,译稿在本刊须首发,并附原文及原作者的授权证明,由投稿人自行解决版权问题。

三、来稿除文章正文外,请附上:

(一)作者简介:姓名、所在单位、职称、学位、研究方向、邮编、联系电话、电子邮箱;

(二)中文摘要:字数控制在150~200字;

(三)中文关键词:限制在3~5个;

(四)文章的英文译名;

(五)注释:一律采用脚注,每页编号,自为起止。具体格式请参见《社会科学文献出版社2012年学术著作出版规范》第17~25页,下载地址:http://www.ssap.com.cn/pic/Upload/Files/PDF/F634931934378353239 5883.pdf。

四、本刊有修改删节文章的权力,凡投本刊者视为认同这一规则。不同意删改者,请务必在文中声明。

五、本刊已加入中国学术期刊(光盘版)全文数据库,并许可其以数字化方式在中国知网发行传播本刊全文,相关作者著作权使用费与稿酬不再另行支付,作者向本刊提交文章发表的行为即视为同意我刊上述声明。

六、为方便编辑印刷,来稿一律采用电子文本,请径寄本刊编辑部电子邮箱:chengshishiyanjiu@163.com。来稿一经采用,即付样刊两册。未用稿件,一律不退,三个月内未接到用稿通知,可自行处理。文稿如有不允许删改和做技术处理的特殊事宜,请加说明。

请与《城市史研究》编辑部联系。联系方式:电子邮箱 chengshishiyanjiu@163.com。

本刊地址:天津市南开区迎水道7号天津社会科学院历史研究所

邮编:300191;电话:022-23075336

更多咨讯欢迎搜索关注城市史研究公众号。

《城市史研究》编辑部

图书在版编目（CIP）数据

城市史研究. 第47辑 / 任吉东主编. -- 北京：社会科学文献出版社，2023.10
ISBN 978-7-5228-2605-9

Ⅰ.①城⋯ Ⅱ.①任⋯ Ⅲ.①城市史-文集 Ⅳ.①C912.81-53

中国国家版本馆CIP数据核字（2023）第193745号

城市史研究（第47辑）

主　　编 / 任吉东

责任编辑 / 李丽丽
文稿编辑 / 徐　花
责任印制 / 王京美

出　　版 / 社会科学文献出版社·历史学分社（010）59367256
　　　　　　地址：北京市北三环中路甲29号院华龙大厦　邮编：100029
　　　　　　网址：www.ssap.com.cn
发　　行 / 社会科学文献出版社（010）59367028
印　　装 / 唐山玺诚印务有限公司
规　　格 / 开本：787mm×1092mm　1/16
　　　　　　印张：22.5　字数：367千字
版　　次 / 2023年10月第1版　2023年10月第1次印刷
书　　号 / ISBN 978-7-5228-2605-9
定　　价 / 128.00元

读者服务电话：4008918866

版权所有 翻印必究